日本能源
文献选编
战略、计划、法律

张季风　编

张季风　张淑英　丁　敏　周晓娜　译

社会科学文献出版社
SOCIAL SCIENCES ACADEMIC PRESS (CHINA)

目　录

第三部分：能源法律

导读

张季风　张淑英　丁　敏

　　日本是世界第三大经济体,也是能源消费大国。然而, 日本是众所周知的能源短缺国家，能源安全问题是关系其整个国家经济发展乃至生死存亡的重大问题。正是基于本国能源匮乏的国情，日本自战后以来就十分重视能源法律制度的建设和能源政策、能源战略和计划的制订。特别是以 20 世纪 70 年代所遭遇的两次能源危机为契机，结合国内自身的经济发展和国际能源的供需趋势，日本通过制定能源法律制度和与之相对的正确有效的能源战略、政策，迅速调整其过于依赖石油的能源政策，并顺利实施，这不仅为解决环境和能源安全问题、保持经济稳定增长、构筑可持续发展的经济社会奠定了基础，而且还使日本摆脱了对石油的传统能源政策的束缚，发展成为能源多元化的国家。日本富有特色的能源战略、计划和能源法律制度构建中的许多经验，对我国建立健全能源法律制度体系和制定有效的能源战略，具有重要的启示和借鉴价值。以下对战后日本能源战略、计划、法律的总体状况作一简述。

一　战后日本国家能源战略概述

　　关于国家能源战略，并没有一个统一的定义。国家能源局在《中国能源发展报告（2009）》给出了如下定义："国家能源战略是按照国家战略的总体要求，谋划和指导国家能源可持续性发展、保障未来中长期（20～30年甚至更长时间）能源安全的总体方略，是制定、执行、调整国家能源计划、法规相关政策的基本依据"。很显然上述定义是国家能源战略的狭义概念，包括能源安全战略、能源产业组织战略、不同种类能源发展战略、新能源战略、能源技术战略、能源外交战略、能源供给战略、能源消费战略、国内能源价格战略等各个方面。而能源战略的广义概念，还应当包括能源政策、能源方针等更广泛的内容。

日本最早使用"战略"两个字的政府能源政策文件是 1978 年发表的《面向 21 世纪的能源战略》，此后再次出现"战略"两个字的政府能源文件是 2005 年发表的《面向 2030 年的中长期能源战略》，而 2006 年发表的《新国家能源战略》影响较大，除了国家级的综合能源战略外，比较重要的还有 2007 年发表的《能源技术战略（技术战略路线图 2007）》、2011 年发表的《节能技术战略（2011）》以及 2012 年发表的《革新性能源及环境战略》。当然，没有使用"战略"一词的时期，并不等于当时日本没有能源战略，实际上日本的能源战略一直贯穿于日本经济发展的各个历史阶段。

战后百废待兴的日本经济，到处缺少能源和各种重要物资的支持。日本原本就是资源小国，战败后，从海外获取资源的途径又变得极其狭窄，致使日本不得不制定适应当时国情的能源资源国家战略。战后各类主要物资紧缺，而恢复经济基础急需增产煤炭和钢铁，因为只有这样才能带动机械、交通运输、生活用品等其他产业发展，让经济逐步走上服务于国民生活的轨道。为保障战后经济复兴对能源的需求，日本确立了以优先发展煤炭产业为主，努力开发水电的基本能源战略。

经济高速增长初期的日本，因工矿业和国民生活对电力和煤炭的需求增长较快，国家能源战略重点就继续放在发展电力和增加煤炭供给上。在这个阶段，政府还出台了一些稳定煤炭价格的政策，保护国内煤炭产业不受外来廉价煤炭和石油的冲击。但 20 世纪 50 年代中后期，日本国内煤炭资源已经显露匮乏端倪，受政府保护而维持高价的国产煤炭，在价格低廉、品质又好的进口煤炭以及石油的冲击下，市场竞争力日益低下。

进入高速增长中期以后，日本能源供给力快速增强，受国家能源政策的扶持，电力、煤炭、石油等重要能源领域都获得较快发展。1960 年电力总体的设备能力比 1951 年扩大了 2 倍。这个时期积极发展电力的国家能源战略，支持了日本电力供需的增长，也促进了日本经济的现代化发展。石油是这个时期迅猛发展起来的又一个能源支柱。日本石油进口在 1945～1946 年一度中断，1947 年以后开始少量进口石油，随着以美国为首的西方工业发达国家集团对日本制裁的放松和逐步撤销，日本石油进口在 20 世纪 50 年代开始大量增加，曾经以进口石油产品为主，但 50 年代中后期，石油产品进口量增长缓慢，原油进口猛增。石油很快成为日本火力发电的主角，大幅度取代了煤炭。

在日本能源结构发生油主煤辅的根本性变革后，大量进口石油资源，推进海外石油开发，确保石油稳定供给，成为高速增长期国家能源战略转型的鲜明标志。如何保障海外石油源源不断流进日本，如何快速培育石油产业，在国内合理配置石油资源，用石油资源帮助日本实现产业升级和经济现代化，都是这个时期国家能源战略重点所在。日本高速增长期的国家能源战略转型，不仅是日本自身经济发展的需要，也是世界经济和能源形势所迫，是顺应当时以西方发达工业国为主的世界能源潮流的一种必然选择。

1973年第一次石油危机爆发后，日本意识到"低价石油时代"一去不复返了，今后靠廉价石油发展经济，没有希望。在高价石油的巨大压力下，日本整个国家进入艰苦卓绝的能源战略转型。上到国家决策层，下到企业和国民，全社会都意识到日本经济过度依赖进口石油的危险。调整能源结构，发展石油替代能源，同时全面开展节能运动，谋求能源多元化，力争进口能源多样化，抓紧加入国际石油储备体系，是这次日本国家能源战略调整和转型的主要方向和重点工作。

第一，石油替代战略。石油替代战略主要包括核能战略、天然气战略、能源多元化战略、"阳光战略"。核能战略和天然气战略在日本降低石油依赖的"脱石油"努力中，起到很大作用，日本主要依靠发展核能和天然气，大幅度降低了对石油的依赖。日本早在20世纪50年代开始着手和平利用核能的事业，真正大力发展核电是在石油危机以后。在1973年，核电仅占日本一次能源供给的0.6%，微不足道。经过石油危机以后的大力推进，到1990年其占比上升到9.4%，到20世纪末其占比上升到13.7%。在2011年日本大地震前，核电已经占日本一次能源供给的14%左右，占电力供给的30%左右。核能战略对保障日本能源稳定供给、提高能源国产比率、稳定电价、减少碳排放都起到了重大作用。日本在20世纪60年代末开始进口天然气，但天然气价格比石油昂贵，铺设天然气管道，建造天然气运输船舶，建设与天然气相关的基础设施，需要大笔投资。天然气从开采到进口，再到规模化利用，存在技术难题和成本较高的问题。在廉价石油时代，日本发展天然气的速度远不及发展石油的速度。石油危机后，天然气作为替代石油的一种能源选择，提到日本能源战略的日程上来。政府和企业开始积极推动日本的天然气扩大利用，主要是在发电领域和民用领域。

在发电领域，日本计划用燃气火电站取代一部分燃油火电站。这也与石油危机后 IEA 对石油发电站建设作出限制有关。1979 年 5 月，国际能源组织提出原则上禁止新建石油火力发电站，当时天然气火力发电站没有被列入限制对象。日本在石油危机后积极发展天然气火力发电，既有助于实现石油替代的能源战略转型，也有利于减少大量使用石油、煤炭等不清洁能源给社会带来的重度污染。发展天然气的战略兼顾了能源转型和环境保护。1973 年，第一次石油危机爆发时，石油在日本一次能源供给中占 77.4%，1980 年其占比降至 66.1%，1985 年降至 56.3%，1990 年石油占比回升，占 58.3%，1995 年石油占比又有所下降，降至 55.8%。20 世纪 90 年代末石油在日本一次能源供给中的占比与 1973 年相比，降低了 20 多个百分点，取而代之的是核能与天然气。

第二，能源多元化战略。实际上这一战略与替代石油战略密切相关。能源多元化战略一般有两层含义，一层含义是让能源结构更加多元化，不要过度集中在一两种能源上，比如过度依赖煤炭和石油；另一层含义是能源获取的地区应该有更多选择，不宜过于集中在某一地区。在没有引入石油以前，日本的能源来源主要有薪柴、煤炭、水力。20 世纪 60 年代，随着世界快速进入石油经济时代，日本的能源来源也随之发生巨大变化，薪柴作为能源淡出日本，煤炭、石油、水力成为最主要的能源来源。石油危机后，日本采取能源多元化战略，在大力发展核能的同时，也注意发展天然气，积极推动利用太阳能和风能，鼓励探索利用地热、潮汐、废弃物发电等能源的开发。

在进口能源多元化方面，日本海外能源开发除了中东地区的石油以外，增加了对中国、澳大利亚、东南亚国家等亚太地区的能源开发与进口，其中包括中国的石油和煤炭、澳大利亚的煤炭、东南亚国家的油气资源开发和进口，以及从美国阿拉斯加进口天然气等。从 20 世纪 90 年代以来日本坚持实施石油多元化战略，目前其石油供应国和地区多达 40 个。

第三，石油危机后的节能战略。节能战略是日本遭遇石油危机后进行国家能源战略转型的重要举措。石油危机以后，日本从政府到企业，几乎是全社会总动员，大力推行节能，对这样的节能运动，首先国家从法律层面制定有利于开展节能的法律法规，1979 年制定了《节能法》。该法明确了日本全国开展节能的方向和国家支持节能的政策精神。为综合推动工厂、建筑物、机械器具的节能，《节能法》提出了各个事业领域的企事业者应该采取的举措，明确了国家对这类节能举措可以给予哪些政策支援。在石油危机后，国家还设置了稳定国民生活紧急对策本部，对开展消费节约运动和节约使用石油、电力，进行行政指导。

20 世纪 80 年代以后日本产业的节能指标，显示出石油危机以后日本国家节能战略收效甚大。例如，制造业平均能源消费指数，1973 年为 100，1990 年的制造业能源平均消费只相当于 1973 年的 53%。1990 年的制造业 GDP 规模和盈利远超过了 1973 年，而每单位 GDP 生产的能源消费大幅度降低。日本制造业在节能机械器具、节能工序、节能体系等各个方面，全方位地进行了节能努力，有力地推升了全社会节能效果。制造业的产业结构调整，压缩耗能产业，发展高附加价值和低耗能的制造业，对降低制造业整体能耗也是功不可没。

运输和民生领域的节能也很重要。在石油危机发生的 20 世纪 70 年代，运输和民生领域的能源消费所占比重不像产业那么大，在 1973 年的日本能源消费中，产业占 65.5%，民生占 18.8%，运输占 16.4%，当时节能的重点首先是产业，其次是运输和民生领域。在运输领域，推广使用节能交通工具，改进交通体系，减少交通体系不合理造成的能源浪费；在民生领域推广家电节能和节能生活方式。这些努力都帮助日本成为节能大国。

第四，石油战略储备。这一战略是日本的一项基本国策。早在 20 世纪 60 年代末，日本已经开始意识到石油储备的必要性，1972 年日本政府对石油储备实施行政指导，在通产省智囊机构"综合能源调查会石油分会"的提议下，日本先制订了一个储备 45 天用量的目标，后来又将储备目标提高到 60 天。

第一次石油危机以后，IEA 成立，规定其成员国有储备石油的义务，其数量应达到可供本国 90 天的使用量。日本作为加盟国自然要履行这一义务，同时对进口原油的高度依赖也促使日本政府加快建立战略石油储备制度的步伐，1975 年制定了《石油储备法》，规定政府必须储备可供 90 天的石油使用量，民间必须储备可供 70 天消费需求的石油。经过 30 多年的不断完善，日本石油储备制度已成为能源安全的重要保障。与其他国家石油储备不同的是，日本石油储备带有强制性。2003 年，日本建成的国家石油储备基地有 10 个，石油储备设施容量占全国的 51% ~ 52%。其储备方式有地面罐、地下罐、地下岩洞等。此外，日本政府还租借民间 21 个石油储备设施，所储备石油保存在各石油加工厂和销售网点。日本的国家储备全部是原油形式，民间储备中原油和成品油各占一半。2013 年 3 月，国家有 10 个基地，国家与民间合计有 8590 万吨石油，可使用 185 天，其中国家储备可使用 102 天，民间可使用 83 天。

此外，日本还具备液化石油气储备。1981 年，日本按照《石油储备法》的规定启动了民间液化石油气储备。按照日本政府的计划，到 2010 年日本液化石油气储备量要达到相当于 80 天的进口量，其中 30 天为政府储备，50 天为民间储备。

迄今为止，日本已从国家预算中支出近 2 万亿日元用于国家石油储备项目以及民间储备补贴。这笔庞大的开支被认为是必不可少的"国家安全成本"。为了解决石油储备需要的巨额资金，日本对进口原油和成品油收取石油税并设立石油专用账户，税金主要用于国家石油储备。同时，日本还编制了国家石油储备特别预算，作为战略石油储备和液化石油气储备的专项资金。为了扶持企业完成石油储备义务而新建石油储备设施，日本对企业进行必要的财政和金融支持；对为完成石油储备义务而采购的原油，政府通过 JOGMEC（日本石油天然气金属矿物资源机构）对超过 45 天储备量天数（最高为 80 天）所需资金的 80% 提供低息贷款。

进入 20 世纪 90 年代中期以后，应对全球化时代突出的环境问题、地球温暖化问题及石油资源竞争加剧问题，日本国家能源战略不得不再次考虑调整。日本能源政策、战略目标更加明晰，那就是实现能源安全（Energy Security）、经济增长（Economic Growth）和环境保护（Environmental Protection）（简称 3E）的共同发展。3E 中的三个因素同等重要，不可偏废。确保能源安全、提高能源效率、积极开发新能源和可再生能源，以及合理利用核能源对实现 3E 目标具有重要意义。在增强能源的环境协调性方面，控制能源总体消费，减少碳排放，走向脱化石类能源，提高能源效率等，成为能源环境战略的重要内容。

进入 21 世纪，由于世界能源供需形势急剧变化，日本再度转向积极发展核电。在 2005 年提出的中长期能源战略、2006 年的《新国家能源战略》以及 2007 年的《能源基本计划》中，日本政府都强调要推进核电，在 2010 年的《能源基本计划》中也重申大力发展核电事业。但是，"3·11"大地震后日本社会出现强烈的反核情绪。在社会压力下，当时执政的民主党提出要重新考虑日本的能源战略。此后，民主党政权提出日本要走向"零核"社会。2012 年日本社会围绕日本能源战略可能要进入根本性的转型，主要是保留核能还是脱离核能，掀起了一场社会大讨论，各种观点产生激烈交锋和混战。民主党政权提出明确的脱核目标，即今后要按照"40 年堆龄"的核电机组就要报废的原则处置现有的核电站，并不再批准新建核电站，逐步摆脱核电，到 2030 年实现无核化。作为核能的替代能源，要增加火力发电，发展可再生能源、新能源。民主党政权的这种国家能源战略急转弯，遭到自民党抵制，也受到来自不同企业群体的质疑，但也得到相当数量的国民的支持。

2012 年底民主党下台，自民党上台，明确提出要修正民主党政权确定的能源战略，安倍首相提出要制定"负责的能源政策"，2014 年 4 月出台了新的《能源基本计划》，将核电定位为"重要的基荷电源"，提出在保证安全的条件下，重新启动核电站。

总体来看，21 世纪日本能源战略中增加了对世界环境的考虑，即减少温室气体排放。在推进核能战略的同时，日本反复强调要致力于发展非化石能源，即发展太阳能、风能、地热、水力等低碳和零排放能源。

二　日本能源计划概述

能源法律和能源战略、能源政策确定之后，还需要制订具体的计划加以实施。日本虽然是市场国家，但是从战后到 21 世纪初就一直制订经济计划。尽管其经济计划不是指令性计划，而是指导性计划，但也在提供信息、明确发展方向等方面对国家的宏观经济运行、企业经营发挥了重要的引导性作用。日本经济计划的体系十分清晰，既有总体性经济社会计划，也有各部门主导的部门计划，能源计划就是其重要的部门计划。现行的能源基本计划是依据 2002 年颁布的《能源政策基本法》而制定的，根据该法，每三年要制定一次能源基本计划，到目前为止已制定四次，此前虽然没有被称为"能源基本计划"，但在战后日本经济发展的各个时期能源计划也一直是存在的。

战后初期，日本的第一个经济计划——《国土复兴计划纲要》（1945 年9 月制定）就提出了从美国进口重油的计划。当时日本所推行的著名的"倾斜式生产方式"，就是首先根据日本经济学家、东京大学教授有泽广巳的建言确立的基本方针，随后由吉田政府于 1946 年 12 月 27 日发布《昭和 21 年（1946 年）第四季度基础物资供需计划策定及其实施要领》，并根据这一计划具体实施的。在一定意义上讲，这一计划是战后日本最初的能源基本计划。该计划确定以国家为主导，推动煤炭和钢铁等主要产业率先发展，进而带动其他产业发展，最终实现了日本经济整体复兴。此后，以引进先进技术和生产大型化为背景推行煤炭产业合理化计划，逐渐接受流体革命的潮流。

进入高速增长时期以后，日本能源需求量剧增，政府更加重视综合能源政策和计划。日本的综合能源政策是在 1960 年开始的石油自由化政策的讨论中形成的。1962 年 5 月在产业结构调查会议中设立了综合能源部门会议（有泽广巳任会长），专门研究能源政策与能源计划。该部门会议于 1963 年 12 月第一次就能源流体革命下的能源综合政策和石油政策的定位进行讨论，明确提出 "低价、稳定、自主性" 的综合能源政策三原则。1965 年 8 月设立了通商产业大臣咨询机构 "综合能源调查会"，1967 年 2 月提出了 "综合能源调查会第一次咨询报告"，提出实现以上述三原则的具体目标和措施体系，可以说这也是高速增长时期的具有代表性的能源基本计划。这一报告的提出，以当时可以低价进口石油为中心设定能源供需结构，确保石油的低廉、稳定和自主性，以此维持经济高速增长，与此同时，该报告又面向未来提出开发核电和液化天然气等新的供给能源。在高速增长时期，除了综合能源计划外，也制定过一些煤炭、石油、天然气和核电方面的发展计划。1965 年以来，日本政府每隔几年就要对未来能源供给与需求量和能源结构进行预测。这些文件成为上位基本方针，政府根据这些基本方针制定具体能源计划。

石油危机爆发前后，日本加强了对能源政策的调整。1971～1982 年，日本能源政策与能源计划开展过程可分为四个阶段：第一阶段是从 1971 年至 1973 年 10 月。这一时期的焦点是，面对石油价格上涨自主开发海外石油资源，制定纠正高速增长政策错误的公害对策与计划。第二阶段是 1973 年 10 月至 1975 年底。为克服第一次石油危机所带来的影响，在石油非常时期对策和原子能、电力、城市热能对策等方面采取了强有力的措施，并着手制定节省资源、能源对策和新能源技术开发计划。能源对策阁僚会议批准了 "综合能源政策的基本方向" 方案。在这一阶段，为克服石油危机而制定的石油非常时期对策于 1974 年 9 月 1 日解除，同年 8 月 30 日，在内阁设立了 "保护资源能源运动本部"，公布了《综合能源调查会综合部会中间总结报告》，同年 9 月 3 日公布了节省资源的主要项目和实施细则，其后以大众运动的方式呼吁节省资源和能源。第三阶段是 1976 年至 1978 年。这一阶段，主要是根据《石油储备法》提出石油储备具体计划，从 1976 年开始实施以能源清洁化、液化为内容的利用国内煤炭和促进国外煤炭进口的长期新煤炭政策与计划。这一时期能源政策与能源计划的特征是，制订了长期能源政策与能源长期展望，积极推进开发多元化能源的"具有整体性和时效性的综合能源政策"。第四阶段是 1978 年至 1982 年，这一阶段由于受到伊朗革命的影响（第二次石油危机），石油价格再度上升，日本能源面临着新的挑战，以此为契机，改变日本依赖石油的经济结构再次成为燃眉之急的课题，日本政府开始探讨从根本上"摆脱石油"的石油替代的政策体系，相关的计划也被相继提出。

值得关注的是 20 世纪 70 年代，除了综合能源计划外，还实施了著名的以开发新能源为内容的"阳光计划"和以开发节能技术为内容的"月光计划"。日本政府在 1973 年提出"阳光计划"构想，1974 年 3 月 18 日，由通商产业省大臣中曾根康弘签名，发布了《阳光计划实施要领》。该计划提出未来日本新能源开发的总体目标和期间，各类新能源技术开发的具体目标和时间。通商产业省工业技术院等部门和组织，从 1974 年开始着手实施这个计划，最终实现目标定在 2000 年。这是一个超大规模的国家计划，预算需要总投资达 1 万亿日元。"阳光计划"涉及的新能源开发主要有太阳能、风能、地热等能源开发与利用，煤炭液化和气化技术、氢能技术的开发与普及应用。"月光计划"从 1978 年开始实施，1993 年研究结束。该计划也由通商产业省工业技术院组织实施。计划包括大型节能技术研究开发、尖端基础性节能技术研究开发、国际合作研究、节能综合效果把握方法的调查、资助民间节能技术研究开发和推动标准化节能等六个大的方面，所涉及的节能技术包括电磁流体发电、高效汽轮机、新型电池电力储存系统、燃料电池发电、通用斯特林发动机、废热利用技术系统等上百个项目。1993 年，"月光计划"与"阳光计划"合并，称为"新阳光计划"。该计划的主要目的是在政府领导下，采取政府、企业和大学三者联合的方式，共同攻关，克服在能源开发方面遇到的各种难题。其主导思想是实现经济增长与能源供应和环境保护的平衡。该计划的主要研究课题大致可分为七大领域，即可再生能源技术、化石燃料应用技术、能源输送与储存技术、系统化技术、基础性节能技术、高效与革新性能源技术、环境技术。可再生能源技术研究包括太阳能、风能、波力发电、温差发电、生物能和地热能技术等，其中最受重视的是太阳能。为了保证该计划的顺利实施，日本每年为此拨款 570 多亿日元，其中约 362 亿日元用于新能源技术的开发，预计该计划将延续到 2020 年。

20 世纪 70 年代以来，公布的主要能源政策、能源展望有：《昭和 50 年代能源稳定化政策》（1975 年 8 月）、《我国能源问题的长期展望——2000年的选择》（1976 年 12 月）、《面向 21 世纪的能源战略》（1978 年 10 月）、《新长期能源供需临时预测》（1979 年 8 月）、《对长期供需展望的再探讨——综合能源对策推进阁僚会议公报》（1982 年 5 月）、《长期能源供需展望与能源政策总检查》（1983 年 8 月）。

进入 20 世纪 80 年代末以后，环境问题越来越受到世人的关注，日本的能源政策也从注重 Energy Security 和 Economy，到重视 Environment 的理念，也就是说人们对地球环境问题的意识越来越强。基于此，1990 年 6 月，综合能源调查会发表了《迎接地球规模的能源新潮的挑战》（中间报告），1992 年 11 月由产业结构审议会、综合能源调查会、产业技术审议会三个审议会联合组成的能源环境特别部门会议发表了《关于今后的能源环境对策的理想状态》，提出了有效利用能源、构筑新型区域能源有效利用体系等 14条建议。1993 年 12 月综合能源调查会基本政策小委员会发表《实现强韧而且柔和的能源供给体制的目标》，进一步强调环境保护观念。1997 年 11 月九个审议会联合发表题为《以抑制综合能源总需求对策为中心的地球温暖化对策的基本方向——构筑小环境负荷的社会》的报告书。2001 年 7 月综合能源调查会综合部会、供需部会发表了以《今后的能源政策》为题的报告书，明确提出同时实现 3E 的目标。

2003 年 10 月根据《能源政策基本法》第 24 条第 4 款的规定，日本制定了第一部有专门法依据的为期三年的《能源基本计划 2003》。该基本计划提出了"能源供需相关措施的基本方针"，再次重申了确保能源的稳定供给、适合于环境和活用市场原理这一 3E 基本原则。确定在能源最佳搭配中，将核电定位为基干电源，同时也将天然气列为最重要电源之一。不过，针对这一计划，许多人对于事故风险、核燃料再利用的责任规定的不明确，国家在干扰原子能事业等提出许多质疑。但是，尽管存在许多不同意见，政府并没有停下发展核电的脚步，于 2005 年发表了旨在大力发展核电事业的《原子能立国计划》，将核电明确定位为能源最佳结构中的基干能源。

2007 年制定的《能源基本计划 2007》颇有影响，该计划与《新国家能源基本战略》相辅相成，在再次确认 3E 基本原则的基础上进一步强调节能的重要性，同时强调能源品种的多样化，特别强调核电站的发展和新能源的开发，强化和充实石油储备制度，并且提出要把制定能源技术战略提到议事日程。

2010 年民主党政权制定了《能源基本计划 2010》，该计划与前两次计划的最大区别在于，更加重视环境问题。一方面要求家庭和汽车等造成的"生活二氧化碳"排放量减半，另一方面要使下一代输电网等与新能源有关的产业成为经济增长的支柱。在 2020 年前，要使下一代新能源汽车销售量占新车销售量的一半；2030 年前，家庭照明要普及高节能发光二极管。与此同时，还明确提出要扩大利用太阳能和风能等可再生能源；在 2020 年前，新建 8 座核电站；并在 21 世纪 20 年代初期建成新一代输电网。该计划还十分重视能源的自给率，作为确保能源供应稳定的措施，该计划创设了"自主能源比率"概念，这一概念不仅包括传统意义所指的国内资源，而且包括日本在海外投资的可获得资源。提出 2030 年要使能源自主率由现在的 38% 提高到 70%。

2014 年 4 月制定了《能源基本计划 2014》，这是东日本大地震与福岛核事故后政府制定的首份能源基本计划。该计划反映了安倍政府将核电纳入经济增长战略的政策，彻底告别民主党执政时提出的"零核电"方针。他们不顾民众的反对，将核电定位为"重要的基荷电源"并写明推动核电站重启的方针。关于可再生能源，该计划提出"从 2013 年开始的 3 年左右时间里，要最大限度加快导入可再生能源的速度，之后也要积极推进。为此，日本政府将强化系统、合理化规制并开展低成本化研究工作。为此将成立可再生能源的相关阁僚会议，在强化政府指挥作用的同时，促进相关省厅之间的合作。通过这些举措，力争设置比过去的能源基本计划更高的目标"，显露出了"举政府之力加快发展可再生能源的姿态"。计划中还提出将实现电力与城市燃气零售的全面自由化。

综上所述，日本的能源计划基本反映了各个时期能源结构、能源供需状况的不同特点，2003 年以前，没被称为能源计划，而是以能源供需展望、政府的各种报告的形式出现的，2003 年以后依据《能源政策基本法》（2002 年制定）制定第一部名副其实的能源基本计划，标志着日本能源基本计划进入法制化、制度化的阶段，2007 年和 2010 年都是按照法律规定，相隔三年制定一次，本来应当在 2013 年制定新的能源计划，但是由于在如何对待发展核电站的问题上意见分歧较大，故在 2014 年 4 月新的能源基本计划才公之于世。

三　战后日本能源法律概述

战后日本能源法律体系是随着经济社会的发展而逐渐健全起来的，它从一个侧面反映着日本曾经和正在面临的能源问题以及在法律层面上解决那些问题的进展。

战后最初十年（1945～1954 年）是日本能源法律体系发生重大调整和变化的时期，这种变化突出体现在以下三个方面。

第一，废除服务于统制经济的能源法。战后初期，日本进行了诸多方面的改革，其中一个重要方面是废除统制经济，转向市场经济。在这个过程中，一批服务于统制经济的能源法被废除，包括《石油配给公团法》《煤炭配给公团法》《帝国燃料兴业股份公司法》《帝国石油股份公司法》《煤炭矿业临时管理法》等。

第二，健全煤炭矿业法。对于自然资源贫瘠的日本而言，煤炭是为数不多的、具有开采价值的资源。在百废待兴的战后初期，煤炭是日本经济得以恢复的重要基础条件。战后初期，日本为加快经济恢复而推行"倾斜生产方式"，其重要支柱之一便是加快发展煤炭产业。战后初期，日本新颁布的能源法主要集中在煤炭领域，诸如 1949 年 5 月颁布的《矿山保安法》、1950年 5 月颁布的《特殊矿灾重建临时措施法》、1950 年 12 月颁布的《矿业法》、1952 年颁布的《煤炭矿难重建临时法》、1953 年 8 月颁布的《关于对电力业及煤矿业的争议行为进行规制的法律》等。

第三，从能源法制建设入手，为经济起飞奠定基础。能源是经济社会发展的"粮草"。支撑战后日本经济起飞和高速发展的能源条件，是在战后初期开始奠定的。从能源法的角度看，除前述的煤炭矿业法之外，战后初期日本还陆续颁布了一系列法律：1951 年 4 月颁布《热管理法》，同年 6 月颁布《高压燃气管理法》，1952 年 5 月颁布《石油以及可燃性天然气资源开发法》，同年 7 月颁布《电源开发促进法》，同年 12 月颁布《促进农村、山村、渔村通电法》，1954 年 5 月颁布《促进勘探石油资源临时措施法》等。这些法律对接下来的经济起飞和高速发展具有重要意义。

1955～1972 年是日本经济高速增长时期。经济高速发展对能源的需求也以前所未有的速度增长。对应于这种需求，日本的能源法律体系也得以充实和扩展，这主要体现在以下四个方面。

第一，深化"合理化理念"。为增强产业竞争力，战后日本曾大张旗鼓地推行产业合理化运动。合理化的理念也渗透到能源法律体系中。1955 年 8月，日本颁布了《煤炭矿业合理化临时措施法》（全称为《煤炭矿业结构调整临时措施法》），从法律层面促进煤矿业合理经营。在此后的经济发展过程中，日本或通过对原有能源法的修改，或通过颁布新的法律，不断深化能源利用合理化的理念。

第二，核能法律体系的建立。构成核能法律体系的核心是三部法律，俗称"核能三法"，即1955年12月颁布的《原子能基本法》、《原子能委员会设置法》和《关于设置核能局的法律》，以立法的形式确立了开发和运用"核能三原则"，即"民主、自主、公开"。其实，日本的核能法律并不止于这三部，此外还有1956年5月颁布的《日本原子能研究所法》、《原子燃料公社法》和《促进开发核原料物质临时措施法》，1957年6月又颁布了《关于规制核原料物质、核燃料物质以及原子能反应堆的法律》。

第三，扩充与石油相关的法律。在核电尚未形成大规模供电能力之前（日本第一座核电站建成供电，始于1963年10月26日），仅靠国产煤炭根本无法满足日本经济高速增长的需要。伴随经济高速增长，日本在能源结构上出现了从"煤主油辅"向"油主煤辅"的转变。在这一转变过程中，扩充与石油相关的立法成为这个时期能源法律体系扩展的突出特点。在这方面先后颁布的法律包括《关于限制建设重油锅炉等的法律》（1955年8月）、《石油资源开发股份公司法》（1955年8月）、《石油业法》（1962年5月）、《石油及能源供求结构高度化对策特别措施法》（1967年5月）、《石油开发公团法》（1967年7月）、《关于确保石油液化气及其交易适度化的法律》（1967年12月）、《石油管线事业法》（1972年6月）等。

第四，关于资源趋于枯竭的煤矿区的法律。随着日本向以石油为主的能源结构转变，其国产煤炭因成本高而丧失竞争力，加之煤炭资源日渐枯竭，原有矿区如何发展，矿工以后的生计问题如何解决等，成为日本有待解决的课题。在法制社会下，解决这些课题首先需要在法律层面做出明确规定。在这方面，日本先后颁布的法律有《煤矿离职者临时措施法》（1959年12月）、《振兴煤矿区临时措施法》（1961年11月）、《产煤地区振兴事业团法》（1962年4月）、《关于中小企业信用保险对产煤地区中小企业者的特别措施的法律》（1963年8月）、《煤炭矿业重建临时措施法》（1967年7月）、《煤矿业年金基金法》（1967年8月）等。

1973～2000年是日本经济从高速增长滑落到中速和低速增长的时期。1973年爆发的石油危机，使日本经济曾一度从高速增长跌入负增长。与此同时，石油危机也给日本带来了一场社会性的"狂乱"，物价狂涨，以石油为原料的日用生活品遭到疯抢。这充分暴露了日本能源结构的脆弱性。此后，能源安全成为日本经济社会的一个突出课题。石油危机后颁布的能源法，或多或少带有解决能源安全问题的意味，其中特别值得关注的是如下五个方面。

第一，对处理石油供求关系做出法律规范。在石油危机爆发两个月后的1973年12月22日，日本推出了《石油供需法》。这项法律规定：在石油供应紧缺的情况下，要优先确保对国民生活顺畅运行具有重大影响方面所需的石油，必要时，政府主管部门负责人可向石油经销商发布命令，令其向相关方面供给石油。与此同时，还颁布了《国民生活安定紧急措施法案》，上述两部法律被称为"石油二法"。日本政府在整个国民经济与社会秩序受到石油危机的巨大冲击下，通过制定"石油二法"，限制了石油和电力的使用量，控制了相关生活物价指数，稳定了国民生活，更为重要的是它协调了在非常状态下的国家权力、公民权利以及国家权力与公民权利之间的各种关系，充分发挥了法律对社会无序状态、紧急状态的防范和矫正功能，最大限度地弱化和避免了石油危机给日本带来的破坏性。

第二，健全电业法体系。从自然界获得的一次能源，通常是被转变为电力等二次能源后才运用到产业社会和国民生活之中的。因此，保障充足而稳定的电力供应是增强能源安全的一个重要方面。日本电业法体系主要由两大部分构成，一是1964年7月第170号法律颁布的《电力业法》；二是1974年6月6日颁布的三部法律，即《电源开发促进税法》、《电源开发促进对策特别会计法》和《发电设施周边地区建设法》。同一天颁布的这三部法律，被称作"电源三法"。日本在此之后颁布的法律中，也有不少与电力业相关。健全电业法律体系，不仅体现在新颁布了多部法律，还体现在对原有法律的修改，使之合乎经济社会发展的要求。例如，日本的《电力业法》到2013年6月12日已被修改过38次。

第三，石油储备法。日本所需石油百分之百依赖进口。为增强能源安全，减轻国际石油市场波动对国内经济社会的影响，石油危机后，日本加强了石油储备能力的建设。1975年12月颁布的《关于确保石油储备的法律》（简称《石油储备法》），从法律层面上规定了确保石油储备所需采取的措施。

第四，节能法。日本《节能法》的全称是《关于合理使用能源的法律》，该法于1979年6月颁布。这部法律出台的重要背景是第二次石油危机。第二次石油危机的突出特征是油价继续暴涨。这使日本认识到石油再也回不到以往的廉价时代。从长远来看，要维持经济社会的稳定运行，要增强本国产业在国际市场上的竞争力，唯有倾力打造节能型经济社会。日本在《节能法》中，明确了能源使用合理化的基本方针，规定了工厂、运输、建筑、机械器具等方面所应采取的节能措施，并明确了政府和国民应尽的责任与义务。此外，为了促进和激励节能和节约资源活动，日本还于 1993 年 3 月颁布了《关于促进合理使用能源以及有效利用资源等事业活动的临时措施法》。

第五，促进开发替代化石类能源的法律。石油危机促使日本走能源多元化道路，努力开发和利用化石燃料以外的新能源。在这方面出台的法律主要有 1980 年 5 月颁布的《关于促进开发和引进石油替代能源的法律》（后改称《关于促进开发和引进非化石能源的法律》）。欲减轻日本经济对石油的依赖程度，确保日本国民经济的健康发展和国民生活的稳定，就需要采取综合开发、利用石油替代能源的措施。而且，日本原有的石油替代能源的开发、利用措施，都是由各种能源相关部门、企业分散地实施的，为了"综合地"有效推动石油替代能源的开发和利用，日本从供需两方面构建了相关的法律体系。1997 年又颁布了《关于促进利用新能源等特别措施法》。

进入 21 世纪以来（截至 2014 年 6 月末），日本新颁布了十多部与能源相关的法律，这些法律所对应的问题可归纳为以下四个方面。

第一，明确能源政策基本原则和社会各组成部分的责任与义务。就日本经济产业省资源能源厅等主编的 2002 年版《资源能源六法》来看，这部将近 1800 页的法典收录了 47 部法律，其中，与能源相关的法律有 43 部。由此可见，日本的能源法已经是一个相当可观的体系。每一部法律都体现着能源政策。如果立法缺乏统一的原则，便难免政出多头。2002 年 6 月 14 日第 71 号法律颁布的《能源政策基本法》则有助于防止或解决这一问题。这部法律明确了能源政策三项基本原则，即：确保稳定供给，符合环保要求，充分运用市场原理。这部法律中还分别规定了国家、地方、经营者、国民在能源方面负有的责任与义务等。

第二，健全核能法律体系。2000 年以来新颁布的 9 部能源法中，有 3 部与核电相关，即：2000 年第 117 号法律颁布的《关于最终处理特定放射性废弃物的法律》，同年第 148 号法律颁布的《关于振兴核电设施等所在地区的特别措施法》，2005 年第 48 号法律颁布的《关于为核电乏燃料的再处理等提取和管理积金的法律》。

第三，促进利用可再生能源。在日本，利用可再生能源的发展方向早已明确，政府、企业和科研机构也在这方面做了大量投入，进行了诸多实验和探索，但是，要将可再生能源作为实用的产品，纳入日常的经济社会运转中，在法律层面还有诸多要解决的课题。2000 年以来日本新颁布的 9 部能源法中，有 4 部与利用可再生能源有关，它们是：2002 年第 62 号法律颁布的《关于电力业者利用新能源等的特别措施法》、2009 年第 52 号法律颁布的《推动充分利用生物质基本法》、同年第 72 号法律颁布的《关于促进能源供给业者利用非化石能源及有效利用化石能源原料的法律》、2011 年第 108 号法律颁布的《关于电力业者采购可再生能源电特别措施法》。

第四，鼓励开发和制造能源环境适应型产品的事业。要发展风能、太阳能、地热能、潮汐能、生物质能等新能源，需要有一条贯通上下游的产业链，包括能够将这些新能源转化为电力等方便使用的二次能源所需要的专用机械设备，也包括适合消费这些新能源的下游设施或产品。否则，新能源很容易陷入"不好用""无用武之地"的尴尬。日本 2010 年第 38 号法律颁布的《关于促进开发和制造能源环境适应型产品的事业的法律》，目的就是为开发和制造适应新能源型产品的企业提供政策支持。

此外还应提到的是 2002 年第 145 号法律颁布的《独立行政法人新能源、产业技术综合开发机构法》。严格而言，这不是一部新法律，而是修改原有法律、改换名称而来。该法律中所称机构的前身是 1980 年建立的"新能源综合开发机构"。该机构对于日本能源技术的发展具有重要作用，因为有关新能源、能源技术开发的大量具体工作、对民间开发能源技术的筛选和扶持等均由该机构进行。这部法律规定了该机构的组织架构、业务范围和经营规则等。

综观日本能源立法，其早期采取的是对石油、天然气等开发和利用分别予以规制的方法，制定了诸如《煤炭法》《石油业法》《天然气事业法》等一系列能源专门法。与此同时，为保证能源专门法的实施，日本还制定了一系列相关配套法规。此后，随着国家能源政策的调整和能源业的发展，作为国家能源政策的基础，日本制定了《日本能源政策基本法》。这样，日本能源立法形成了《日本能源政策基本法》与《天然气事业法》《节约能源法》《促进新能源利用特别措施法》等专项能源法相结合的能源立法模式，构建了以《日本能源政策基本法》为指导，以《天然气事业法》《节约能源法》等专项能源法为主体，以《天然气事业法施行令》《促进新能源利用特别措施法施行令》等相关政令为配套的金字塔式能源法规体系。

第一部分

能源**战略**

新国家能源战略(概要版)

2006 年 5 月

经济产业省

一　现状认识与课题

（一）关于现状的基本认识

1. 能源供求的结构变化

如果基于石油危机以后的变化以及对未来 30 年的展望来看，可以认为，国际能源市场受供求双方各种因素的影响，正迎来重大的结构性变化。

目前这种高水平的原油价格，因为国际能源市场的结构性供求处于紧张状态，很可能在中长期里继续维持。

（1）能源市场的长期性变化

以两次石油危机以后原油价格高涨为背景，世界范围内替代石油和节约能源等相关对策有所进展，对石油的需求受到抑制。与此同时，非石油输出国组织（OPEC）国家的石油生产扩大，导致国际能源市场演变为供给过剩结构。鉴于这一变化，从 20 世纪 80 年代后期到 90 年代，除海湾战争引发的临时性价格高涨外，原油价格一直比较稳定地维持在每桶 3~19 美元的水平。

在这一时期，以在低价位稳定徘徊的原油价格为背景，能源需求转向缓慢增加，就供给而言，对上游产业开发的投资出现停滞倾向。进入 21 世纪，以亚洲和美国为中心，全球性能源需求增加，结果导致能源供求转向结构性紧缺。

结果是，原油价格再次转向上涨基调，目前依然维持着每桶 70 美元左右的高水平（见图 1）。

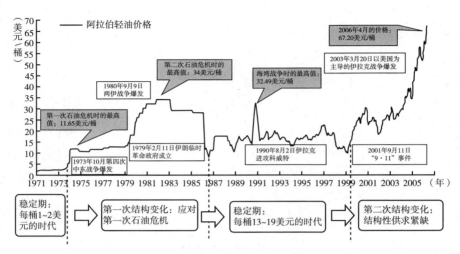

图 1　原油价格的长期性变化

资料来源：经济产业省制作而成。图中数据反映的是日本交易量较大的沙特阿拉伯生产的"阿拉伯轻油"（Arabian Light）的价格变化。但是，价格决定方式在不同的时期有所不同。

（2）需求方面的结构变化

在需求方面，以亚洲为中心的全球性能源需求急增及这种趋势将长期持续的预期，中国、印度等为确保能源权益的活动日益活跃以及这些国家在国际能源市场上影响力的扩大，运输部门燃料需求增大的可能性，以及能源流

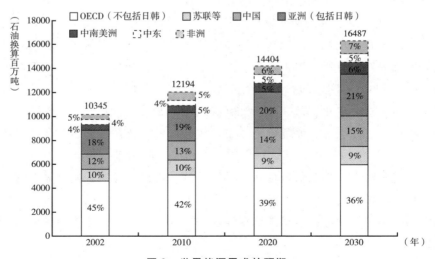

图 2　世界能源需求的预期

资料来源：IEA, World Energy Outlook（2004）。

通基础设施和二次供给设备不足、分布不平衡等所带来的需求国供给余力不足等，各种课题正显现出来（见图2、图3）。

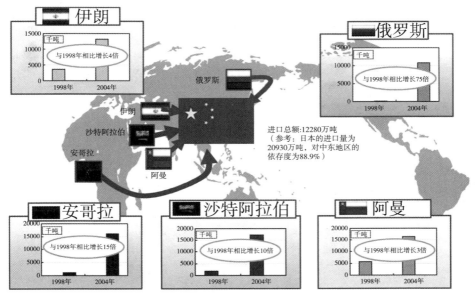

图3　中国石油进口的变化

资料来源：新华社通信 China OGP，《石油资料月报》。

（3）供给方面的结构变化

在供给方面，油气生产国出现强化对能源资源的国家管理和外资管制动向，输送管道等大规模流通基础设施不足，非 OPEC 国家供给能力低下和对中东地区依存度攀高，以及以"石油生产能力极限论"为代表的关于长期性资源制约的意识高涨等种种迹象越来越明显（见表1、图4）。

表1　资源生产国强化国家管理动向的实例

中东	· 沙特阿拉伯：国营企业 Saudi Aramco 公司占有全部的石油权益。天然气开发对外资开放。 · UAE：政府（国营企业 ADNOC 公司）占有最大额度为 60% 的石油权益。天然气开发 100% 由政府掌握。 · 伊朗：政府（国营企业 NIOC 公司）拥有对矿产资源进行勘探、开发和生产的权利。民间企业只能以回购（buy back）的方式参与。 · 卡塔尔：政府（国营企业 QP 公司）与民间企业以 PS 合同（没有分配比率限制）的形式共同开发石油和天然气资源。QP 公司在 LNG 项目上占有 60% 以上的权益。 · 科威特：政府（国营企业 KOC 公司）拥有对矿产资源进行勘探、开发和生产的权利。通过服务合同引进外资。

续表

俄罗斯、中亚	· 俄罗斯:2005 年向议会提出对限制外资参与重要油田的拍卖活动、俄罗斯企业占有 51% 以上权益的参与义务等进行规定的《地下资源法》。 · 哈萨克斯坦:2002 年对原来承认 100% 外资的政策进行调整,赋予政府(国营企业 Kazmunaigaz 公司)占有 50% 以上权益的参与义务。2004 年,通过对《地下资源法》进行修改,授予该公司优先购买权。 · 土库曼斯坦:外资只能参加离岸项目。成立国营企业 TNOC 公司的筹备工作正在进行,计划参与全部即有外资参加的项目。 · 阿塞拜疆:积极引入外资,政府(国营企业 ocar 公司)占有 0% ~50% 的参与权益。
非洲	· 尼日利亚:政府于 1999 年撤回对国内石油公司关于大水深 16 矿区的授权。2005 年,国际石油资本占有的 24 矿区收归政府所有。 · 利比亚:2003 年解除制裁回归国际社会后,2005 年实施了两次对探矿矿区的招投标活动,2006 年也计划进行新矿区的招投标,积极引入外资。 · 阿尔及利亚:1986 年以后,允许外资参与(以消除累积债务、提高回收率)。2005 年,缩小国营石油公司的权限,强化推进外资企业的参与。 · 安哥拉:扩大政府在大水深矿区 PS 合同中的权益(案例中,最大比例达到九成)。存在不承认外国企业合同延期的案例。
东南亚	· 印度尼西亚:一方面,产量渐减,通过改善 PS 合同的条件试图扩大生产规模;另一方面,国内需求增加,通过新版 PS 合同赋予天然气产量的 25% 用于供给国内市场的义务。
中南美洲	· 委内瑞拉:在石油行业,国营石油公司开始向合资企业的形态转变,政府资本的参与超过六成以上。提高对石油公司征收所得税的税率(34% ~50%)。至于天然气行业,允许民间资本 100% 参与。 · 玻利维亚:政府于 2006 年 5 月发布了关于碳氢化合物(烃)资源的国有化(大幅提高政府方面的收益分配比例,国家获得主要企业过半股权等)。

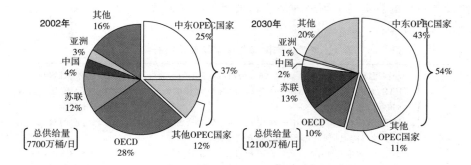

图 4   关于全球能源供给对中东和 OPEC 的依存度的预期

资料来源: IEA , World Energy Outlook (2004)。

表 2　关于石油生产极限的预期

	标准事态发展的预期	悲观情形	乐观情形
1996 年 1 月,常规型石油剩余的最终可开采埋藏量(十亿桶)	2626	1700	3200
常规型石油生产能力的极限	2028~2032	2013~2017	2033~2037
常规型石油生产达到极限时的全球需求量(百万桶/日)	121	96	142
非常规型石油在 2030 年的生产量(百万桶/日)	10	37	8

（4）围绕国际框架的讨论动向

围绕对能源供给结构造成重大影响的气候变化问题和核不扩散问题的国际框架的讨论日渐活跃，为了实现新框架，我国积极提供协作并做出贡献的必要性有所增强（见图 5）。

关于气候变化问题的下一阶段框架

【《气候变化框架公约》《京都议定书》】
○《气候变化框架公约》的最终目标是,实现大气中温室气体浓度的稳定。
○《京都议定书》以第一承诺期（2008~2012）内削减发达国家的温室气体排放量为目的。
· 以1990年为基准年, 日本削减6%, EU削减8%, 俄罗斯±%。
· 美国和澳大利亚没有参与该协定, 排放量预计会增加中国、印度等发展中国家不受温室气体排放限制。
○2005年底召开的COP11、COP/MOP11达成以下三点共识。
· 在约定规定下开展对话: 关于美国和发展中国家等 所有国家长期合作的讨论。
· 讨论发达国家下一阶段的减排目标: 讨论发达国家在第二承诺期内的温室气体减排目标。
· 全面评价议定书: 对《京都议定书》的框架全面进行重新认识。
【G8/APP等】
○ 2005年7月举行的八国峰会就《格伦伊格尔斯行动计划》达成共识。
· 强化IEA在气候变化问题中的作用, 追求能源效率评价等。行动计划的成果预定在208年日本峰会上进行报告。
○ 2005年7月建立与清洁开发和气候相关的亚洲太平洋伙伴关系（APP）
· 成员国包括日本、美国、澳大利亚、中国、印度和韩国等六个国家。
· 旨在推进实现清洁、高校技术的开发、普及和转移的区域合作。

全球核能合作伙伴（GNEP）

"核燃料循环国"和"单纯核能发电国"的两极分化

① 合作伙伴国（预计包括美国、日本、法国、英国、俄罗斯、中国等）开发并利用先进的再处理技术和告诉反应堆。

② 包括发展中国家在内、合作伙伴国以外的国家,通过放弃获得浓缩和再处理技术,可由GNEP成员国以适当的价格提供（租赁）用于发电的核燃料,仅限于核能发电。

③ 发展国家利用GNEP成员国提供的核燃料进行发电后产生的使用后燃料,归还给GNEOP成员国。

④ 合作伙伴国也要就满足发展中国家需求的反映堆的研究开发和引进合作等进行讨论。

⑤ 国内环境变化

图 5　最近的国际动态的实例

（5）国内的环境变化

日本面临着诸多新课题，如对随着我国在未来国际能源市场上的购买力相对降低而产生的能源资源确保能力低下的担忧，以及在自由化逐步推进的环境下确保对维持合适的供给余力等的投资等（见图 6）。

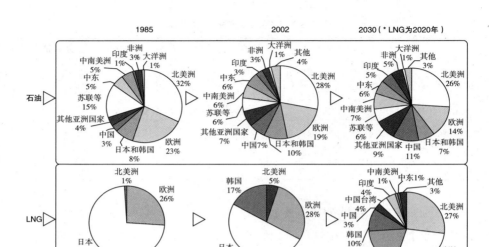

图 6　我国在世界能源市场中的地位

资料来源：IEA OMR（2005.6），IEA WEO（2004）。

2. 政局不稳等原因导致市场波动以及扩大波动程度的因素多样化

不仅仅是导致中长期能源供求紧张的结构性变化，可能对能源供给造成暂时性阻碍的市场波动因素，以及进一步扩大市场波动的因素等也日渐多元化（见图 7、图 8）。

导致供求窘迫紧迫的要因

需求方面的结构变化：全球性需求增加、资源获取形成竞争；运输燃料的全球性需求增加；精炼等 供给基础设施的不足和分布不均；煤炭回归以及应对导致地球变暖的温室气体排放的迟滞。

供给方面的结构变化：资源供给国强化投资管制和国家管理；对产业上游投资的停滞以及"石油生产能力极限论"的预期；管道等 流通基础设施不足。

围绕国际框架的讨论动向：气候变化问题、核不扩散讨论。

国内环境变化：我国相对购买力降低；自由化进程等导致供给余力缩小。

导致市场波动的要因

海外的政局不稳、事故、天灾以及恐怖事件：例如中东地区的地缘政治风险；海上运输线的安全问题；飓风等 的影响。

国内发生的事故、天灾以及恐怖事件：例如地震、台风以及雪灾等造成的影响等。

导致波动扩大的要因

国内应对波动能力的低下：包括在发电设备、油轮、配送电网络等方面供给余力的低下。

市场机能混乱的原因：投机资金的扩大、未经历过亚洲金融危机国家的经济恐慌行动。

图 7　导致多元化和多层次化的风险因素的实例

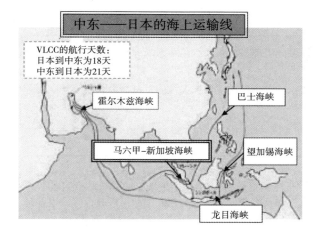

图 8　中东产原油和 LNG 供求的海上运输线

注：图示▣为经由马六甲－新加坡海峡的油轮航行的通常线路。图示▢为 ULCC（超大型油轮）以及迂回线路。

资料来源：资源能源厅根据 JETRO 驻新加坡办事处提交的报告书绘制而成。

3. 各国推进能源战略的重新构筑

在围绕能源市场的形势发生如此变化的背景下，世界各国都重新将能源问题作为国家最重要的课题之一加以重视。一方面，在能源消费国中，可以看到增强国内能源供求结构体质、确保能源资源权益等强化举措；另一方面，在能源供给国中，诸如强化能源资源的国家管理等，基于各种各样的国家利益重新构建能源国家战略的动向日趋活跃（见图 9）。

（二）新国家能源战略的构筑

基于前述对当下能源所处内外环境变化的认识，以能源安全保障为基轴，构筑我国新国家能源战略是不可或缺的。

1. 意欲通过战略实现的目标

《新国家能源战略》旨在实现以下三个目标。

（1）确立能够为国民所信赖的能源安全保障

当下世界石油价格居高不下，虽以目前石油价格这种程度的涨幅，对我国经济整体而言不会引起如石油危机时那样的大混乱，但我国能源供求所处环境却持续处于高风险状态之中，以下三方面最具代表性。

①供求持续紧张与石油价格长期走高对我国能源环境所产生影响扩大的

> ### 美国的能源政策
>
> ○降低能源对外依存度：提出以能源来源多样化和汽车动力来源多样化二者为支柱的"尖端能源主动权"（一板咨文演讲，2006年1月）。
>
> ○对核燃料循环利用转向积极姿态：发表旨在实现扩大核能发电能力和核不扩散的并存、以先进的再处理技术和高速反应堆的开发等主要内容的新构想（2006年2月）。

> ### 欧洲的能源政策
>
> ○强化节能政策等：
> · EU委员会决定了截至2020年江能源消费控制在20%以内的数值目标（2005年6月）。
> · 法国成立《能源政策指针法》，涉及维持核能发电、控制能源需求政策等，也明确规定了再生能源电源占比等数值目标（2005年7月）。
> ○制定欧洲共同能源政策的动向：
> · EU委员会发表重新讨论一次能源供给结构等 的能源安全保障强化政策，其中包括对能的再评价（2006年3月）。
> · 以此为基础，欧洲首脑会议就制定欧洲共同能源政策达成共识（2006年3月）。

> ### 中国的能源政策
>
> ○正式启动节能措施：决定在2010年前将单位GDP能源消耗效率提高两成。
> ○加速引进核能发电：计划在2020年前将核能发电装机容量从目前的900万千瓦增加至约4000万千瓦（新建大约30个100万千瓦级的核电站）。
>
> ○推进煤炭的开发和清洁使用。
> ○积极确保在海外的资源权益：最近五年间对大约30个国家实施了125亿美元以上的能源产业上游投资（而且在以失败告终的收购优尼科公司中报告185亿美元）。

> ### 俄罗斯的能源政策
>
> ○强化对能源产业的干预：以成为世界重要石油天然气出口国为目标，投入力量扩大供给能力。
> 包括修改《地下资源法》、尤科斯问题等，俄罗斯的能源政策方向是通过政府强化对能源产业的干预。（《地下资源法》的修改目前正在俄罗斯议会进行讨论。）

图9　各国能源政策动向的实例

可能性。②中长期石油、天然气供给是否能得以确保的不稳定性。③围绕能源市场的风险呈多元化及多层次化趋势。

因此，一面要强化构建世界最尖端能源供求结构的措施；同时，通过对对外战略的补强以阻止各种向多元化、多层次化持续发展的风险发生；并且，加强在紧急事态发生时将波动控制在最小程度的应急措施，力图保证能

确立能够为国民所信赖的能源安全保障

通过能源问题和环境问题一揽子解决为
可持续增长确立基础

为解决亚洲乃至全球能源问题做出积极贡献

源安全保障体系确立。

（2）通过能源问题和环境问题一揽子解决为可持续增长确立基础

2005年7月于英国召开的格伦伊格尔斯峰会上，与会各国对一揽子解决能源问题和气候变化问题的重要性形成首脑级别的一致意见，并就"针对气候变化、清洁能源及可持续开发所制定的格伦伊格尔斯行动计划"达成共识。从这一共识我们可以看出，各国对地球环境问题与能源政策具有息息相关、互为表里这一显著关系的理解正逐步加深。

在确立能源安全保障，积极应对多元化、多层次化的能源供给制约时，有必要将一揽子解决以气候变化问题为代表的地球环境问题纳入考察视野并采取措施。而且，在尽可能下调对化石能源的依赖程度（所谓的脱碳化）的技术层面采取中长期措施是不可或缺的。

我国在环境和技术方面领先于世界水平，为构建解决地球环境问题的各种国际框架发挥全球性主导作用是很重要的。

（3）为解决亚洲乃至全球能源问题做出积极贡献

国际能源市场，与包括资本市场动向在内的世界经济整体动向具有联动性。加之我国的产业和经济，以尖端产业群为中心，早就被纳入了以亚洲为中心的稠密的国际分工网络。

基于这一实际状况，以确保我国的能源稳定供给为第一目标，包括国内对策和对外政策在内，举全力采取措施；但同时必须保证，采取这些措施的结果不会引发全球性的资源获取竞争。为此，必须将基于与世界经济共存的基本立场，通过在国际场合中充分利用我国拥有的技术实力和处理能源问题获得的经验，与亚洲乃至世界共同进步、克服难题、构建发展的基础这一全球性视野的目标，作为《新国家能源战略》的基本姿态。

2. 策划制定战略的基本立场

实现《新国家能源战略》的目标，要基于以下三大基本立场（见图10）。

实现全球最先进的能源供求结构	综合强化资源外交和能源环境合作	充实紧急事态应对政策
提高能源使用效率：继续维持和发展凭借技术实力处于全球领先地位的节能性国家。 能源供给来源的多元化和分散化：促进运输部门的升级等。 保持能源供给余力：确保能够应对供求紧张状态的适当供给余力。	多方面强化同石油生产国和天然气生产国的关系：在能源领域之外，还要积极强化相互交流与合作。 强化同亚洲国家的关系：通过节能合作等，为改善亚洲各国的能源供求状况做贡献。 提高我国企业在加强海外矿产勘探开发活动、促进供给来源多元化方面的配置能力。 为全球规模的课题做贡献：包括气候变化以及核不扩散等。	强化储备制度的机动性。重新逐一检查并强化紧急事态应对政策

图10 策划制定战略的基本立场

（1）实现全球最先进的能源供求结构

对于能源资源贫乏又是资源消耗大国的我国而言，为应对持续多元化和多层次化的能源供给风险最为切实可靠的对策，可通过提高能源使用效率、能源供给来源多元化和分散化、保持能源供给余力等措施确立全球最先进的能源供求结构。

其中，在一定比率上依赖于具有供给稳定性优势、发电过程中不排出二氧化碳的核能，对于我国的能源供给而言是不可或缺的。为了推进这一政策，确保以品质保证为核心的安全保障万无一失是很重要的。

（2）综合强化资源外交和能源环境合作

面对以结构性能源供求紧迫为代表的持续多元化和多层次化的风险，为了阻止风险的发生以及将其影响控制在最小范围内，有必要为全面强化资源外交和能源环境合作而努力。

（3）充实紧急事态应对政策

为了从根本上强化我国的能源安全保障，围绕紧急事态应对能力的提高进行重新讨论是不可缺少的。

3. 实施战略时的注意事项

在策划制定《新国家能源战略》的具体内容时，有必要对以能源问题固有特性为基础的应对之策进行探讨。在实施战略的时候，则有必要充分留意以下三点注意事项。

（1）中长期内不发生动摇的措施以及为此设定明确的数值目标

为了提升能源安全保障能力，确定长期战略性以及在长时间内官民采取不发生动摇的政策是不可或缺的。为此，设定明确的数值目标等、共享官民应该为之奋斗的方向性是有效的。

（2）凭借领先于全球的技术实力实现突破进展

为了开发、引入创新性能源技术，官民一体共同努力，旨在构建领先世界各国的新一代能源利用社会。

（3）强化官民战略性合作以及与政府形成一体的应对体制

能源安全保障，是关系国家利益的国家性课题，在具体实施战略时，虽然官民需各自明确承担责任，但在对外局面中官民一体共同采取行动并相互支持是很有必要的。同时，在政府内部，与应对课题相关的机构有必要明确共享目的，并强化一体化解决问题的措施。

4. 设定数值目标

为了确立能源安全保障、齐官民之力采取不偏离基轴的措施，作为官民应该共享的长期方向性，设定如下五个数值目标。

（1）节能目标

石油危机以后，齐官民之力共同推动节能发展的结果是，我国的能源使用效率在过去的 30 年间改善了约 37%，达到了世界最先进水平。

今后的目标是，截至 2030 年能源使用效率至少再提高 30%。

（2）降低石油依存度目标

我国一次能源供给对石油的依存度在第一次石油危机后逐渐降低，目前已降至约 50%。

今后的目标是，截至 2030 年降至 40% 以下。

（3）降低运输部门石油依存度的目标

目前，运输部门的石油依存度几乎是 100%。

今后的目标是，截至 2030 年降至 80% 左右。

（4）核能发电目标

核能发电正在成为约占我国发电总量 1/3 的基本电力动力源。而且，核能是在供给稳定性方面占据优势，在发电过程中不排出二氧化碳的清洁能源。

今后的目标是，即便到 2030 年以后，核能发电在日本发电总量中所占的比率也维持在 30% 甚至 40% 以上。

（5）海外资源开发目标

属于我国企业占有权益下的石油交易量在我国石油进口总量中所占的比重（自主开发比率）从 8% 开始逐渐上升，目前以交易量为基础计算的占比已达到 15% 左右。

今后的目标是，在日益激化的全球资源争夺竞争中，进一步扩大自主开发比率，截至 2030 年达到 40% 的水平。

二 为实现目标而采取的措施

（一）构成战略的具体项目及其定位

我国作为资源小国，对于能源安全保障而言，确保占据能源大宗供给的石油、天然气等的稳定供给是不可缺少的课题，政府自身有必要以强化为了全面加强权益获取和资源筹措的资源外交为代表，积极采取措施，全力应对难题。

同时，在国内以进一步提高能源使用效率、推进核能发电的发展以实现能源供应来源的多元化和分散化、促进化石能源的有效利用等为代表的供求结构改革中，必须充分利用我国卓越的技术实力，官民一体，从中长期的战略角度采取应对措施。

而且，通过将由此获得的知识和技术诀窍向海外普及，为确立亚洲乃至世界经济整体的增长基础贡献力量。

针对以此为中心的国家诸多课题，政府要积极采取措施开展如下所列的具体项目，充分发挥使官民一体化措施在整个社会中形成良性循环的主动权。

1. 实现全球最先进的能源供求结构

受全球能源供求结构性紧张状况的影响，加上今后中长期内这种态势还将持续的预期，在这种新能源价格体系之下，构建全球最先进的能源供求结构。

具体而言，在彻底推行节约能源的同时，促进几乎 100% 依靠石油的运输部门所使用能源升级，引进新能源并扩大使用规模，积极推动在供给稳定性和应对地球气候变暖问题上具有优势、对于可持续发展而言不可或缺的核能发电发展等，通过这些措施，包括降低石油依存度，努力实现能源的最佳混搭。

其目标是，截至 2030 年，将石油依存度降低至 40% 以下。

○ 节能领跑者计划

○ 运输用能源的升级计划

○ 新能源技术革新计划

○ 核能立国计划

2. 综合强化资源外交和能源环境合作

为了确保占据能源大宗供给的石油、天然气等的稳定性，促进能源有效使用，在实现加强综合性资源确保战略的同时，充分利用第一次石油危机以来积累的经验和技术诀窍，从各个方面强化对外关系和国际贡献，为以亚洲为首的世界能源供求稳定做出积极贡献。

另外，还要全面强化对近年来供求紧张、让人担心其会成为整个产业活动瓶颈的金属资源的确保供给战略。

○ 综合性资源确保战略

○ 亚洲能源环境合作战略

3. 充实紧急事态应对政策

在全力应对上述课题的同时，还要加强万一有危机事件发生时的应对准备工作。

○ 强化紧急事态应对能力

4. 共同的课题

通过上述为了实现强韧供给结构、强化综合性对外战略的措施，培育承担能源安全保障责任的强力民间企业。其中，作为相关措施核心之一的技术，以核能为代表，必须采取长期性政策，尤其是以官民合作为基轴不动摇的措施很有必要，与之并行的是策划制定展望中长期发展的综合能源技术战略。

○ 能源技术战略

（二）节能领跑者计划

1. 目标

自 20 世纪 70 年代的石油危机以来，我国经济运行中能源使用效率的提高超过了 30%。今后，通过确立技术革新和社会体系改革的良性循环，旨在实现截至 2030 年进一步改善能源使用效率至少 30% 的目标（见图 11）。

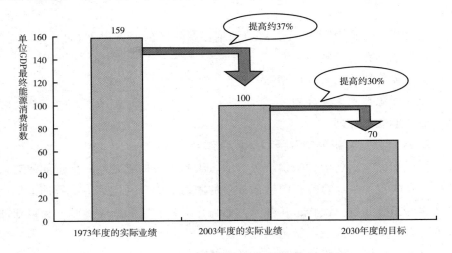

图 11　单位 GDP 能源使用效率指数及其目标值

2. 具体措施

通过以下措施，确立节能领域的技术革新与将此内容纳入其中的社会体系方面的良性循环（见图 12、图 13）。

※策划制定对要求跨领域和长期突破性发展的技术领域进行明确规定的节能技术战略，并在 2006 年度中提出第一版。之后，定期对战略实施进展状况进行评价和调整。

※细化不同部门的领跑者标准，重点加强对满足标准者的援助。在住宅领域，积极充实为开发住宅和设备的综合性节能评价方法，以及加速高性能住宅和设备的普及提供信息和援助等的框架。

※到 2008 年前开发出由市场（投资家等）对致力于节能投资的企业进行评价的事业价值评价手法，并实现普及和地位巩固。另外，为了将这些措施推广至国际社会，以不同部门节能标准以及评价制度的国际性调整为目标，在我国 2008 年召开"G8 峰会"以前，正式开启国际对话。

※建立健全有助于交通更加顺畅的道路网络，开发并推广普及充分利用 IT 等技术的系统，促进城市交通向公共交通转变，以及在高温排热的城市和地区的有效利用等，针对上述迫切要求社会体系和城市结构进行变革的课题，进行中长期探讨。

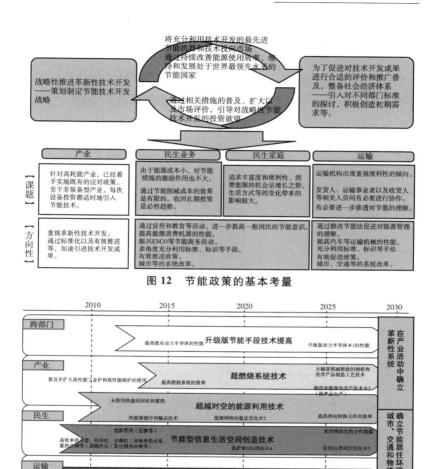

图 12　节能政策的基本考量

图 13　面向 2030 年可期待实现的节能技术开发的方向性

注：※1 使用能够替代目前居于主流地位的硅（Si）动力半导体、降低电力损失、具有卓越的高耐压性等特性的 SiC 等材料的动力半导体。

※2 利用燃料气化生成包括氢在内的气体，其中一部分作为气体燃料用于发电，同时对氢进行分离回收的技术。

※3 通过最恰当地回收排出能源物质的手法，以及将收回的能源运送到最合适的需求地的技术，实现能源的有效使用。

※4 使用一有电流通过即发光的半导体的点状光源照明，与既有照明系统相比可以获得更高的能源使用效率。

※5 使用一有电流通过即发光的有机物质的面状光源，与既有照明系统相比可以获得更高的能源使用效率。

※6 通过使用 IT 技术、提高输送效率、实现道路交通的舒适化，推进航空航海系统的高速化、信号机等交通管理的最合适化以及安全运输等。

※7 促进道路使用者变更对时间、路线、交通手段以及汽车等的利用法，以缓和交通混杂状况的办法。

（三）运输能源的升级计划

1. 目标

为了确立即便面对石油市场需求紧迫状况等能源市场变化，也能灵活应对的高效率运输基础设施，以 2030 年将运输部门的石油依存度降至 80% 左右为目标，进行必要的环境整备（见图 14）。

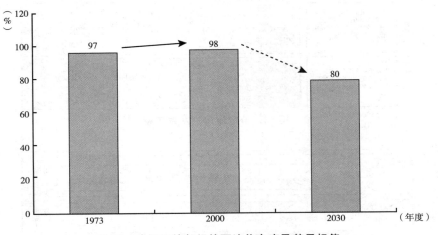

图 14　我国运输部门的石油依存度及其目标值

2. 具体措施

全面推动与车辆和燃料双方相关的民间措施，以及与环境整备相关的政府政策等的三位一体发展，为将目前几乎 100% 依靠石油的运输能源的石油依存度降至 80% 左右创造环境。

（1）2006 年度策划制定促进乘用车等的燃料费降低的新版燃料费标准，以切实改善汽车燃料费状况。另外，就如何提高对提升燃料费有一定效果的普通汽油的辛烷值进行讨论，尽可能早地在 2008 年度得出结论。

（2）通过加油站的环境、安全对策，在加速生物质燃料供给基础设施建设的同时，在汽车产业促进对加入 10% 乙醇混合而成的汽油的应对，以 2020 年为目标年重新研究包括乙醇在内的含氧化合物混合上限的规定。另外，推广普及在充分利用 GTL 中具有重要作用、排气性能比汽油车毫不逊色的柴油车的同时，以 21 世纪头十年中期为目标，积极推进对 GTL 等的充分利用。

（3）对为了扩大国产生物乙醇生产规模的区域性措施，以及对生物乙醇等生物质燃料的开发进口提供援助的理想方式进行讨论。促进高效率乙醇制造技术和 GTL 技术的开发等，促进生物质燃料等新兴燃料的供给，实现经济效益的提升。

（4）促进正开启实用化进程的电动汽车、燃料电池汽车等的推广普及的同时，采取措施集中开发与新一代电池和燃料电池汽车相关的技术，确立安全、简便、高效和低成本的氢储存技术，并推进下一代新型汽车的开发及实用化进程（见图 15）。

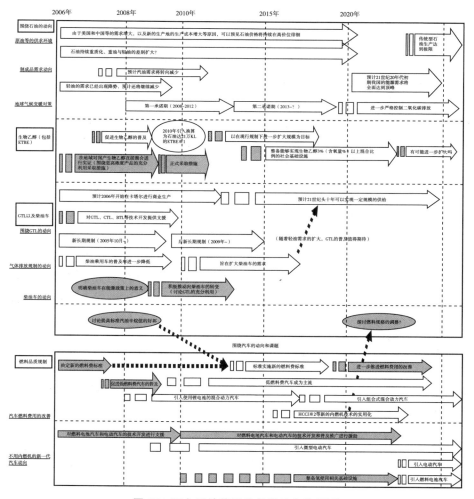

图 15　面向运输能源升级的动向和课题

注：※1 在《京都议定书》的目标达成计划中，设定目标为：2010 年度，包括换算为石油达 21 万 kL 的 ETBE 在内，引入换算为石油达 50 万 kL 的生物质燃料。

※2 所谓 HCCI（预混合压缩点火燃烧）发动机，是兼具汽油发动机和柴油发动机的长处的发动机。人们期待其产生 NOx 和颗粒物质少，能够实现较高热效率的发动机。

（四）新能源技术革新计划

1. 目标

通过以产业自立为目标、实现引入规模的扩大，截至 2030 年为普及如下所列方向性而努力。

（1）使太阳能发电的成本与火力发电成本相当。

（2）积极推进生物质能源、风力发电等当地生产当地消费型措施，提高地区能源自给率。

（3）将汽车的新车销售大量转向混合动力车的同时，推动电动汽车和燃料电池汽车的引进。

2. 具体措施

致力于根据不同能源来源的不同特性和普及阶段强化普及援助政策，培育基础产业群的同时，积极促进包括化石燃料的有效使用技术等在内的革新性能源高效利用。

（1）根据不同能源来源的特性和成长阶段性采取不同的引进支援政策，扩大"需求"和"供给"。

①关于正在向普及期发展的太阳能发电、风力发电、生物质能源等新能源，实施扩大市场支援政策，如在公共机构率先引进关联设施、适用 RPS 法，以及适用必要的促进措施和税制。②至于使用新材料的太阳能电池、有助于控制风力输出功率变动的蓄电池、旨在实现氢社会的燃料电池等的革新性技术，处于发展准备阶段，要战略性、有重点地推进技术开发与实证。

（2）培育太阳能发电产业群和燃料电池、蓄电池产业群，促进以风力、生物质等"当地生产当地消费"型能源为基础的地区经济发展等，形成与新能源产业相关的有厚重感的"产业结构"。另外，建设完善能够让人对新的能源供给和利用形态一目了然的新一代能源公园等。

（3）以超燃烧和能源储存为关键，战略性地开发对新能源经济形成支撑作用的基础技术，包括新一代蓄电池、充分利用生物技术的生物乙醇的高效率制造技术，以及燃料电池的低成本化等。

（4）积极推进包括化石燃料自身的有效利用在内的促进能源高效使用的革新性技术的开发与普及。

（5）针对革新性技术发起挑战的新能源风险企业经济要加大支援力度（见图 16）。

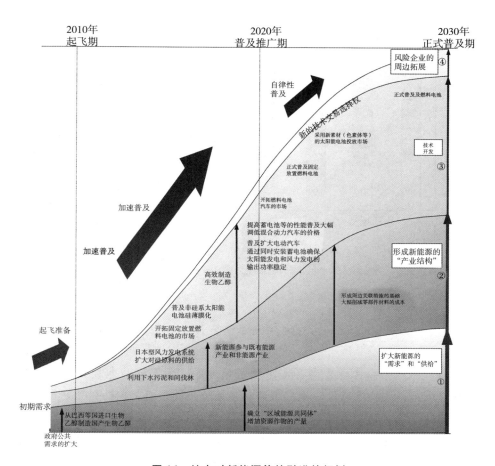

图 16　扩大对新能源等的引进的规划

（五）核能立国计划

1. 目标

　　作为具有卓越的供给稳定性、在运营中不排出二氧化碳的清洁能源来源，核能发电是确立能源安全保障和一揽子解决全球环境问题的关键。目标是，即便在 2030 年以后，核能发电在发电总量中所占的比重也要维持在 30% 甚至 40% 以上。另外，在有计划地全面致力于切实推进目前以轻水反应堆为前提的核燃料循环处理、使高速增殖反应堆尽早投入使用等诸多课题的同时，积极推进核聚变能源技术的研发（见图 17）。

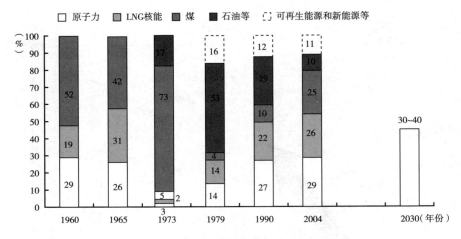

图 17　我国核能发电占比及目标值

资料来源：资源能源厅《电源开发的概况》等。

2. 具体措施

为了达成上述目标，同时确保核能安全万无一失，采取以下措施（见图 18）。

（1）在电力自由化发展和需求增长低迷中，为了顺利地新建和增设核能发电设施、改建既有反应堆，推进对事业环境的整备，包括对初期投资等负担的均等化（诸如为了新建和增设核能发电设施、改建既有反应堆，在2006 年度的企业会计中准备资金等）、降低并分散核能发电所特有的投资风险（在 2006 年度企业会计中为第二再处理设施进行资金准备等）。另外，在探讨今后的电气事业制度时，充分考虑核能投资的波及影响并慎重进行讨论。

（2）六所村再处理工厂开始作业，全国范围内引进 16～18 个钚反应堆发电机组，2010 年度左右引入新型离心分离器，2012 年轻水反应堆 MOX 燃料加工工厂开始作业等，加速确立以目前的轻水反应堆为前提的核燃料循环处理系统。

（3）为了将高速增殖反应堆投入使用，尽早策划制定包括明确国家作用等内容在内的过渡程序，迅速开启研究开发方与引进方之间的协商。在尽早重启"文殊"号反应堆的运行，确立钠处理技术的同时，积极推进次锕系混合提取等必要的技术开发。另外，以 2025 年左右完成实验反应堆以及相关循环设施、2050 年前投入商业运营为目标，进行研究开发。旨在以此

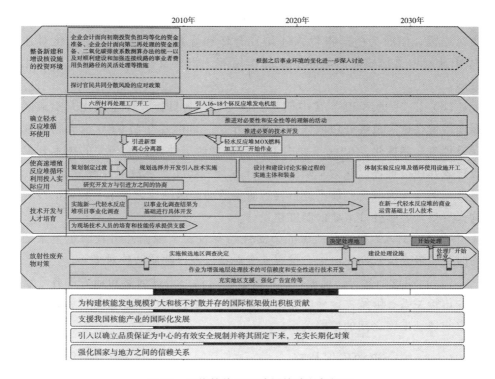

图 18　围绕核能立国计划的动向与课题

成为高速增殖反应堆循环使用技术的领跑者。

（4）在高速增殖反应堆循环使用技术的实验阶段，坚持与轻水反应堆发电相当的成本和风险由民间承担的原则，超过部分在相当程度上由国家负担，以此明确国家在过渡规划中的作用。

（5）通过 GNEP 构想和核能供给国家集团加强对与核能相关的材料、器材和技术的出口管理，为构建实现核能发电规模扩大和核不扩散并存的国际框架，最大限度地充分利用我国的经验和技术，提供积极协作、做出贡献。

（6）从 2006 年度开始，时隔 20 年重启对新一代轻水反应堆开发项目以及现场技术人员的培育和技能传承等的援助，以维持并强化我国在核能产业领域的技术和人才优势。另外，从长期性视角出发，切实推进与国际热核聚变实验堆（ITER）计划、利用高温气体反应堆等制造氢的技术以及减轻放射性废弃物处理负担的核能转换技术等相关的研究开发。

（7）从 2006 年度开始对越南、印度尼西亚等国提供制度建设方面的诀窍支援，同时为中国提供人才培育合作和金融方面的援助，强化对在 CDM 计划中追加核能的国际框架的作用等，积极支持核能产业的国际化发展。

（8）以 21 世纪 30 年代中期开启最终处理为目标，火速强化充实地区援助等旨在选定最终处理地候选名单的措施，同时尽早将 TRU 废弃物的地层处理事业制度化，2006 年度内策划制定与地层处理技术相关的技术开发工程表并积极推进以此为基础的技术开发等，切实推进放射性废弃物对策。另外，关于成为截至此前不进行处理研发活动起因的放射性水平较低的废弃物，尽早开始其处理事业的制度建设。

（9）在引入以确立品质保证为支柱的有效安全规制并将其固定下来的同时，积极充实长期化对策、抗震安全对策以及核物质防护对策等。

（10）通过加强与选址地区居民的直接对话、增进国家和地方等各个层级的信赖关系、继续支援地区振兴、实施更为细致的广听广报等措施，强化国家与选址地区之间的信赖关系。

（六）综合资源确保战略

1. 目标

通过采取措施强化同资源国家的全方位关系、强化对我国企业在海外进行资源开发的支援，旨在今后进一步提升我国企业权益下石油交易量在我国石油进口量中所占的比重（即自主开发比率），截至 2030 年以交易量为基础计算的比率达到 40% 左右，同时积极推进供给来源的多元化（见图 19）。

2. 具体措施

以确保我国石油、天然气等的稳定供给为目标，强化我国与资源国家的广泛关系，通过援助我国企业，战略性、综合性地推进在资源国家的资源开发和供给来源多元化等政策措施。另外，通过配给集约化等措施强化天然气供给能力的同时，加强对全球能源市场稳定发展的国际贡献。再者，对供求日益紧迫的铀资源和稀有金属等矿物资源，也要全面强化对策。

（1）以强化与资源国家的综合关系为目标，通过切实应对资源国家旨在实现不单纯依靠资源的经济多元化发展和升级的需求，大力开展不局限于资源能源领域的广泛合作。具体而言，将先进科学技术领域的研

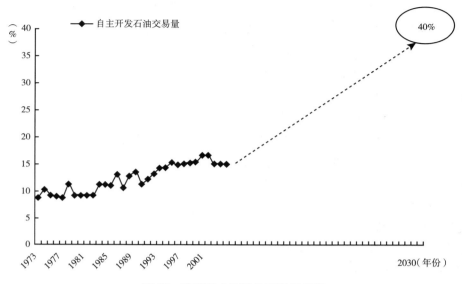

图 19　我国自主开发比率及目标值

究开发合作定为经济合作的重要渠道，积极加以推进。另外，通过振兴中小企业，建立健全教育、医疗等社会基础设施等广泛领域的合作，以及人员往来、投资交流、ODA 的战略性运用、EPA 的缔结等方式，大力强化经济关系。

（2）从根本上强化对以在我国资源开发中担当旗手的核心企业为首的石油、天然气开发企业关于矿产勘探开发的风险资金供给，同时为了在石油、天然气和金属矿物资源机构等中有效发挥风险资金供给等的功能，围绕重新探讨这些机构的评价方式等各种环境整备工作进行讨论。

（3）不仅在俄罗斯、里海周边地区，还在以利比亚、尼日利亚为代表的非洲国家、南美洲国家以及加拿大等地积极采取石油供给来源多元化措施。太平洋管道铺设项目，对于日、俄两国而言都是具有战略意义的重要项目，为了切实实现两国利益，积极开展日俄合作。

（4）2007 年度前策划制定资源确保指南，强化与政策金融和经济合作活动整体的战略性协作关系，借此对通过以核心企业为中心的我国资源开发企业获取海外资源权益提供支援。

（5）强化对生物乙醇的开发进口的支援。

（6）充分利用我国的高端技术实力，如 GTL 制造技术、甲烷水合物生产技术以及 DME 开发利用技术、非常规型石油等重油的轻质化技术和精炼技术、碳封存技术等，积极推进有助于强化资源获取能力的技术开发。

（7）为了维持并强化 LNG 的供给能力，强化对面向战略性企业合作和资源国在谈判上容易获得比较优势的技术开发的支援，强化政策金融对相关投资案的支援等。

（8）继续推进对化石燃料的清洁高效使用，成为世界上最领先的化石燃料使用国。具体而言，促进天然气在火力发电和产业部门的锅炉需求中的使用，促进煤炭气化复合发电和煤炭气化燃料电池复合发电等煤炭清洁使用技术的开发和普及，开发利用煤渣油的有效使用技术，开发普及碳捕获和封存技术等。另外，通过包括给予投资激励机制在内的多方位支援，继续促进管道网络的整备。

（9）围绕供求紧迫越来越成为重大问题的铀资源和煤，以及为进一步提升我国产业竞争力不可缺少的稀有金属等，积极推进勘探开发和相关投资活动，并对相关性强的经济合作项目进行深入发掘、整备必要的双边协定等，同时强化促进与矿物资源相关的循环利用、开发替代材料等综合性对策。（见图 20）

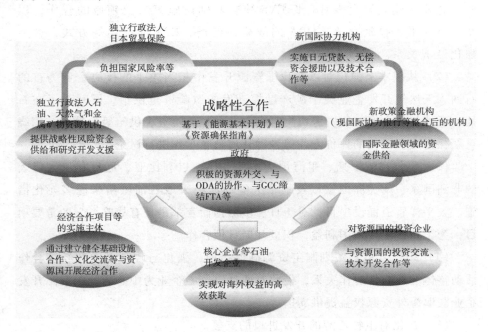

图 20 资源开发体制的综合性强化

（七）亚洲能源环境合作战略

针对能源需求正急剧增加的中国、印度等亚洲国家，战略性开展以我国具有优势的节能领域为代表的能源环境合作，旨在实现与亚洲的共生。

同时，也将视线置于为确保充分利用并积极扩充"ASEAN＋3"等亚洲地区多边框架合作的实效性而进行的国际机制整备上。

1. 基于《亚洲节能计划》、促进节约能源

在提出《亚洲节能计划》的同时，积极推进对以此为基础构筑运用节能机制的援助，以及对有技术实力的企业进行技术转移的援助。

①对亚洲国家的节能制度建设和运用提供援助，包括派遣长期专家、接受研修等。②通过 ESCO 领域的合作、支援节能标准志标志制度的策划制定等，推进民生、运输以及电力部门的节能合作。③通过促进产业间对话、充分利用政策金融和 CDM 计划等事务，扩大节能合作。④强化与 IEA、国际机构等的合作关系。对策划制定节能标准的国际 NPO 等提供援助。⑤充分利用亚太伙伴关系、APEC、"ASEAN＋3"等国际性框架，通过标准制定研究等推进节约能源。

2. 在亚洲地区的新能源合作

①面向亚洲国家，积极推进为引入新能源的制度建设援助等。②通过接受研修生、派遣专家等支援制度建设。③对通过技术开发和实验开发等进行的技术引进提供援助。④通过 FS 调查、支援商务交流和政策金融、充分利用 CDM 计划等，为我国企业在亚洲国家开展的事业活动提供支援。

3. 在亚洲地区普及煤炭的清洁使用、生产和保安技术

通过接受研修生、派遣专家、为技术开发和实验开发提供援助等方式，推动煤炭的清洁使用、生产和保安技术在亚洲地区的普及。

①通过接受研修生等人才培育、召开研讨会以及充分利用 CDM 计划等在商务运营层面上活动的展开，普及我国的清洁使用技术。②通过实证试验、人才培育等，实施关于煤炭液化技术的合作。③通过接受研修生、派遣专家等人才培育，普及煤炭的生产和保安技术。

4. 在亚洲构筑储备制度

通过为构筑储备制度进行诀窍和制度层面的合作以及融通等区域性机制的建设，构筑亚洲地区的高效储备制度。

5. 在亚洲地区推进与核能相关的区域合作

开始探讨区域性框架机制的建设，以强化东北亚核能发电国家间核能安全管理机构的合作。另外，为我国核能产业的优势技术能在亚洲各国得到充分利用提供支援的同时，通过支持人才培育援助和双边协定等材料和器材转移机制的构建，政府自身也积极致力于推进亚洲国家的核能和平使用（见图21）。

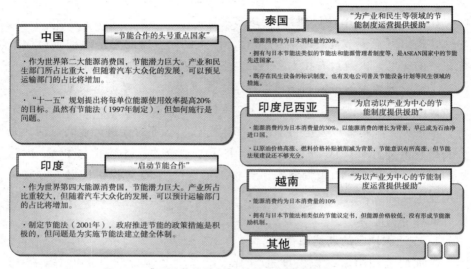

图 21　《亚洲节能计划》的重点对象候补国及概况

（八）强化紧急事态应对政策

资源国家的国内政局不稳、相关水域的安全问题、事故、恐怖事件等导致市场波动的要因，以及投机资本流入能源市场等导致波动加大的要因反而持续增加。对以在石油依存度约为 80% 的时代构建起来的储备制度为代表的紧急事态应对制度进行总体检查，以充实和强化万一有事时的紧急事态应对政策。

1. 火速强化通过引入产品储备和租借制度实现机动性投放的石油储备制度的同时，切实推进 LPG 储备。

2. 促进国内燃气流通网络的整备，在对建设状况进行透彻检查的同时，针对充分利用已枯竭天然气田来建设地下燃气储备设施等与天然气相关的紧急事态应对体制的整备，进行实现可能性调查，并从中长期视角进行讨论。

3. 截至 2008 年，从企业和能源跨领域的视角，对以石油储备为中心组建起来的紧急事态应对规划进行整体检查。另外，积极推动个体企业构筑危机管理体制，如策划制定能源企业应对恐怖事件、天灾和事故等事态的事业可持续发展计划。

（九）策划制定能源技术战略

通过提出就中长期而言很有必要的技术开发战略，实现不偏离官民一体基轴的措施，在以节能为代表的众多能源相关技术领域，我国成为世界的领跑者。另外，在承担稳定供应能源责任的同时，通过战略性支援技术开发等措施，实现对能够强力主导这些革新性技术的开发和投放市场的企业的培育。

1. 以从 2050 年、2100 年这种超长期视角追求的技术发展态势为基础，抽取出面向 2030 年应该开发的技术层面的课题，并提出实现这种开发战略的前进线路。计划在 2006 年度内策划制定并公布第一版开发战略，之后定期进行修改。

2. 对以产学合作为首的促进跨领域能源技术开发的开发体制运作方式进行讨论。

（十）为了实现《新国家能源战略》

1. 八大计划共同的课题

为了实现八大政策计划，作为任务承担者的强势企业，为活动提供支撑的强韧且高效的政府，以及对能源问题有深刻理解的国民，这三者之间的合作是不可或缺的。为此，政府要积极为实现三者的协作创造有利环境。

（1）促进强势企业的形成

成为确保能源稳定供给任务承担者的能源企业，在自由化不断发展的环境下，高效供给自不必说，还被要求确保具有充分余力的供给设备，确保在国际性竞争中的权益以及强化供给能力等。为此，作为政府，也应该通过整备市场环境、对参与国家性课题的企业提供支援等措施，积极推动形成在资金实力、技术能力以及经营能力等方面具有优势的强势能源企业。

（2）高效且有效地充分利用预算、税制等政策资源

为了实现各项政策计划，坚持一定的志向性，官民一体的措施是不可或缺的。为此，以通过数值等设定明确目标和评价实现程度为基本，大胆且有效地将预算、税制、法律制度等政策资源组合起来，综合性推进各项计划发展，以构筑为实现目标的 PDCA 循环发挥作用的构造并将其固定下来。即便在

特别会计制度改革中，也致力于进行能够充分发挥国家作用的制度设计。

（3）积极实践与能源相关的广听广报以及能源教育

为了推进能源政策，在用户中通过辐射广泛的措施和市场对新的措施进行积极评价是不可或缺的。另外，在推进核能发电等能源供给设施设备的整备中，获得全国的理解和选址地区的深刻理解也是不可缺少的。为此，积极充实能源广告宣传和能源教育，以便以广听活动为基础，扎根于相互理解的同时，获得更加广泛的深刻理解。

2. 结语

在《新国家能源战略》中，以"2030 年的能源供求展望"（2005 年 3 月在综合资源能源调查会接受质询）和之后状况发生的变化为基础，在设定 2030 年这一长期性事件节点的过程中，为了能够实现官民专心致志地进行战略性协调的措施，特别集中提出被认为很重要的政策计划。为了实现这一目标，期待官民各界广泛相关人员的共同努力。

另外，本战略的内容，以措施的进展状况和市场环境的变化，以及与温室气体减排相关的内外讨论结果为基础，有必要不断进行重新认识。计划每三年进行一次修改，结合基于能源政策基本法的《能源基本计划》的修改，也对中长期能源供求前景进行修改调整，对各种政策不断进行评价和重新研究，以便在未来确认《新国家能源战略》所表明的方向性。

（张季风　译）

节能技术战略（2011）

2011 年 3 月

经济产业省资源能源厅

独立行政法人新能源产业技术综合开发机构

前言　节能技术战略目标

（一）背景

能源是人民生活和经济发展中必不可少的财富。工业革命以来，能源需求飞速增长，对于大部分能源资源依赖海外进口的我国来说，确保能源资源供给成为重要的课题。可以预见，特别是以中国和印度等为首的亚洲地区以及发展中国家的经济高速成长将导致以化石燃料为主的能源需求急速增加，世界各国之间的能源资源竞争也将日益激烈。

能源问题如此严峻的国际环境，国内外对解决全球温室效应问题的能源政策力度和综合性处理的要求，以及能源、环境对经济成长的影响增强等因素，促使我国于 2010 年 6 月制订了表明能源政策基本方向的《能源基本计划》。

在《能源基本计划》中，能源是国民生活和经济发展的基础，实现 3E（确保能源的稳定供给、适应环境、通过市场化手段提高经济效率）战略目标是基本政策，对具有国际竞争力的能源关联产业、技术、体系给予扶持和普及，以及把构建以安全和国民理解为大前提的社会体系、产业结构的变革放到基本观点的位置上，通过"综合性能源安全的强化""全球温室效应对策的强化""能源产业结构的变革"和"与国民的相互理解"，明确节能的重要性。

节能是为了强化能源安全，应综合确保的五要素①之一。为了使全球温

---

①　五要素是指：（1）提高自给率；（2）节能；（3）能源结构与供给来源的多样化；（4）维护供应链；（5）强化紧急时期的应变能力。

室效应对策与我国经济成长相调和，推动国内最先进的节能技术、低碳技术等的开发与普及，促进这些技术在国际上的开展，加速我国具有竞争力的能源产业和节能产品及技术在海外的发展，推进节能等新型技术与服务的普及，拓宽产业领域，转变新的能源供需结构和社会体系，这些政策必须依靠使用能源的国民与商业从业者思想上和行动上的改变，否则就难以实现。从这个基本观点来看，推广节能技术在此次能源政策中担负着极其重要的角色是理所当然的。

开展节能技术推广时需要：法律上合理利用能源；实现工场、企业、运输等能源管理的智能化；制定住宅、建筑、机械设备等方面的节能标准；推动产业界的自主结合，政府在经济、金融和税收方面给予扶持，并通过教育、宣传增进国民的理解和配合；区域公共团体和区域民众的结合以及向小型商业从业者等普通消费者提供信息的综合性结合。但是为了提高能源利用效率、实现经济社会结构的可持续发展，战略性推进节能技术的研究开发与普及工作将极其重要。

（二）推广节能技术的课题

节能技术的开发至今依然是基于使用者期望的开发要求进行的，但是为了加快技术的普及，有必要根据使用者的需求进行研究。关于技术开发的推进，开发者的观点是进一步强化我国原本就擅长的技术领域，而使用者的观点是必须重视节能技术的推广和普及。

加速我国具有竞争力的能源产业和节能产品及技术在海外的发展，推进节能等新的技术和服务的普及，拓宽产业领域的同时，不能局限于单一的技术开发，推进以构建高效节能体系为目标的节能技术开发也很重要。

特别是为实现《能源基本计划》提出的目标，制定以下研究对策。

1. 基于消费者和企业的需求推进节能技术的开发
2. 推进各种技术的系统化
3. 提供不同产业可能合作的机会
4. 促进已开发的节能技术的普及
5. 瞄向国际市场推进节能技术的开发

此外，通过节能技术的开发与普及维护国内的产业基础、依靠具有竞争力的节能技术在海外的发展，来维护提升日本品牌和实现成为"世界第一的节能国家"的目标也是非常重要的课题。

（三）制定节能技术战略

我国根据以实现 2030 年大幅度改善能源消耗效率为目标的新国家能源战略（2006 年 5 月），为了推进立足长远的革新性节能技术的开发，经过数次修改，制定了《节能技术战略 2007》。

此次，以重新全面研究能源基本计划为契机，决定对节能技术战略也重新进行全面研究。

战略只有实施才有意义。更加灵活运用新节能技术战略，广泛推广节能技术是非常必要的。

首先，为了提高使用者的便利性，计划将此次的节能技术战略与《产业技术战略路线图》（日本经济产业省编制）的节能技术相关部分相统一。

其次，在能源基本计划中，以实现低碳增长的能源供需结构为目标，为了进一步改变能源供需结构，工业部门、民用部门、商业部门、交通运输部门以及综合部门这五大部门根据各自的具体特点，推进节能对策的实施。应由我国综合能源统计中的最终能源消耗部分即工业部门、民用和商业部门、交通运输部门，研讨节能技术开发的课题和战略，以明确和把握与对策的关系。另外，能源转换部门也研究了工业部门中广泛使用的燃料技术相关的火电技术开发的课题和战略。具体如下：

由能源需求不同的工业部门、民用和商业部门、交通运输部门这三大部门再次整理节能技术。

关于各部门共有的技术，先由与使用者的观点密切相关的部门进行研究，最后由综合部门进行整理。

此外，为了节能，选出应当重点研究的重要技术，总结各个重要技术的技术开发方案等。

基于以上想法，制定了《节能技术战略 2011》。据此为实现 2030 年切实削减能源消耗量，开发有效的节能技术并推进这些技术在我国的切实利用与普及，开拓国际市场，成为世界第一的节能国家等目标。

一 导入方案 我国的未来和发展路线

（一）我国的现状与未来

由于原油价格持续保持高位和中国对稀土（稀土类）等的出口限制，

全世界资源竞争和资源价格的不稳定现象愈发显著。同时，限制出口和价格攀升进一步加剧了资源和能源的供给不足。今后，可以预见，随着以 BRICs（金砖四国）等发展中国家为中心的各国经济高速成长，能源需求急速扩大，我国也很难避开资源竞争日益白热化的状况。另外，国内基础设施老化和近年来经济增长乏力导致需求下降，能源供应设备以及网络维护等成本上升，可再生能源的扩大使用等新的安全性课题明显增多。

在我国，能源产生的 CO_2 占温室气体的约 90%，为解决全球变暖问题，确保不产生温室气体的基础电源，可再生能源的扩大使用、推广节能技术等，需要与能源政策相关的，更加强有力的、系统的应对方案。

从雷曼冲击（Lehman shock）开始，世界经济陷入前所未有的大衰退中，各国都在谋求产业结构与经济成长战略的重组。尤其是最近通过能源、环保相关技术及产品的开发与普及带来了新市场的开拓、各国作为国家战略基础的就业机会的增多。在这样的环境下，我国产业界充分利用 1970 年以来形成的节能环保相关技术，不仅是国内市场还拓展到国际市场，促进了节能新技术和服务的普及，期望能以此带动国内工业的经济成长。

在这个课题中，从能源政策与环保、科技、外交政策，以及与我国经济成长战略的密切关联中谋求紧密的合作关系是不可缺少的。节能政策里面明确记述了重点产业和确保就业的《产业结构展望 2010》中的"新一代能源解决方案"，以及我国未来应该大力发展的领域的《新成长战略》（2010 年 6 月日本内阁会议决定）中的实现"环保节能大国"的目标，节能技术是我国未来社会结构变革中不可或缺的重要元素。

在《能源基本计划》中，政府将"民用部门能源消耗产生的 CO_2 减半""工业部门保持并强化世界最高的能效水准"以及"通过拓展能源相关技术和服务领域的国际市场来保证我国企业的高市场占有率"定为面向 2030 年的发展战略目标。为了实现这个目标，节能技术的积极开发与普及成为亟待解决的课题。

到 2030 年，我国需要通过先进的节能技术开发，进一步提高能源利用效率，在电力系统、可再生能源等能源供应、节能型产品及运输机器等迅速扩大的国际市场上，不断推广、普及我国的技术及产品。为此，加强我国社会体系和生活方式的改革，特别是进行能源供需结构的深化改革，充分根据工业、民用和商业、交通运输等部门各自的特点，推进相关节能技术的开发、推广、普及和扩大将十分必要。

（二）工业部门

工业部门（包括用于能源转换的发电设备的生产部门），以经济合理的设备投资为重点，强化节能、低成本的低碳产品制造。对工业部门中的钢铁、化学、水泥、纸浆和造纸等高耗能行业，实施更加积极的节能对策。为了进一步提高效率，必须以燃料热利用最大化为目标开展相应的技术研发。

另外，通过对上游原材料生产紧密相连的商业模式创新，开发高附加值产品，开拓产品和技术的国际市场。为了使之具体化，要突破陈旧思想，以过程损失最小化的工艺与系统改造为目标，使生产工序减少并高度集成化，生产工艺高精度化，从而实现产品的高附加值化以及整体能源效率的最大提升。

具体措施有：在钢铁行业，通过新型炼钢和环境友好型制铁技术（利用废热热量来分离回收高炉气体中的 CO_2 技术）强化了资源和环境承载力，在提高能效的同时，保持国际竞争力并夯实国内制造业基础。在化学行业，开发新型化工工艺，并实现部分实用化。在水泥行业，开发新型水泥生产工艺，并实现实用化。在纸浆和造纸行业，通过高温高压黑液回收技术、高效废旧纸制浆技术等，强化工艺过程中节能，增强成本竞争力。在能源转换部门的机械行业，进一步更新世界最高水准火电技术，尽早实现整体煤气化联合循环发电系统（IGCC）、先进超超临界燃煤发电技术（A－USC）等的实用化与普及，确保我国燃料使用量的削减和能源安全。在供热行业，通过高效热电联产等技术和有效利用热能，从而提高供热效率，并在更多的国内产业部门及地区进行推广应用。

用于交通运输、民用和商业部门的大规模节能产品的开发与低成本产品的生产、普及都离不开工业部门。

（三）民用和商业部门

受追求便利与舒适的生活方式、社会结构变化、个人消费增长等因素影响，日本民用部门的能源消耗量及所占份额已出现显著上升趋势。尽管家电的能源效率得到了大幅提高，但其大型化与高性能化使家庭总体能源消耗量出现增加。随着办公室和商户面积的增加，空调照明设备也会相应增加，再加上办公智能化水平的提高，商业部门的能源消耗量也呈现增加趋势。

为实现新的能源供需结构及社会体系，首先要转变国民与商业从业者的意识，进行生活方式上的变革，这是综合节能对策的核心。同时，通过提高住宅和建筑本体的外部及设备节能效果，以及采取总量控制和综合控制等措施，逐步实现"零能耗建筑及住宅"。

民用和商业部门与生活服务行业紧密联系，因此它的内容涉及甚广。为此，今后在进一步提高空调、照明、热水、电子产品等设备能效的基础上，需增强住宅和建筑的保温性能，通过系统化软件技术实现能源管理智能化，以制度和规则促进技术的普及，并加快生活方式的转变。

具体措施有：热水系统占家庭能源消耗量的30%，是节能的首选。到2020年，家用高效热水器及热泵基本覆盖所有家庭除了单身家庭；到2030年，力争使高效热水器及热泵的普及率达到80%～90%，并促进商用高效热水器及热泵的推广应用。主要能效提高对象是目前能源消耗量大或者能源消耗量增长快的设备。相关技术包括对电子产品节能贡献大的功率电子学以及大容量高速通信技术、待机削减电力技术、新一代高效半导体照明技术（LED技术和有机EL技术）、热泵技术，进一步提高效率的家庭及商用燃料电池、太阳能热水器、高效空调等。其中，能够大幅度提高节能效果的新一代高效半导体照明技术（LED照明和有机EL照明）在2020年及2030年的发展目标是分别实现产品和使用的全覆盖。

通过高隔热与高气密技术、最大限度利用自然光等新技术的开发、推广和普及，降低空调负荷，提高热效率，并进一步实现节能。

推进住宅和建筑的能源管理技术，强化家电、空调、电子产品的节能控制技术开发，并保持人类生活及服务环境的舒适性，推广节能系统化技术，并为此构建建筑物能源管理系统（BEMS）和住宅能源管理系统（HEMS）。

一部分人为追求舒适和嗜好而浪费能源，同时又有很多人进行节能技术开发，切实推进人类活动控制技术和有效对策的研究。

以高效用能设备和高隔热技术、系统化技术开发的实用化为前提，加快新住宅及新建筑体系构建，特别是零能耗建筑及住宅（ZEB/ZEH）标准的制定。支持现有住宅及建筑的节能改造，切实推进民用和商业部门的整体节能进程。到 2020 年，构建以零能耗为标准的新住宅体系，并使现有住宅的节能效果提高至目前的两倍。到 2030 年，实现新建住宅平均零能耗的目标。2020 年实现新建公共建筑零能耗，2030 年实现新建商用建筑平均零能耗。

通过上述措施，到 2030 年，实现民用部门 CO_2 整体排放量减半的目标。

（四）交通运输部门

乘用车和货车是交通运输部门能源消耗的主体，通过电动化来提高单个机动车的能源效率，并通过智能交通系统（ITS）实现物流的模块化与一体化，提高物流效率，综合研究节能对策。根据这些技术的开发，进一步实现节能，保持并增强我国交通运输部门的竞争力。

针对单个机动车，如《能源基本计划》所述，需给予积极的政策支持。到 2020 年，包括电动汽车、混合动力汽车、燃料电池汽车、清洁柴油车及天然气（CNG）汽车等在内的新一代机动车的销售比例最高达到 50%，2030 年达到 70%。同时新一代机动车及符合新环境标准的机动车比例到 2020 年达到 80%。

具体措施有：电动汽车和混合动力汽车领域，在进一步提高发动机和蓄电池性能的基础上，实施国际标准化战略。为确保原材料的稳定供应，应加速开发不使用稀土的发动机和蓄电池技术。为有效降低车重、减少部件数量，应开发碳纤维复合材料等轻质高强度材料、高效冷却系统以及耐高温的电子及机械部件，从而提高能源利用率。电动化方面，应持续开发能量密度和功率密度等性能卓越且安全、低成本的创新型蓄电池，并推进电动汽车的普及。另外还应增加插入式混合动力汽车的用电比例。从长远来看，应推动混合动力系统（通过普通充电器、快速充电器以及非接触供电装置获取电力，但在电力不足时，依靠内燃机或者燃料电池行驶的系统）的开发。

每种新一代机动车都有分工，根据《新一代机动车战略 2010》，长距离使用燃料电池车，短距离使用电动车，中距离使用混合动力车。插入式混合动力汽车的燃料包括汽油、柴油、天然气、生物燃料、合成燃料等。到 2030 年，长距离城市间运输的主力依然是货运汽车。它的发动机燃料在氢燃料电池的基础上趋于多样化，将尽可能增加生物燃料和合成燃料的使用。

基于社会试验并考虑到安全的结果，应加快智能交通系统（ITS）的推广和普及，优化道路交通，促进节能。智能交通系统的普及不仅可以节能，还可以减少交通事故，进一步提高交通的安全性和舒适度。作为交通对策，通过探头与交通流控制技术的普及，逐步实现车与车间的通信、车与路间的通信、运输线路通信等，以减少交通信号控制、减轻交通堵塞、促进节能、提高物流效率。通过拥挤回避和一次性通行等措施，实现车组节能，到2020年实现车组行走控制技术的应用和长期协调行驶的实用化。

为实现美好的汽车社会，在人口稀少的地区开发适合老年人的节能交通技术和交通体系。普及小型、轻量化的私人汽车，推动汽车动力控制、制动控制、方向控制等智能驾驶的普及，以及自动风险回避系统的应用。

提高物流效率方面的主要对策有：利用通信技术，通过门对门运输、储存及装卸等过程中货物信息与交通信息的综合交流与控制，削减运输量，降低运输过程中CO_2排放量，改善道路状况，推动以节能和提高物流效率为核心的智能物流体系建设。利用信息技术（IT）、集成电路技术（IC）以及全球定位系统（GPS）技术等获取信息，实现货物信息的共享和系统化，提高物流管理和效率。

通过自动运输、列队行走等高速公路上的高效率物流干线化，以及公路、铁路和水运节点一体化等有力措施，完善港口负荷效率化作业体制，提高物流整体效率，削减货物运输平均能源消耗量。

为了实现上述前景，除了加强技术开发，强化智能交通系统（ITS）的实证研究、官民结合，推进我国技术的国际标准化也是重要手段。

二　重点技术　推广节能技术的重点领域

（一）重点技术的研究

1. 重点技术的选择

我国目前拥有世界领先的节能技术，今后为保持世界领先地位，进一步提高节能技术，除了加强技术开发，还要选出技术开发的重点领域，预计

2030 年实现节能技术开发重点化。

为此，我国节能技术开发的研究对策是明确重点技术，加强关联部门的合作。选择重点技术，通过制定节能技术相关的政府工程计划和灵活运用公共征集节能技术开发方案制度，促进节能技术的挖掘、培养、开发、实践和普及。

2. 重点技术选择方法

以《能源基本计划》提出的 2030 年发展目标为基础，结合民间主体技术开发的困难性、技术的适用性及国内推广普及的难易、提升海外竞争力与海外拓展潜力等因素，通过综合的定量与定性评价，最终选择能够发挥重大节能效果的技术作为重点技术。

同时，在进行技术组合与新的技术突破口的选择上，不仅要考虑不同产业间的关联性、能源的有效利用及原材料与能源的联动以及通过人的感受与行为变化来抑制能源消耗方法等，还需要考虑个别技术的系统化是否能使整体节能效果更大，以及除现有技术以外是否有新的独创性理念和具有更大挑战性的创新技术。如果着眼于 2030 年以后更长远的时期，选择具有更大节能潜力的节能技术作为重点技术，还需要考虑以 2030 年为目标的开发难度更高的技术、目前仍处于概念性阶段而实现性和普及性均难以测定的技术以及开发周期长但效果好和应用范围更广的技术。

3. 具体重点技术及选择理由

就工业部门来说，钢铁、化工及水泥等建材行业的热利用占能源消耗比例较大，能源转换部门也以热能为中心，在今后如何进一步提高热效率方面，不仅要考虑现有技术的持续改进，更需关注不拘泥于现有工艺的新途径，即使工艺自身耗能很低，也应关注其产品普及与使用过程的能效提高。

因此，工业部门的重点技术选择不能局限于过去的削减能耗方面，更应考虑燃料、热、电、原材料等有效利用的损失最小化工艺，即"过程能源损失最小化技术"、灵活运用蓄热与热传送的技术组合与新技术切入，实现大规模节能的"节能促进系统化技术"，以及现阶段可实现大规模节能，2030 年以后更需要进一步推广普及的"节能产品加速化技术"。这三大技术被誉为工业部门所有行业通用的重点技术。

"过程能源损失最小化技术"的主要关联技术有"节能型制造工艺"

"创新制铁工艺""工业热泵技术"和"高效火电技术"。"节能促进系统化技术"的主要关联技术有"产业间能源通信技术"和"激光加工工艺"。"节能产品加速化技术"的主要关联技术有陶瓷制造技术、碳纤维复合材料制造技术。

另外，"节能产品加速化技术"虽计划首先应用于工业部门，但更需要综合部门及基础研究领域的重要技术支撑，最终作为民用和商业或交通运输部门的重点技术，成为工业部门缺少的多种机能性化学物品和中间材料。

上述关于工业部门的研究内容是基于现状进行的，随着我国各行业在国际市场的竞争以及商业环境的变化，研究内容也将随之发生改变。

在民用和商业部门，从节能的巨大潜力和技术创新效果来看，"零能耗建筑及住宅"已成为重点技术选项。关联的技术有"高隔热、高气密技术、自然光最大限度利用住宅""高效空调技术""高效照明技术""高效热水技术"和"智能化能源管理系统"。"节能型通信设备及系统"是节能潜力大的重要技术，包括"节能型通信设备""新一代节能型通信网络""削减待机电力技术""高效显示器"等技术。节能潜力大的"固定式燃料电池"也入选重点技术。另外，尊重个人嗜好与舒适性，灵活巧妙地利用节能技术，创造舒适的"节能人类行为因素"新型生活空间也成为选择重点技术的新切入点。

在交通运输部门，节能潜力大的"电动汽车""混合动力汽车"和"燃料电池汽车"作为新一代机动车入选重点技术。依靠这些技术，到2030年有望实现大幅削减目前交通部门的能源消耗量。同时，政府也要积极参与开发创新型电池，完善充电基础设施和氢储存设备。

智能交通系统（ITS）成为重点技术，它具有很大的节能潜力，利用多项技术实现信息系统化，提高交通运输部门的整体高效率及安全化。

"智能物流系统"也是重点技术，它在削减物流部门运输量的同时，能够提高燃料利用率，促进各种技术的系统化，进一步提高物流效率。

（二）工业部门

"过程能源损失最小化技术"是指在生产过程中使能源得到最有效利用，实现过程能源损失最小的技术。具体包括燃烧的高温化、生产工艺的复合化、空气热与工厂废热的灵活利用，以及放热化学反应制氢等。高效利用资源能源的节能型制造工艺和创新制铁工艺有益于能源可再生的工业热泵技术、高效火电技术等。

"节能促进系统化技术"是指灵活运用蓄热和热传送的技术组合与新技术切入、实现大规模节能的技术。因基于部分工艺改进实现节能的潜力有限，需针对整个系统的能源利用研究如何节能，并结合加工技术的高效化和节能产品的生产高效化实现更大规模的节能，最终实现生产过程的高效率、工艺过程的简化以及产品的高附加值化。具体包括实现产业间能源网络和热、电交互的新一代网络技术、激光加工工艺。能源网络化技术通常是指利用区域热电能源供需平衡、蓄热与热传送系统以及控制技术，提高地区综合能源效率的技术。广义上讲，也指利用蓄热与热传送系统实现园区产业高度统一化、原材料和能源的最高效利用的技术。

"节能产品加速化技术"是指在制造过程之外的产品使用过程中，实现大规模节能的技术，其中，产品原材料与零部件的生产工艺技术开发是关键。例如对材料生产困难、形状复杂、不易大型化生产等相关基础加工工艺，以生产过程能耗减半为目标进行技术开发。包括工业陶瓷技术、碳纤维技术、复合材料技术等。

表 1　工业部门　重点技术一览表

部门	重点技术	主要关联技术
工业	过程能源损失最小化技术　节能型制造工艺	石油化工工艺、化学品制造工艺、水泥制造工艺、玻璃制造工艺、联产技术
	创新制铁工艺	新型炼钢工艺、环境友好型制铁技术（利用废热热量来分离回收高炉气体中的 CO_2 技术等）
	工业热泵技术	工业热泵技术、蓄热系统
	高效火电技术	高温燃气轮机、燃料电池/复合发电燃气轮机、A－USC、IGCC、IGFC
	节能促进系统化技术　产业能源网络化技术	联产技术、产业能源合作、园区产业高度统一化技术、热传输系统、蓄热系统
	激光加工工艺	激光加工工艺
	节能产品加速化技术	工业陶瓷技术、碳纤维技术、复合材料技术

（三）民用和商业部门

在民用和商业部门，至今为止，主要家用电器、商用电器等个别电器的能效因节能政策的实行已得到大幅提高，但是，受信息化、生活方式的多样化以及人口代际的增加等因素影响，总体能源消耗量呈增加的趋势。因此，追求舒适有效率的生活及商业环境就成为节能的重要目标，并且需要从提高住宅和建筑物的整体及内部电器的节能效率等的综合设计与综合控制方面入手，零能耗建筑及住宅已成为重要的技术选项。

具体措施有：为进一步提高电器本身的节能效率，开发能源消耗量大的空调、热水、照明、办公自动化（OA）设备，以及信息技术（IT）相关产品的节能技术，包括住宅能源管理系统（HEMS）、建筑物能源管理系统（BEMS）。建筑和建材方面，有高隔热、高气密、自然光最大限度利用住宅等重点技术。通过冷暖空调自身的高效化、隔热建材的使用降低空调本身的消耗技术很重要，高效空调技术包括家庭和建筑等空调用热泵、高效吸收式冷温水机等。

照明领域，新一代高效半导体照明技术成为重点技术，涵盖有机发光二极管（LED）、有机 EL 等各种新型光源技术。

热水领域重点技术包括热水用热泵、燃料电池、燃气热水器、潜热回收型热水器等高效热水装置，并推动其与太阳能热水装置的一体化。

节能型通信设备及系统是利用 IT 技术削减增加的电力消费，对部分电器附加节能装置，采用节能型通信设备、新一代节能型通信网络，待机电力削减技术和高效播放系统，并通过新一代通信网络予以整合，整体实现节能创新的技术。

需要强调的是，从家用电器和商用产品的使用者——人类的视角来看，在兼顾人性化、居住空间、尊重个人嗜好与舒适性等前提下，通过控制与传感器等技术，创造舒适的"节能人类行为因素"新概念及最佳的生活环境，打造新型节能产品和节能系统也属于重点技术。此外，"固定式燃料电池"通过燃料电池发电效率的提高及热利用技术的进步，可以在大幅削减家庭能源消耗的同时，加速节能技术在各个领域的应用。

表2　民用和商业部门　重点技术一览表

部门		重点技术	主要关联技术
民用和商业	零能耗建筑及住宅（ZEB/ZEH）	设计/计划	
		外在性能/建材	高隔热、高气密、自然光最大限度利用技术利用住宅/建筑
		冷暖房空调换气	高效空调技术　家庭/建筑等空调用热泵、高效吸收式冷温水机
		照明	
		热水升降机能源管理	
		创新能源	
	节能型通信设备及系统	节能型通信设备新一代节能型通信网络待机电力削减技术	数据中心、云计算机路由器等通信装置、光电开关省电模块、数控电子技术
		高效播放系统	节能LCD/PDP、有机EL
	舒适的节能人类行为因素		快速照明技术、体感温度计
	固定式燃料电池		固体氧化物燃料电池（SOFC）固体高分子形燃料电池（PEFC）

（四）交通运输部门

企业正致力于开发机动车低耗能化技术并将其推向市场。随着运输的合理化，交通运输部门的能源消耗量在2001年达到最大后开始出现减少倾向，但是乘用车与货车的能源消耗量占整个交通运输部门的90%以上（2009年度速报综合能源统计），进一步削减机动车能源消耗，以及物流、人流、机动车、铁路、船舶等系统化与一体化就成为降低交通运输整体能源消耗的两个重要方面。也就是说，单个车辆的高效化加上拥堵消解、交通对策、提高物流效率和模式转变等综合措施，也将进一步提高节能效率。

因此，以2030年推广普及为目标的电动汽车、插入式混合动力汽车等开发机动车电动化先进技术就显得尤为重要。同时，小型化、轻量化以及蓄电能力的提高等蓄电池配套技术研发也十分关键。从长期看，还需要关注适合长距离运输的燃料电池汽车及相关氢储存技术的开发。此外，为促进电动汽车与插入式混合动力汽车的普及，需加快完善普通充电与快速充电基础设施建设，以及推进非接触式充电装置等供电技术的开发。

作为削减能源使用量的重要措施，推进机动车灵活通行的同时，为实现更加合理与灵活的交通流及相关政策体系，需要在大量收集信息的基础上，强化车辆间、路车间信息互动，并通过交通流和信号控制以图进一步降低能源消耗，通过协调车辆群集体行驶，避免拥挤与交叉点堵塞。

作为提高物流效率、削减货运部门能源消耗量的对策，利用门对门的运输方式，IT、综合控制、IC、GPS 实现方位信息和运行信息等货运信息的互换与共享技术，以及系统化物流管理等非常关键。港口、物流站等的负荷效率化，以及最合适的物流整体管理也是十分有效的推进节能技术开发的政策手段。

基于上述观点，重点开发普及新一代汽车（含基础设施）、ITS、智能物流系统重点技术，推进交通运输部门的节能进程。

表 3　交通运输部门　重点技术一览表

部门	重点技术	主要关联技术
交通运输	新一代汽车	电动汽车、插入式混合动力汽车、燃料电池汽车
	ITS	节能行走支持技术、交通需求管理/遥测数据监控技术（TDM）、交通控制管理技术、交通信息提供与信息管理技术、交通流缓和技术
	智能物流系统	货物与运输机构信息匹配技术、货物可追溯技术、环境友好测定技术

（五）综合部门

热泵是将热能从低温转移到高温的技术的总称。它虽然依赖一定的条件，但通常可以转移数倍的热能，是一种重要的节能技术。作为近年来综合部门兴起的重要节能技术之一，在空调、热水、除湿、冷冻冷藏、汽车空调等各个领域均有广泛的应用。为了削减温室气体排放量、提高能源利用效率及降低成本，应进一步加大高效冷冻循环技术、新型冷触媒技术、高性能热交换器、高效压缩机等创新技术以及余热利用技术、高效热回收与蓄热技术

（冷温热同时供应）、膨胀动力回收技术、低负荷设备效率化技术、低温室效应潜能值（GWP）的非氟利昂冷冻空调技术（削减漏量和提高冷触媒回收效率）、热量确保及二次控制系统化技术等的开发力度。推动这些要素技术开发与系统化技术开发非常重要。

随着今后 IT 技术在相关能源产业中的广泛应用，在节能型通信设备与系统开发的基础上，各领域使用电子设备提高电源利用效率的电子力学已成为综合部门重要的技术选择。考虑到国内的整体电力消费水平，所有电器设备都应用到电子力学技术，结果即使在单个设备上取得微小的节能效果，其整体节能量也是相当可观的。

针对占终端能源消耗量 50% 的热利用，以工业部门为中心，采用工业热电联产，平衡不同企业之间的电、热等能源供给，调整蓄热与热量输送系统等重点技术，对提高区域整体能源效率至关重要。以 2020 年实现 2800 万kW 的太阳能发电为目标，为将其对电力系统的影响降至最低，"新一代输配电智能电网系统"的技术开发，以及确立城市和街区整体能源合理化利用的能源管理系统也十分重要。这些新一代热电网络技术成为综合部门的重点技术。

表 4 综合部门 重点技术一览表

部门	重点技术	主要关联技术
综合部门	新一代热泵系统	民用和商用建筑、工场空调用热泵（HP）、热水用热泵（HP）、工业用热泵（HP）、冷冻冷藏用（HP）、汽车空调用（HP）、系统化、冷触媒关联技术
	电子力学	宽禁带半导体、高效变频器

三 今后节能技术的开展 我国先进的节能技术腾飞之路

（一）推广节能技术的课题

《节能技术战略 2011》中，描绘了为实现 2030 年我国的节能目标，需要重点开展的重点节能技术，但它的推广还存在着各种各样的课题。比如支持开发的现状和社会的制约、保持并强化具有国际竞争力的节能技术、促进节能技术的普及等。

为了保持今后我国节能技术在世界上的领先地位，不仅需要民间企业积极向技术研发投资，从降低开发风险的长远视角来看更需要政府对技术开发的扶持。有效扶持技术开发不仅要关注技术开发的成果，还要树立企业化、产业化的战略意识，挖掘尚未普及的技术即潜在的技术。

节能技术在海外市场难以确立领先地位的原因之一就是应对国际标准化和正规化的能力不足。不满足有限的国内市场，积极拓展国际市场，就需要官民一体共同引导国际标准化。为此，在技术开发阶段就必须瞄向国际标准。

近年来我国的技术被模仿，技术优越性有所降低，但是核心技术保密化，很难被模仿。从技术开发伊始就必须充分考虑区分标准化和公开化，制定知识产权战略对策，例如世界领先的超导技术作为我国核心技术，用于节能系统。

另外，切实开发具有优越节能性能的差别化技术，扩大海外市场规模，推进海外实证研究，同时政府在国际上寻找有合作意向的国家共同参与研究，积极推动国际事业发展。

将先进节能技术推向国际，构建世界性的低碳社会，促进我国经济成长是今后节能技术发展过程中不可缺少的观点。此外，节能技术的普及裹足不前的另一个原因是产品成本过高导致价格竞争力低下。今后要实施优惠政策和税制改革，或者根据初期需要积极制定创新促进政策，确立技术创新和社会体系变革的良性循环。

基于上述措施，以《节能技术战略2011》提出的重点技术为中心，在国内外推动我国先进节能技术的普及显得极其重要。

（二）各部门推广节能技术的课题

各部门都制定了推广节能技术的各种课题。

工业部门，先制订详细的计划，然后进行实践验证，在我国国内推动节能技术的进一步普及。实现这些节能技术的开发推广，尤其是产业间合作及区域内合作的加强，必须深化政府内部之间的合作，倾听灵活周旋于特区组织的龙头企业的声音。

我国的节能技术与其他发达国家和发展中国家相比，特点是以龙头企业为中心，结合全国各个合作部门的综合支持，利用核心技术国际标准化和日本品牌开拓国际市场，强化产业合作系统、基础技术及服务等包装型基础设施的技术出口。

使用节能产品加速化技术，评价原材料贡献度的定量化方法，目前尚不完善，所以必须对节能效果的评价方法进行调查研究。

民用和商业部门，为了 ZEB/ZEH 技术的推广普及，强化新型住宅及建筑的节能标准和标准的适合性义务。但是，要实行旧有建筑的适合性义务比较困难，加上整修时要严格符合节能标准导致整修进展缓慢，所以需要政府的支持和引导。具体措施有推动支持激励性的税制改革、技术开发后的实证研究等。

从人类行为因素出发，经过大规模的社会实践，研究开发新技术，促进整体社会对能源的有效利用，创造真正舒适、精彩、富裕的生活。

交通运输部门，ITS 不是单体技术，而是综合多种技术的系统化技术。在积极开展实证实验，保证安全的基础上，推动 ITS 的实用化。为了 ITS 的推广普及，必须完善道路车辆通信设备等基础建设。考虑到群组车辆自动行走的社会承受力，不仅是使用者，还应该扩展到全体国民，得到大家的一致同意，共同推进 ITS 的实用化。ITS 不仅可以节能，还能解决目前交通堵塞、交通事故等多种交通问题。政府部门省厅之间要积极协作，实现各部门信息的共享，进一步强化 ITS 技术的普及。

物流部门，通过智能物流系统、物流的模块化等技术，提高物流节点效率，推动节能技术。进一步提高港口效率，以不断增强我国产业的国际竞争力。推进深水位集装箱船、世界最大级的货物搬运船 RORO 船等货运码头的一体化建设，同时，货物倒装、货运效率等实际作业体制的完善和港口关联产业的效率化也是实现物流一体化的有力措施。

新一代汽车的普及需要燃料能源的稳定供给、ITS 和智能物流系统从单体到整体的变革、不同产业间的合作以及社会基础建设。

（三）政府对今后节能技术开发的扶持政策

新节能技术虽然获得了良好的市场评价，但是国内市场成熟度的发展越来越迟缓，创造能够活跃市场的新技术的难度也比以前增加。如果要开拓海外市场，考虑以气候与生活环境、生活习惯为代表的民族特性等因素，就必须进行技术开发，否则难以普及。这种情况下，今后我国要实现节能技术开发和广泛推广的目标，政府扶持政策的要点如下。

（1）促进与产业化构想一体的技术开发

技术开发大多数能获得技术成果，但如果不考虑产业化及阶段性普及，宝贵的开发就可能无疾而终，因此在技术开发的初期就必须将技术开发和研究实现产业化的构想同时进行。根据评价标准，整理清楚标准化、投入成本、设备投资回收年数及奖励、开发初期相关法律法规、更新时间、利益相关者、开拓国际市场的时机等与开发相关的各种因素，并在技术开发初期就查清阻碍开发的因素。此外，政府应该从区别于技术开发负责人的角度看待产业化问题，构建战略性指导与建议体制，从技术开发到实现产业化给予持续、有效的扶持。

（2）挖掘并培养潜在的技术和创意

挖掘大学、独立行政法人和企业里潜在的技术和创意，与负责产业化的民间企业相互配合，积极致力于新型节能技术的研究开发，使我国跻身世界领先地位的重要对策有，要实现实用化、产业化，不是依靠技术源本身，确切地说是依靠从技术源里挖掘出潜在的技术。当然不能仅停留在挖掘上，如何运用技术源，技术和社会的具体课题是什么，需要积极创造进行可行性研究的环境。一方面，迅速终止无法预测的东西；另一方面，对于能准确预测的东西，要构建研究开发体制，真正开展技术开发，悉心培养新技术。

（3）推进技术系统化和产业合作

虽然个别技术的节能效果规模受限，但是可以通过个别技术的系统化，产生相辅相成效果，实现更多的节能目标。例如，提高单体热泵的能源效率，加上灵活利用多种热源、蓄热系统、包括使用者在内的系统化技术，促进能源高效化、发现具有更好节能效果的技术。另外，不同产业之间加强技术合作、有效利用能源、及原材料与能源并产的联产技术等，通过个别技术的组合，争取获得更大的节能效果。特别是为了推进个别技术组合的系统化，加强产业间的相互联系，构建合作机制是必不可少的。

（4）立足长远研究尖端技术

考虑到新技术的快速普及，瞄向产业化的技术开发非常重要，但是为了我国在技术上长期处于世界领先地位，目前仅是概念，能否真正实现和普及还很难预测。另外，基础性技术开发具有长期性，即使是通过持续性开发有望产生巨大效果与广泛应用的尖端技术，也要适当选择集中开展，立足长远，切实推动新一代技术的开发。具体措施是，不采用募集建议的方式，以技术源的精查为核心，选出被认为有希望的尖端技术，对其开发培养给予长期的扶持。

（四）国际竞争力的保持与强化

在开拓国际市场的过程中，开发出的节能技术应该是能够在海外市场竞争中获胜的先进技术。目前为止我国在海外市场的优势在于"先进的技术"，今后先进的技术依然是最厉害的武器。

我国目前的先进技术与国内制造业的生产环境息息相关，因此今后进一步拓展国际市场，首先要维护工业的基础地位。目前海外发展的障碍和国际标准化都是拓展国际市场需要重点研究的课题，必须从技术的开发阶段就重视起来。如前所述，如何防止核心技术被模仿非常关键。此外，以先进的技术和国际标准化为基础的日本品牌在海外的渗透可以带动一系列良性循环。

目前，为削减温室效应气体签订的国际协议《京都议定书》的应用，两国信任机制等还在研讨中，不过，通过建立节能技术新的评价机制，我国的先进技术有望得到正确的评价。

结论 《节能技术战略（2011）》今后的进度

《节能技术战略（2011）》是以 2009 年 4 月份公开的《节能技术战略（2009）》以及 2010 年的《节能技术战略（2010）》（相关节能部分）为基础，进行整理、研究需增加的技术内容，由节能技术战略委员会成员历经数月的研讨、全面审校而制定的。

与最终能源消耗的分类相同，《节能技术战略（2011）》将节能技术分为工业、民用和商业、交通运输三大部门，展示了实现 2030 年战略目标需要的能发挥最大节能效果的技术，还展示了通过 ZEB/ZEH、智能物流系统等各种技术组合提高节能效果，激光加工工艺促进制造工艺的高效化和高收率化，产品使用阶段节能效果超高的节能项目相关技术，以及以更全面新颖的视角提出的"节能人类行为因素"等各种各样的重点技术。

关于面向 2030 年的构想和今后节能技术的开展，主要论述了推动节能技术的普及和不断重复强调在技术开发伊始就要查清普及可能性的必要性，以及 2030 年以后也要持续推进节能技术的开发与普及，保持并强化我国的国际竞争力的重要性。

　　为了克服技术开发与普及的障碍，不仅是经济学家，还需要各界民众齐心协力，创造新社会。这也是与今后节能的推广紧密联系的。

　　今后，应定期审视本战略，时常确认技术开发的方向是否与时代的发展相一致，挖掘迎合需求的节能技术，推进技术的开发与普及。

　　本战略由相关人员共有及使用，通过节能技术的进一步开发与普及，期待我国能成为世界第一的节能国家，同时为加快我国经济发展和构建全球低碳社会贡献力量。

（张季风　译）

革新性能源及环境战略（2012）

2012 年 9 月 14 日

能源与环境会议

前　言

　　2011 年 3 月 11 日发生的东日本大地震及东京电力公司（以下简称东电）福岛第一核电站的事故使我们对过去所选择的生活方式以及心中所描绘的未来产生了深深的疑问。我们不禁再次对自己所坚信的价值观以及社会自身产生了质疑。特别是东电福岛核事故，给当前的能源社会的存在方式打上了大大的问号，促使我们进行根本性变革。

　　大地震以前，我们将能源社会的主要存在方式定义为，以提高对"核能"的依赖程度为基轴，并以此作为确保能源稳定供给的目标，来探索解决全球变暖的方法。但是，对此次事故的严峻现实的审视以及从事故中所吸取的教训使我们确信，截止到目前为止政府所推行的国家能源战略应该被重新考虑。

　　这个新能源战略，不是"由一少部分人制定的战略"。最重要的是，它必须是政府和国民认真倾听每一个人的意见、担忧及愿望，充分理解彼此的主张后制定的政策，是"依据国民的想法而制定的战略"。

　　而且，这个战略不是在由于此次事故而造成的核能源利用困难状况下推行的"被动性缩小战略"。它是一个变约束为动力，通过每一个国民的参与，使节能和可再生能源能够得到普及和推广的"主动性成长战略"。

　　它不是过去的延伸，而是创造新未来的战略。它不是不切实际的梦想，是可以实现的战略。并且它还是对到现在为止配合国策，支撑我国的经济社会发展的核能关联设施所处的各个地方直辖市充满感谢和关怀的战略。在这些坚定的方针的指引下，我们制定了《革新性能源及环境战略》。

《革新性能源及环境战略》是通过最大限度地提高节能及可再生能源等绿色能源的使用率，来减少对核能以及化石燃料的依赖程度，并以此为基本方针的。在到目前为止的广泛的国民讨论的基础上，归纳出下述三大支柱。

第一根支柱是"尽早实现零核电社会"。为了实现该目标，相应地制定了三个原则。并以第二根支柱"绿色能源革命的实现"为中心，为了在2030年之前实现零核电目标，投入所有的政策资源。而在这一过程中，应在确保安全的前提下，把核能作为重要的电力来源来使用。

第二根支柱是"绿色能源革命的实现"。构筑包括消费者在内的多种力量为主导的新结构，在强有力地推进"绿色发展战略"的同时，得到大多数国民的合作，使得社会体系能够自主地向普及和推广绿色能源的方向推进。另外，通过这一挑战，确定绿色能源为社会基础能源，在谋求能源稳定性的提高以及全球环境保护的同时，进一步开拓新的经济发展领域。

紧接着第三根支柱是，"能源的稳定供给"。为了实现第一以及第二支柱，确保能源的稳定供给就成为了极其重要的课题。从这一点来看，化石燃料等能源不仅确保了充足的电力能源，还促进了包括热能利用在内的能源的进一步高效化。与此同时，也加快了新能源技术的研究开发的步伐。

为了实现以上的三根支柱，需坚决实行"供电系统改革"。彻底改变能源供求结构，构筑以国民为主导的供电系统。具体来说，即依靠消除市场垄断、促进市场竞争、发电供电相分离等措施，建立分布式网络系统，增加绿色能源的使用率，并实现廉价、稳定的电力供给。

此外，在国内外大力推进节能以及可再生能源的使用，不外乎就是直接与"全球变暖对策"的切实实施相挂钩。温室效应气体排放量的减少，需要全体国民持续不断地长期、有计划地采取相应措施。

通过此次提出的《革新性能源及环境战略》政府与全体国民将共同创造崭新的能源社会。除了决定性的政治挑战和政府坚定不移的决心以外，如果能够得到每一个公民的充分合作，必定能实现目标。

如果我国能够达成这个目标，对其他国家来说是个很好的范例，也是当代人对于我们下一代所"履行的职责"。

我们要有挑战这个无论在国际上还是历史上都有着重要意义的崇高目标的决心，并启动实施《革新性能源及环境战略》。

（一）尽早实现零核电社会

经历了东电福岛核电站事故，福岛等很多地区的人民仍生活在痛苦之中，这些都使得很多国民都希望"建立零核电社会"。之前的国民争议也验证了这一点。关于"零核电社会"的实现速度以及可执行性方面的意见出现了分歧，因此，政府为如何实现"零核电社会"指明道路极其重要。

同时，对于能否确保核能的安全性，能否解决已使用的核燃料问题即核废料回收问题等，政府应提出必要措施以消除人们对此的疑虑和担忧。特别是应以此为机会，重新研究制定包括核废料回收政策在内的后端管理政策。很长一段时间里，我们对如何处理使用后的核燃料毫无头绪，并不忍正视该问题。在此问题上，对于过去很长一段历史以及其间与青森县的合作等，政府应诚意面对包括能源消耗地区在内的全体国民，并不再逃避问题，积极地找出解决方法。

1. 实现零核电社会的三大原则

（1）核电站运营时间严格限定为 40 年

（2）只有得到原子能安全委员会安全确认的核电机组方可重启

（3）不增设新核电站

以上的三大原则是以"为了实现 20 世纪 30 年代核电机组运转率为零这一目标，投入所有的政策资源"为其第一步。政府会在 2012 年底前提出《绿色政策大纲》，扩大绿色能源的路径规划图。为了实现节能省电的目标以及可再生能源导入量、技术开发和普及等的目标，政府将采取预算、体制改革等具体措施。

2. 为了实现零核电社会的五大政策

政府应以能源环境会议为中心来确立新核能政策。此外，关于核能委员会，应留意其"确认核能和平利用"等的机能，并设立相关的研究场所，从根源处着手进行组织的废除与重组。

（1）核燃料循环再利用政策

核燃料循环再利用政策，特别是从青森县对国家政策的支持来看，主要为在青森县建造了铀浓缩设施、再处理工厂、低放射性废物掩埋场等三个处置地，以及负担海外再利用废物的临时储藏和管理。我们必须理解和认真对待青森县的协助。废弃核燃料的回收再利用是一个中长期的、需稳步推进的产业，因此，我们在接受核废料时也应落实推动核废料回收，尊重及严格遵守"不把青森县当做放射性废物地质处置的最终处理地"的规定。当回收产业的实施变得困难时，应迅速采取适当的措施以确保这一约定。另一方面，必须对国际社会之间"核不扩散"和"和平利用核能"负起责任，并继续遵循过去的方针致力于核燃料回收产业，同时，作为政府，应加强与青森县等特殊地方自治团体和国际社会的交流，并担负起相应的责任。

目前应优先处理以下事项：

——着手研究直接处理方法

——在国际社会的帮助下，对快中子增殖反应堆的研究成果进行归纳总结，并着手研究减少核废料以及降低有害程度的方法。还应制订研究计划，设定年限，切实开展研究工作。

——以减少废物以及降低有害程度为目的，不断改进核废料的处理技术以及推进燃煤炉等的研究开发。

——废燃料回收产业，不应仅依靠民间力量，国家也应担负起责任。

——国家应设立与相关自治团体以及电力消耗地区协商的场所。同时应致力于核废料的直接处理方法、中途储藏制度和方法、确保最终处理场等的研究。

（2）维持并强化核能人才与技术

拥有卓越的技术和较强的安全意识的人才，担负着实现保证核能的安全这一最重要的使命。提高废弃锅炉和核废料的处理技术是实现"零核电社会"所必须解决的问题。此外，那些因东电福岛核泄漏事故而离家避难的人们需要尽早回到自己的家园，这一使命推进着净化技术和人才培养的进程。无论是核能的和平使用，与辐射影响相关的实证实验，还是向发展中国家的核能安全管理和废弃锅炉处理提供技术支援，核能相关人才的培养及技术开发都是不可或缺的。

人才和技术的维持与强化政策，是今年年末所明确的国家职责。要最大限度发挥日本核燃料公司与日本原子能研究开发机构（JAEA）等核能相关产业的人才的作用，并通过对大学和该行业的技术开发和基础研究等的支持，培养新的核能人才。

（3）与国际社会的合作

我国批准了核不扩散条约，在严格的保障制度下推进核能的和平使用。另外，与美国等诸多国家密切合作，不断推行包括核燃料回收政策在内的日本核能政策。为实现零核能社会，与国际机构和世界各国紧密合作，不断改善零核能政策。

总结和分享 2011 年核泄漏事故的经验教训，是我国在推行世界核能安全中的重要责任。世界各国期待充分利用我国核能技术，（我国）要摸清对方国家的国情和意向，这样才能向世界提供最高水平的核安全技术。

（4）强化核电站所在地的地方政策

核能设施选址对策应该考虑到那些被国家的新需要所影响的地方自治团体。此外，为促进这些地方自治体的结构转换，应该优先、重点考虑和扶持那些支持绿色能源的政策。

另外，国家应对东电福岛第一核电站的废气锅炉、福岛等地的核污染净化以及福岛居民的健康管理担负起责任。

（5）核产业体制与核能损害赔偿制度

日本核电产业体制在国策民营的政策下，需要进一步地研究和明确政府和普通国民的责任划分。

核能损害赔偿制度基于东电福岛核电事故赔偿的实施情况以及上述研究结果，也需要就其今后的存在方式展开进一步的研究。

3. 迈向零核电社会路线的检验

实现零核能社会的道路一定不只有一条，但是一定会是一条很长的道路。此外，我国的能源构成方式在很大程度上需要依照国际能源形势以及技术开发动向等因素来制定，很难通过现阶段的情况来正确预估将来的走势。我们必须要认清现实，以谦虚的姿态来构筑能源战略，无论发生何种变化都必须能够随机应变。

为了将零核能社会变为现实，政府在绿色能源扩大状况，对国民生活及经济活动所产生的影响，国际能源形势，核能及核能行政状况，以及与国际社会的关系等方面，必须要做到经常披露相关信息，组织验证并不断对其进行重新评估。

（二）实现绿色能源革命

被称为绿色能源革命的革新，其实早在东电福岛核事故之前就在世界范围内展开了。我国也已经慢慢地进入了 IT（情报信息技术）及使用蓄电池的智能节能的实际运用阶段，并开始加速导入可再生能源。但是在现阶段，却面临着高成本、不稳定、基础设施不完善等各种各样的经济、制度问题。而这些问题需要通过技术革新以及政策引导来解决，继续推进以绿色能源为主要能源的绿色能源革命。

加速绿色能源革命，可尽早摆脱对核能的依赖，同时也可以催生广泛的地区性新兴产业，活化地区特性，提高能源安全，以及对温室效应对策带来成效。这个变革，并非只是把核能转换成节能和可再生能源，而是建构新的机制，转换每一个国民的立场，使其从被动的电力消费者成为分散型发电站、智能节能的推手。未来太阳能发电、蓄电池、燃料电池若能够全面普及，家庭和地区不但不用付电费，还可以靠出售电力来获取盈利。就如同20 世纪 90 年代后半期的 IT 革命时期，全体国民都是共同参与社会改革的主角，这就是绿色能源革命的本质。

1. 节能及省电

省电方面，2030 年用电量将比 2010 年减少① 1100 亿度。届时将通过智能电表、住宅能源管理系统（HEMS）和建筑物能源管理系统（BEMS）以及需求响应等方法而实现高峰用电量的大幅度减少。

表 1　上述目标实现的进程表

节能省电	2010 年	2015 年	2020 年	2030 年
总发电量 （与 2010 年相比）	1.1 万亿 kW · h	−250 亿 kW · h （−2%）	−500 亿 kW · h （−5%）	−1100 亿 kW · h （−10%）
最终能源消耗量 （与 2010 年相比）	3.9 亿 kL	−1600 万 kL （−4%）	−3100 万 kL （−8%）	−7200 万 kL （−19%）

节能方面，2010 年的最终能源消耗量为 3.9 亿升（换算为石油消耗），到 2030 年，可实现减少 7200 万升以上的目标。

该数值为保守情况下的数值。增长情况下的数值如表2：

---

① 该数值为在宏观经济条件下，事务局所设定的保守情况下（实际经济增长率：21 世纪 10 年代为 1.1%，20 年代为 0.8%）的数值。在宏观经济条件下，事务局所设定的增长情况下（实际经济增长率：21 世纪 10 年代为 1.8%，20 年代为 1.2%）的数值，则为减少 100 亿度电。增长率高时，电力及能源的需求就会增加，因此与 2010 年相比，能源减少量缩减。

表 2　增长情况下的数值

节能省电	2010 年	2015 年	2020 年	2030 年
总发电量 （与 2010 年相比）	1.1 万亿 kW·h	100 亿 kW·h （1%）	200 亿 kW·h （1%）	-100 亿 kW·h （-1%）
最终能源消耗量 （与 2010 年相比）	3.9 亿 kL	-900 万 kL （-2%）	-1700 万 kL （-5%）	-4600 万 kL （-12%）

〈完善的政策引导以确保智能型节能在全体国民中开展〉

家庭及办公部门的节能

● 依照"领跑者标准"提升家电节能效率，通过提升公众的节能意识，加速导入节能家电（LED 等高效照明设备及高效空调设备等）。目标为到 2020 年公共设施的 LED 等高效照明设备的普及率达到 100%，到 2030 年将所有照明设备全面更换为 LED 等高效照明设备。

● 在力求热水器及家用燃料电池的高效化的同时，也要强化推进导入政策。特别是家用燃料电池，对将各个家庭转变为分散型发电站来说非常重要。计划在 2020 年导入 140 万台，2030 年导入 530 万台（2010 年 1 万台）。

产业部门的节能

● 产业部门在更新设备与更换制造工艺时，也将力求加强导入当下最新技术。

住宅、商业大楼的节能

● 将在 2020 年前分阶段对所有新建住宅和大楼实施节能标准义务化政策。并且推进高性能隔热材料、隔热窗、隔热涂料等的使用。为了尽早实施修正后的节能法规，拟定进一步导入"住宅领跑者标准"。对现有的住宅及大楼，将尽快推进对其进行节能改造。

利用提高热能利用率节能

● 在提高城市废热（工厂废热、焚烧厂废热以及电厂废热）利用率的同时，也进一步推进热力管网维护等程序便利化。

● 力求扩大对可再生热能（地热能、太阳能、地表水源热能、污水源热能、冰雪热能以及生物质热能等）的利用率。

加快新型汽车的研发与普及

● 2020 年新型汽车将占新车销售量的 50%，预计在 2015 年做好燃料电池汽车投入市场准备。

智能型节电

• 伴随着智能电表设备，住宅能源管理系统（HEMS）以及建筑物能源管理系统（BEMS）的导入的推进，这些系统开始渐渐地出现在国民的视线内。灵活运用包含高峰用电费，积分制和"负瓦特"业务在内的市场机制。推动智能型省电（需求响应）在全体国民中的推广。

智能社区等地区、城市等的节能

• 应该将上述智能型省电机制在城市和地区中进行推广，灵活运用智能社区等示范项目的成果，从而推动智能房屋的普及和智能社会的实现。此外，灵活运用促进城市低碳进程的相关法律，通过促进城市功能的集约化以及与此相连的公共交通的使用，推动向紧凑型城市的转变。

负担等的说明

• 需要向全体国民详细地进行信息披露和说明，为确保上述进程的实现，需要以一定的设备投资成本负担及消费行为的变更为前提。

2. 可再生能源

• 可再生能源预计①将从 2010 年的 1100 亿度电提升到 2030 年的超过 3000 亿度电（提升近 3 倍）。[若不包括水力发电，则可再生能源发电量预计将从 2010 年的 250 亿度电提升到 2030 年的 1900 亿度电（近 8 倍）]。

表3   上述目标实现的进程表

可再生能源	2010 年	2015 年	2020 年	2030 年
发电量 （与 2010 年相比）	1100 亿 kW·h	1400 亿 kW·h （1.4 倍）	1800 亿 kW·h （1.7 倍）	3000 亿 kW·h （约 3 倍）
设备容量	3100 万 kW	4800 万 kW	7000 万 kW	13200 万 kW
发电量 （＊水力发电除外） （与 2010 年相比）	250 亿 kW·h	500 亿 kW·h （约 2 倍）	800 亿 kW·h （约 3 倍）	1900 亿 kW·h （约 8 倍）
设备容量	900 万 kW	2700 万 kW	4800 万 kW	10800 万 kW

① 废物发电原本不包含在"可再生能源"内，但为方便起见，将废物发电等都归入"可再生能源"中。

〈可再生能源的大规模引进〉

以固定价格收购制度促进民间投资

• 有效运用固定价格收购制度，不断促进各机构的投资，充分发挥其效果。

扩大公共设施的投资

• 推动太阳能发电及蓄电池等设施在公共设施的安装率。在生物质能发电领域，要针对废品焚烧设备导入高效率的发电设备，以及针对废水处理厂导入生物质能发电设备。此外，要力求活用包括灾害发生时的能源供给在内的区域能源中心机能。

加速地方主导机制

• 政府将依据各地区特性，支援导入具有地区特色的再生资源。推进能源基础设施建设与城市规划的一体化进程。

相关立法政策与环境影响评估程序

• 建立各种改革规范，加速风力和地热等可再生能源的推广，简化环境评估程序，解决系统连接问题，一一去除推广可再生能源的各种阻碍。

电力输送系统的强化

• 为了促进风力发电导入，必须采取着手开展送电网的完善等一系列系统强化政策。

稳定再生电力系统的对策

• 对于太阳光及风之类产量不稳定的电源的导入扩大，如第三节所提到的确保火力发电以及第四节所提到的送电网的多领域运用，尤其对于确保大型蓄电池的导入促进而进行的环境完善，必须要采取系统稳定化对策。

扩大利用可再生热能

• 力求扩大对可再生热能（地热能、太阳能、地表水源热能、污水源热能、冰雪热能以及生物质热能等）的利用率。（再次指出）

研究开发及示范

• 加速与高效的太阳能发电、海上风力发电、高密度蓄电池发电、深度地热开发、高效率生物质能发电等技术开发及示范相关联的材料及零部件的开发包括在内的进程。从中长期来看，力争将波浪和潮汐发电等海洋能源发电技术实用化。

负担等的说明

• 以固定价格收购制度的费用及系统强化政策以及系统稳定化对策等成

本负担为前提，为了实现上述进程，必须及时详尽地向全体国民进行信息披露。

政府按照上述内容，通过能源环境会议，在 2012 年年底前将确保实现绿色能源革命实现的进程具化为"绿色政策大纲"，并将其向全体国民公布，一同树立目标和承受负担。

（三）确保能源的稳定供给

在国民讨论中，也有不少居民和企业表达了对"零核电的选择，真的对国民生活和生产没有影响吗？"的担忧和疑问。2002 年出台的能源政策实现了"能源安全保障（Energy Security）、环保（Environment）、经济效率（Economic efficiency）"的目标。而这一次的能源环境战略是以追求能源安全为最优先的前提，3E 均衡、确保低廉的价格，确保能源安全供应为重点。针对先前能源政策所进行的相关经济影响分析，将试着测算每一种情境下的影响，并尽量减少影响最大的产业界和中小企业负担，平稳地促进产业结构改革，以减少对日本经济和国民生活的影响。

如果将社会成本计入核能成本，则如之前所认为的，核能成本是不便宜的。作为大规模集中型电源而言，在稳定供给上也出现了一些问题。目前，一方面，可再生能源成本太高，供给也不稳定，因此现阶段火力发电的重要性得到了提升。而另一方面，如果扩大绿色能源的目标能得以实现，化石燃料的消耗量将比目前减少。

火力发电必须要面临温室效应的问题，我国的环境技术在世界范围内处于领先的地位，因此采用这一技术，并将该技术提供给国际社会将会非常重要。另外，基于国际能源形势，稳定且低廉的化石燃料的供应，将影响我国经济社会的情况，对此需多加注意。

1. 火力发电的高效利用

（1）LNG 液化天然气发电

作为火力发电中二氧化碳排放量较小的发电方式，液化天然气因其较高的结构调整功能在可再生能源普及阶段被寄予厚望。在构建完善的国内管线，构筑连接北美洲的天然气输送路径，实现作为燃料的天然气的稳定供给以及价格亲民化的同时，也进一步地推进其高效联合循环化的进程。与此同时也要推进针对高效液化天然气联合循环化的技术开发的进程。

（2）煤炭发电

作为基础电源，煤炭发电在持续降低对核能发电的依赖性方面起到了尤为重要的作用。此外，在可以预见的对外技术出口过程中，可以在国外有效实施我国的环保效果好的煤炭发电技术。也可以通过这一行为，进一步增加我国对于全球温室效应对策的国际贡献。

（3）电源构成

通过老旧发电设施的更迭，添加煤炭以及液化天然气发电设备，进而引进最新型的发电设备。通过对燃料的特征，供应的稳定性，周围环境的负荷，成本以及在可再生能源普及阶段的结构调整功能等的综合考虑，最终实现均衡的煤炭、液化天然气以及石油发电的电源构成。

（4）环境影响评估

像这样将老旧发电设施更换至最新的设备等减少环境负荷的手段还有很多。尽量将环境影响评估的简单化、快速化，并且在各个地方及经营者的协助下，力争将本来要三年才能够取得的进展缩短在一年多左右完成。与此同时，迅速对是否能够新增加一些二氧化碳排放量低的、高效的煤炭及天然气发电设备做出环境影响评估。

2. 提高热电联产过程中热能的使用率

（1）最大限度地普及包括燃料电池在内的热电联产，促进能源的有效利用。因此，我们需要建设和开发一个环境，可以依靠热电联产使电力销售顺利完成。除此之外，还应该努力强化热电联产设备的导入支援政策。

表4　扩大热电联产的进度表

热电联产	2010 年	2015 年	2020 年	2030 年
发电量 （与 2010 年相比）	300 亿 kW·h	400 亿 kW·h （1.3 倍）	600 亿 kW·h （5% 倍）	1500 亿 kW·h （约 5 倍）
设备容量	900 万 kW	1200 万 kW	1500 万 kW	2500 万 kW

（2）力求扩大对可再生热能（地热能、太阳能、地表水源热能、污水源热能、冰雪热能以及生物质热能等）的利用率。（再次指出）

（3）在提高城市废热（工厂废热、焚烧厂废热以及电厂废热）利用率的同时，也进一步促进热力管网维护等程序便利化。（再次指出）

3. 新型能源相关技术

除甲烷水合物等未使用能源领域外，推进针对氢能网络等新型能源网络以及二氧化碳回收（CCS）等新型能源关联技术的实用化的研究开发。

4. 稳定、廉价的化石燃料的确保及供给

• 践行《确保资源战略》[①]，构筑以及强化同资源国双方间的全面互利的关系。通过支援强化、市场稳定化、采购以及交涉能力的强化等举措来确保我国企业取得上游利益，以及确保我们能够取得稳定，廉价的石油、天然气以及煤炭等资源。

• 基于《海洋能源以及矿物资源开发计划》[②]，谋求石油、天然气、甲烷水合物等国内海洋能源以及矿物资源的开发。

• 为了今后的天然气转换，修建管道等基础供应设施。

• 作为能源安全保障的最后一道堡垒，在灾害应对方案的同时，将切实推进石油以及液化石油气的储备以及供应链的维护强化。

（四）电力系统改革的坚决执行

为了"尽早实现零核电社会""绿色能源革命的实现"以及"确保能源供给的稳定"这三大支柱的实现，必须从根本上改变以能源为主体的机制。截止到目前为止，政府和电力公司依据实质性的协议，能够事先规定好电源构成的最优配比。但是今后，多样化的供应商可以参与到可再生能源发电等能源活动中，而大量的消费者也可以依据自己的选择参与到节能的行为中去，最终形成现实的电源构成。在以国民为主导的能源机制内，可以任意使用的网络和存在竞争的市场是必不可缺的。这种分散型网络系统的构筑方案就是电力系统的改革。

1. 促进电力市场的内部竞争

（1）由于零售市场的全面自由化，在保障了全体国民的"电力选择"自由的同时，也促进了需求相应等一系列相关服务的导入。

（2）根据大批量电力销售的相关规定的废止，激活了电力批发市场交易，从而促进了发电及零售市场的竞争，并最终达到降低成本以及强化客户服务。

2. 送配电部门的中立化以及多领域化

（1）发电部门和送配电部门从职能和法律层面上的分离。以此做到对

---

① 2012 年 6 月 27 日。打包型基础设施海外展开关系大臣会议报告。
② 2009 年 3 月 24 日。综合海洋政策本部会议通过。

包含从事可再生能源以及热电联产在内的所有经营者商务人士，在整个送配电网过程的公开透明以及中立和公平。

（2）设立运用跨区域系统的中立机构，从而实现配送电网的广域使用，进而缓和可再生能源的不稳定性以及向有效利用广域供给力的机制的转换。

（3）为了能够灵活运用包含可再生能源在内的广域供给力，并且带动整个市场，要逐渐完善各个地域之间以及地域内部的送电网。与此同时，以网络使用费等收费，逐渐回笼其投资为原则，根据需要国家进行政策性的支援。

政府定于 2012 年年末，将上述内容具化为"电力系统改革战略"（暂定），并披露给全体国民。

（五）全球温室效应对策的切实实施

防止全球温室效应是全人类所共同面临的课题，进而实现《气候变化框架条约》的最终目的[①]。进一步推进对于世界各国都参加的 2020 年以后的未来框架建构的讨论。即使这一次的能源政策需要彻底地审视，也不能够改变我们自身为了达成条约终极目的所采取的姿态。

由于我国已经在《第四次环境基本计划》（2012 年 4 月 27 日内阁会议决议）中，决定到 2050 年温室气体排放量目标为削减 80%（与 1990 年相比），因此需要制定相应的长期的有计划性的对策。

• 在导入大量可再生能源以及国民间展开的节能省电举措的基础上，政府与国民也一同切实地实施以全球温室效应系数高的氟利昂替代品等为代表的能源起源的二氧化碳以外的温室效应气体相关的对策，目标在 2030 年，国内温室气体排放量目标为减少 20%（与 1990 年相比）[②]。

• 2020 年温室气体排放量减少目标，由于无法确切得知当时的核能运转情况，而在一定前提[③]下计算出将减少 5% ~ 9%（与 1990 年相比）[④]。

• 在上述国内温室气体排放量削减的目标的基础上，以"造林"吸收温室气体以及国际间的协作努力的基础上，积极推进全球温室效应对策。

• 借由造林的完备和木材的利用，预计在 2013 ~ 2020 年温室气体的排

---

① 《气候变化框架条约》的目标是"将大气中温室气体浓度稳定在不对气候系统造成危害的水平"。

② 该数值为保守情况下的数值。增长情况下，大约削减 10%（与 1990 年相比）。

③ 2020 年的核能依赖度是根据 2030 年和 2010 年的核能依赖度而粗略地估算出来的。

④ 该数值为保守情况下的数值。增长情况下，大约削减 2% ~ 5%（与 1990 年相比）。

放量能够平均削减幅度最大值为 3.5%（2020 年当年 3%）。此外，为了确保 2020 年以后的"造林"对温室气体的吸收量，必须要确保优质的幼苗以及适当的森林资源的培育。

- 我国拥有高效率煤炭火力发电技术等优秀的环境技术，将这些技术运用到国外，就可能在全球范围内大幅度地减少温室效应气体的排放。将此技术运用至国外可以削减温室气体，并使之作为两国间的抵消额度，对国际社会做出贡献。

- 以上落实全球温室效应对策的观点，将被明确定义为政府全体努力的"适应计划"。

政府将在 2012 年年底，制定 2013 年以后的《全球温室效应对策》，并向全体国民和国际社会公布。

启动之际　政府和民众一起进行验证与实施

要想"革新性能源环境战略"能够顺利推进，就必须要集结全体国民的力量。政府为了能够使全体国民能够参与到新能源社会的构建中，需要抱着负责任的态度对政策进行相应的调整。

此外，政府为了实现向零核电的社会转变，就必须要不断地对绿色能源的推广状况、对国民生活以及经济活动的影响、国际能源环境局势、国民对于核能及核能行政的信赖程度、核废料的处理相关的地方政府的理解和协助状况、同国际社会的关系等方面进行验证和重新评估。

在这一阶段，政府必须要确保整个过程的透明度，对全体国民以及国际社会做到及时详尽地公示相关信息。内阁正在制定检验这一战略的相应体制。

以政府和电力公司为主体开发大规模的电源，并按照国民的要求集中提供电力的时代要开始慢慢地向国民按照自身的需要自主地选择、生产以及储存的时代过渡了。这一社会体系的转换绝不是那么轻易就可以实现的。但是，政府自身首先要明确这一方向，制定出相应的鼓舞人心的政策，在这一政策转换期内，如果政府能够尽全力将其对国民生活和经济产业造成的负担降至最低，那么像以往多次经历的历史转型时期一样，我们必定能够以全体国民之力完成将要到来的这次变革。

《革新性能源环境战略》是一幅指引我们迈向可持续发展的美好的明天的地图。

（附页）

〈节能进展示意图〉

2010　　　　　　　　2015　　　　　　　　2020　　　　　　　　　　　　　　　　　2030

节能量：7200万kL（−19%）
省电量：1100亿kW·h（−10%）
累计投资额：84万亿日元

节能量：3100万kL（−8%）
省电量：500亿kW·h（−5%）
累计投资额：34万亿日元

节能量：1600万kL（−4%）
省电量：250亿kW·h（−2%）
累计投资额：17万亿日元

~2030　进一步扩大导入
① 导入LED等高效率照明设备、导入率为库存的100%（目前仅有2成）
② HEMS100%导入（目前不满1成）
③ 导入家庭用燃料电池530万台（目前仅有1万台）导入高效率热水器9成（目前1成）
④ 新型汽车销售量中，新型电动车最大7成导入（目前为1成）

~2015　以省电为主
① 智能电表在今后5年导入总需求的8成
② 智能社区的证实、扩大
③ 为了燃料电池汽车导入市场，做环境的整备

~2020　以民生部门为中心、推广节能
① 新建住宅节能基准普及率100%（目前仅有4成）
② 公共设施100%导入高效率照明（目前仅有2成）
③ 扩大未使用的可再生能源的热有效利用
④ 导入电动汽车用的普通用电器200万台，快速充电器5000台（目前快速充电器仅有600台）

平均投资额：3.4万亿日元/年

平均投资额：5.0万亿日元/年

注：节能量、省电量均与2010年做比较。

〈可再生能源进展示意图〉

2010　　　　　　　　2015　　　　　　　　2020　　　　　　　　　　　　　　　　　2030

2012年引进预估
太阳能：200万kW/年
风力：38万kW/年

2013年以后，到2030年每年平均
太阳能：约300万kW/年
风力：约200万kW/年

发电量：1800亿kW·h
累计投资额：16万亿日元

发电量：3000亿kW·h
累计投资额：38万亿日元

发电量：1400亿kW·h
累计投资额：8万亿日元

平均投资额：3.4万亿日元/年

~2015　考虑目前的技术、成本、扩大引进
① 促进引进风力发电、进行送电网的整备
② 引进固定价格收购制度（以太阳能发电为中心）
③ 为了引进风力、地热等，改革建地规范，放宽环境评估场，做环境的整备

~2020　捉进技术开发和环境整备
① 固定价格收购制度
② 扩大送电网的整备（风力发电等）
③ 改革建地规范，促进风力，地热投资
④ 海岸风力实用化
⑤ 为了稳定电力系统，使蓄电池的成本下降（目标：2.3万元/kW·h），和抽蓄水力发电费同等（目前：4~20万元/kW·h）

~2030　因成本下降、强化电力系统与达到容量效应
① 扩大送电网的整备（风力发电等）
② 伴随成本下降，可再生能源达到容量效应
③ 扩大引进研究开发和实证成果

平均投资额：1.6万亿日元/年

平均投资额：2.3万亿日元/年

〈热电联产进展示意图〉

2010　　　　　　　　2015　　　　　　　　2020　　　　　　　　　　　　　　　　　2030

热电联产：1500亿kW·h
累计投资额：6.0万亿日元

热电联产：600亿kW·h
累计投资额：2.3万亿日元

热电联产：400亿kW·h
累计投资额：0.3万亿日元

热电联产：300亿kW·h

~2030因为成本降低、加速导入
·产业用、营业用热电联产2200万kW（目前940万kW）（2010年）
·家庭用燃料电池达到530万台（目前1万台）

~2020进行环境整备、扩大导入
·产业用、营业用热电联产1400万kW（目前940万kW）（2010年）

~2015支援导入产业用、营业用热电联产

平均投资额：0.2万亿日元/年

平均投资额：0.4万亿日元/年

注：家庭用燃料电池的投资金额，作为节能和热电。

（张季风　译）

第二部分

能源**计划**

能源基本计划(2003)

根据 2002 年第 71 号法律第 12 条第四项的相关规定，本能源计划在国会上作了报告。

前　言

　　能源是国民生活和经济发展的物质基础。然而，人类大规模利用能源的历史并不长。18 世纪后半期，发生了工业革命。之后，煤炭作为蒸汽机的动力开始大量投入使用。19 世纪后半期，开始开采石油。20 世纪，石油、天然气等能源消费大量增加。20 世纪后半期，原子能也加入能源行列。昭和 30 年代（1955～1964 年），我国进入经济高速增长时期，开始进口石油。从昭和 40 年代开始进口、开发原子能。由于能源供给得到充分保障，经济快速增长，国民生活日益殷实。但是，能源消费增加过快也带来了负面作用。比如，由于能源价格波动过大、价格居高不下，致使能源供给链条断裂进而给国民生活和经济发展产生重大影响。在发生两次石油危机之后，人类对此开始有了切肤之感。

　　特别是在石油危机爆发时，日本由于过分单纯依赖单一能源（石油），致使深受其害。基于这一认识，此后，日本人为了保障能源供应的稳定，一方面开始采取节能措施，另一方面开始研发替代石油的能源。经过一系列努力，日本大大降低了对石油的依赖程度。尽管如此，日本囿于资源匮乏，大部分能源需要依靠进口，其中石油占到进口能源的 5 成，而进口石油中的 9 成则来自政治动荡的中东地区。加之日本是岛国，不能够直接从国外进口电力。基于上述原因，保障能源的稳定供应对日本而言是重要命题。另外，人们普遍预测到 21 世纪中叶前，世界对能源的需求还会越来越大。因此，保障稳定的能源供应对其他国家而言，也是一个紧迫的课题。为了克服这一难题，各国业已开始付诸行动。然而，一方面世界各国对中东石油的依赖性日益增强，另一方面，冷战结束后中东等产油国的政治形势却越来越动荡。因此，进入 21 世纪以后，保障能源的稳定供应已成为世界各国的共识。

近年来，由于大量能源消耗，致使环境污染日益严重。当前，全球气候变暖问题业已成为世界性难题。燃烧化石能源产生的二氧化碳占温室效应废气排放中的比例最大，因此，控制二氧化碳的排放成为各国的重要课题。日本在《京都议定书》上签了字，有责任和义务控制二氧化碳的排放量。

不仅如此，近年来，经济活动日益呈现国际化的趋势，然而日本的能源成本由于高于其他发达国家，这不仅影响了国民生活，也降低了日本产业的竞争力。因此，在这种情况下需要政府进行改革，放松管制，促进公平竞争，有效地保障能源供给。为了适应形势要求，政府应该采取综合措施予以应对。2002 年 6 月制定了《能源政策基本法》（以下简称《基本法》）。日本政府在基本法中明确提出了以"确保稳定供应""保护环境"以及"市场机制"为核心的基本方针。在该方针指引下，政府为了采取长期性、综合性措施，并且有计划地切实开展实施，制定并公布了《能源基本计划》（以下简称《基本计划》）。

另外，保障能源安全是能源供应和消费的前提。我们应该认识到能源在本质上具有爆炸性和可燃性，危险性极高。特别是核能，如果安全措施不到位，潜藏着重大危险。要根据能源的具体性质，研究相应的安全措施。这一点至关重要。日本政府和相关企事业单位要在充分认识到这一点的基础上，开展工作。在能源供应和消费环节，一定要按照上述基本方针保障安全，这是重要前提。因此，在具体开展工作之际，在每个具体环节上一定要对照上述《基本计划》展开实施。

《基本计划》是基本方针的具体体现。因此，政府在一定程度上对社会形势和技术体系等做了预测。政府根据各能源领域的具体情况制定了具体的措施，有效期为今后 10 年左右。但是，在能源的研发上，需要有长期的前瞻性，要从较为长远的视角，采取措施保障能源供应。

能源政策会受到世界能源形势、日本经济结构、国民生活方式的变化等因素的影响。不仅如此，能源政策还与环境政策、科技政策关系密切。因此，这里制订的《基本计划》并非是一成不变的。各能源领域要根据《基本计划》制订相应的措施，并对该措施的效果进行评估。一般来讲，每三年要对《基本计划》进行评估，如果形势有所变化，可适时适量进行修改。另外，能源政策由于关系到人民生活和国民经济，因此与其他领域相比，更需要国民的理解和支持。政府在修改能源政策时，将充分认识到这一点，会多方征求意见，集思广益。

第一章　有关能源供需政策、措施的基本方针

第一节　保障能源的稳定供给

1. 对现状的基本认识

由于日本大部分能源依靠进口，在制定能源政策时，要有战略性眼光，对国际形势有个正确认识。这一点至关重要。

纵观这些年的国际形势，2001年9月，美国发生"9·11"恐怖袭击事件。此外，世界各地恐怖事件、战争频仍。因此，可以说不稳定因素依然很多。中东地区石油储量占全世界的2/3。这一地区依然饱受恐怖分子威胁，问题严重。不仅如此，这一地区，民族、宗教众多，纷争不断。维持这一地区的和平与稳定是国际社会的重要课题。

亚洲地区经济发展很快，对能源需求会越来越大。世界各国也是如此。而且石油依然是世界各国的主流能源。人们普遍预测其他产油国的石油供给能力日趋下降，因此，对石油开采能力很强的中东地区的依赖会越来越大。

而日本进口石油的90%来自中东地区，且石油以外的其他能源大部分也依靠进口。因此，日本的能源结构十分脆弱，这一问题依然没有根本改观。在这种情况下，日本应该减少能源供应风险，保障稳定的能源供应。这是日本需要重点解决的难题。

2003年夏，日本关东地区电力供需出现问题，北美洲东北地区也发生大范围停电现象。从这一事实我们不难推断，一旦日本国内能源供给链条发生问题，由此产生的停电会对国民经济和人民生活产生重大影响，危险异常。因此，一方面要保障能源的稳定进口；另一方面，在日本国内建立可信度高、稳定性强的能源供应体系，以应对自然灾害。

2. 制定基本方针，保障稳定的能源供应

上述是对日本的能源供给结构的基本认识。在这一基本认识框架下，按照以下的基本方针，采取切实措施，保障能源的稳定供给。

第一，尽可能创造条件，在民生、运输、产业等领域引进新技术，实现节能减排。通过这一措施，在不影响正常工作或生产的范围内，最大限度限制能源的消费量，在建设节能社会上走在世界前列。

第二，时下，日本的石油等能源依靠进口。我们应该制定包括自主开发在内的综合性资源战略，降低对某一特定地区的过度依赖，实现能源供给的多样化。与此同时，要搞好与主要产油国的关系，确保从主要产油国稳定进口石油。

第三，不应过度依赖某一种能源，要多动脑筋，开发利用枯竭风险较低的能源，努力实现能源供给的多样化，要提高能源的自给率。为此，要下大力气开发、引进、利用以下能源：其一，大部分属于国产的新能源；其二，核能，属于准国产能源。

第四，日本的石油和液化天然气过度依赖从中东进口，因此应在日本国内保持适当的储备水平。

第五，在日本国内建立可信度高稳定性强的能源供应体系，以满足需求。不过前提是确保安全。特别是电力，储藏困难，不能迅速用其他能源替代，因为事故或者其他原因其稳定供应受到影响。为了将这种风险降到最低，平时要注意设备检修、加强管理。

3. 能源的稳定供应和安全保障

在供应能源方面，要优先确保安全。要保障安全，就需要注意科学性、合理性和效率。与此同时，还要提高透明度。政府官员和企事业负责人必须要有清醒认识，负起安全责任来。这是稳定供应能源的前提。必须确保能源供应系统的安全，这是因为如果处理不当，即便没有发生危险，也会因事故等原因降低人们对供应系统的信任，也不能实现能源的稳定供应。众所周知，核能领域事故频发，也有人为造成的事故。一旦发生，就可能对电力的稳定供应产生影响。因此，政府官员和企事业负责人要充分认识到这一点，一定要避免因能源供给发生灾害以及供给出现障碍等事态的发生。为此，要根据能源的具体性质实施恰当的安全保障措施。这一点非常重要，要有充分认识和责任心。在此基础上，采取措施，予以应对。

现阶段，已经制定了很多能源安全规则或者法令。政府一定要根据法令对具体领域实施安全监管，确保有效监督。为此，要提高安全知识和认识，培养专业人才，不断提高安全监管质量。企事业负责人对安全负有主要责任，不仅要遵守安全监督法令，还要保证其经营活动安全可靠。为此，要不断努力，在企业内建立长效机制。政府、企事业单位不仅要确保安全，还要提高透明度。要对国民多做解释，让国民相信项目的安全性，增强安全感，这一点至关重要。

另外，提高防灾意识，做到有备而无患。采取切实措施，保护设施周围的居民以及其他居民的安全。鉴于国际形势动荡不安，政府以及企事业单位应该采取有力措施应对可能发生的恐怖活动。

第二节　环境保护的措施

1. 现状

由于大量消费能源，对环境产生的负荷越来越大，保护环境业已提上了议事日程。迄今为止，政府不断出台了相关措施，企事业单位认真对待，在治理氮氧化合物、硫化合物等对环境的污染方面，成果斐然。近年来，全球气候变暖问题日趋严重，日本于 2002 年 6 月在《京都议定书》上签了字，并做出以下承诺：在《议定书》的第 1 阶段（从 2008 年到 2012 年），要比基准年度的温室效应废气排放总量削减 6%，实现这一目标成为日本的紧迫课题①。温室效应废气是造成地球暖化的重要原因，日本的温室效应废气的九成是因为消费能源而产生的二氧化碳。因此，在考虑能源供求政策时，要将防止地球暖化因素考虑在内。

2. 保护环境的基本方针

社会上要求减轻环境负荷的呼声越来越高，考虑到这一因素，应按照以下基本方针采取有力措施在能源领域进行环保。

首先，这部分与上一节有共同之处。由于能源消费造成了环境污染，为了减少环境污染，必须抑制能源的消费量。基于这一思维，要切实抓好节能减排工作。通过这一措施，在不影响正常工作或生产的范围内，最大限度限制能源的消费量。

其次，在能源消费上，要维持煤炭、石油等不可再生能源和核能、太阳能、风力、生物等可再生能源的合理比例。不可再生能源种类颇多，也要维持各自合理比例。在确保稳定供应的前提下，尽量使用二氧化碳排放量较少的能源。

---

① 在《地球暖化对策推进大纲》中，针对来自能源的二氧化碳排放量，在第一承诺期的目标是控制在与 1990 年度相同的水平。

再次，在使用石油、煤炭等不可再生能源时，要引进脱硫技术，对汽油、柴油等进一步实施净化措施，提高燃料本身的清洁度。与此同时，通过开发、引进新技术提高能源利用率以及发电效率。

在能源消费和能源供给方面，一定要考虑到当地的经济、社会情况，采取有效措施，保护当地的自然环境。在此基础上，为建设循环型社会创造条件，提供借鉴。

另外，能源和地球暖化关系密切。应采取切实措施，严格按照《应对地球暖化措施大纲》行事，步步为营，适时对环境政策、措施进行评估。2013 年以后，世界将会就全球暖化问题框架进行讨论。为此，要建立有效框架协议，消除各国间的分歧，让美国和发展中国家也参与进来。要实现这一目标，有必要从能源政策的角度认真考虑。

第三节　灵活运用市场机制

1. 对现状的基本认识

要引进市场机制，促进能源市场的自由化。此举意义重大，具体如下：①可以扩大能源需求一方的选择范围；②降低能源价格，提高国民生活水平。日本产业面临着激烈的国际竞争，此举可以提高日本产业的竞争力；③通过提高能源产业的经营效率，加强能源产业自身的竞争力。基于上述的积极作用，各国都根据自己的国情，正在逐步引进市场机制。

由于市场机制优点诸多，日本能源领域也在进行改革，放松管制。比如，就石油领域而言，1996 年，废除了《特定石油产品进口暂定措施法》；2002 年，废除了《石油业法》，放松了管制。就电力领域而言，1995 年，在电力批发领域引进了竞争机制；2000 年，电力零售领域实现了部分自由化。就天然气领域而言，1995 年，允许部分零售自由化；1999 年，进一步扩大了自由化范围。另外，在电力、天然气两个领域，在 2003 年 6 月制定、修改了相关法律，以期增加电网、气网上的公平性、透明性。

然而，就能源领域而言，按照"保障稳定供给""环境保护"等条款的规定，也许会发生以下诸多问题。①要实现能源供给，需要进行基础建设，耗时较长；②石油出口国等国家会进行干涉；③完全依靠市场机制，也有弊病。比如为了追逐利润，会偏重于某一能源的供给，给能源安全和环境造成负面影响，增加能源消费量。因此，在将市场机制引进能源产业时，要考虑到不要伤害相关企事业单位的自主性以及创造性，政府也应适当进行干预。

2. 在市场机制方面应遵循的基本方针

如上所述，迄今为止，在能源领域锐意改革，放松管制，成果卓然。今后，在将市场机制引进能源领域时，要严格遵守《基本法》的规定：其一，"保障稳定供给"；其二，"环保"。在此基础上，在能源市场化上进行制度改革。与此同时，引进市场机制及其相关政策时，要充分考虑日本的国情。另外，切记在引进市场机制方面，不要忽视安全环节。政府相关部门和相关企事业单位要责任明确，确实保障安全。

一定要在上述思维框架内，引进市场机制。与此同时，将市场机制引进能源领域时，为了避免发生各种问题，政府一定要根据实际内容，采取灵活多样的措施予以妥善处理。

第二章　为保障能源供应，制定长期性、综合性计划，并采取相应措施

第一节　保障能源供给的政策措施与基本框架

能源不同于一般资源，而是一种战略性资源，担负着"保障稳定供应""环境保护"等国家使命。如果仅仅应用市场机制来处理能源问题是无法完成其自身使命的。因此，日本中央政府、地方政府、相关企事业单位以及日本国民应对能源的战略地位有足够的认识。在此基础上，各负其责，为建立合理的能源供需结构而努力。

上一章中我们谈到了"能源供需措施基本方针"。为了实现这一方针，首先应该在节能工作上下大力气，提高能源需求方的利用效率。与此同时，能源供应方也要抓好以下工作：其一，要优先考虑"能源的稳定供应""环境保护"，因能源种类不同，"能源的稳定供应""环境保护"的任务指标也有所不同；其二，在此基础上，保障各种能源合理搭配；其三，每种能源都有其需要解决的难题，在保证"能源的稳定供应""环境保护"的基础上，予以妥善解决。

在开展上述工作时，日本政府应该采取以下措施：①一些研发工作，如果交给市场去做，无法取得满意的结果。在这种情况下，政府需要主动干预并采取措施，通过支持具体的主要负责部门，促进能源技术的开发；

②如果加强公共监督对保障国民整体利益和安全有益的话，必要时，也要通过公共监督，规范技术研发部门的行动；③鼓励为建立合理的能源供需结构献计献策。中央政府应该在必要范围内对地方政府、相关企事业单位、非营利组织进行政策引导；④积极向国民公开能源供需以及能源政策的相关信息。

迄今为止，日本中央政府描绘了日本能源供需蓝图。除此之外，还应向国民公开日本将来的能源供需结构的相关信息，并将此作为研究和评估方针政策的基础。为此，今后要适时适量地向国民公开信息。

第二节　采取切实措施，应对能源需求

能源需求及其模式并非是不变的。政府制定合理政策措施，能够诱导能源消费者改变原来消费模式，转向更高效的能源。这一思维方式至关重要。在这一思维模式下，采取如下节能措施，并将能源消费对环境产生的负荷平均化、标准化。

1. 出台节能措施，建设资源节约型经济社会

节能措施可以起到以下作用：①保障能源的稳定供应；②防止地球暖化；③通过开发新型机器、投资、办新型产业等搞活经济。因此，可以做到"环境保护和发展经济"的双赢。石油危机之后，日本在节能方面下了大力气，处于世界领先地位。然而，近年来，在民生和运输领域，能源消费增速明显。日本是节能国家，堪称世界楷模。因此，有必要在民生、运输领域出台切实可行的节能措施。特别是改革民生、运输领域的能源供需结构势在必行。

节能是一项综合性工作，仅仅提高能源相关机械的使用效率，兴建能源相关产业是远远不够的，必须综合考虑能源需求方面的应对措施。为此，需要开展以下工作：①迄今为止的社会、经济模式是能源消耗性的，必须实现转型发展；②群策群力，实现向资源节约型的社会经济结构转型。特别需要指出的是要对民生、运输领域的能源供需结构进行改革，并做好以下几项工作：①改善机动车交通状况；②建设环保型城市，减少能源消费给环境带来的压力①；③提高物流效率；④提倡尽量使用公共交通工具；⑤不要浪费能

---

①　现在的运输方式采用卡车长途运输（500公里以上），要将这一运输方式切换为内河航运、轮船、铁路运输。

源。要做到上述几点，需要各个阶层的人们养成良好的生活习惯。这是一项长期的艰巨工作。

（1）民生部门采取的方针政策

a. 提高机械器具的使用效率，合理管理能源的需求

在家庭和办公场所，要尽量发挥能源的功效，抑制能源需求，具体做法如下。

首先，努力提高机械器具的功效，尽量做到节能减排。为此，要遵守《能源合理使用法》（以下简称《节能法》）；高效利用领跑者模式①；提供便于理解的节能设备信息，如合理利用标签制度等②；鼓励购买节能效果较好的热水器③；另外，在电机行业，采取有力措施，减少待机（非作业）期间的电力消耗④。

其次，改进能源的使用方法。具体做法如下：①充分利用信息技术（IT），开发普及能源管理系统；②利用《节能法》，加强对能耗大的用户进行有效监督和管理；③通过上述两项措施，合理管理能源需求。

最后，振兴提供专业节能服务的公共事业。近年来，能源服务公司为写字楼工厂等提供综合性的节能服务，即 ESCO⑤ 事业。而且，这一服务不断普及。在这种情况下，要鼓励发展节能产业。为此，要在公共部门率先引进节能服务，承认其合法地位。

b. 住宅、建筑物等的节能措施

住宅、建筑物等事关国计民生，具有深远的影响，对节能性能要求高，因此，必须采取切实措施开展节能工作。因此，必须做好以下几项工作：其一，有效利用融资手段、税制、性能标志制度；其二，根据《节能法》，新建、翻修扩建房屋时，要采取节能措施，并到相关部门备案。通过上述两个

---

① 在已经实现商业化的产品当中，采用性能最好、最节能的产品。以空调（制冷取暖两用）、电冰箱为例，在 2007 年前大致实现节能 63% 的目标；在 2004 年以前，电冰箱大致实现节能 30% 的目标。

② 按照 JIS 规格指定的制度，消费者能够一目了然地看出机器是否符合《节能法》规定的标准。现阶段，在符合《节能法》的 18 种特定机器中应用这一制度，主要以电视机、空调等 10 种机器为实施对象。

③ 热水器消耗的能源占家庭能源消费的约 3 成。因此，热水器节能工作如果做得好，可以有效抑制家庭能源消费。

④ 在待机消费的电力中，家庭消费约占 1 成。相关企业正在采取措施进行改善。

⑤ Energy Service Company 的简写。

措施，普及推广满足根据《节能法》制定的节能标准①的住宅、建筑物。

（2）运输部门的节能措施

a. 采取措施，提高机动车的节能性能。在不改变机动车的性能和功能的前提下，尽量提高能源使用效率（省油）。日本根据《节能法》创造出了领头羊模式②，要将这一模式广泛应用到各种机动车辆上。为了提前实现领头羊模式，需要做到以下三点：其一，将机动车税和环保挂钩③；其二，适当降低机动车购置税；其三，机动车厂商自主性地采取相应措施。进而，推广使用混合燃料车、怠速熄火车④等节能性能优良的机动车；

b. 改善机动车的交通状况，转换模式，提高物流效率。为了做好机动车行驶过程中的节能工作，需要采取以下措施：其一，提高机动车本身的节能性能；其二，通过缓解交通堵塞等措施，减少低速高耗油现象。为此，以下措施不可或缺：实际验证交通需求管理系统；建立智能交通系统（ITS），提供道路交通信息，禁止路边乱停乱放，减少道路施工；完善信号灯等交通安全设施。除此之外，还要引导机动车用户在车上配备能接受三种媒体的VICS 系统⑤。

另外，与机动车相比，内河航运、海运、铁路运输耗能较低，可以考虑转变以机动车为主的运输方式。与此同时，进一步提高物流效率。进一步完善公共交通设施和服务，提高便捷性。通过这一措施，在客运领域实现从私家车向公共交通工具的转换。

（3）产业部门的节能措施

第一次石油危机之后，日本在世界上率先采取节能措施，成果斐然。尽管产量不断增加，而产业部门的耗能量几乎没有变化。

但是，产业界的能源投资暂告一段落。有鉴于此，引导企业进一步进行节能技术研发，力求保持先进水平。与此同时，进一步加大产业部门的

---

① 该标准规定了新住宅建设，建筑物的空调暖气为削减能源使用所采取的隔热等各项对策的实施程度。通过普及满足标准的住宅和建筑物，期待可实现大幅节能。

② 在已经实现商业化的产品当中，采用性能最好、最节能的产品。例如，在 2010 年前，客车（汽油）大致达成 23% 的节能目标，货车（汽油）大致实现 13% 的节能目标。

③ 该制度针对尾气排放少、燃油性能好、环境负荷小的汽车减轻税率，针对注册一段时间以后且环境负荷大的汽车加重其税率。

④ 根据怠速熄火车（半自动式）的行驶实验，可实现平均 5.8%（在城市地区为 13.4%）的节能效果。预计全自动式怠速熄火车可实现平均 10% 的节能效果。

⑤ 应对道路交通情报通信系统（VICS），可以从红外信标、无线电信标以及 FM 多路广播这三种方式接收道路交通信息，并将收到的信息展现在汽车显示器的装置上。

节能投资力度。产业界业已着手解决地球暖化问题，日本经济团体联合会制订了自主性环保工作计划，很具有代表性。其中大部分措施是关于节能方面的。在产业界采取自主性环保措施过程中，日本中央政府要积极给予各方面的支持，促进该事业的健康发展，可以取得以下成效：企业在第三方机构注册登记，获得认证，以此提高相关措施的透明度和公信度，使之行之有效。进而，根据《节能法》，在企事业单位贯彻实施节能管理措施。

（4）跨部门的节能措施

a. 采取切实措施，提高人们的节能意识。近年来，民生、家庭、运输用机动车领域对能源的需求增速明显，因此，提高每个公民的节能意识至关重要。为此，有必要提高公民的节能意识，具体措施如下：其一，加强节能宣传，积极向公众公开节能措施相关信息；其二，在学校教育环节，教给学生正确的节能和环保知识，让学生开动脑筋，积极思考。

相关企事业单位不仅要采取节能措施，还要让国民有深切体会。为此，要积极应用信息技术（IT），研究开发能够直观监测耗能量的仪器，并予以推广。与此同时，日本中央政府为这些仪器的普及积极创造条件。

b. 推进多个相关企事业单位的横向合作，有效合理利用能源。迄今为止，在节能设备开发上以及相关工厂的节能措施上，都是各自为战。今后，除了独自进行的节能努力之外，还要和其他废热处理工厂以及其他民生事业部门进行沟通，促进多个工厂、建筑物、住宅间的横向合作，共同实现能源的供需平衡。这一点至关重要。日本中央政府要为此项工作的开展创造便利条件。

2. 采取有力措施，促进电力负荷的平均化、标准化

电力储藏困难，因此要满足用电高峰时的电力需求，供电局必须完善发电、输电、配电设施，做到万无一失。日本多数地区用电高峰集中在夏季白昼，时间较短。因此，负荷率①远远低于欧美。这是日本的电费较贵的重要原因之一。电力需求负荷平均化、标准化措施意义重大：将白天的部分电力需求分流夜间，从而减少发电、输电、配电等相关设备的需求量。这样一来，可以降低供电成本，不仅如此，可以通过减少用电高峰的耗电量减少二

---

① 相对于最大电力，指平均电力的比率，即从发电到配电的全过程中，电气行业资产的平均开工率。

氧化碳的排出量。而且可以降低电力需求激增带来的风险，提高供电系统的稳定性和可信度。

现阶段，日本已经具备生产蓄热设备和燃气空调的技术，对用电高峰的分流①和减少用电高峰的耗电量②大有裨益。因此，要为这些技术的普及创造条件。与此同时，大力宣传，提高公民对电力负荷平均化标准化重要意义的认识。

近来，日本在蓄电技术上突飞猛进，今后要进一步加强研发工作，力求精益求精。除此之外，放松相关管制措施，实行多梯次电费收费制度，为蓄电技术的普及创造条件。

第三节　促进多样化能源的开发、引进和利用

上一章中我们讲到了能源供需措施的基本方针问题。要从能源供给层面实现这一目标，要因地制宜，根据各类能源的特点，进行合理的开发、引进与利用。

核能是风险能源，因此需要严格进行安全管理，但是，其优点很多，详情如下：其一，能够保障稳定供应；其二，属于环保型能源，利于解决地球暖化问题。因此，在保障安全的前提下，进行核燃料的循环利用，大力发展核电，使其成为主要能源。

现阶段，一方面，新能源的缺点是发电量不稳定，发电成本高。另一方面，新能源的优点是基本不受资源制约，很环保，有利于解决地球暖化问题。因此，应该积极进行技术开发，降低成本。在此基础上，引进新能源。

今后很长一段时期，能源供给仍然主要依靠石油、煤炭等不可再生能源（亦称化石燃料）。而日本这些能源的大部分都要依靠进口。另外，消费这些能源会给环境造成压力，带来地球暖化问题。有鉴于此，需要采取以下措施：其一，保障石油、天然气等气体能源的稳定供应；其二，煤炭能源对环境造成的压力太大，要采取相应的环保措施。其他类似的能源也是如此；其三，在此基础上实现能源消费的均衡化。

根据以上基本思路，具体采取以下措施。

---

① 从用电高峰时段（夏季、非节假日、日间等）向用电需求和缓的时段（夜间、节假日等）转移电力负荷。

② 削减用电高峰时段的电力负荷。

1. 开发、引进、利用核能（或称原子能）

（1）核能在能源政策中的定位

核能发电具有以下优点：燃料的能源密度高，容易储存；填充燃料后，能够维持一年左右；铀资源分布在多个国家，而且这些国家政局稳定；乏燃料经过处理可以作为资源燃料再次使用；核能受国际形势影响较小，能够保障稳定供给，在某种意义上说是一种依赖外国程度低，准国产的能源；在发电过程中不排放二氧化碳，很环保，不会产生地球暖化问题。核能发电需要采取安全措施，否则非常危险。因此，日本政府为了确保安全，根据相关法律对核能发电事业监管很严。

鉴于核能既有优点又有缺点，在利用核能发电时，一个重要前提就是确保安全，今后会继续完善相关措施，将核电作为主要电源来发展。另外，确保核电站的安全至关重要，2002年，发生了几起安全隐患。因此，核电企业应建立健全安全保障体系，确保核电的安全品牌。与此同时，日本政府应切实加强安全监管，让周围居民对核电设施放心。

（2）采取有效措施，让居民了解核电事业

a. 采取切实措施，让居民了解核电事业

在开发和利用核能方面，保障安全是大前提。不仅如此，还要取得周围居民的谅解。为此，日本政府以及核电企业应积极提供信息，适时披露信息。与此同时，仅仅单方面提供和公开信息是不够的，还要搞清楚居民对核电的看法。在此基础上，加强广听广报活动[①]，利用听证会等形式诚心诚意倾听核电设施周围居民和日本全国国民的意见。值此之际，核电企事业单位、日本政府应耐心解释取得居民谅解。另外，在学校教育环节，认真讲解，让学生掌握正确的能源和环境知识。为此，要编写优质教材，让学生学到客观科学的核能相关知识。

b. 与核电设施所在地区居民同呼吸共命运

日本政府以及相关企事业单位在进行核电站选址时，应该和当地居民磋商，取得他们的谅解。为此，虚心听取当地居民的意见，在此基础上，进行耐心解释。今后这一环节的工作也不能有丝毫放松。核电站开始投入运营后，尽速提供或公开相关信息，打消居民的顾虑。此外，日本政府要继续努

---

① 这里的广听活动，是广泛听取国民意见的措施。它与广报活动相辅相成，旨在促进国家、企事业者及国民的相互理解。

力，振兴核电站所在地的经济。与此同时，让核电事业和地方社会同呼吸共命运。为此，日本中央政府、地方自治体和相关企事业单位三方合理分工，互相沟通互相合作。

另外，核电站所在地区在供电方面起着重要作用。有鉴于此，供电地区与电力消费地区要互相沟通，统一认识，加强交流。与此同时，采取各种措施促进更多的电力消费人群对核电事业的理解。

（3）采取切实措施促进核燃料的循环利用

核电站会产生使用过的核废料，对其进行处理，回收有用资源，再用作燃料。这就是核燃料的循环利用。核能发电的优点是能源供应稳定，经过对核燃料进行循环利用，这一优点会更加突出。因此，日本将核燃料的循环利用定为国策。为了实施这一国策，要做好每个环节的工作。毋庸赘言，保障安全、执行和不扩散条约是大前提。为此，考虑核能发电整体的经济利润和取得居民的谅解不可或缺。在此基础上，积极开展核燃料循环利用工作。另外，要制定长远规划，时刻注意能源形势、铀的供需动向、核不扩散政策、钚的使用前景等要素，灵活多样、与时俱进地开展核燃料循环利用工作。

通过处理核废料，可以产生钚，可以再次用作核燃料。这是核燃料循环利用的重要前提。从核废料中回收的钚可以再次放入核反应堆中重新利用，钚热发电①是今后工作的重心。因此，核能发电的相关企事业单位应在取得周围居民的谅解的基础上有计划地稳步地开展这项工作。与此同时，日本中央政府应牵头积极采取措施取得居民的谅解，开展核燃料循环利用工作。这样，政府和企业联起手来推动核燃料循环利用事业的发展。

核电站在发电过程中会产生高辐射性核废弃物，要采取以下措施进行处理：其一，现阶段，日本制定有《特定放射性废弃物处理法规》，严格按照法律，彻底公开信息。取得核电站周围的居民的理解和支持；其二，提高透明，采取切实措施选择妥善处理高辐射核废料的合适地点，建设核废料终端处理设施；其三，出台有力措施，确保核电站稳定运行；其四，提高核燃料循环利用工作的灵活性，保障核废料中间储藏设施的安全；其五，日本中央政府积极给予多方面支持，确保核电站的选址等工作的顺利进行。

（4）采取切实措施，促进电力零售自由化和核能发电、核燃料循环使用的协调发展

---

① 在核电站（轻水反应堆）中重新利用从乏燃料中回收的钚等。

核能发电初期投资大，投资回收期间长。因此，虽然电力零售自由化正在稳步实施，但是，相关企事业单位对投资核电事业持谨慎态度。特别是堆后业务①，由于核电事业投资期间过长等原因，投资风险相应会有所增加。有鉴于此，应该出台切实措施，继续推进核电事业的发展。为此，要尽量创造条件。具体来说，出台相关措施，建设或者购置一整套配套的核电发电设备和输电设备，为此应采取以下措施：现行的发电事业采取的模式是进行发电、输电、零售一条龙服务，今后也要维持这一制度；要将核电定位为主流电源，为此，要在大力推广核电的利用和输送，有效增加核电的用户。

另外，只有保障核电站长期稳定运行，才能发挥核电的优势。为此，采取以下措施：制定核电优先供电制度②，在电力需求量低的情况下，优先让核电站供电；制定中立性的、公平的、透明的输电线使用规则，确保核电站长期的输电容量；按照《发电用地周边地区建设法规》，重点扶持核能发电事业，使之成为长期、固定的电源。核废料处理、循环利用等耗资巨大，因此要合理安排日本政府和相关企事业单位的投资比率，改善投资环境。为此，制定相关制度，出台切实的措施。具体来讲应该采取以下措施：综合分析核废料处理、循环利用等的成本结构，评估核能发电的整体收益率；在此基础上，明确政府和民企的责任分工，与原有的相关制度进行接轨；进而，在 2004 年末以前，出台相关经济性措施和具体的制度。

2. 保障核能安全，让国民放心

毋庸赘言，推广核能发电，保障安全是大前提。2002 年，核电站发生了一系列丑闻，在媒体上曝光。日本政府和相关企事业单位应对此反省。在此基础上，采取有力措施消除核电站周围居民和日本国民对核能安全的担忧。为此，应该采取以下措施：确保信息的透明度，积极做好解释工作；切实保障核能安全，防止类似事故再次发生。

为此，2002 年，对安全法规进行了修改。通过本次的法规修改，在内阁府设立核能安全委员会，负责严格监督行政厅的安全督导工作，建立了双重监督体制。在检查制度上也做了调整，加大监督力度，要求相关企事业单

---

① 堆后（back - end）指对核电过程中所产生的乏燃料进行再处理，以及对回收的钚等进行二次加工时在各个环节生成的废弃物的处理等。

② 在电力系统整体需求显著下降的时期，当有必要抵制长期固定电源的输出时，一般电力企事业者要求特定规模的电力企事业者减少或停止其火电输出，这是控制长期固定电源输出的制度。

位保障产品质量，提高了效率，从 2003 年 10 月开始正式实施。

日本政府应该执行新的安全检查制度，确保安全。为此，需要做到以下几点：其一，负责安全检查和监督的部门要储备最新、最全面的相关知识，对检查监督工作适时提出建议和意见；其二，做出长远规划，积极培养和确保专业人才，做好安全监察工作；其三，通过上述措施，提高检查监督质量。

进而，今后要向核电站所在地区的相关人员详细解释上述改革的效果、进展程度。与此同时，不断交换意见，有了问题及时查处，不讲情面。日本政府也要从这一思路出发，严格执行监督检查职责。不仅如此，要积极宣传核能安全检查工作，并召开听证会。另外，相关企事业单位在新的安全检查监督制度下，切实保障产品质量。这样，如果日本政府和相关企事业单位双管齐下，竭尽全力，就能保障核能发电的安全，并让核电站周围居民放心。

核能防灾措施至关重要。2000 年 9 月，JCO 公司发生事故。要引以为戒，采取改善措施。与此同时，日本政府和地方政府以及相关企事业单位加强合作，继续进行防灾训练，购置防灾器材、物资，强化避难措施，建立健全应对机制，以防发生核灾害。2001 年 9 月，美国发生"9·11"恐怖袭击，世界各国加强了核物质安全防护工作，因此，日本也要进一步建立健全核设施防护体系。

3. 开发引进利用新能源

（1）新能源在能源政策中的定位

新能源的优点颇多，弥足珍贵，详情如下：其一，能够提高能源自给率；其二，有利于解决地球暖化问题；其三，属于分散性能源体系；其四，新能源领域技术潜力很大，可用于燃料电池等，如积极研发可搞活经济；其五，风电、太阳能发电等都属于新能源领域，每位国民都有机会参与能源供给。通过非营利组织的宣传活动可以搞活地方经济。

但是，现阶段新能源的缺点是发电量不稳定，成本较高。要克服这些缺点有必要进一步加大研发力度。因此，现阶段可将新能源定位为补充性能源，要在技术研发上下大力气，确保安全生产，降低成本，稳定系统，提高性能。在这一过程中，产业界、高校、政府相关人士通力协作，制定通盘战略进行开发利用，一定要将新能源打造成长期可靠的能源。

燃料（能源）电池是一项战略性技术，能广泛应用在机动车等领域。要生产能源电池，氢元素不可或缺，即可以通过次生性氢元素来获取，又可以将其他能源转化为氢元素。因此，需要制定综合性战略方针，具体要抓好以下几项工作：能源电池本身的研发；氢元素的生产、储藏、运输、使用；将上述工作通盘考虑进行研发，提高整体效率；加强相关基础建设；修改相关法规。

（2）在新能源研发、实证阶段采取的措施

要做好新能源的引进和普及工作，一方面，积极进行研发，降低成本，提高性能不可或缺。产业界、高校和政府应该责任明确，合理分工，有效推进这项工作的实施。对于达到一定水准的新技术要在性能、收益性等方面进行验证、试验，确实提高其公信度。另一方面，对于即便不能马上产生收益，但是通过加速试验过程能够提高社会效益的项目，政府也应给予积极支持。

（3）采取切实措施，促进新能源的引进

a. 在新能源引进阶段要注意减轻经济负担、灵活运用市场机制

新能源只有通过规模效应才能降低价格，因此，要采取切实措施，一方面切勿打击从事新能源相关企事业单位的削减成本的积极性，另一方面减轻引进新能源单位或者个人的经济负担。2003年4月，出台了《有关电力企事业单位利用新能源的特别措施法》[①]。今后，应对这部法律带来的成效和出现的问题进行观察，如果效果很好的话，要用好这部法律。在此基础上，在电力行业也要引进新能源。

b. 公共部门应率先示范引进新能源，进而在普通国民中普及

为了支持新能源的发展，在初期阶段必须创造需求，扩大市场，向国民宣传新能源的优点，进行推广。为此，公共部门应率先使用新能源。新能源分散在各地，因此，应从地方政府和居民等基层做起，切实做好新能源的推广使用。为此，要加大宣传力度，启发地方民众，扩大新能源的认知度。与此同时，为引进新能源提供必要的信息。通过草根运动或者基层工作扩大新能源的引进和使用。为此，要创造条件，促进实施。

（4）搞好新能源的软件和硬件设施建设，和相关行政部门合作

a. 创造条件

为了进一步推广新能源，要采取以下措施：搞好硬件设施建设，保障供给渠道畅通；搞好软件设施建设，修改相关法律，制定国际标准。具体来讲，在硬件设施建设方面应做好以下工作：其一，风力发电量很不稳定，在

---

① 该法规定电力企事业者必须使用一定量的新能源。

引进这项新能源时，要出台相关措施，和电力系统通力合作，予以妥善解决；其二，搞好基础建设，购置相关设备，保质保量为使用清洁能源的机动车供应燃料。另外，在软件设施建设方面，要采取以下措施：其一，调查、了解单位面积的生物数量、风力等潜在性能源；其二，在保障机动车的安全以及适当的排气性能的基础上，使用生物混合汽油。并为此项工作创造条件，反复试验、验证；其三，制定能源电池、氢气供给系统的安全标准，建立一套性能评估办法，为此，要进行基础设施建设。

b. 与相关行政部门合作

提倡利用垃圾、废热发电，推广使用生物能源至关重要。为此，要加强与垃圾处理以及农林业的相关行政部门的合作，出台有效措施。在利用垃圾或废弃物发电方面，要做好以下几项工作：其一，现阶段已经出台了《建设循环型社会基本法》和《有关废弃物处理和清扫的法律》，其中有一个《减少废弃物的量化目标》；其二，要认真理解上述法律法规的内容实质，在实施过程中要注意通盘考虑不能偏执。2002年12月，在日本内阁会议上通过了《日本生物能源综合战略》，在引进生物能源时，要按照这一战略的要求进行。

4. 气态能源的开发、引进及利用

（1）天然气的开发、引进及利用

a. 天然气在能源政策中的定位

中东地区天然气储量最为丰富，除此之外，还广泛分布在世界各地。不仅如此，与其他不可再生性燃料（或称化石燃料）相比，天然气环境污染较小，属于清洁能源，而且能源供应稳定，还比较环保。日本能源构成中有石油、煤炭、核能等其他能源，在综合考虑能源比例平衡的基础上，推广使用天然气。

b. 采取切实措施促进天然气的流通和调配工作的顺利实施

与国外相比，日本国内的天然气供气基础设施建设明显落后。而且有必要在日本进一步推广使用天然气。基于这一考虑，要充分调动各方积极性，投资铺设天然气管道。和相关行政部门通力协作，共商在道路上埋设天然气管道的具体方法。在此基础上，促进日本国内天然气管网的对接，增加用户。

另外，确保从国外稳定进口廉价天然气至关重要。为此，要参考进口石油的做法：其一，搞好资源开发工作；其二，和天然气出口国搞好关系，互惠互利。在此基础上，相关企事业单位以及日本中央政府下大力气增加天然气用户的多样性，以加强和供气商的定价话语权，促进长期合同的交易条件的弹性化。通过这些措施，下调液化天然气的进口价格，保障稳定供气。日本民企正在讨论从萨哈林铺设管道向日本供气事宜。假如这一做法能够带来良好的经济效益的话，就会大大增加用户对供气商的选择余地。迄今为止，日本在长距离海底天然气管道安全措施方面的工作做得不够充分，因此，中央政府需要创造条件，加强这方面的工作。

c. 扩大天然气需求的措施

引导电厂、工厂、写字楼等商业设施换用天然气。为此，除了让相关企事业单位自主升级换代外，日本政府要出台相关补贴措施。在城市用气方面，采取以下措施，降低销售价格：其一，采取切实措施，促进电力能源的多样化，比如利用天然气发电①、燃料电池等；其二，引进竞争机制。在运输部门，通过以下措施引进燃气机动车②：其一，研发引进 GTL 及 DME③；其二，采取特例措施，灵活运用机动车税杠杆，降低成本。

d. 加快研发天然气利用技术和可燃冰的开发利用步伐

液化天然气属于新型燃料，其原料是天然气，不含硫黄成分，非常环保，今后可以替代柴油、汽油等石油产品。为此，加强与国外厂商的联系，拓宽天然气相关原料供给渠道，降低成本，并进行相关的研发，积极开发、引进液化天然气。可燃冰可作为国产能源来使用。现阶段的目标是用十年时间实现可燃冰和商业化、实用化。为此，要切实做好可燃冰的生产、勘探技术的研发工作，并就其对环境的负面影响进行评估。

（2）液化石油气的开发、引进以及利用

a. 液化石油气在能源政策中的定位

液化石油气和天然气一样，是一种清洁能源，不排放微粒污染物，环境污染较小。液化石油气与人民生活息息相关，能够分散能源风险，尤其是在自然灾害发生时，保障能源的稳定供应。为此，要将液化石油气和城市居民用气同等对待，都是弥足珍贵的气体能源，进而引进竞争机制，进一步给天然气用户带来实惠。

---

① 热电联产在一定条件下可以实现高效的能源利用，其中天然气热电联产的燃料与其他化石燃料相比环境负荷小，因此它也被认为是热电联产中环境负荷最低的。

② Compressed Nature Gas 汽车（意指天然气汽车）。

③ Gas To Liquid，以天然气为原料，依据化学反应制成的替代石油产品的液体燃料；Dimethyl Ether，经过天然气等合成制造的液化气。

b. 液化石油气清洁环保，适于推广

为了提高液化石油气的经营效率，采取以下措施：其一，整合换气站；其二，分流加气；其三，普及液化气罐的使用①。另外，要促进液化天然气的有效利用、增加其用途。为此，积极出台相关措施，鼓励企事业单位将其广泛利用在热电联产②、燃料电池等领域。与此同时，积极引进较为环保的燃气机动车。为了进一步给天然气用户带来实惠，要公平交易。为此，要规范商品标签，力求价格透明。

c. 采取措施，积极储备，保障能源稳定供应

日本的液化天然气八成依靠从中东进口，保障稳定供应至关重要。采取切实措施，鼓励民企储备液化天然气，力争在 2010 年度建立国家液化天然气储备制度。为此，提高运营效率，为储备制度的建立做准备。

5. 煤炭的开发、引进以及使用

煤炭可采储量在 200 年以上，分布广泛，世界各国都有一定储量，与其他不可再生性能源（化石燃料）相比，一方面能够确保稳定供应，经济实惠。因此，今后一段时期内煤炭依然是人类的重要能源。另一方面，煤炭能源也有缺点：在燃烧过程中，二氧化碳的单位排放量很大，在环保方面受到诸多约束。为此，要通过研发、普及清洁煤技术③，克服上述缺点。与此同时，搞好与产煤国的关系，保障从国外稳定进口煤炭，科学环保地利用煤炭资源。尤其是日本拥有世界最先进的煤炭开采技术和利用技术，理应为亚洲等发展中国家提供清洁煤利用技术。这既有利于解决全球环境问题又能够保障日本的煤炭能源的稳定供应，互利互惠。今后要加强这方面的工作。

6. 水力、地热的开发、引进、利用

水力、地热属于国产能源，有助于提高能源自给率。不仅如此，再发电过程中不排放二氧化碳，对解决地球暖化问题大有裨益。其中，水力发电今后会出现以下趋势：水坝的选址地点逐渐向内地转移，而且规模越来越小，开发成本不断上升。因此，今后要提高水力发电的经济效益。与此同时，采

---

① 装载液化天然气的专用油罐车（bulk Lorry），向普通消费者家庭安装的汽罐车中供给液化天然气的方式。

② 液化天然气热电联产与天然气热电联产情况大体相同，同其他化石燃料相比，环境负荷相对较低。

③ 旨在降低环境负荷的高效燃烧技术等，与环境协调发展的煤炭利用技术。

取以下措施：其一，引进适应低落差、小流量的相关技术，盘活未利用部分的水力落差；其二，在开发引进水电时，要顾及水电开发会对河流生态等区域环境造成的负面影响。

地热发电和水力发电所采取的措施大同小异，要考虑到对区域环境的负面影响，同时提高经济利益，降低研发风险。在此基础上，开发引进。

第四节　采取有效措施，保障石油的稳定供应

石油占日本初级能源供应量的约五成，今后从经济效益和方便性上来说，也是重要能源。一方面，石油还是石化产品的原料，也是弥足珍贵的资源。另一方面，亚洲各国石油需求猛增，日本所需原油的大部分要从中东进口。然而，这一地区政局不稳，社会动荡，因此，石油供给链条极为脆弱。国际社会经常因政局动荡等原因影响到石油的正常供应，对日本影响颇大。所以，要采取适当措施，将这一负面影响降到最低程度，保障石油的稳定高效供应。

1. 有效储备石油，确保石油的稳定供应

日本石油依靠进口，因国外政局动荡等原因，经常发生石油供应短缺的情况。为了避免因这一事态的发生而蒙受经济损失，日本应该储备石油，以保障人民生活的稳定和国民经济的顺利运营。此外，日本应和主要石油消费国通力合作储备石油。这一措施不仅保障了石油消费国的稳定供应，还可以加强和产油国的合作。因此，石油储备是日本能源安全政策的重要支柱。

为此，进一步提高工作效率，由日本政府主导实施石油储备的维护、管理工作。在发生紧急事态时，就是否动用石油储备事宜，和国际能源机构成员国进行协商适时作出准确判断。如果有必要的话，可以动用石油储备。为此，平时要从国内国外两方面建立健全相关制度。

亚洲各国石油需求量不断增加，但是石油储备远远不够，一旦发生紧急事态会陷入极度恐慌。为此，和亚洲各国进行合作，加强这一地区的石油储备工作。

2. 制定综合资源战略，保障石油的稳定供应

制定综合性资源战略对保障石油的稳定供应至关重要。综合战略的主要内容如下：迄今为止，日本的石油进口过分依靠中东，应该调整比率，拓宽石油进口渠道。为此，在中东地区内部增加进口石油的渠道，日本通过直接出资，或合资或自主开采石油等措施，搞好和主要产油国的关系。

日本要实施上述石油战略，建立健全自主开发石油制度是当务之急。为了在国际竞争中生存下来，要具备一定的资产规模，获取优质石油权益，进行研发、生产。为此，要培养一批具有经营能力和技术实力的从事石油开发的核心企业，具体来说，采取以下三项措施：①石油开发企业要独立自主，自负盈亏；②日本政府积极开展资源外交；③独立行政法人进行战略性支援。三项措施相互补充，三位一体。

其中不少项目在战略上、地理上、政治上非常重要，日本政府要开展资源外交，从金融上重点支持。以下举一个实际案例进行说明。为了在俄罗斯斯西伯利亚、远东地区开发石油、天然气资源，日本相关企业正在和俄罗斯方面合作，商讨将管道铺到 Nahodka。

3. 夯实石油产业的经营基础

石油产业包括石油冶炼、销售等，主要职能是将进口原油进行处理，按照用户要求的质量和规格，生成出各种各样的产品，对日本国内的石油的稳定供应起着决定性作用。石油产业多位于河流下游，因为柴油、汽油中含有硫黄，因此，应采取切实措施进一步降低硫分。不仅如此，今后，石油产业还担负着以下使命：其一，加强流通领域的基础建设；其二，进一步开展技术研发，供应液化天然气和液化石油气，燃料电池用的氢气。

除此之外，还要搞好环保工作。现阶段，整个能源产业竞争日趋激烈，石油产业也应积极进军上游产业、其他能源产业。因此，需要夯实石油产业的基础。为此，释放过剩产能，将经营资源进行有效整合，可以将收益率恢复到正常的水平。

另外，石油销售业担负着稳定供应石油产品的使命。为此，要建立高效、透明的市场秩序；夯实经营基础，提高收益率；努力改善冶炼、批发、经销环节；销售网点也要努力改善经营机制。保障石油的稳定供应至关重要。为此，高效利用石油不可或缺。将石油残渣气化，进而发电是高效利用石油的有效方法。除此之外，还可以发展石油火力发电事业。值此之际，一定要综合考虑石油依赖程度和环保问题。

第五节　电力事业和天然气事业的相关制度

1. 电力事业制度

（1）今后，根据新的电力事业法，灵活应用电力制度

电力行业进行了以下两项改革：其一，1995 年，电力批发行业引进了

竞争机制；其二，2000 年，电力零售行业实行了部分放开（自由化）。通过竞争提高了效率。2003 年，修改了《电力事业法》，主要内容如下：其一，继续执行发电、输电一体化制度；其二，保障电网部门的调节功能；其三，扩大供电区域；其四，改革相关制度，通过错开用电高峰，分流供电，提高供电效率；其五，阶段性扩大电力零售自由化范围。

今后，要根据修改后的《电力事业法》，灵活实施。为此，应指定以下基本方针：其一，保障电力的稳定供应；其二，环保措施；其三，引进市场机制。按照这一方针采取以下措施。

第一，一般电力企事业单位是供电主体，有责任保障电力的稳定供应，实施从发电到输电、配电的一条龙服务。保障输电、配电网络的公平性和透明性，对任何单位一视同仁。为此，通过中立性机构制定相关规则，禁止信息用于相关目的之外。

第二，修改委托输电制度，由中立机构制定相关规则，保障入网、使用电力系统的公平性、透明性，建立全国规模的电力批发交易市场。通过上述措施，建立健全电力流通体制，保障电力的稳定供应。其中的一个环节是废除电源传输费用①。与此同时，公平回收输电线路建设资金，核算输电费用，保障电力供应系统整体的效率等也不能忽视。因此，在偏远地区建立电厂时要考虑到这三点。因此，在废除上述制度后，要注意相关情况的变化。如果有问题，要及时叫停废除措施，重新考虑借用其他电力公司的电网输电并支付费用这一制度的合理性。

第三，增加供电渠道，进一步保障稳定供电。为此，要通过多种途径、多种能源、多种方法发电。但与此同时需要注意以下弊端：其一，通过各种途径所发的电接入电网时，互相会产生影响；其二，重复投资会造成社会资本的浪费。

第四，今后，阶段性放开电力零售行业，争取在 2007 年全部放开电力零售业。值此之际，要确保电力用户选择的多样性，在此基础上采取以下措施：①确保供电的可信度；②既要保障能源安全又要考虑环保问题；③最终保障，确保普通服务（Vniversal Service）②；④规避长期投资，长期合同带

---

① 将电力输送给终端用户，需要经过几个电力公司的电网，每次都要雁过拔毛，支付一定系统连接费用的制度。

② 电力企事业单位要保障偏远地区、用电量小的地区的电价和其他地区一样。

来的风险；⑤在处理实际问题时要慎重行事。

（2）提高供电系统的可信度

2002 年，核电站的一系列丑闻曝光。因此，2003 年夏，日本关东地区电力供需状况开始趋紧。鉴于这一教训非常惨痛，政府和相关企事业单位为避免重蹈覆辙，开始集思广益，商讨对策，具体情况如下：

第一，要确保核电站的安全，让周围居民放心。相关企事业单位要着力打造核电安全品牌。为了实现这一目标，日本政府要制定安全法规，确实让居民恢复对核电的信任。

第二，为了进一步建立健全稳定的供电系统，采取以下必要措施：积极引进其他类型的能源，限制用电高峰的用电需求，制定县官制度，扩大电力公司的供电范围。

2003 年夏，北美东北部发生大规模停电，具体原因正在调查当中。日本应该引以为戒，有则改之，无则加勉。为了进一步提高供电系统的稳定性和可靠性，要杜绝一切纰漏。

2. 天然气事业制度的实施情况

1995 年、1999 年，对天然气事业相关制度进行了改革，通过部分放开天然气零售业，促进竞争，提高了效率。另外，2003 年，修改《天然气事业法》，为了扩大供气范围，进行了相关制度改革，进一步放开天然气零售业。

要严格执行修改后的《天然气事业法》，为此出台了以下基本方针：保障稳定供应；做好环保工作；灵活运用市场机制。为了实施这一基本方针，采取了以下措施：

第一，保障入（天然气）网公平、透明，禁止将信息用于其他目的。为了天然气企事业单位是供气主体，同时为了保障稳定供气，上下游要采取相同措施。

第二，对天然气管道企事业单位在法律上有明确定位，因此，要将管道投资权限优先下放给这些单位。天然气管道企事业单位要和相关行政机构通力合作，铺设天然气管道。与此同时，修改委托输气制度。加强委托输气义务，做到物尽其用。

第三，阶段性放开天然气零售业，将来是否全部放开要考虑以下因素，慎重行事：其一，保障以同样价格给偏远地区、用气较少地区送气；其二，有时会频繁更换送气公司，带来安全隐患，给消费者带来负面影响；其三，调查摸底有多少天然气公司想给小型用户、家庭供气。除此之外，还要考虑对液化天然气的长期合同以及供气基础设施产生的影响。

第四，为了促进天然气企事业单位之间相互竞争，制定气体能源竞争政策，创造竞争条件。

第六节　采取切实措施，描绘能源供需结构的蓝图

1. 针对日本将来的能源供需结构，制定长期规划

能源行业周期较长，制定 10 ~ 30 年的长期计划，需要采取切实措施。一方面，日本生育率低，今后人口会有所减少，人口结构也会发生变化，国民的生活方式也会相应地发生变化。因此，日本在考虑将来的能源供需结构时，要考虑到上述社会经济环境的变化。另一方面，能源生产、流通、储藏技术日新月异，日本要采取政府、产业、高校三方合作体制，进一步推动这一领域的技术革新。这些都会给将来的能源供需结构带来影响。

在上述情况下，估计多样化能源体系会进一步普及，氢气能源会成为将来的主流能源，下面就此进行详细说明。

2. 采取措施促进能源多样化的发展

现阶段，一方面，日本采用的是集中供电、供气系统，占整体能源供给的大半。这一体系可以避免相关基础设施的重复投资，能够高效大量供应能源，意义重大。另一方面，这一能源供应系统也有缺点：其一，在输送能源方面，会产生能源消耗；其二，建设相关基础设施需要巨额投资，具有成本风险；其三，由于地震等自然灾害，输气输电网络受损，会给大范围的用户带来影响。

能源的多样化是解决上述难题的一个重要手段。其他能源对集中供电、供气形成互补，有必要进行普及，是一种理想的能源供给模式。电力、天然气以外的其他能源要在用户集中地选址，这样做的好处是可以有效利用在发电时产生的废热。这样一来，根据当地的具体条件，可以切换能源，提高综合利用效率。让周围居民直接接触能源技术，加深他们对能源有效利用的理解。另外，因地震等自然灾害输电、输气线路中断时，会影响到很多地区的用户。而能源的多样化可以避免这一事态的发生。因此，采取切实措施推进能源的多样化至关重要。比如，在电力领域，可以采用燃料电池、热电联产、太阳能发电、风力发电、生物发电等方式发电。与此同时，研发、普及新型电力储藏装置至关重要。

现阶段，太阳能发电、风电发电等环保型发电方式的缺点是发电量不

稳定，需要有备份电源。不仅如此，技术研发还不充分，其成本要高于传统能源。另外，一些能源不够环保，问题颇多。因此，应下大力气，在克服新能源的缺点的基础上，实现能源的多样化。为此，要采取以下措施：其一，出台支持政策和相关制度，研发、普及相关装置和技术，克服新能源的缺点；其二，要注意环保问题；其三，确定核电等传统能源与新能源的利用比例。

3. 制定相关措施，实现氢气能源社会

氢气在燃烧阶段污染零排放，从理论上来讲可以从非化石燃料中提取，属于环保型清洁能源。现阶段，正在开发使用氢气的燃料电池，如果技术开发进展顺利的话，可以同时供热、供电，效率很高。另外，正在开发燃料电池机动车。如果进展顺利的话，不会产生微粒污染物，减少二氧化碳排放，会给运输行业带来革命，提高能源利用效率。除此之外，还可以在电脑、手机等电子产品上使用燃料电池。

今后，氢气有望成为主流能源。为此，要采取以下措施：其一，要在燃料电池本身的技术研发上，下大力气，大幅降低成本，增加电池寿命；其二，要搞好供应氢气的硬件基础设施建设；其三，要修改相关法律，搞好生产、储藏、输送、使用氢气的软件设施。

氢气在燃烧阶段污染零排放，从理论上来讲可以从非化石燃料中提取，属于环保型清洁能源。因此，可以通过改善化石燃料质量来提高氢气制造技术。另外，炼钢厂会产生次生性气体，可以从中提取氢气。将来要下大力气研发二氧化碳零排放技术，从核能、太阳光、生物中提取制造氢气，不再从化石燃料中提取氢气。

第三章　为制定长期性、综合性、有计划的
能源供需政策、措施，提高研发能力
和相关技术

第一节　能源技术研发的意义以及政府的参与方式

1. 能源技术研发的意义

日本国内资源匮乏，与其他国家相比，确保能源稳定供应尤为重要，因此，能源技术研发对解决能源问题极为重要。世界各地正在出台措施解决地

球暖化问题，日本积极进行能源技术研发可在解决地球暖化问题上做出贡献，因此，能源技术开发意义重大。

（1）能源技术开发对确保能源稳定供应意义重大

日本国内几乎没有能源资源，绝大部分依靠进口，然而，日本拥有尖端技术，可进行能源技术开发，不断开发利用新能源，解决世界能源问题，日本责无旁贷。为此，搞好和资源出口国的外交关系，提高日本在国际社会的外交地位不可或缺。

（2）能源技术开发对环保意义重大

防止地球暖化是人类的一项长期任务，与此同时，为了搞活、发展经济，要保障廉价能源的稳定供应。发展经济和防止地球暖化协调进行。温室效应废气的大部分是二氧化碳，是在消费能源过程中排放出来的。因此，进行能源技术研发可以解决发展经济和防止地球暖化的矛盾，真正有效地解决地球暖化问题。

日本拥有节能技术等先进的能源技术，将这一技术向国外普及意义重大：其一，可以减少世界各国的二氧化碳排放量；其二，按照《京都议定书》的相关规定，削减日本的二氧化碳排放量。

（3）能源技术开发对降低能源成本意义重大

能源技术开发可以通过降低传统能源生产成本和提高利用效率，降低能源成本。不仅如此，还能够降低新能源的价格，提高其竞争力，为新能源的实用化廓清道路。除此之外，通过开发某种特定的能源生产、利用技术可以抑制与其处于竞争关系的其他能源的价格上涨。

（4）能源技术开发对搞活经济意义重大

如上所述，能源技术开发对能源政策的制定意义重大。不仅如此，还可以通过增加技术研发和相关基础设施建设的投资，搞活日本经济，提高日本的国际竞争力。

2. 日本政府参与能源技术开发

如上所述，能源技术开发对能源政策的制定意义重大，但是尚有一些问题需要解决：其一，新开发的能源技术的实用化尚需时日；其二，不仅进行能源技术的开发者，其他人也能从中受益，因此仅以民企为主体进行投资是远远不够的，需要日本政府参与，进行重点能源技术开发。

日本政府在参与能源技术开发方面，要最大限度有效使用可利用资金。为此，要出台以下措施：其一，要有目的性地选择需解决的重要课题，明确每个课题需要实现的目标、具体成果；其二，在项目开始实施时，在每个阶段要做出评估，监督其完成进度，做到有计划地开发，并对其实际效果进行验证；其三，将能源技术实用化至关重要。值此之际，保障安全，让设施周围居民能够接受，得到他们谅解。为此，要通过试验对技术进行验证。与此同时，为制定技术标准搜集必要的数据。

新能源和节能技术等到达使用阶段后，需要进行一定程度的普及。在此基础上才能进行规模生产。在这一过程中，机器价格会下降，进入独立自主普及阶段。因此，在引进新技术的初期阶段需要政府的必要支持。

另外，考虑到能源技术的特性，可以对传统技术进行改良。这样一来，会对节能技术开发产生重大影响。有鉴于此，要将传统技术改良和新技术开发结合起来进行，会事半功倍。

第二节　采取措施，搞好重点研发，并为此给予技术支持

1. 出台相关措施，促进核能技术开发

《核能研究、开发以及利用长期计划》中对核能的技术研发做了定位："核能是日本的基础能源，要大力推广使用"。为此，要采取以下措施：确保安全；核燃料的循环利用；重点进行核反应堆相关研发。改进检查技术，改善检查手段，切实提高安检质量，加强安全措施。加强核燃料循环利用技术研发，长期稳定使用核能，研发高速核反应堆"文殊"，下大力气研发放射性废弃物的处理办法，在日本早日实现核燃料的循环利用。出台相关措施，加强新一代核燃料循环利用的研究开发，提高经济效益、增加安全性和抗核扩散性。与此同时，重点进行核反应堆相关技术研发，为该项技术的实用化提供技术支持。

2. 出台有力措施，促进电力相关技术开发

下大力气进行电力技术开发，提高天然气涡轮转数，提高发电效率。通过这一措施，减少环境污染。与此同时，大力进行相关技术开发，并进行验证，建立健全电网系统，调整系统电力和新能源电力的使用比例，降低成本，加强储电技术的研发。

3. 出台有力措施，促进新能源相关技术开发

要促进新能源的技术研发，需采取以下措施：其一，将相关技术研发和支持新能源的引进有机结合；其二，大力进行技术研发，削减新能

源相关机器、系统的成本，提高其便利性和性能。在氢气利用、燃料电池的技术研发上，采取以下措施：其一，开发普及燃料电池机动车，住宅用燃料电池；其二，为此，集中实施技术开发和实证性试验。在太阳能发电方面，要加强技术研发，进一步降低成本。在生物能源技术研发方面，采取以下措施：其一，制定《日本生物能源综合战略》；其二，按照这一战略，将生物资源转化为高效、有用的能源。另外，在大规模引进新能源时，会对电力质量产生负面影响，为此要进行相关技术开发，解决这一难题。

4. 出台有力措施，促进节能相关技术开发

节能技术属于跨行业的综合性技术，可以应用到能源以外的各个领域，意义重大。因此，要将技术研发和支持引进有机结合来进行。节能技术的社会效应非常显著，进行投资节能技术研发收益性很好。另外，在技术研发时，要结合《节能法》中的领头羊方式予以实施。

5. 出台有力措施，促进石油相关技术开发

在石油相关技术开发上，采取以下措施：其一，开发环保型的新型石油燃料（硫分超低汽油、柴油）；其二，为有效利用石油残渣，进行技术研发；其三，为了提高日本的国际竞争力和进行环保，进行石油冶炼相关技术的研发；其四，为降低石油成本，进行技术开发；其五，为降低开采成本，进行相关的技术开发包括提高原油回收、生产效率。

6. 出台有力措施，促进气体能源相关技术开发

气体能源中包括天然气制油和甲醚。为了促进这两种能源的生产和使用，要降低生产成本，开发相关机器。为此，要进行相关技术研发。可燃冰的实用化和商业化需要很长一段时间，为此要制订中长期计划。对日本的能源稳定供应意义重大，因此，加强相关技术研发，促进可燃冰的商业化和实用化。

7. 出台有力措施，促进煤炭相关技术开发

研发清洁煤技术，减少环境污染是煤炭相关技术研发的重要课题。特别是将煤炭气化，提高燃烧效率，从煤炭中提取氢气至关重要。为此，要进行相关技术开发。

8. 制订长期计划，进行技术研发的重大课题

国际热核聚变实验堆（ITER）计划、宇宙太阳光的利用等项目要经过长期的技术开发和阶段性的技术验证才能投入实际应用。尽管如此，将来肯定是能源供应的一个选择枝。要综合考虑该技术的成熟程度以及在能源技术政策上的具体定位的基础上，进行商讨，并制订长期计划。

9. 人才培养措施

从长远角度看，要搞好能源的研究开发及其利用工作，需要培养优秀人才。能源技术开发意义重大，因此，要根据能源技术开发的意义和具体特征，推进基础研究。为此，要做好以下工作：其一，培养从事核能事业的人才，维持这一领域的技术力量；其二，培养和保障人才，支持核能研发和利用。为此，大学、研究机构、核能产业界要通力合作，培养人才，尤其是在核能相关设施第一线从事运行管理、检修等工作的技术人员，将积蓄的技术传递给下一代。为此，日本政府要创造必要条件。

第四章　为制定长期性、综合性、有计划的 能源供需政策、措施所应注意的事项

第一节　促进信息公开和知识的普及

为加深日本国民对能源的理解，让他们更加关心能源事业，日本政府有责任和义务向国民进行宣传和解释。为此，应积极公开能源信息。值此之际，所公开的信息一定要客观，否则会折损人们对政府的信任。

政府应动用各类媒体，适时地向国民传达能源的重要性，日本的能源现状等。与此同时，普及相关知识，让每个日本人都积极考虑能源问题。特别是，孩子们是日本的希望，将来必须就能源问题做出正确判断并采取正确措施。为此，他们需打下坚实的能源知识基础。与此同时，还要培养从事能源技术开发的接班人。这些都需要自幼关心能源问题，加深理解。因此，必须加强能源相关知识教育。为此，要采取以下措施：其一，相关行政机构、教育机构和产业界通力合作；其二，编写能源知识教材，组织学生参观能源设施，让他们对能源有感性和理性认识；其三，在学校教育环节，加强能源知识教育。除此之外，在终身教育环节也要实施能源教育，为此要提供相关信息，提供参观机会。

在普及能源知识，实施能源教育时，不能填鸭式地灌输，应提供各种各样的能源相关信息，让学生们对能源形势有正确认识和见解。另外，在

普及能源知识方面，要传递正确知识。为此，要通过非营利组织开展相关活动。

第二节　地方政府、相关企事业、非营利组织的角色分担和国民的努力

1. 地方政府的作用

地方政府发挥本地区的主观能动性，积极引进新能源，采取措施确保能源供给，其所起作用可圈可点。不仅如此，地方政府还要在以下工作中发挥作用：其一，出台相关措施，率先实施节能；其二，为此制定发展蓝图，解决交通拥挤，建设宜居城市；其三，和当地居民通力合作。

地方政府在就能源供需采取措施时，应遵守《基本法》中规定的基本方针；遵守日本政府的相关措施；根据当地的实际情况制定相关措施。日本政府要充分尊重地方自治原则，在此基础上，采取以下措施：其一，要将日本政府的政策措施明确化、具体化；其二，将日本政府的政策措施充分地传达给地方政府，让他们理解政策实质；其三，将地方的意见反映在能源政策中；其四，积极召开听证会，广泛进行宣传；其五，让地方公共团体积极参与能源政策的制定。另外，地方公共团体也要采取切实措施推进节能、新能源的引进工作。日本中央政府积极予以支持。

2. 相关企事业单位所起的作用

能源相关企事业单位应放眼未来，描绘将来的能源蓝图，按照基本计划的既定方针采取行动。具体来说，能源相关企事业单位要采取以下措施：其一，要发挥主观能动性和创造性；其二，高效利用能源，保障能源的稳定供应；其三，与此同时搞好当地的环保工作；其四，保护地球环境；其五，要和日本中央政府、地方公共团体通力协作，搞好能源供需工作。

另外，负责供应能源的企事业单位要做好以下几项工作：其一，保障能源的稳定供应；其二，在提高经营效率的同时，注意环保问题；其三，主动公开信息，按照相关法令进行企业内部管理。

3. 非营利性组织所起的作用

非营利性组织主要从事以下活动：在国民中普及能源知识，加深其对能源的理解；启发日本国民节能，积极应用新能源。为此，非营利组织要严格按照《基本法》以及基本计划中的既定方针行动。与此同时，日本政府和地方政府对非营利组织的活动予以各方面支持。

4. 能源设施周围居民所起的作用

能源供需以及能源政策与每位国民的生活息息相关。居民要在认识到这一点的基础上工作生活。要求每个居民在使用能源时要注意以下事项：其一，能源是弥足珍贵的资源，要不断调整自己的生活方式；其二，合理使用能源，积极使用新能源；其三，时刻关注能源的供需状况以及能源政策；其四，积极参与能源政策的制定与实施；其五，积极按照经过民主决策制订的能源政策，为建设新型能源社会增砖添瓦。

5. 相互合作

日本中央政府、地方公共团体、企事业单位、非营利组织、居民等都要关心和理解能源供需状况，互相理解各自所起的作用，在此基础上，通力合作。

第三节　促进国际合作

国际形势依然动荡不安，今后世界各国对能源的需求有增无减。而日本能源资源的大部分依靠进口，因此，应出台以下政策措施：其一，在注意环保问题的同时，确保日本国内的能源的稳定供应；其二，日本要为解决世界各国都在犯愁的能源问题积极做出贡献；其三，为此，在石油、天然气、煤炭、节能、新能源、核能等领域和国际能源机构、国际环保机构积极合作；其四，日本研究人员要积极进行国际交流，积极参加国际性研发活动，为各国采取一致行动献言献策；其五，积极开展两国间、多国间能源开发合作，开展能源生产国和能源消费国之间的对话①。在此基础上，制定日本的能源政策。

石油、天然气依然是日本最重要的能源，要时刻关注能源生产国的形势，加强与这些国家的合作。今后，亚洲各国能源需求会不断增长，在这一背景下，保障能源的稳定供应和保护地球环境至关重要。在充分认清这些形势的基础上，采取以下措施：储备石油，强化石油市场的功能；积极开发利用天然气，推进节能，引进新能源；在上述领域，与亚洲各国合作。石油危机以后，日本积累了大量的节能技术和知识，应将这些技术和知识在亚洲各国推广。

---

① 典型例子为石油等能源产出国与消费国之间通过部长级的能源政策信息及意见交换，加深相互理解，以稳定国际能源市场为目的召开国际能源论坛（召开于 1991 年）。2002 年于大阪举行的第 8 届论坛，就常设秘书处、加强统计数据报告提高市场透明度等议题达成了一致。

第四节　今后应解决的课题

　　能源与经济活动、国民生活、生活方式、城市、地方的经济结构关系密切。能源供需结构及其相关政策直接反映了日本的社会状况，关系着日本将来的发展方向，至关重要。

　　迄今为止，随着日本经济的增长，对能源的需求也相应增加。为了满足能源需求，日本政府不断制定相关政策，以保障能源的稳定供应。然而，日本经济高度增长时期已经结束，泡沫经济崩溃后，经济持续低迷、经济成熟度日益提高。另外，日本的人口结构（生育率低，老龄化严重，人口减少）、城市和地方的结构，与以往相比，都发生了重大变化。在这一社会背景下，要努力构建一个让每位国民都能实现自己人生价值的社会。

　　日本国民要充分理解日本的能源供需状况和能源政策，每个人要积极改变自己在生活方式上存在的诸多问题，通过合理选择能源消费的方式来参与能源政策的制定。

　　放眼世界，亚洲地区对能源的需求尤其旺盛。因此，对能源的稳定供应和地球环境带来了巨大压力，这一问题日益凸显。日本在处理能源供需问题和环境保护问题时，应将亚洲的情况考虑在内。

　　21世纪，能源领域的技术日新月异，将会不断应用到实际生活。以技术创新为核心，解决"经济发展和环境保护"间的矛盾，实现两者双赢，构建新型能源社会，为世界做出表率，才是日本制定能源政策中的重要命题。世界各国能源问题和环境问题日益突出，日本将为解决这些问题做出贡献。

　　要解决能源问题，应该制定长远规划，不仅要考虑到我们这一代，也要考虑到下一代的能源负担和能源带来的便利。制定合理的能源政策，重要的是能够适应未来的经济社会环境。基于此，政府有必要制定《基本计划》，实时对整个能源政策体系进行验证、修改，使之符合社会发展形势。

（张季风　译）

能源基本计划（2010）

前　言

　　资源和能源是支撑国民生活与经济活动的基本资源。对我国而言，其绝大部分要依赖海外进口，因此必须保证资源、能源的稳定供给。近年来，世界范围内不断加紧应对因能源导致的环境问题，特别是加强解决地球温室效应的对策。由于能源价格对国民生活和产业竞争力有很大影响，因此有必要实现市场机制运作下的高效的能源供给。

　　鉴于此，国家在推行能源政策时，需充分考虑"确保稳定供给""环境友好"，并在此基础上重视"市场原理的运用"。遵照以上基本方针，我国于2002年6月制定了《能源政策基本法》（以下简称《基本法》）。

　　为确保能源供需实施政策得以长期的、综合的并且有计划的推进，我国于2003年10月依照《基本法》制定了《能源基本计划》（以下简称《基本计划》）。依照相关法律，至少每三年针对《基本计划》进行一次讨论，并根据需要做出相应修改。为此，2007年3月，我国对《基本计划》做了第一次修改。

　　鉴于能源形势变化和实施政策进度，我国对《基本计划》做了第二次修改。这次修改有以下三点值得重视。

　　第一，制约我国资源能源稳定供给的内外形势愈发严峻。

　　以亚洲地区为中心，世界范围内的能源需求持续快速增长，确保资源权益的国际竞争日益激烈。然而，资源能源富集地区的地缘政治风险上升，资源民族主义情绪高涨。2008年原油价格突破140美元/桶，资源能源价格剧烈波动，从中长期来看，今后资源能源价格仍将持续上涨。

　　我国国内能源市场需求可能缩小，在这种情况下，我国国内如何更好地维系从资源获取到终端消费者的能源供应链，是极为重要的课题。恐怖活动和地震等风险未减，客观要求更进一步确保能源运输、供给以及核电的安全。

综上所述，今后如何全面确保"能源安全保障"，仍然是不可欠缺的要务。

第二，我国在国内外呼吁更加全面的、高效的能源政策以期应对地球温室效应的解决。

根据《京都议定书》，2008年以后我国开始进入第一个承诺期。另外，同年召开的北海道洞爷湖峰会，与会国家就全世界削减温室气体排放量的目标达成一致，即截至2050年将温室气体排放量削减至少50%。2009年7月，在意大利拉奎拉召开的八国集团首脑会议上，进一步就气候变化达成共识，八国愿与其他缔约国一起到2050年使全球温室气体排放量至少减半，并且发达国家排放总量届时应减少80%或以上。

在2009年9月的联合国气候变化大会上，我国以主要国家制订的公平且有效的国际框架及目标要求为前提，表明在2020年的温室气体排放量目标比1990年削减25%。

在我国，大约九成的温室气体来源于能源使用。为达到以上承诺的目标，防止地球温室效应，有必要紧密联合国民、企事业者、地方公共团体，不断推动能源供需结构向低碳型变革。

第三，能源、环境领域有望成为拉动经济增长的引擎。

2008年雷曼冲击以后，世界经济陷入历史性低迷，各国被迫重组产业结构和增长战略。很多国家致力于开发及推广普及能源、环境类技术和产品，以此开拓新市场和增加就业，并将其作为国家战略的支柱。在核电、智能电网、节能技术等领域，各国政府积极干预，世界规模的市场竞争异常激烈。

在我国，2009年12月内阁决议通过了"新经济成长战略基本方针"，提出合理利用能源领域的方针，建设"环境、能源大国"的目标。今后，将政策资源向这些领域集中投放成为急务。

基于上述基本认识，我国此次推行的修改计划，对以往计划的政策体系以及其中记述的具体内容，做了全面调整。

今后，为更好地应对日益严峻的资源、环境制约，有必要针对能源供需结构、社会体制、生活方式进行改革。从"时间轴"来看，应对各政策手段的优先顺序加以区别。由此，制订出了截至2030年，即今后"20年左右"的具体实施政策。

此外，为了变革能源供需结构、实现新能源社会，官民必须明确共同目标，推进一体化行动。验证实施政策的具体成效也十分重要。因此，资源能源稳定供给和能源供需结构改革，应该尽可能设定具体数值目标。

今后，关于本《基本计划》中的各项具体政策，国家在尽责实施的同时，应不断进行检验和评价。

能源政策不仅与环境政策、科学技术政策、外交政策关联甚深，也与我国的经济发展战略息息相关。为了推进能源政策与上述政策的全面性、一致性，应进一步加深相互间的合作。

今后，基于世界能源形势、我国经济形势及各项具体政策的评价效果，至少每三年或不满三年但认为有必要变更具体条款时，可对《基本计划》予以变更。能源政策对国民生活和经济活动影响深远，故来自社会各阶层的理解不可或缺。因此，修订《基本计划》时，应当充分留意此点注意事项，广泛听取社会各阶层的意见。

第一章　基本观点

能源是国民生活和经济活动的基础。能源政策主要力图实现3E，即确保能源稳定供给（energy security）、环境友好（environment）以及在充分考虑上述原则基础上兼顾合理利用市场机能的经济效率（economic efficiency）。

我国有必要把具有国际竞争力的能源产业、能源技术、能源系统作为自身的强项，同时加以培育和普及。还应把能源政策和我国的发展战略形成一体来推进。

在制定能源政策上，一方面要以安全和国民理解为大前提，同时不可缺少改革社会体制和产业结构的视角。

今后，资源、能源政策将基于以下视角推动其展开。

1. 强化综合的能源安全保障

我国是资源小国，"能源安全保障"是支撑国家根基的重要课题。举官民之力确保能源安全，是资源、能源政策的大原则。

所谓能源安全保障是指，构筑从资源产地到国内最终消费者稳定的能源供给体系，同时将危及这个体系的风险降至最小。

强化能源安全保障，需综合确保以下五个条件：①提高自给率；②节能；③多元化的能源结构和供应来源；④维护能源供应链；⑤完善应急措施。

鉴于我国能源自给率大大低于诸国，在确切的能源发展目标下，中长期内有必要采取稳定的能源安全措施。我国国内资源匮乏，依赖大量进口海外化石燃料，从中长期看，提高海外自主开发①比率十分重要。这有助于全面提升我国能源供给的自主性。

2. 强化地球温室效应的解决对策

在我国，约九成的温室气体来自使用能源所产生的二氧化碳，能源政策与地球温室效应对策恰似一体的正反两面，因此相互整合的举措不可或缺。

为了达成我国削减温室气体的中期和长期目标，有必要促进国民生活、企业活动、区域社会的能源供需结构转换。削减以民用部门为首的各部门的二氧化碳排放已经成为当务之急，为此亟须构筑从社会体制到国民生活的各个层面的政策。此时，国民、企事业者、地方公共团体的紧密合作至关重要。

为了使防止地球温室效应的对策与经济的发展相辅相成，我国在国内开发与普及最先进的节能技术、低碳技术，同时促进这些技术在国际上的推广。

关于能源供需结构的大幅变革，电力设备的形成和开发创新性技术需要较长的周期，因此应该构筑中长期的相应政策措施。

3. 实现以能源为支柱的经济增长

今后，在能源领域，伴随新技术、新产品、新系统的广泛开发与普及，这类经济活动将成为我国扩大内需的核心内容之一。

在海外，以亚洲地区为首的新兴工业国家能源需求急剧增长，伴随这种增长，能源基础设施方面的大规模投资有望增加。今后，通过出口节能产品、能源技术和能源系统，以及日企在当地国家生产规模的扩大，拉动我国企业与能源技术和设备相关的出口需求。

"新增长战略"（2009 年 12 月）提出了实现"环境、能源大国"的目标。为了把能源领域作为我国实现经济增长的核心领域，①应积极推进我国国内与能源相关的产业结构和社会系统的变革，扩大拥有国际竞争力的技术和产品的市场。②加速推进具有竞争力的能源产业、节能技术、节能产品在

---

① 我国企业参与海外能源的生产及作业，以确保一定程度上的长期的稳定的资源能源供给。这有助于降低能源供给中断的风险，提升我国企业的上游开发竞争力。1970 年代石油危机及 1990 年代海湾战争时，虽然向我国输送的石油供给量总体上减少了，但原油自主开发的进口量有所增加。

海外的发展。通过以上方式可实现我国经济增长、创造就业机会，同时也有助于实现全球削减二氧化碳的目标。

今后在能源领域，不仅企业间的竞争越来越激烈，各国政府支援各自企业的政策之间也会有激烈的竞争。为了使能源领域真正成为可发展领域，需要完善能源领域的事业环境，以便能源产业吸引国内外的投资和人才。对于具有战略意义的重要领域，有必要集政策力量，在财政、税收、规制等方面进行集中投入。此外，还应强化我国能源产业、技术及系统的海外发展援助框架。

4. 确保安全

如不合理利用能源，可能引发大规模的危险事故。为此，确保安全必须优先于一切。这里的确保安全尤指利用能源时要注意科学的、合理的、有效的、透明的利用。这种科学的、合理的、有效的、透明的利用能源的原则，应该贯穿于能源利用过程的各个阶段和环节，具体来说涉及能源产品生产制造、海陆运输和能源消费终端等。

国家、能源供应过程的企事业者，以及制造提供能源消费器材的企事业者，应注意防止能源供应过程中容易产生的灾害或供给障碍，并制订好相应的防灾措施。另外，应对不同性质的能源，有必要采取相应的安全保护措施，这些都需要国家和企事业者以高度负责的态度做出切实努力。

国家要依据能源相关的各个安全法规，检查各项安全规制是否切实得到贯彻运用。为确保其实效性，国家通过收集安全知识、提高安全意识、培养专业人才等措施，为提高安全规制的质量做出不懈努力。

企事业者在确保安全使用能源上负有第一责任，首先要遵守国家制定的安全法规，其次应有效地维持企业内部安全管理体制。在力求能源稳定供给和能源安全体系中，确保职场工作人员的安全和健康显得尤为重要。

国家及企事业者在能源安全方面采取的各种举措，一要确保透明性，二要对国民进行充分说明，以期保证国民对能源安全的信赖。

5. 活用市场机能，确保能源效益

为保证国民生活稳定和产业应有的竞争力，我国在确保稳定供给和兼顾环境的前提下，通过完善高效且公开透明的市场，提高能源供给的经济效益。预计今后可能出现的能源价格的结构性上涨以及政策调控的加强，将进一步激起国民和产业界对能源供给效率问题的关心。这要求国家和企事业者积极应对提升能源的经济效益。

6. 改革能源产业结构

从整体而言，预计我国国内能源市场今后可能会缩小，而节能类技术及服务可能进一步普及和扩大，这将扩充能源及相关产业的边际。发生其他行业向能源领域的准入，以及新的产业企业重组活动的可能性很大。在国际市场上，围绕资源获取的竞争和围绕新兴工业国能源基础设施市场的竞争，可能进一步激化。我国企业的竞争对手，不仅包括发达国家的企业，还有掌握了新技术正不断赶超的新兴工业国企业。

鉴于"能源大竞争时代"的到来，不可受限于传统行业及业务领域的框架，应该推进国际竞争力、能源稳定供给、环境友好三者兼具的产业结构改革。改革过程中，时刻关注人员稳定就业和经济平稳转型。

7. 与国民的相互理解

新能源供需结构和社会系统的转型，脱离不开使用能源的国民和企事业者的意识及行为方式的变革。制定各种政策和措施，同样需要国民的理解和支持。应当就我国的能源供需现状、必要的政策和措施、政策措施的预期效果及相应负担，积极向国民提供信息，获得国民理解和信赖的同时，力争步步推动。站在"与国民共同创造"的视角推动新能源社会的改革，为此要更细致更广泛地做好能源政策宣传及信息公开等工作。

第二章　2030 年的目标与政策方向

第一节　2030 年目标

能源政策要在国民和企事业者的理解与合作之下，着眼中长期目标，进行全方位战略性推进。从能源供需结构改革和经济增长的角度出发存在若干重要事项，面向 2030 年，首先要争取实现以下目标。

第一，充分考虑我国是资源小国的实际情况，从根本上强化能源安全保障，大幅提高能源自给率和化石燃料自主开发比率。目前我国能源自给率为 18%[①]，化石燃料自主开发比率约为 26%[②]，通过改革力争让这两个比率实

[①] 指在一次能源中的国内供给占比，其中主要是可再生能源类的国产能源及准国产能源核电。OECD 各国能源自给率的平均值约为 70%。

[②] 指可提供的化石燃料中（包括进口量和国内产量，这部分化石燃料约占我国国内一次能源供给的 80%），我国企业参与的国内外自主开发权益范围内的交易量所占的比例。

现倍增，将广义上的能源自给率提高到接近70％（目前约为38％）。①

第二，在电源构成中，尽量提高零排放能源的占比（主要来自核电及可再生能源），希望这部分能源的比例能达到近70％（2020年争取高于50％），目前约为34％。②

第三，"生活能源消费"（家庭能源消费）排放的二氧化碳要在现有基础上削减一半。

第四，产业部门要维持好已经具有的世界最高水平的能源利用率，并要继续提高能效。

第五，在我国已经具备相应市场优势，并预计今后在该优势仍将进一步扩大的能源产品、能源系统的国际市场上，国内企业集团获取并维持最高市场份额。③

为了实现上述预订目标，要扎实有力地推进本能源计划提出的政策。截至2030年，起源于能源的二氧化碳排放量至少削减30％（与1990年相比）。实现该环境目标数值受到多方面影响，例如，我国国民所能容许的规制改革程度，相应规模的财政措施，相应的技术革新与技术进步。只有这些条件充分落实，才有可能推动我国的能源现状向理想目标变化。本计划以2030年为长期目标拟定出个别措施，因其时间周期很长，故应当基于现实情况变化，认真检验实践效果，并根据未来实际状况的需要，做出切合实际的调整。

第二节　确保能源的最佳组合

在第一章中已经阐述了关于能源的一些基本观点，下面将涉及具体层面的措施，以确保能源的最佳组合，比如最大限度引进非化石能源、高效利用化石燃料等。

---

① 这里的计算是，把能源自给率作为分母，分子中算入了来源于自主开发权益部分的化石燃料交易量。预计日本国内一次能源供给中的化石燃料占比可能缩小，因此未来自主能源的比率增加可能达不到2倍。

② 通过大幅度提高节能效益以及核电站建设区域选址来获取日本国民的理解和信赖。在确保安全的大前提下，重新评估电力系统的稳定程度，为此计划新增核电站（至少14座以上）、提高电力设备利用率（争取在现有基础上提高约90％）、并将最大程度引入可再生能源。

③ 上述目标基于我国宏观经济框架制定完成，如经济增长率：2010～2020年约2％（国家新增长战略提出经济增长率目标）、2020～2030年约1.2％。原油价格：2020年约120美元/桶、2030年约170美元/桶（IEA《World Energy Outlook 2009》）。

1. 非化石能源

就非化石能源而言，要动员一切政策手段，最大程度引入核电及可再生能源，这类能源可以在最大限度上保障我国的能源安全。

（1）核能

核能是同时满足了稳定供给、环境友好、经济效益三项能源安全供给原则的基本能源。在确保安全的大前提下不断获取国民理解和信赖，力争通过新增核电站及提高核电设备利用效率，积极扩大核能利用。为此，"首先由国家迈出第一步"的姿态十分重要，其次有必要加强与相关机构的合作。

（2）可再生能源

关于可再生能源，当下存在种种课题需要探讨和解决，如成本较高和供给的稳定性较差等，但可再生能源对环境压力较小，且其中很多是可以从国内筹集来的能源。发展可再生能源有利于能源的多样化，可创造新市场和新就业机会，因此应积极扩大可再生能源的利用。

2. 化石燃料

尽管我国下大力度推进非化石能源及节能的运用发展，但从供给弹性、便利性、经济性等观点来看，将来仍然有必要在能源供给中利用化石燃料。鉴于新兴工业国能源需求扩大，争夺资源的竞争将进一步激烈，为此推进化石燃料的安全稳定供给和高效利用十分必要。

（1）石油

尽管我国国内对石油的需求在减少，但由于石油具有优异的便利性和经济性，而且面向消费者的供给基础设施也比较完备，因此石油仍然是日本经济活动、国民生活不可欠缺的基础能源。继续加强与资源国的关系，助推本国企业参与上游资源开发权益的获取，强化石油精炼部门的竞争力，维持好国内石油供应链，扎实做好石油储备工作，通过这些渠道和措施确保国内石油的稳定供给。

（2）天然气

天然气是化石燃料中排放二氧化碳最少、在世界上的赋存广为分散的能源。页岩气[①]作为一种新增加的供给能源正在增长，今后，页岩气将成为实

---

①　页岩气是非常规天然气的一种，一般储藏在泥岩层，而非砂岩中。因为其储藏在硬度高、薄片层状易裂碎的岩石层里，故得名页岩气。页岩气获取方法，一般采取井下爆炸和压裂，从裂缝带中抽取。

现低碳社会的重要能源。在推进天然气转型方面可采取的措施有：通过获取上游权益确保稳定供给，推进产业部门燃料转型，做好气体燃料的热电联产，促进燃料电池技术开发及在国内外的普及推广等。

（3）煤炭

煤炭在化石燃料中是排放二氧化碳最多的一种燃料，但具有成本低、供给稳定的优势。今后应致力于开发与确立"碳捕捉与封存（CCS）"及"整体煤气化联合循环发电系统（IGCC）"等与碳相关技术，在注意环境友好的前提下，利用好煤炭资源。此外，我国的煤炭利用技术水准处在世界最高水平，要继续维持这样的竞争力，并向世界各国普及。

（4）液化气

液化气作为分布式供给的一种能源，在应对灾害时具有优势，在化石燃料中也是排放二氧化碳较少的一种重要的清洁气体能源，有利于实现低碳社会的目标，因此应当加大应用。具体过程中，首先要扎实做好液化气储备工作；其次在满足家用等少量需求时，推行低碳配送。

3. 氢能

氢能可以从所有化石燃料中提取，是便于高效利用和零排放的能源，适用于民用能源和产业部门的分布式电源系统，以及交通运输所使用的能源。将来，可利用核电及可再生能源生产氢能，还可以结合 CCS 技术从化石燃料中提取氢能，从而实现从制造到使用全过程的能源零排放。预计今后家用燃料电池将进一步普及，2015 年以后燃料电池汽车市场投入也有待增加，从中长期看，这类开发和利用的动作会有所进展。为推动这项事业，还要克服技术、成本、基础设施层面的各种难题。

4. 国产能源、矿物资源

我国拥有的领海面积和专属经济区（EEZ）之辽阔，在世界排名第 6 位，现已确认这些海域赋存石油、天然气、可燃冰以及海底热液矿床[1]、富钴结壳[2]，为确保向国内提供新的资源供给源，更加强化能源安全保障，我们要促进我国近海资源的开发和利用。

---

① 海底热液矿床指海底喷发的热液中带出来的金属成分，经沉积形成多金属硫化物矿床，有望从中提取铜、铅、锌、金、银、锗、镓等稀有金属。

② 属于深海海底赋存的一种矿物资源，锰结核的一种，其中也富含钴，从中有望提取锰、铜、镍、钴、铂等稀有矿物。

5. 今后电源最佳组合方式

按照上述能源最佳组合思路，在解决电源问题上，我们要综合考量确保稳定供给、环境友好、经济效益，在这种思路下追求电源最佳组合方式。

为克服资源环境制约，必须构筑好电力供应体系，这关系国民生活稳定和经济增长的基础，同时也要考虑经济效益，在可能的情况下，积极引入零排放电源。此外，完善智能电网设施，扩大可再生能源利用，有机整合大型电源和分散型电源，构筑最实际且平衡的能源供应体系，都是十分重要的工作。

在火力发电方面，既要确保稳定供给和经济效益，又要注意在大量引入可再生能源发电时可能出现的电力系统方面的问题，全面构筑稳定措施。我们要注意用好高效率技术来彻底推动低碳社会的实现，尽量抑制二氧化碳排放，巧妙运用各种方法达到目标。

第三节　政策手段的样式

今后，为了实现我们提出的 2030 年的政策目标，要以确保稳定供给、环境友好、确保经济效益为基本，开展各项政策。届时，根据本能源基本计划和其他法律所确立的亟须政府政策支援的，需总体动员规制、预算、税制、金融措施等各项施策，把国民负担降低到最小程度，构筑确保效用最大化和整体最适合的政策组合。

特别是我们必须要有以下基本认识，要向真正的低碳社会转型，在政策组合的构筑上，"调整、强化规制"和"扩大援助"必不可缺。因此，必须最大限度地强化规制措施，对那些十分必要的部分要强化政策支援措施。

严格的监管措施及加大国民负担的施策，应考量环境与经济的平衡。具体而言，我们必须考虑到保护产业的国际竞争力，促进投资，搞活市场，稳定雇佣和国民生活，也必须要考虑到有关能源、环境的国际舆论和动向，各国的公平性等。为了让我们实施的政策获得各阶层国民的理解与协作，我们有必要考虑渐进式、阶段性的推行方法。

我们不仅要强化规制，还要对那些有碍新能源技术普及的各种规制，进行松绑或合理的调整。

此外，还有必要真诚地研讨资金的解决方法，切实落实好资金的筹集，以期强化支援新能源发展的政策。

在推行这些政策的时候，伴随受益与负担之类的责、权、利关系，需要以透明的易于国民理解的形式向国民公开，确保国民和企事业者的理解与信赖非常重要。为了使预算、税制等政策措施做到真正合理、有效果、有效率，持续地推进其修改也十分重要。

第三章　为实现目标而采取的举措

第一节　关于确保资源、强化稳定供给的综合举措

一　确保能源的稳定供给源头①

（一）基本考虑

为了确保我国资源以及能源的稳定供给，我们要立足中长期举措，并且要使我们的核心战略保持稳定而不动摇，这一点非常重要。针对化石燃料的自主开发资源所占比例和矿物资源的自给率，我们提出以下具体政策目标，并欲为其实现做出努力。

第一，在第二章第一节，我们提出了到 2030 年将化石燃料自主开发比率实现倍增的目标（现在约 26%），为实现这样一个目标，我们需要把包括国产在内的石油和天然气的合计自主开发比率提高至 40% 以上（现在约20%）②，煤炭的自主开发比率提高至 60% 以上（现在约 40%）。

第二，基本金属（铜、锌）的自给率目标到 2030 年要提高到 80% 以上，这里包括海外资源开发和循环利用在内的各种供给源。③

第三，关于稀有金属④，预计未来的需求将进一步扩大，而地球上稀有金属的赋存又偏重特定国家和地区，从我国对稀有金属的依赖度和供给可能存在障碍的角度看，我们面临着一定风险。为了保障稳定供给，需要政策支

---

① 为保障我国能源稳定供给，确保铀燃料的稳定供给是极其重要的，这个与核能政策的关联非常强，将在后面第二节的 1 中，即在 "推进核能发电" 小节中涉及该问题。

② 这里指我国企业权益下的石油、天然气交易量（含国产），在我国石油、天然气进口量及国内产量总和中的占比。

③ 这里基本的意思是指以下三类金属原料供给，在我国金属需求（按金属矿物原料计算）中应该占到这样的比例。三类金属原料分别是来自我国企业的资源权益下的进口矿石中提取的金属矿物原料，从国内废料能回收的金属矿物原料，以及从海外冶炼厂（我国企业拥有权益）进口的金属矿物原料。

④ 稀有金属在地球的赋存量较为稀少，由于技术、经济的缘故，提取起来很困难的一些金属，却是工业所需要的。稀有金属是发展下一代汽车、蓄电池所需要的资源，有必要构筑施策，推进稀有金属的开发与利用。

持，特别是对稀土、锂、钨等"战略稀有金属"，有必要集中投入政策资源。要重视海外资源开发，同时也要做好回收再利用，这些都是确保资源供给源流的重要工作。同时，我们也要注意推进替代材料的开发。依靠上述各种办法，努力实现 2030 年将能源资源自给率提高到 50% 以上的目标。在达不到上述条件时，我们可以把那些今后极有可能成为"战略稀有金属"的贵稀有金属，作为"准战略稀有金属"来定位，如铌、钽、铂族等。我们要时常关注它们的供需、价格动向。

以亚洲各国为中心的能源、金属矿物需求急速增长，在这种背景下，攫取资源的竞争在世界范围内不断激化。为了达到我国制订的能源资源目标，我们要做好各项努力，要加强与资源国的关系，通过实施支援政策推进我国企业在上游的资源权益获得，确保我国周边海域的新的资源供给源等。参考我国在 2008 年 3 月内阁会议中已经明确的"资源确保方针"，我们将对上述各项事业，进行战略的、综合的推动。

（二）具体举措

1. 确保石油、天然气的稳定供给

（1）强化与资源国的两国间关系

由于新兴工业国对能源需求增加，以及新的能源资源国出现，导致围绕石油、天然气的资源竞争正在激化。我们要力争确保资源供给国，为此政府首脑应积极干预资源能源问题的解决，并举国家之力强化措施，这也要求我国政府在资源外交中有新的积极举动。

从资源国方面来看，资源国正在以各种形式运用本国资源实现经济发展。为此，我国应推进与资源国的广泛合作与开发，构筑包含资源领域在内的多重关系。

鉴于上述种种情况，加之我国石油供给的九成依赖中东海湾国家，对于那些对我有重要战略意义的资源国家，应该积极推进首脑、阁僚层面的资源外交。在此之际，政府与相关机构要形成一体，应该向对方国家提示"All Japan"的举措之意，力图强化两国间战略关系。

具体而言，可以推进以独立行政法人"石油天然气、金属矿物资源机构（JOGMEC）"为中心的技术层面和资金层面的一体化支援，他们在资源开发上拥有专业知识和经验，如此强化我国企业在资源权益上的获取。另外，对那些超越资源领域的要求，也应该有适度恰当的回应，战略性灵活运作诸如政府开发援助（ODA）、政策金融［国际协力银行（JBIC）］、贸易保险［独立行政法人日本贸易保险（NEXI）］等，积极响应和推动对象国家所期待的基础设施完善和广泛的产业合作。我们也要推动"日本阿拉伯经济论坛"等官民共同举办的论坛活动以及官民共同组成的使节团活动，这些有利于构筑多重的人脉关系。

就中短期而言，我们要做好我国能源资源对其依赖度较高的国家的工作，如我国企业在那里已经保有资源权益，或者预见我国企业在那里可能扩大资源权益以及获取新的资源权益，对这些国家，我们要用好已有的政府间对话框架，重点投入政策资源。具体来说，比如有沙特阿拉伯、阿拉伯联合酋长国、伊拉克、委内瑞拉、俄罗斯等对象国。另外也要强化与印度尼西亚、澳大利亚的关系，以保障天然气的稳定供给。

从中长期角度看我们的供给源多样化，应该注意强化与新的特定国家的关系（非洲诸国、中南美诸国、后发的东盟诸国），创设对话框架，着手具体的合作事业，先促其有所开端。

（2）支援我国企业在上游获取权益

我国资源开发企业的财力，与那些原本是某国国营企业或新兴工业国的国营企业由来的海外资源大企业相比，仅相当于他们的 1/20 或 1/30，在各国都以国家为单位强化海外资源开发措施的情况下，我国也应该在企业获取海外资源权益上给予更积极的支援。

JOGMEC 可以对世界各地的地质结构调查和采掘技术给以技术层面支援。在资金层面的支援上，可经由 JOGMEC 提供风险资金，通过 JBIC 给予金融支援，对各种施策进行总调动，包括灵活运用相关税收制度等。短期而言，对我国企业已经获取权益的项目，助其启动，集中进行提供风险资金等支援；中期而言，鉴于今后新开发项目的地缘政治风险上升和技术成本上升等困难，可继续灵活运用以政府担保为依托的市场资金筹措，JOGMEC 要构筑机动且有效的风险资金提供体制（提高风险管理能力，官民资金灵活运用等），力争正确实施好各项支援。今后也要看准超重质原油和油砂等非常规石油的开发，强化上游开发技术，如提高石油采收率、重油转化工艺、深水开发等，加强我国企业在上游资源开发事业的竞争力。

在天然气领域，我国企业的 LNG 事业领先世界，今后应最大化地用好我们的强项，并联合从上游到下游的与 LNG 有关的企业，力图以种种举措推进上游开发。

（3）稳定市场措施

伴随新兴工业国经济增长，各种资源竞争趋于激化，资源消费国和资源生产国都要求有透明和公正的价格形成机制，各方灵活用好市场的动向也愈发明显。另外，在期货市场，石油等资源价格极易剧烈波动超出供需平衡。资源价格的乱涨乱跌，成为妨碍稳定资源开发投资和将来稳定供给的要害之因，这对消费国和生产国双方都是不利的。

因此，国际社会有必要构筑共同的应对措施来提高市场透明度和价格形成机能的公正程度，防止价格过度波动。具体做法可以考虑完善 JODI（共同石油数据收集与指导）机制[1]，期待这个机制能扩大范围，将天然气纳入视野之中，展开斡旋用以促进石油、天然气国家与消费国之间的对话。

通过加强与各国规制当局和证券监督国际机构（IOSCO）的联系，对商品交易所及其以外的柜台交易（OTC 交易）中的行情操纵等不正交易行为，加强监控，提高交易透明性。从中长期看，可以通过强化我国期货市场，促进市场参与者的多样化和交易规模的扩大，探讨如实反映亚洲供需情况的价格形成机制。

2. 确保稀有金属等矿物资源、推进稀有金属的循环利用和替代材料的开发

今后，很多稀有金属资源国家将着手开发国内资源。我们要做好稀有金属资源国家的工作，对其资源开发提供风险资金。我国拥有优秀的矿山环保技术和资源开发利用技术，可以把我国稀有金属需求厂家裹挟进来，一起参与对资源国家的工作，向资源国提示我国是"稳定的需求方"，给资源国提供具有魅力的各种方案。

从加强与资源国的关系出发，灵活运用好我国环境保护技术和勘探、采掘、选矿、冶炼技术，推进探矿、开发调查及共同开发矿山的事业。通过JOGMEC、JBIC、NEXI 等机构体系提供风险资金支援，对意在确保稀有金属资源的我国民间企业，进一步完善政府援助政策。同时将资源供给者到最终消费者的民间企业视作一个整体，构筑好官民协作获取稀有金属资源的体系。

---

[1]　为确保石油市场的透明性，各国各机构如 APEC、EU、IEA/OECD、OLADE（中南美能源机构）、OPEC 及联合国等公布的石油供需数据，由国际能源论坛（IEF）事务局来协调，用统一的电子数据管理系统进行收集整理，并予以公开。

鉴于拥有稀有金属资源的国家中，大多数正致力于推进基础设施开发的工作，我们要调动我国的 ODA 和政策金融等各种各样的政策手段，开展与资源国国情相适应的工作，对两国间关系给予战略强化。在我国产业界（行业用户）的支持下，官民联合在产业振兴、人才培养、地区基础设施等事业领域开展合作。

资源外交方面，从短期看，对那些我国企业已经获取资源权益的国家（越南、哈萨克斯坦等），要用好现有政府间对话框架，在平稳开发矿山方面维持并进一步扩大现有援助。对我国产业界有重要意义的资源国（玻利维亚、南非等），要准确把握对方意愿，在各个领域开展合作，通过扩充和横向发展已经实施的合作方案，与我们的资源权益确保联系起来。

如上所述的资源确保举措和资源循环体系的构筑，既可以有效缓和价格暴涨和需求压力等影响，又可推进包含"战略稀有金属"在内的各种产品（汽车、硬质合金工具、手机、小型家电）的循环利用。根据技术条件、经济效益确认回收可能性，用好《资源有效利用促进法》①等法规条例，构筑拥有较高便利性的回收体系，研讨必要的制度和措施，推进技术开发及相关支援事业。了解利用稀有金属的产品市场动向，为推动替代材料开发和削减相应稀有金属使用量提供相关技术开发。我们还应该把建立亚洲规模的资源循环利用体系纳入未来目标，对我国从事回收再利用的业者向亚洲进军给予支持。

为确保基本金属的稳定供给（铁、铜、锌等），仍然要通过 JOGMEC、JBIC、NEXI 等机构体系供给风险资金，支援我国民间企业在海外的权益获取及确保。此外，我们也要推进相关研发，以期确保低品位矿石和废金属资源在国内得到有效利用。

3. 海洋能源、矿物资源开发的强化

赋存于我国近海的能源、矿物资源，对国内资源匮乏的我国而言，可能是新的资源供给源，因此是意义非同小可的重要的资源赋存。2009 年 3 月，我们基于《海洋基本法》《海洋基本计划》，制定了《海洋能源、矿物资源开发计划》，有计划地推进近海海洋开发。

关于石油、天然气，2008 年我们引进了三维地球物理勘探船"资源"号，对近海的石油、天然气资源埋藏量颇丰的区域中，还未掌握勘探数据的

———————————

① 促进资源有效利用的法规。

海域进行勘查，计划到 2018 年度完成的海域约为 10%。根据勘查结果，我们将在有希望的海域进行试验开采。掌握我国近海石油、天然气埋藏量后，引导民间企业参与开采。

关于可燃冰，以 2018 年度为目标，让可燃冰实现商业化。为把我国生产技术研究推向实证阶段，可通过推进其陆地及海上的生产试验，做好相关技术完善工作。更进一步，需要产官学合作共同采取积极的行动去解决资源赋存海域和赋存量的详细情况。

关于海底热液矿床，由于赋存于我国近海较浅海域，从技术的经济眼光看，都便于我们开发利用。在探明资源储量方面，可采取综合措施共同推进这项事业，例如，一边推进探测机械的技术开发，同时使用 2011 年度交付使用的勘探船，进而，还可应用相关省厅部门及相关机构所保有的船舶、机械设备和海洋数据。此外，还要确立对环境影响的评价，收集、搬运技术的开发及冶炼技术。争取到 2018 年度实现资源利用的商业化，为了这个目标，我们要抓紧进行对经济价值的评价，研讨其商业化的可能性，促进民间企业参与商业化的试行。

关于富含多重稀有金属的富钴结壳（cobalt rich crust），通过推进勘探技术的升级，加速勘探专属经济区和公海海底山体的资源储量以及调查开采活动对环境造成的影响，争取早日获取矿区。

在实现海洋能源矿物资源开发计划时，面向 2018 年度的商业化目标，要强化官民一体举措，力图有重点地扩充勘探、试采以及海洋资源开发系统技术的开发。

在做好以上各项工作基础上，我们还要恰当地管理和开发好我国的贵重资源，对我国矿业法规进行检验和讨论，调整法规制度，使其更加完善，要使规章制度有利于选拔真正有能力的事业者，确保贵重资源得到合理开发利用。为确保专属经济区的权益，并正当行使勘探和开发等主权，需完善资源勘探和科学调查相关的制度，以及构筑相应的措施。

4. 确保煤炭稳定供给

在世界上，自己国家生产的煤炭在自己国内消费，这是普遍现象。但我国国内消费的煤炭几乎全部依赖海外，是全球最大的煤炭进口国。今后，预计全球煤炭需求呈上升趋势，尤其中国和印度等国不断加大煤炭进口，需进一步巩固海外权益。因此对我国而言，为了确保煤炭的稳定供给，必须采取积极举措。

特别是作为钢铁原材料的焦煤，在世界上属于稀缺资源，因此开拓新的供给源极为重要。通过加强与俄罗斯、蒙古、非洲东南部等新的煤炭资源开发国家和地区的关系，以及政府对投融资的支持，确保煤炭资源稳定供给。

关于资源外交，澳大利亚、印度尼西亚、中国、越南等国家，都是我们的重要煤炭供给国，我们应加强相应措施以期与这些国家构筑多层次的合作关系。这些国家多是自己产煤自己消费的煤炭生产国，我们要在其煤炭资源探矿、开发和基础设施完善方面给予协作，同时推进我国的清洁煤技术向这些国家转移。这样可以帮助产煤国提高煤炭利用效率，有助于缓和产煤国的煤炭供需矛盾及维护煤炭的储量。

着眼将来，针对煤炭赋存占据半壁江山却未加利用的次烟煤、褐煤等低品位煤，在充分考虑对地球环境影响的基础上对其进行有效利用，这有益于世界资源能源的稳定供给。

那些在产煤国还未加以利用的低品位煤，我们可以利用我国的煤气化技术和重整技术推进其有效利用，这有助于缓和产煤国的能源供需矛盾。我们现在就要着眼将来向我国增加新的煤炭供给源的事情。同样，针对煤矿区煤层气（CMM）[①] 的回收及地面钻井煤层气（CBM）[②] 等与煤炭资源相关的非常规能源开发，我们也应该采取积极姿态和措施与产煤国合作。

二 维持国内石油产品供应链

在确保我国能源稳定供给上，从原油到石油产品精炼再到国内最终消费者，即整个石油供应链的维持和有效利用，是一个重要的课题。

（一）承担国内石油供给的石油精炼业的维持与强化

我国石油精炼部门正在面临各种形式变化，如向我国供给的原油出现重质化现象，而国内对石油产品的需求更趋向白油化，对石油产品的高质量要求日益增加。另外，对石油产品的需求出现结构性减少，以新兴工业国为中心的石油需求在增加，海外大规模新锐炼油厂增加。为了能充分应对环境变化，我们有必要继续维持好国内石油的稳定供应。

为此，我们要提高重质油分解能力，通过石油工业园内的携手合作增强竞争力，并依靠精炼技能的集约化和强化，最终达到推进彻底的结构调整和

---

① 在矿井里采掘煤炭，坑道内会产生甲烷气体。过去只是把甲烷气体排放到外面的空气中，近年来可以实现回收，利用于发电。

② 在煤炭形成过程中所产生，贮存在煤层或附近地层的甲烷气体。近年来，美国一些地区用钻孔提取这类资源。

强化经营基础的目标。要推进重质油分解技术和高效利用技术，促进石油精炼技术的革新与创新。

（二）维系好石油产品、液化石油气的国内流通网络

我们可以预见，依靠节能等努力的进展，石油产品可能出现结构性的国内需求减少，但作为经济活动和社会生活不可欠缺的物资，对含一般家庭在内的全国最终消费者，仍有必要确保石油产品的稳定供给。在我国国内，承担着将石油产品分销到最终消费者的石油产品销售行业，近年来加油站（SS）平均每年约减少 2000 座，竞争环境变得极为严峻，然而国内石油产品经营基础却在不断弱化。

鉴于这种状况，今后石油产品销售行业如何履行"石油供应链"最前线的职能，可通过切实用好相关法令来完善关系品质和价格的公正、透明的竞争环境。另外，加油站事关地下储油库的库存更新，要和当地社会共生共存需做到以下几点：适应环境、依靠与当地自治体和居民的联手合作解决偏远岛屿及 SS 稀少地区的问题；通过构筑新的商业模式强化 SS 的管理基础，新商业模式基于强化业务协作带来了流通渠道的效率提升和电动车的普及。

关于液化石油气，要通过整合充气站设施，减少不合理的交叉或重复配送工序，来推进低碳化配送与经营，同时通过优化交易等方式维系好流通网络。

（三）利用石油产业设备来完善氢能供给的基础设施

要用好设置在炼油厂的氢能制造设备[①]，为让生产稳定的廉价的氢能成为可能，应促进开发高效、高品质氢能制造技术，并加大在生产中与 CCS 相组合做到二氧化碳零排放的讨论。

我们有一个预定目标，就是在 2015 年开始普及燃料电池车，为此需要研究如何降低加氢站等基础设施成本，其中如何应对《高压气体安全法》等的相关规定成为关键问题。这方面的安全性检验、技术开发，需要加以积极推动。进一步看，将来需要解决石油燃料、氢能、电气一站式综合供给的问题。

三 完善应急能力

（一）扎实推进石油、液化石油气及稀有金属储备

我们对石油依赖度和对中东原油依赖度居高不下，我国石油、液化石油

---

① 仅按装备能力计算，可生产相当于 500 万台燃料电池车所使用的氢能。

气供给结构脆弱，石油、液化石油气储备成为我国能源安全保障的最后一枚磐石。我国石油、液化石油气储备在 IEA（国际能源机构）协调下进行，[①]在中东石油供给突然中断时，我国最可能受惠于这个储备机制。今后，为确保 IEA 机制的实效性，我国有必要带头扎实地实行石油、液化石油气国家储备。

从切实保障我国能源安全的角度出发，今后要切实保证落实 IEA 要求的石油、液化石油气国家储备量，即 90 天 $+\alpha$ 的储备量[②]。此外，关于国家储备基地及储备石油、液化石油气，[③] 我们要致力于安全的效率的管理和维护。

就国际来看，整个亚洲地区还没有建立确实可靠的石油储备，能源安全保障程度还有待提高。东盟各国（ASEAN）也应策划制定石油储备线路图，促进东盟各国石油储备。我们要加强与产油国的关系，为了确保紧急时刻的稳定供给，灵活运用有利于双方国家的国内原油储备库，将其作为与产油国的共同事业[④]，加以推进。

关于稀有金属，由于"战略稀有金属"和"准战略稀有金属"已经成为我国产业界高科技制造及产品必不可少的物资，很难被替代，再加上其分布极为不均，需预防短期供给障碍，因此必须扎实推进稀有金属储备。

为此，我们要时刻关注原产国的状况、技术进步、使用产品的动向，据此设定我们的储备目标，构筑便于此类物资吞进和吐出的灵活机动的国家储备制度。

（二）推进危机管理体制的构筑

事故、灾害、新型流感、恐怖袭击等，对能源稳定供给都可能产生重大影响。为应付突发事件，需构筑危机管理体制，督促企事业者策划制订保证工作可持续进行的计划方案（BCP），以便应急时能采取切实可行的对策。

---

① IEA 要求加盟国有义务做好 90 天用量的石油紧急储备，另外鼓励超过 90 天用量的储备，以备紧急状态发生初期的供给。

② 以过去三年的平均纯进口量为基准，经 IEA 的换算方式核算。α 代表紧急状态初期应急用量，一般为 10 天的用量。

③ 在 2009 年 11 月 27 日的行政革新会议上讨论"事业分工"，有人指出应"缩减石油储备天数"。

④ 虽然未算定在 IEA 的储备天数内，但产油国应对紧急状态时优先供给的原油，其中的一部分可负担起"实际上的国家储备"的任务。

第二节 力求实现自立及兼顾环境的能源供给结构

关于我国能源供给结构，我们面临的紧要课题包括降低对化石燃料的依赖度、确保供给稳定性、应对全球温室效应，对此进行中长期的能源供给结构改革十分重要。为此，国家依据《非化石能源法》[①] 和《能源供给结构高度化法》[②] 设置切实可行的能源引入目标，同时推进核电、扩大可再生能源利用、促进化石燃料高度利用、强化电力及燃气供给体系，通过推进以上各类措施的落实，实现自主的环境友好的能源供给结构。

一 扩大可再生能源的准入

（一）应该努力的目标

从实现全球温室效应对策、提高能源自给率、推进能源多样化、培育环境产业等目标来看，扩大可再生能源的导入具有重要意义。预计到 2020 年，将可再生能源在一次能源供给中的占比提高到 10%。

运用生命周期评价（LCA）[③] 方法中关于削减温室气体排放效果的标准，根据该长期标准，以充分削减温室气体排放、保证稳定供给、确保经济效益为前提，争取到 2020 年，在全国推广使用的生物燃料量相当于汽油使用量的 3% 以上。下一步，我们还将利用纤维、藻类等，开发并确立下一代生物燃料技术，到 2030 年最大程度引入生物燃料。

在推广使用可再生能源过程中，我们要留意以下特性和问题，在国民、企事业者和地方自治体的紧密联手协作下，开展各种努力工作。

1. 太阳能发电

今后，太阳能发电成本有望大幅度下降，住宅、非住宅的潜在需求量大，太阳能产业的应用范围广泛。就现状看，发电成本还比较高，这是我们要破解的难题。

2. 风力发电

风力发电成本相对较低，发展风力发电比较合算。但也存在地点的制约，主要是风力资源状况、自然景观、鸟击、噪音等问题带来的限制，这些问题如得不到解决，风电成本可能上升。好的一面是，最近海洋上的风电新

---

① 《关于促进非化石能源的开发及导入的法律》，于 2009 年 7 月制定。

② 《关于促进能源供给事业者对非化石能源利用及对化石能源原料有效利用的法律》，于 2009 年 7 月制定。

③ 英文 Life Cycle Assessment 的缩略语。

技术正在"闪亮登场"。

3. 地热发电

我国的地热可以全年稳定发电，技术已经成熟，地热发电在我国是有巨大开发前景的电力来源。另外，利用地热发电也存在一些制约因素，比如地热发电选址会遇到是否破坏自然景观、是否争夺温泉资源等问题，这些问题可能导致地热发电成本上升，这是留给我们的课题。

4. 水力发电

水力可以提供稳定发电，技术已经成熟，社会对中小水力发电的关心程度正在增加。水力发电也存在一定制约因素，主要是选址的制约因素较大，如可开发的地点较为偏远、可开发的规模过小，今后发电成本递增的可能性较大等，这些课题有待研讨。

5. 生物质能的利用

生物质能在发电部门、热力部门、燃料部门都有广泛用途，预计可激活区域经济。一些地区存在未经利用的资源和由生物质产生的废弃物资源，期待未来能利用好这部分资源。对生物质能的利用因其种类和利用方式不同，成本方面也有很大差异。今后，不同的援助制度，可能加大不同的进口原料，也可能由于混合原料间相互竞争对我国国内的生物质产业带来影响。

另外，生物燃料需解决的问题如下：运用生命周期评价（LCA）方法达到削减温室气体排放的最佳效果，稳定供给，确保经济效益，开发下一代生物燃料制造技术以期规避与粮食之间的竞争。

6. 空气热能和地热能的利用

我国凭借在热水器、空调上的热泵技术，在国际上处于优秀地位。从现状看，我们的这项技术与以往使用的燃烧型供暖、供热水相比，使用初期的成本较高，这是有待破解的难题。

7. 太阳能热的利用及其他。能量转换率高是使用太阳能热的优势所在，但问题在于将太阳能热与热水器、空调组合起来的系统开发的初期成本较高。

关于冰雪的利用，运用区域特性可将其作为地产地销的清洁能源，但同时要解决冰雪储藏空间和运输成本方面的问题。

（二）具体举措

1. 建设固定价格收购制度

可再生能源固定价格收购制度是指，源自可再生能源的电气，由电气事业者按照一定价格进行收购的制度。现在，外国正推进该制度的导入，这也有利于扩大可再生能源的导入。

我国应当参考国外的发展趋势，并视现行太阳能发电剩余电力收购的实际情况，推行符合我国实际情况的可再生能源固定价格收购制度。[①]关于收购对象，要以实用化的所有能源为基本对象，包括太阳能、风能、中小水力能、地热能、生物质能，太阳能发电包括 1000kW 的太阳能光伏发电等。另外，切实考虑国民负担和电力系统稳定措施之间的平衡，并兼顾成本效益，是制定好可再生能源固定价格收购制度的根本所在。

2. 系统稳定措施

如果将可再生能源大量接续到电力系统，可能会出现剩余电力和频率变动等涉及系统稳定的问题。为此，需要研究太阳能发电如何进行产量控制的详细制度，如何扶持蓄电池技术的开发及导入，以及配送电系统的强化和升级等问题。今后要视可再生能源导入的状况，逐步实施上述系统稳定措施。关于所需费用，为得到国民理解，要做好充分的说明工作。

3. 出台扶持对策

关于需要进一步扩大的太阳能发电、风能发电、生物质能，为提高其导入这类能源的积极性并能普及推广，可采取以下措施：如不断检验援助措施的有效性、开展导入可能性调查、降低初期成本等。此外，还要向着有利于可再生能源扩大利用的方向调整系统运行规则。

4. 推进技术开发和实证研究等

推进关于太阳能发电、海洋风电、生物质能、海洋能、蓄电池等的技术开发和实证研究。在这个过程中，产官学应切实做好责任分工，做好发掘新技术需求、削减成本和提高性能等研发，在推进实证研究的同时，培育好从事此类事业的人才。

5. 调整、放宽规制

基于行政革新会议举办的规制、制度改革分科会关于促进可再生能源导入的规制调整的议论，进行有关研讨。

---

① 关于制度的详细设计，现在经产省设立了"关于全量收购可再生能源的项目工作组"，正在推动相关研讨。

6. 推进个别对策

（1）在可持续标准的前提下促进生物燃料导入。2020 年，在生命周期评价（LCA）的评价指标下，减少温室气体排放 50% 以上（与 EU 目标相同）。为此，在确保良好的削减排放效果、能源安全保障和经济效益之前提下，合理利用已经投入使用的生物燃料，并采取阶段性扩大引进的措施。为此还需灵活运用税制措施，并通过完善生物燃料制造、混合设备等基础设施建设，扩大生物燃料的引进。

2030 年，促进纤维素乙醇、藻类生物燃料等新一代生物燃料的技术开发。进一步通过促进国产生物燃料增产和从亚洲的开发及进口，确保稳定的生物燃料供给源泉。

（2）扩大热能利用。采取措施扩大太阳能、生物质能的热利用。该类措施包含诸如进一步扩大绿色热能证书的对象范围，制定认证基准等。

为了促进空气热能的引进和加大地热能等温差能源的使用，可扩大产业、办公、家用热水、空调的热泵应用。热泵热水器的具体普及方式如下：追加其为一流标准，修订空调机器的标准，应用于新一代热泵系统（超高效热泵），研发可应用低 GWP 制冷剂①的节能冷冻空调系统。

（3）扩大沼气的使用。利用好《能源供给结构高度化法》，针对燃气企事业者设定沼气利用目标。为实现目标，与污水处理厂和地方自治体联合协作，推行城市燃气注入管道的示范项目，并开发高技术高效率的精炼设备。在官民联合协作的体系下，将取得的成果和信息提供给燃气企事业者，推进这项有益的事业不断向前发展。另外，还可以通过绿色热能证书措施的灵活运用，促进沼气在当时当地的利用。

通过液化石油气与沼气的混合使用，推动非化石能源的利用。

二　推进核电

（一）应有的姿态

核电既是供给稳定且具有经济效益的"准国产能源"，又是发电过程不排放二氧化碳的低碳型电源。因此，核电是同时满足了稳定供给、环境友好、经济效益即 3E 原则的中长期重点能源。在确保安全的大前提下不断取

---

①　与以往使用的制冷剂相比，是温室效应较小的制冷剂。GWP 是英文 Global Warming Potential 的缩写。现在使用的冷媒主要是氟利昂制冷剂（HFC 等），GWP 效能非常之大约为 2000，客观要求我们扩大低 GWP 制冷剂的使用，并开发能效较高的制冷空调设备系统。

得国民理解和信赖，根据需求动向，增设新核电站并提高设备利用率，以此推进核电发展。另外，对使用后的核废料进行再处理以及有效利用铀钚的核燃料循环，进一步提高了核电的性能。因此，发展核电是我国"中长期不动摇"的坚定的国家战略，要继续扎扎实实推进下去。届时，在与相关机构携手合作的大前提下，国家应以"首先要迈出第一步"的姿态采取措施。

具体而言，今后国家将根据各个电力事业者提出的电力供给计划，与各电力事业者携手采取措施，争取实现以下目标。

首先，到2020年，新增9座核电站，设备利用率大致以85%为目标（现状：54座在运；设备利用率：2008年度约为60%，1998年度约84%）。其次，到2030年，至少新增14座核电站，同时设备利用率大致以90%为目标。如实现，到2020年，我们可以将包含水力、核电在内的零排放电源的比率提高到50%以上，2030年约能提高至70%。

世界各国都在不断扩大核电的发展，而我国一直致力于推进核能的和平利用。核工业的国际化扩张，不仅有利于我国的经济增长，还能为世界能源稳定供给、解决地球温室效应问题以及和平利用核能及其健康发展做出贡献。此外，在强化我国的核电基础即核工业的技术和人才时，构筑与他国之间的共通基础亦至关重要。基于这样的认识，在确保铀燃料稳定供给及确保核不扩散、核安全、核安全保障的前提下，应当积极推进我国核工业的国际化扩张。

我国今后还要继续坚持"非核三原则"，遵循核基本法，在严格的和平目的下推动核的研究、开发和利用。

（二）具体举措

1. 关于推进新增设备、更换设备、提高设备利用率的基本措施

（1）新增设备、更换设备

事业者应切实实施关于核能反应堆老化的对策措施，如制定废除现有反应堆的措施，以及视备用堆安装的必要性有计划地推进新增设备和更换设备的措施。从国家层面来看，需完善相关投资环境。另外，国家应根据需要针对核发电站建设过程中的联络输电线和传输线的架设环境整备进行研讨。在已有反应堆的有效利用上，核电事业者在日本核电公司的东海第二发电站推行额定输出等提高发电的措施，同时也在研讨向其他发电站开展之事宜。此外，当进入根据每日电力需求变化调整电力输出的阶段时，如何保证这种输出电力转换的安全性和切实可行性，需要现在看准未来可能出现的情况，及

早对必要的准备条件进行研讨。

（2）提高设备利用率

关于提高设备利用率，实现可持续的安全稳定运转和获得当地的理解是基本问题。事业者要不断采取自我安全保障的举措，在新的检查制度下，逐步实现长周期运行，同时在核电站运转中有步骤地开始实施安全保护措施。

对于核电站，日本核能技术协会有运行实绩评价，国家对此也有综合安全保障的评价，各核电事业者也要在实践中互通有无，改善运营管理。国家要用好熟练技术人员和经验丰富的专业人才，提高大学及高等专科学校的教育质量，强化民间企业与研究机构的联合，完善核能人才的培养项目。

根据以上举措，如果能实现核电站持续的安全稳定运转，到 2030 年设备利用率大致可以实现 90% 的目标。（例如，平均 18 个月以上的长周期运行，定期检查的停电时间压缩到平均两个月以内。）

国家对事业者的措施既要有后援举动，又要根据《能源供给结构高度化法》制定的判断基准，探讨核电站设备利用率的提高及新增核电站事宜。

（3）应对更换设备潮即将到来的问题，开发新一代轻水反应堆技术

到 2030 年前后，我国大部分已有核反应堆面临更新淘汰，因此，官民应共举开发在安全性、经济效益、可靠度等方面都更具有国际竞争力的新一代轻水反应堆。基于已有概念设计的讨论及科学技术的发展，促进新一代轻水反应堆的稳步顺利开发及使用。

为此，国家、事业者、厂家联合行动，并基于新一代轻水反应堆开发的中期综合评价，于 2010 年明确新技术的具体引入计划。国家、事业者、厂家对那些在中期综合评价中获得好评的设备概念方案中，可选择新一代轻水反应堆的有力的候补单位，具体导入预期安排将在 2010 年予以明确。

2. 加深与核电站选址地区居民的相互理解以及核电站选址地区的区域振兴

（1）在新增设备、更换设备、提高设备利用率等方面，加深与选址地区的相互理解

我们要做的工作不仅是推进核电站的新增设备、更换设备和提高设备利用率，为了核能发电工作顺利进行，还要针对区域社会的实际情况广泛听取意见，做好宣传工作，促进核电事业和地区居民及地方自治体之间的相互理

解。国家、地方自治体、核电事业者在明确的责任分工下，相互之间携手合作，让核电设施与区域社会"共生"至关重要。

为此，国家应与事业者携手合作扎实推进以下工作，如广泛倾听核电选址当地的居民声音，把握好民情（广听），在了解民情的基础上，对核能的必要性和安全性，广泛提供信息（广报）。要把构筑与当地居民的信赖关系作为重点，强化广听和广报双向努力。具体而言，国家和事业者要支援当地的宣传活动，不仅要支持核电站所在地的市町村的这类活动，也要支持核电站所在地的道县的这类宣传活动，还可以扩大眼界到其他非核电站地区，总而言之，尽可能地广泛听取和广泛宣传。

另外，核电事业者应该有核电设施运营的前景展望，以及地方自治体的发展展望，以此去争取获得地方自治体的理解。国家与地方自治体之间，应该加深对保有核能的我国政策层面的重要意义的认识，不断协调国家、地方自治体及事业者之间的关系，以建立好更加理想的一种关系。

（2）要非常细致地做好信息受众的工作，通过广听广报活动，提高整体国民的相互理解

在核能政策的稳定实行上，广听广报活动的开展，不仅要提高核电站所在地的相互理解，还应提高整体国民的相互理解。国家为了推动整体国民的相互理解程度，要根据信息受众的情况，非常细致地做好广听广报工作。国家要站在前面强化信息双向性工作，关于如何提高这种宣传事业的波及效果，还需要对国家的核能信息收集和广告工作的方式方法进行探讨。另外，关于中小学生等下一代人，为了奠定将来他们对于包含核能在内的能源问题的独自思考和判断的基础，还应推进核能教育及其他广听广报工作的进展。

（3）电源择地补助金制度的进一步改善

电源择地补助金（以电源择地区域对策补助金为首的以区域振兴为目的的一系列补助金），有以下两种特性。第一，在电源选择地点的阶段，为了让安装设备顺利进行，创设了补助金制度，现在（2010 年）补助金金额正在增加其丰厚程度。第二，在运行阶段，为了核电运行顺利，对多发电的地区支付更多补助金，因此对发电量多的核电站获得选址地区的理解显得更加重要。

今后，在现行电源开发促进税制度下，作为税收基础的卖电量以及税收自身不可能大幅度增加，那么电源择地补助金也不可能获得大幅增长。为了顾及确保能源安全的大前提，考虑到上述问题今后会更加显现，针对今后如

何促进核电站新增设备、更换设备、核燃料循环利用设施的择地等事业，需要进一步思考解决问题的方法和策略。另外在核电站运行阶段，根据发电设备容量和实际发电电量来计算的补助金额，当时这种计算倾向于根据实际发电电量来分发补助金，对此应该研讨修改方案。以前制定的这种补助金制度所存在的问题是，如果发生自然灾害导致不能发电时，补助金额会大幅度减少，这实际上违反了该制度本身的意图，而这种"成规"作为制度存续至今。

3. 为完善科学的、合理的安全规制所采取的应对措施

（1）运用最新知识和数据，为完善科学的、合理的安全规制采取应对措施

要让核安全规制得以完善，使其成为进一步加固安全保障的防护，首先要对安全规制的现状做好扎实的了解，并做好持续应对新难题的准备。为此，要把握好近年来围绕安全规制所发生的大的环境变化，据此采取相应的必要措施。

具体来说，可探讨完善以下内容：在安全审查制度里加入品质保证的考虑；对检查制度的品质保证内容进行完善；应对大地震时，设备检查方法实现标准化、手册化，扩大技术文书制度①的应用对象，以及合理利用风险信息通报的政策等。关于核电站运行中的安全保障，应迅速整理并研讨其安全性的效果和影响，风险信息通报的运用想法等。

（2）就安全规制问题，深化国家与利益相关者的对话

为不断获得国民理解与信赖及确实实施好安全规制，国家应进一步加强核电站所在地的地方自治体、居民、产业界等各种利害关系方之间的交流。为有效实施安全规制，推进规制所存在的问题的解决，应持续加深规则制定当局与产业界的对话。对于核电站所在地区较为关心的个别安全审查、检查案例，国家的努力不能只停留在说明规制活动的结果上，在规制进程的各个阶段，都应当扩大与利害关系各方的交流。

（3）核事故防灾对策

关于核事故防灾对策，继续构筑可以以备万一的核事故应急的万全措施。关于核能设施的防护体制，按照最新国际基准构筑核物质防护措施。

---

① 其评价先于编码解析（计算应力的程序）等有关各核电机械设备通用技术的汇总性技术文书对技术的有效性进行的个别审查，是提高安全审查实效性的制度。

4. 加强核燃料循环利用的早期确立和高放射性废弃物的处理措施

（1）推进乏燃料的再处理、储藏和钚热发电

核燃料循环利用是指对乏燃料进行再处理和对回收的钚、铀做有效利用，这有助于有效利用有限的铀资源和减少高放射性废弃物，是能源安全保障方面的重要举措，同时也是我国的基本方针。

2009 年 12 月，我国首座钚热（MOX）核电站在九州电力公司所属的玄海核电站开始运营，这是我国向着核燃料循环使用迈出的重要一步。由于承担核燃料循环的各个设施是相互关联的，因此需要有纵览全局的视角，首先在择址时就要有全时空的考虑，其次关于各项措施和具体时间，应针对具体进展情况保持战略灵活性。

为此，国家、研究机构、企事业者等相关各方联手协作，官民学一同致力于破解余下的技术课题，才可保证六所村核废料处理厂的顺利竣工和运营。此外，乏燃料的储存容量要扩大是各发电站在中长期抱有的共同课题，这客观要求我们必须开展临时贮存设施的选址工作。但是对国家、企事业者等相关各方来说，不可局限于核废料的临时贮存①形态，还应探讨更广泛的应对之策。进而，在钚热计划实施上，国家和企事业者合作推行增进双方理解的活动以期增加地区报名申请。另外，关于 MOX 燃料的运输，国家和企事业者要以万全之心构筑核物质防护对策和安全对策。还要继续推动有关措施的进展，确保六所村核废料处理厂以外的再处理设施的建设。

（2）快中子增殖反应堆循环的技术开发

快中子增殖反应堆循环技术，是一项可以较大贡献于我国能源长期稳定供给的技术，因此朝着早期实用化方向扎实推进其研发极为重要。2010 年 5月，重新开始试运行的快中子增殖反应堆原型"文殊"，反映了我们在这方面的初步成果。今后，经济产业省和文部科学省将继续联合推动相关研发，争取 2025 年前后实现示范堆的建成，2050 年甚至更加提前一些，将其推向商业化运作。

首先，基于快中子增殖反应堆循环技术实用化的研发成果，在 2010 年度对是否采取革新技术进行判断。其次，为推动实用化的进一步顺利进行，讨论更先进的项目实施方式及责任分工。最后，应当谋求及早确立快中子增

---

① 临时贮存指核电站产生的乏燃料在再处理之前的期间内，一经获得认证资质，可在核电站外做一时的储藏管理。

殖反应堆的实用化技术，同时尽可能保证我国掌握将来的国际标准，恰当地推进国际合作。鉴于这些技术是承担着未来我国能源安全保障的基本技术，因此需要构筑维护我国技术独立性的互利互惠的国际合作关系。

（3）朝着推进处理高放射性废弃物的方向，强化举措

在扩大核电利用上，如何处理放射性废弃物是必然面对的课题。关于高放射性废弃物的地下深埋处理，已于平成 20 年（2008）选定精确的排查地区，预计将于平成 40 年（2028 年）后期开始进行处理工作。这项要务需国家带头，进一步由日本原子能环境整备机构（NUMO）、电力供应商紧密协作，从全国层面和地区层面双重视角着眼，推动与国民之间的相互理解。

为了让地区居民和自治体加强学习和了解，要建立相关支援制度以便招聘专家，并通过开展双向研讨会等措施加强完善"广听广报工作"。

为了能让高放射性废弃物处理事业得以顺利实施，国家要根据有关高放射性废弃物深埋处理的基础研发的整体计划，采取必要的研发措施。并通过简明易懂的方式将研发成果向国民展示，以此加深与国民的相互理解。

此外，伴随核电研发产生的低放射性废弃物，由国家和日本原子能研发机构（JAEA）在相关机构的大力协作下，稳步推行相关处理工作。

5. 加强铀燃料稳定供给的举措

今后，由于全世界范围内扩大对核能的使用，预计铀燃料的需求将增长。为了确保其稳定供给，我们在狭义的稳定供给即由核电站在国内进行燃料调集的概念之外，还可将海外供给纳入视野之内。为此，加强从铀矿山开发，到铀浓缩、再转换铀的全面供给十分重要。

（1）铀矿山开发

积极支援企事业者参与铀矿山开发，完善和强化包括日本贸易保险（NEXI）的风险防备机能在内的公共金融支持措施。为争取投资顺利进展，在考虑我国外汇法以及与 OECD 规则的整合基础之上，通过政府间会谈，推动他国改善自身的投资规则。

（2）铀浓缩、储备、运输等

关于铀浓缩，为了争取浓缩铀供给源的多样化，可通过支持企事业者与海外浓缩事业者的协作等措施实现。在国家支持下，一方面扎实推行已经开发好的新型离心机的引进工作，另一方面国家和企事业者需不断梳理关于维持及强化国内浓缩能力方面的相关思考。另外，考虑到我国确保核燃料供给是对国际社会的一种贡献，为了防备运输中断等风险，应推动关于浓缩铀的

国内储备的可行性的研讨。

此外，国家和企事业者为减少铀燃料运送上的风险，从经济效益和安全性出发与相关国家合作推进有关讨论以期确立新的运输路径。这方面的讨论特别要考虑到今后我国将扩大从哈萨克斯坦等中亚地区进口的铀燃料。

6. 应对核能的国际化问题

（1）核工业的国际化扩张

全球引进核电的现状及未来发展：目前规模最大且风险最低的市场是欧美；已经引进核电，今后可能急速扩大的有中国、印度；将来发展核电可能性较大的还有东南亚、中东、近东等地区的国家，它们可能成为新引进核电的国家。基于此，我们有必要根据每个市场的特性采取相应的应对之策。

在欧美市场，合理利用公共金融政策支持新核电站建设、设备出口以及对发电企业的资本投入等多领域发展。向中国市场进行设备出口的同时，针对印度主要在能源、产业政策层面，就各项核能政策进行意见交换和信息交换。此外，针对新的核电市场，作为体系性的出口有必要对其采取一体化应对，要全面考虑建设、运输、管理、燃料供给、完善的法律、人才培养、基础设施建设、资金筹措等。我们要官民一心，对新的核电采纳国提出统一管理方案，为此最迟将在 2010 年秋季成立以电力公司为中心的"新公司"，提供关于核电服务体系的综合体制方案的具体意见，同时考虑运用公共金融资金，支持铀矿山开发、加强与海外浓缩事业者的联合携手（资本参与）等，目的在于强化我国燃料供给能力。此外，还要视情况调整 NEXI 的海外投资保险和出口保证保险等有关风险防备的条款。针对新的核电国家，我们既要在国内培养相应人才以便支持对象国的人才培养和核电事业的国际化，还要强化能力建设如支持其制度建设，同时必须快速推进核能缔结协定。还要用好 ODA，支持道路、港湾、电网等周边基础设施建设。

（2）围绕核不扩散、核安全等，完善国际环境

随着世界上对核电予以关注的国家不断增加，在进一步强化有关核不扩散、核安全保障措施的同时，还应不断完善国际环境以便应对核电设施的安全运用、乏燃料再处理等多种问题。

为此，我们应在核安全方面为国际社会做出积极贡献，既保证公平竞争条件，又要防止轻视核不扩散、核安全、核安全保障的价格竞争，具体到核能利用上，可以在国际原子能机构（IAEA）展示我国严格的核安全要求。另外，在 IAEA、GNEP（国际原子能机构、合作伙伴机构）等国际场合，

积极参与保证核燃料供给机制和处理乏燃料等相关国际框架构筑的讨论。

此外，我们可通过设立综合支援中心培养核不扩散、核安全保障相关的亚洲人才，开发有利于强化核不扩散、核安全保障的全球通用技术等方式，为和平利用原子能做出贡献。

三　高效利用化石燃料

（一）火力发电的高效率化

1. 应有的姿态

从能源安全保障、经济效益的观点看，火力发电在实现电源构成的最佳组合上占有重要地位。今后，在大量引进可再生能源发电之际，火力发电作为稳定电力系统的对策是必不可少的，因此仍将发挥极为重要的作用。为了削减单位发电量所产生的二氧化碳，今后仍需坚持致力于更换设备和引进新设备，以提高火力发电效率。

2. 具体措施

关于燃煤发电，为减少单位发电量所产生的二氧化碳，可通过以下几种方式推进其高效化和低碳化发展。例如，改善运行中的燃煤发电站的效率、生物质共燃、更换老化的燃煤发电引进最新设备等。当前，新建和更新的燃煤发电，原则上碳排放量应控制在 IGCC 相同水准。

对我国来说，进一步改革已经位于世界最高水平的燃煤发电技术仍然重要。官民合作推进开发和实验，尽早实现 IGCC、A－USC（超超临界燃煤发电技术）的高效率和实用化。

要步步推动这类高效燃煤技术在国内的开发、实验、导入，未来实现零排放的燃煤发电目标。为实现这样的目标，首先要为在 2020 年左右实现 CCS 的商用化而加速技术开发，其次对今后计划新建的燃煤发电站，需探讨导入 CCS Ready。[①] 此外还需讨论以商用化为前提，到 2030 年燃煤发电全线引入 CCS。

关于以上高效燃煤发电技术，我国将自身定位为环境友好的燃煤发电最

---

① 关于 CCS Ready 的具体条件，可参考 EU 标准于日后进行探讨。在 2009 年 6 月 EU 提出的标准条件中，规定新建 30 万 kW 以上火力发电站，应该满足以下 CCS Ready 所许可的条件：①存在适合的二氧化碳存储地点；②二氧化碳的运送在技术上、经济上都是可行的；③要求进行调查，确保将来建设二氧化碳的回收及压缩设备时，在技术上和经济上可行。如调查结果证实技术上、经济上的可行性，则有必要留出空间，以便将来建设二氧化碳回收、压缩所必要的设施。

新技术的实验场所，不断在国内累积这类技术的运行经验。

关于其他火力发电，在新建及更新之际，我们以引进最尖端的高效设备为原则。

（二）石油高效利用

1. 应有的姿态

为了不断应对原油重质化和国内对白油产品需求的增加，也为了促进石油的有效利用，我们应采取举措推进渣油的高效利用。

2. 具体措施

首先，围绕以新兴工业国为中心的世界石油需求量增加，原油重质化、白油化需求增大等石油形势变化，要求真正提高重质油的分解能力。其次，发挥各石化工业园区的长处，通过与石油精炼和石油化工等其他行业的战略联合，强化国际竞争力和经营基础。再次，开发革新性的石油精炼技术，如从低品位石油馏分中提炼出高附加价值的石油馏分，高效利用重质油、油砂等非常规原油的技术等。最后，改进益于石油高效利用的必要设备的运营管理（触媒等），引进整体煤气化循环发电系统（IGCC）。

预见未来氢能社会的到来，要将开发高品质、高效率的氢能制造技术与CCS技术相组合，推进如何把碳排放量降至零排放的讨论，让从石油中提炼稳定、廉价的氢能成为可能。

3. 煤炭高效利用

（1）应有的姿态

我国是世界上拥有包括燃煤发电在内的煤炭技术竞争力的少数国家之一，为了一直维持这个竞争力，今后要继续推进我国的高效燃煤发电技术在海外的开发，同时还要官民共同努力，在国内继续推进高效燃煤发电技术的开发、实验和运行。

（2）具体措施

推进IGCC等高效率化和CCS的技术开发，同时结合这些技术，对燃煤发电所产生的二氧化碳进行分离、回收、运送、贮留的各个环节的技术开发，以达到实现燃煤发电零排放的目标。此外，将我国定位为最新燃煤发电技术的实验场所，以此为基础向海外扩张。

在海外也有很多CCS的技术开发计划和实验，在国内实现零排放的燃煤发电进程中，可通过与海外的共同研究，提高技术开发的效率。

对于燃煤发电体系的海外扩张，可以通过扩大JBIC对发达国家的金融投资对象及 NEXI 的贸易保险对象来进行金融层面的支持。当在海外新设高效率燃煤发电站时，应该支持我国技术适应当地市场，为了使日本企业从开发项目立案阶段开始即可参与规划，我们应在可行性调查和人才培养等方面构筑多样的支援对策。

对海外效率比较差的燃煤发电，既可以通过开展设备诊断、整修设备的方式来提高效率，也可通过提供咨询服务、改善运营管理来防止效率下降，同时构筑新评价机制来适当评价我国企业所做的贡献。

另外，对我国的中小型燃煤锅炉，要针对燃烧效率实施诊断和改善，支持必要的设备整改。

四 强化电力、燃气供应体系

（一）应有的姿态

中长期看，可再生能源和核能利用将会大幅度扩大，为了保证电力持续稳定供给，有必要实现社会成本最小化的供需管理。为此，尽可能在 2020 年初，原则上在所有电力供应方与电力需求方之间，实现可双向通信的世界最先进的新一代配电网络。

今后为保证全国范围内的高效的电力供给，要进一步搞活批发电力市场。

另外，关于燃气，为加速燃料向天然气的转换、扩大低价的稳定的天然气供给，需扩大燃气基础设施网络，强化联合协作。

（二）具体措施

1. 构筑世界最尖端的新一代配电网

要整理有关电力系统导入双向通信的课题，应对可再生能源大量引进，构筑强韧的电力供给体系。

届时，需解决好确保信息安全和通信协议标准化等双向通信导入的技术问题。在进一步探讨双向通信可行性的基础之上，开发与通信控制相应的 PCS 设备[1]，并进行实证检验。

促进智能电表[2]功能的标准化，在保护个人信息安全前提下，合理利用需求方的能源供需信息。

---

[1]   Power Conditioning System 的略语，把太阳能电池发出的直流电转换成交流电的机器。

[2]   智能电表，狭义上是指电力公司用来计量的电子式电能表，具有双向通信功能和远程开关功能。广义上包含能源消费量"可视化"及家用能源管理功能。

2. 推进广域电源的开发

在我国电力需求增长率下降的情况下，可促进电力供给体系低碳化发展的电源开发，肩负着莫大的责任和负担。因此，从确保稳定供给的角度推进中长期的电源开发，要尊重事业者的自主经营模式，预计广域电源的共同开发以及广域电力融通的重要性将不断上升，因此我们应对这方面情况予以探讨。

3. 搞活批发电力市场

当前目标是将 30 亿千瓦时（2009 年）的交易量在 3 年内提高 2 倍左右，其中包含挪用的储备电量，为此要研讨具体实施策略。还要视此目标的达成情况，进一步搞活批发电力市场。

4. 强化燃气供给网络

对有利于提高供给稳定性和燃料转换的燃气管网的投资给予激励；相关行政机构联手协作完善投资环境；依靠燃气委托配送供给制度的改善，促进第三方对燃气管网的利用；促进管网相互连接。

第三节　让低碳增长成为可能，构筑相应能源需求结构

一　基本观点

为实现可强化能源安全保障、应对地球温室效应问题，同时又以能源为基础的经济增长，有必要进一步改革能源需求结构。在与国民、企事业者、地方公共团体紧密合作的基础上，根据每个部门的特性推进各种举措。

（一）产业部门

强化并维持世界最高水准的节能和低碳技术。为此，当更新设备时，应促进当前最先进技术的使用，同时强化《节能法》的运用。此外，还包括革新技术（如环境友好型炼铁流程）实用化、使用高效设备实现燃料向气体转变、热电联产、新一代热泵体系的开发和使用等。

（二）家庭部门

由于家电和家庭数量的增加，1990 年以后，能源导致的二氧化碳排放量大约增加了 35%。针对家庭部门能源的使用趋势应该采取的对策包括，自主研发节能机器，同时支持世界最尖端节能机器的进口，按照《节能法》的上线规定控制节能机器的水准等，总之要用各种方法普及节能机器的使用。通过高效家电、高效照明、高效热水器、太阳能发电、住宅节能率的强

制性标准等多种方法推进 ZEH 住宅①的普及。通过普及智能电表，掀起国民意识改革和生活样式转变的国民运动，争取到 2030 年，将生活（家庭部门）方面的能源消费所产生的二氧化碳削减一半。

（三）办公部门

由于办公 IT 化和办公面积增加，1990 年以后，能源导致的二氧化碳排放大约增加了 40%。通过 IT 机器和高效照明的研发、强制推行建筑物新节能标准，激励使用节能机器和高效空调设备等多种方法，推进 ZEB 类建筑②普及，进而大幅度削减产生于能源的二氧化碳。

（四）运输部门

总体推行全方位的应对措施，不仅包括汽车车身的对策，还包括完善充电器等的基础设施建设、智能交通系统（ITS）等交通流量对策、燃料对策、机动车使用方法改进对策（环保驾驶等）、物流效率化对策等。具体而言，通过开展面向供给方（研发支援、燃料费规制等）和需求方（补贴、税制等）的综合措施，力求实现新一代汽车的普及。此外，推动交通运输模式的转换，削减化石燃料消费量。③

（五）跨部门措施

不仅要有上述单个部门的应对对策，为了有效利用整体能源和可再生能源，还需与都市、交通政策及街道布局等各个层面联手合作，共同构筑新一代能源社会体系。

二　个别对策

（一）维持并加强世界顶级的节能、低碳技术（产业部门对策）

1. 应有的姿态

产业部门要争取强化国际竞争力，维持并加强世界顶级的节能和低碳技术的发展。重点推进节能产品及其生产所需要的原材料、零部件的技术开发及设备投资，强化低碳产品的生产力。

---

① Net Zero Energy Houses 的略语。零能耗住宅，指提高住宅建筑主结构、设备的节能水平，依靠可再生能源利用，将一次能源消费量控制到零消耗或接近零消耗的能耗水平。
② Net Zero Energy Buildings 的略语。零能耗建筑，指提高建筑物主结构、设备的节能水平，依靠可再生能源利用，将一次能源消费量控制到零消耗或接近零消耗的水平。
③ 在削减运输部门化石燃料的问题上，从提高国际物流效率观点看，灵活运用远洋航运很重要，但预计今后国际规则可能阶段性强化对航运燃油所含氧化硫的要求。届时，当留意规则的公平性，事业者应对规则所付出的成本以及燃料稳定供给等课题，并作出恰当的应对。

2. 具体措施

当产业部门更新设备时，要求使用最先进的技术。此外，还包括强化《节能法》的运用，促进革新技术的实用化（环境友好型炼铁流程、革新型水泥生产流程等），使用高效设备实现燃料向气体转变，热电联产，新一代热泵系统的开发和使用，其他节能设备、机械（高效工业用锅炉、高效加工机械等）的使用，[1] 中小企业的节能措施等。

（1）钢铁

加速革新型炼铁流程（焦铁）[2] 和环境友好型炼铁流程（氢还原法炼铁、高炉煤气中二氧化碳的分离回收）[3] 的研发，争取到2030年实现实用化。

（2）化学

到2020年，争取普及高效的热电联产技术（CHP）。推动多项基础技术研发并争取早日投入实际使用，包括利用生物质能实现原料多样化，创造性推动化工生产过程的能源节约等。

（3）水泥

创造性地推进水泥制造过程的基础技术研发，争取早期实用化。

（4）造纸及纸浆

以2020年为目标，通过高温高压条件下黑液碱回收炉和生物质锅炉的热能利用等方式，扩大废纸浆的高效回收再造技术。

（二）推进住宅、建筑物分别实现ZEH、ZEB（家庭、办公部门对策）

1. 应有的姿态

住宅和建筑物对民生部门的能源消费可形成长期的较大影响，应进一步提高其节能性能。

关于住宅，到2020年，一方面使新建住宅以ZEH为标准，另一方面对已有住宅要做节能改造，实现改造面积约为现在的2倍。

---

[1] 主要指"关于工厂用能合理化的事业者判断基准"所规定的机械、设备，如燃烧设备、热能利用设备、废热回收设备、电气设备等，该判断基准见平成21年3月31日经济产业省公告第66号。

[2] 指对高炉内铁焦（低品位焦炭与低品位铁矿石通过混合成型与干馏产生的另一种焦炭还原剂）的低温快速还原反应及其操作过程进行开发，是实现炼铁轧钢流程更加节能、低品位材料得以充分利用的一举两得的技术革新。

[3] 焦炭制造过程中产生的焦炭炉内的气体中含有氢，应用这项技术革新可以增幅氢的含量，最终作为铁矿石还原剂，它可以部分替代焦炭，从而在根本上减少炼铁过程中的二氧化碳排放。

关于高楼大厦等建筑物，到 2020 年，新建公共建筑物等实现 ZEB，到 2030 年新建建筑物基本实现 ZEB。

2. 具体措施

为实现上述目标，并制定关于住宅、建筑物节能的合理的强制性标准，需在 2010 年内汇总实施对象、时间限定以及必要的支援对策等内容。

关于住宅，要加强《节能法》的执行，并提高新建住宅的平成 11 年（1999 年）标准的达标率（现在只有 1～2 成）。不仅要讨论住宅的隔热问题，也要讨论包括设备（高效热水器、照明、太阳能发电设施）在内的住户的能源消费基准。在强化上述规制的同时，重点实施必要的支援政策。

关于建筑物，应该强化现行的平成 11 年（1999 年）标准。为便于 2012 年的实施目标，在 2011 年度里要拟定新基准，新基准要能综合体现整体建筑物的能源消费量。其他措施包括：促进高性能节能设备的使用[1]；导入评价建筑节能性能的标签制度，使建筑物节能"可视化"，并在房地产价值中有所体现。在强化上述规制的同时，重点实施必要的支援政策。

探讨能源管理士、管理员制度的存在方式，对中小型楼群的照明、空调设备等控制接口的样式和节能评价数据的形式等，要促进其走向标准化并实现普及。

（三）环境友好、性能优秀的新一代汽车的普及（运输部门对策）

1. 应有的姿态

普及能源消费效率高的汽车，是尽可能不改变消费者利益效果而又可以有效进行节能的一种方法。为此，需要积极构筑必要的支援政策，例如新一代汽车[2]在小轿车新车销售中的所占比率，到 2020 年争取最大可以占到 50%，2030 年最大可以占到 70%。同样，先进的环保车[3]在小轿车的新车销售中所占比率，到 2020 年争取最大可以占到 80%[4]。另外，要进一步积

---

① 主要节能设备有，断桥隔热窗、空调设备、机械换气设备、照明设备、热水器、电梯、BEMS（Building Management System）等。

② 指混合动力车、电动车、插电式混合动力车、燃料电池车、CNG 汽车等。概念来自"低碳社会行动计划"（2008 年 7 月）。

③ "先进的环保车"（post eco - car）＝"新一代汽车"＋"符合将来技术水准、环保性能更优型汽车"

④ 通过环保车补贴、减税等积极支援对策，使这两个制度下的汽车在新车销售中所占比例，从 2009 年 4 月的 42.5%（其中新一代汽车占 5.7%），在 2010 年 2 月时扩大到 73.1%（其中新一代汽车占 9.3%）。

极推进商用车的高效率化和电动化。

2. 具体措施

不单要对汽车进行节能环保开发，还要有交通流量对策、燃料对策、环保驾驶运动等综合举措，由此推进整个运输部门的节能和减排对策。

在这个进程中，也要关注国际市场多样化的动向，特别是在新兴工业国，估计以往的传统汽车仍然继续占据主流；厂家的人员已经全面运作，进行模式转变也仍然需要时间；关于新一代汽车的普及，估计还会有很大余地，向特定技术过于集中则风险很大；急速的开发和市场投入，在人员和时间上都会受到较大制约。鉴于上述种种原因，从确保竞争力的观点看，不仅要有开发新一代汽车的对策，还要有生产以往传统汽车的对策。

新一代汽车的加速普及，需要厂家努力，也仰仗消费者环保意识的进一步增强，国家在研发、扩大需求、完善基础设施等多方面，给予政策支援也极其重要。

特别是电动车、插电式混合动力车已经开始推向市场，世界竞争不断激化。为此，我们要抓紧提高蓄电池性能、降低研发成本，还要抓紧推动基础设施建设，争取到 2020 年能设置 200 万个普通充电器的站点，5000 个快速充电器的站点。要开发不使用稀有金属的电动机、蓄电池技术以确保我国资源稳定供给，还要做出战略举措以便最大限度适应国际标准，进而维持我国的竞争力。关于商用车，要根据车辆行驶里程和用途等特性，采取必要的技术开发措施推动商用车的电动化发展。

经过有关技术讨论，设定一个以 2020 年为目标年的适度的乘用车燃油消耗标准，并确保厂家在付出最大努力时可自行达成，以此最大限度地促进民间的开发。在实现以上努力的基础上，今后我们还要参照未来的技术水准，运用必要的政策手段对包括环境性能特别优良的传统汽车在内的汽车进行普及推广。从中长期看，鉴于行驶距离等各种外部因素客观存在，根据汽车的种类、用途，可能出现传统汽车与新一代汽车共存的状态，为此我们要设法完善 CNG 汽车（天然气汽车）、LPG 汽车、燃料电池车的燃料供给基础设施在内的汽车使用环境。

根据上述内容，针对必要的对策，需官民一体共同采取相应措施。

（四）促进高效热水器的普及（家庭、办公部门对策）

1. 应有的姿态

供给热水在家庭能源消费量中大约占三成，要在家庭推进节能，高效热水器的普及非常重要。为此，争取今后 3 年将高效热水器销售台数（现状 90 万台）扩大 2 倍（200 万台左右），5 年实现 3 倍增长（300 万台左右），5 年以后的目标是将高效热水器作为标准装备。

通过上述努力，希望达到以下目标：截至 2020 年，普及家庭用高效热水器至除单身家庭外的几乎所有家庭；到 2030 年，8～9 成的家庭都能普及使用。

另外还要争取扩大办公用高效热水器（热泵、热电联产等）的利用。

2. 具体措施

首先，通过制定上线基准和新一代热泵系统的研发，促进热泵热水器的使用。其次，通过减少稀有金属使用，推进有关燃料电池劣化机制的基础研究，提出促进燃料电池使用的支援政策等多方面努力，促进家庭用燃料电池的市场扩张及自主发展。最后，推进国际标准，支援海外市场发展。

（五）节能家电、节能 IT 机器的普及（家庭、办公部门对策）

1. 应有的姿态

在民生部门，由于家电增加和办公 IT 化进展，能源消费量也随之增加。因此，促进家电和 IT 设备的节能变得十分重要。具有革新性节能效果的 IT 设备（路由器、存储器、服务器等），以 2015 年为目标实现实用化，2020 年实现 100％普及（现状：0％）。

今后，LED 照明和有机 EL 照明是高效、节能的新一代照明，我们的普及目标是至 2020 年在流量上实现 100％，2030 年在存量上实现 100％普及（现状：1％不到）。

2. 具体措施

通过推进上线基准的制定和基准的强化，争取在家庭和办公部门提高家电和设备的节能性能。关于节能家电，不仅要强化节能基准，还要对消费者由于生活样式转变所带来的节能进步状况进行时时跟进。

关于节能设备，通过引进高效的冷冻冷藏机器等，在民生部门推广节能。

关于节能 IT 设备，通过加速研发及强化上线基准的措施，进一步扩大普及使用。

关于照明器具，在推广逆变器使用的同时，通过加速新一代照明（LED 照明、有机 EL 照明）的研发，出台扶持引进政策，强化节能基准①等措施，

---

① 这里包含为普及公共街道路灯（业务部门）等的高效率照明器材，而采取的相应电费措施。

进一步提高节能性能。

（六）推动货运模式转换等绿色物流的进展（运输部门对策）

1. 应有的姿态

为了削减运输部门的物流领域的能源使用量，我们旨在实现"模式转换—高效物流—低环境负荷"的物流体系。

2. 具体措施

运用好流通业务综合化及效率化的相关法律，以及绿色物流合作伙伴关系会议等机制，实现物流据点集约化和共同配送，并继续促进货运模式转换的货运主与运输事业者携手合作自主采取相应措施。

在推进运输模式转换的进程中，关于铁道货运，可采取以下措施提高便利性。具体包括：推广31英尺集装箱、国际海上集装箱等大型集装箱的利用，通过增加线路基础设施和货物中转站设备来增强运力，缩短货运时间，强化应对运输故障的体制。关于渡轮、沿海运输，通过提高船舶的节能水平、培养日本船员、完善国际集装箱战略港湾的沿海线路联网等措施改进，降低成本强化竞争力。同时，还要完善通往铁道货运站和港湾的必要的基础设施，引进高效率的物流设施。

在汽车货运领域，要推进家用卡车向商用卡车的转换（自营转换），从而提高卡车运输效率；通过能源效率更优的新老卡车交替以及环保驾驶等措施，促进能源效率的提高。

此外，为推广货运模式转换等绿色物流，还要讨论数值目标的设定，激励措施，《节能法》基准下的措施强化等内容，并实施必要的举措。

（七）推广天然气利用（主要是产业部门对策）

1. 应有的姿态

关于使用石油、煤炭的锅炉及工业炉，要促其向天然气燃料转换。到2020年，燃料消费中的燃气所占比例（现在约10%）要增加至五成以上；到2030年，要实现倍增。此外，关于天然气热电联产，争取到2020年，与现在相比要增加五成以上（合计800万千瓦）；到2030年，比现在多增加一倍（合计1100万千瓦）。

2. 具体措施

首先，关于产业部门、办公部门的需求方，要促进其使用更节能更减排的天然气锅炉和天然气工业炉，为此我们要依据《节能法》推广各种措施，并重点实施必要的支援对策。

其次，通过推广高效的热电联产，提高能源供给效率，应对热能需求。特别推广两类热电联产，一类是通年都能高负荷运转的高效的产业用大型热电联产，另一类是有较高节能水平且可有效利用大范围热效能的热电联产。

最后，为加速向天然气燃料转换，扩大低廉的稳定的天然气供给，需要扩大天然气供给网络，强化业界之间的携手合作。具体措施包括：提高安全性能；对有助于燃料转换的天然气管网建设的投资予以激励；相关行政机构携手合作，促进投资环境的完善；改善燃气的委托供给制度，方便燃气管网为第三方利用；促进天然气管道的相互联结。

（八）环境友好型建筑机械的普及（产业部门对策）

1. 应有的姿态

关于建筑机械，由于产品生命周期过程中90%左右的能源消费量产生于建筑机械使用途中。因此从综合的观点看，普及环境友好型建筑机械对推动减少能源消费量，意义非常重要。

混合动力建筑机械①与普通建筑机械相比，在燃料消费上可削减25%～40%。推广和普及混合动力建筑机械的目标是到2030年，使混合动力建筑机械占建筑机械整体销量的四成（现状约1%），对此我们要给予必要的支援。

2. 具体措施

关于混合动力建筑机械，通过出台扶持引进政策、促进其在公共事业中的使用等方式，谋求其普及和扩大。针对特种车②的尾气排放，有相关法律做出的规定《OFF－ROAD法》，一方面要用好这些法律法规，另一方面还要讨论如何应对支援对策，进而推动和奖励建筑机械厂家采取有效举措进行技术开发。

（九）能源需求层面的横向交叉对策

1. 城市、街区层面的能源合理化利用

与城市规划和地区开发相结合，推广综合措施。具体包括：地区的取暖和制冷，工厂、建筑等要注意利用还未得到利用的能源③，可再生能源的利

---

① 混合动力建筑机械与混合动力车的意义相同，是同时使用燃油和电动发动机来产生动力的建筑机械。

② 此处的特种车，是指不在公共道路行驶的有特殊结构的工程车（液压挖掘机、推土车、叉车）。

③ 指河水、海水、工业用水、污水以及地下水热能，雪冰热能，地热能，废弃物焚烧热能等。

用，实现交通低碳化等。特别是对那些还未得到利用的能源，应进一步扩大对废弃物能源的利用。

关于促进城市和街区层面的能源合理化利用的政策措施，要参考世界先进范例，开展研讨。

2. 让低碳能源和节能的经济价值得到体现

例如，发放绿色电力证书和绿色热力证书，促进低碳能源的经济价值得到体现。为了让这种评价体系可以进一步相互适用，我们要促进相应环境的完善。此外，还要讨论是否引进欧美正广泛使用的节能证书体制。

3. 推进包括中小企业在内的多元主体的节能

评价中小企业等的节能措施，并通过"国内信用制度"促使大企业等提供资金、技术支持，不仅要推动中小企业的节能活动，还要促进温室气体排放量呈上升趋势的办公、家庭等民生部门即更广泛领域的节能。

评价中小企业、农业和林业等的节能措施，并通过"信用缓冲（J-VER）制度"让来自市民、企业、自治体的资金回流成为可能，从而促进包含中小企业在内的多元主体的节能活动。

对存在资金、技术问题的中小企业，可以通过租赁等办法积极给予支援，助其解决引进节能设备的问题。

第四节　实现新型能源社会

一　构筑新一代能源、社会体系

（一）应有的姿态

为了提高能源自给率和大幅度削减二氧化碳排放，要促进国民对能源利用的"意识"改革和生活样式转换。为此，我们必须开展相应的国民运动，同时大量引入可再生能源。

关于新一代能源利用方法，要充分依赖 IT 设备，控制电力设备的使用。具体包括调控电力需求方的电气机器以及太阳能发电等不稳定的分散型发电设备，尽可能让电力供需实现平衡，以此维持稳定的电力供给，并完善好新一代智能电网。

另外，在电气、热能和尚未利用的能源等能源利用方面，要以地区为单位进行统筹管理；在交通体系、市民生活方式转换方面，要实现多重的相互交织的智能社区管理。

为此，我们要考虑到地区的多样性，推动与地区的产业、文化、生活方式相符合的以地区为单位的能源管理体系的建设，能源的全面利用以及尚未利用的能源的有效运用。

在这个过程中，伴随适度的经济鼓励，电力需求方通过详细把握自身能源供需信息，进而调整使用的电气机器，做出自主性的行为改变。依靠这种努力，进一步让开展节能的社会成本最小化。为此，要普及智能电表及与此相关联的能源管理体系①，我们要努力完善能源使用环境，无论何种能源，电力也好燃气也罢，尽可能让需求方享受到可选择的最佳能源服务。

实现以上设想，重点在于加强地方公共团体、地区居民及企业之间的相互合作。

在国内，我们要以向智能电网和智能社区转变为契机，发挥我国在技术方面的强项，寻求新的国际进展。在发达国家，要争取在周边设备及能源相关机器方面有所拓展；在相关基础设施需求旺盛的亚洲新兴工业国家，要争取成为能够统揽全体的主导性的契约一方，旨在推进整体智能社区的订单、经济关系构筑及运行。

（二）具体措施

1. 向智能电网和智能社区转变的举措

（1）推进国内工作进展

在新一代能源、社会体系的实验地区（横滨市、丰田市、京阪奈学研都市京都府、北九州市），按照新一代能源、社会体系协议会的路线图，首先向着 2020 年和 2030 年的目标，开展试点工作。试点工作内容主要有：根据电力需求实行弹性电价，实施促使电力需求方改变能源行为的举措［需求响应（Demand Response）］，自动调控用电需求［智能控制（Demand Control）］，对能源进行细化管理；构筑区域能源管理体系（EMS）和电网的补充完善关系；开展 HEMS 和 V to C（Vehicle – to – Grid）试点工作②。

内阁官房、国土交通省、环境省、总务省、农林水产省、文部科学省要形成一体，在对相关施策集中进行投入实施的同时，为了大幅度削减二氧化

---

① 指可以详细把握能源供需信息，控制各种电力机器的一种体系。包括 HEMS、BEMS、热泵热水器、蓄电池、燃料电池、冰箱、空调、洗衣机等在内的高智能电力供需双向反应设备及体系。（是可以根据电力需求合理利用弹性电价，促使电力需求方自主改变利用能源的行为举措。）

② 当大量导入太阳能发电等分散型电源时，要考虑处理剩余电力的对策，如将汽车蓄电池与电力系统接续起来，使这样的电力系统本身就有了蓄电池的定位，这样可以适应系统的要求，进行电力融通。

碳排放，还需要给予必要的财政支援，并探讨包括修改规制在内的区域应对策略。

依靠上述举措，在实验地区确立 EMS 等技术，积累相关经验，并争取将成果尽快向其他地区展开。

（2）推进海外工作进展

对于在各国都可以通用的技术，鉴于国内市场的要求较高，故可以在国内改进和强化这类技术。对于有必要累积经验的地区以及独有的技术，在海外经过反复实验后，将其向世界拓展。要以日本智能社区联盟①为中心，展开国际战略，深化线路图，促进具有战略意义的标准化工作。官民形成一体开展战略性的首脑级别外交，实施金融支援，在以亚洲为中心的能源基础设施建设事业中，争取获得统揽全体的主导性的地位。

2. 开发及完善智能电表及与此相关联的能源管理体系

促进智能电表及与此相关联的能源管理体系的开发及完善，开发并普及可反应能源供需变动的机器，同时推进与其相关的规格标准化工作。此外，在充分考虑经济效益问题的同时，尽可能在 2020 年初期，让全体电力需求方都用上智能电表。

在上述机器、体系的开发与完善过程中，应注意使需求方能自行统一掌握和管理电、气、水的供需信息。通过这种努力，我们能够确切把握以民用部门为首的能源使用动态，从而促进节能、低碳能源的使用以及相关的国民意识和生活方式改革，让其形成一个全民性运动。

关于能源需求信息，在切实保障个人信息安全的前提下，完善可供第三方使用的环境。还要创出各种服务以便合理利用能源需求信息，力图可以唤起内需和获得外需。为此，要研讨相关机器、体系的标准化，降低成本，海外支援对策等。

二　力求实现氢能社会

（一）应有的姿态

氢能是在利用阶段不排放二氧化碳的低碳型能源媒介，今后有望成为一

---

① 将智能社区作为一种业务开展，开展这个业务的母体是独立行政法人"新能源、产业技术综合开发机构"（NEDO）的事务局，该事务局于 2010 年 4 月组织成立。参与企业有电力、重型电机厂家、IT、房地产开发商等 300 多家企业（2010 年 5 月），主要从事各国动向的掌握，国际标准的制定，路线图的制作，家庭内部能源信息可视化及评价等，目的是获取海外业务。

种有力的运输用能源，还可用于民生、产业部门的分散型电源体系下。为此，从中长期角度构筑有效运用氢能的社会体系，也非常重要。

目前我们利用的氢能来自化石燃料，因此要有效利用化石燃料，同时要对钢铁厂的副产氢气加以利用。将来，要在来自化石燃料的氢中掺入 CCS 进而开发出不排放二氧化碳的氢提炼技术，还要推进来自非化石能源的氢的开发和利用。

我们要在合理的官民责任分工之下，进一步扩大我国领先于世界并已投入实际生产的家庭用燃料电池市场。今后推动其作为分散型电源的利用，也可以向着办公等大规模需求的方向推动燃料电池的发展，力求能源效率的提高。

燃料电池也可以应用于续航距离长的电动汽车以及大型车辆。计划2015 年开始普及燃料电池车的快速加氢站，运用该充氢站加氢，填充时间与汽油添加时间基本相同，为此要支援并推进加氢站等供给氢的基础设施建设。

还要积极推进包括燃料电池的国际标准化在内的海外发展举措。

（二）具体措施

普及固定式燃料电池和汽车用燃料电池的最大课题在于如何降低成本。为此，我们要促进以下各项基础技术的发展应用：解明燃料电池的机理和构造，削减铂使用量，氢制造、运输、储藏相关的技术，同时进行必要的支援。

关于固定式燃料电池，为促进其海外发展，我们要推广适合各国燃料成分结构的体系开发。

关于汽车用燃料电池，要促进其在可靠性、耐久度和提升库存能力方面的研发。为了能够真正普及燃料电池车，建设燃料电池车所用氢能加油站等氢能供给设施的成本要大幅度下降。[1] 为此，如何更好地符合《高压气体安全法》所制定的有关压力容器的设计标准，以及可用钢材的限制规定，是今后需要解决的课题。为解决以上问题，今后要注意国际发展趋势，基于数据资料验证安全性，并推进相关技术开发。

关于燃料电池车（包括巴士等大型车）的技术、社会实际运用，以及大批量生产的氢能的运输、贮藏、填充等，都需要进行实证检验。2015 年

---

① 现在，建设一座商用加氢站大约需要 5 亿日元（350 气压）～10 亿日元（700 气压）。

将开始导入燃料电池车，为此，我们要与日、美、欧洲各国及相关地区，民间企业开展联手合作，强化包括氢能供给设施在内的各类举措。

为了实现利用氢能的社会体系，官民共同努力确立尽可能不排放二氧化碳的氢制造技术非常重要。

为此，我们要推广两类技术的开发和利用，一类是化石燃料中的氢与CCS相组合的氢制造技术，另一类是来自生物质能等可再生能源的氢制造技术。

第五节 开发并普及革新的能源技术

一 应有的姿态

考虑到全球性能源问题愈加深刻，为了从本质上解决以气候变动为首的环境制约问题，不仅要考虑我国也要考虑世界的能源安全保障，依靠技术手段突破瓶颈将是不可或缺的途径。能源技术开发，不仅有助于能源的稳定供给和环境问题的解决，同时可减少调集能源的费用，从而搞活经济。

然而，从能源技术开发[①]到实际应用需要时间，且投资利益不仅涉及投资主体，在投资主体以外还存在广泛的受益空间，因为这种外部经济效益大量存在，所以仅靠民间投资主体不足以充分推进这些事业。需要在国家干预下，重点推进一些举措，总之，官民一体行动推进相关技术开发非常重要。

为此，还要明确中长期内应解决的技术开发问题，通过明确国家资源投入的途径，官民一体在确保轴心类国家政策不动摇的前提下推进相关举措。不能只停留在设定技术开发的目标上，灵活联合目标设定后的实证检验、普及、市场化以及国际标准化的各种举措同样十分重要。靠着这种努力，我们可以维持和强化世界最先进的能源技术。这期间，我们要冷静分析我国技术的优势，强化可真正使我国获得国际竞争力的有力措施。

二 具体措施

（一）推进能源革新技术的开发

对于可长期大幅度削减二氧化碳的若干能源革新技术，特别是今后能大幅提高性能的节能技术、可再生能源技术，快中子增殖反应堆循环利用为首

---

① 这种技术开发，包括支持该技术的基础研究和应用研究。

的核电和煤电等电力相关技术，运输部门相关技术，在详细分析其国际能源政策、资源开发及国际能源市场趋势的基础上，要注意宏观经济、产业结构、能源供需的一体预测，再根据 2050 年技术路线图，有重点有计划地推进相关技术开发。

（二）制定新的能源革新技术路线图

应进一步推进革新性能源技术开发，根据我国技术优势、欧美国家及 IEA 等国际机构的技术战略动向，在 2010 年制定新的能源革新技术路线图。

路线图要包括国际合作方式，立足中长期发展，确保革新技术的导入、普及，为了推广研发活动并使其领先于全世界，要将相关措施明确到每个领域。现在已经可以预测到，今后世界将大规模发展海洋风力发电，为此应该将其作为重点发展技术予以推进。

关于高效照明和环境友好型炼铁过程（氢还原铁、高炉气体的二氧化碳分离回收），节能型信息机械、系统等，如果这些革新技术的开发能比以往预订计划提前进行，官民应共同采取措施使其提前。

（三）普及扩大 CCS 等的措施

在推进对削减二氧化碳有较大效果的 CCS 等革新技术方面，要为大幅度降低成本和提高安全性能而加速技术开发，要经过大规模实证检验推动实际应用，要完善包含安全、环境等层面在内的有助于促进实际应用的相关制度和环境，要争取在 21 世纪 20 年代后半期正式导入 CCS 等革新技术，为此要及早制定具体行动方案。在 CCS 的实际应用过程中，科学验证和国际型的大规模实证研究是有效的，从研发效率和知识共有的观点看，今后有必要加速基础调研和国际共同研究。

（四）今后课题

立足长期视野，切实推进核融合的发展，如推广 ITER 计划以及与此关联的推广活动等。此外，利用二氧化碳做原料的技术和海洋能源利用技术（海洋温差发电、波浪发电）是具有新的可能性的技术，空间太阳能等在将来有望成为能源供给来源的新选项。对于此类长期研发课题，要综合考虑其技术开发状况和能源政策定位，推动相关对策的研讨。还要加强研发站点的人才培养，推进国际标准化工作，以便今后将研发成果顺利推向市场。要与 IEA 等国际机构、内外研究机构、民间企业等开展密切联合协作，国家要强化对策来收集、分析世界最尖端技术的动向，并将成果反映在能源政策制定上。

第六节　推进能源、环境领域的国际交流

一　应有的姿态

应对地球环境问题以及新兴工业国经济增长导致的能源需求扩大，使海外能源技术及相关基础设施市场持续扩大。这对在低碳能源技术方面拥有优势的我国来说，是很大的商业机遇，另外，各国都在官民一体地参与竞争，抓取大的订单。不仅有发达国家参与竞争，以中国、印度等为首的新兴工业国，拥有成本竞争力，并且技术上也在快速提高，因此在国际市场的存在感不断上升。

在这种情形下，今后我国要继续维持国际竞争力，就要积极吸纳海外需求，我们要以亚洲和中东地区为主，利用世界低碳能源技术及关联基础设施市场牵引我国产业界。向着2030年目标前进，在我国拥有优势且今后市场有望扩大的能源相关产品、系统等国际市场上，我国企业群要争取获得世界最高水准的份额，并争取维持自己的份额目标。为此，我们依靠综合举措，最终达到实现我国经济增长和削减世界温室气体排放量的双重目标。

特别是在高效火力发电（含CCS）、核电、送配电、智能社区、太阳能发电和风电等可再生能源体系，以及热泵、燃料电池、节能型产业流程、机器等领域，应最大程度利用我国技术优势。根据产业界的需求，推动实则为官民一体的战略性的海外扩张。

在我国已经得以普及的技术，在发展中国家可能还有较大的需求扩大空间。因此，根据发达国家和新兴国家的市场特性及需求，考虑与可提供技术的磨合等方面内容，根据各项技术的特性采取恰当的对策。

二　具体措施

（一）强化以官民联手合作为核心的推广体制

强化我国能源技术竞争力的同时，支援企业财团（consortium）的形成，为了推进技术、体系的海外扩张，要建设从上游到下游自成一体的体制，这需要官民一体共同推进。

更进一步，着眼成本竞争力，促进与海外企业的互助合作与并购，促进事业、企业重组，实现我国企业的最佳体制。

（二）向着获取开发项目进行战略匹配

为获取高质量开发项目，要让那些在能源技术开发和洞察海外市场趋势

上拥有真知灼见的公共机构（NEDO、JETRO）承担向外开发的综合调节功能，充分发挥这些机构的作用。要根据对方特征做好能源供需分析以及根据对方技术需求进行技术改良，将相关方案具体化，并在减少事业风险方面加强援助功能。基于对对象国相关信息的收集和分析，加强可提供确切信息的信息收集体制，采取多种措施发掘与开发项目相关联的需求，为我国企业提供可与对象国企业合作的场合及可能性。

在政府间交易合作方面，通过参与各国基础设施开发，以及从计划阶段开始参与的制度设计等，提早完善相应环境，以便将来我国企业容易获得订单。对于需要举国之力去筹谋的重要开发项目，应该由首脑、阁僚开展高级别战略营销。

（三）从金融、国际规则层面对海外扩张给予支援

为从金融方面对海外项目进行援助，可从以下几个方面着手。具体包括：重新开启 JICA 投融资制度、扩大 JBIC 对发达国家的金融投资对象范围（现在仅限于核电事业和城市间高铁事业）、扩大 NEXI 的贸易保险范围、加强相关措施以便让民间金融机构可以从开发方案编制等前期阶段参与项目。应该对 OECD 出口信贷安排①的修改施加影响，对那些与气候变动相关的技术（燃料电池、高效燃煤发电），要制定延长偿还期、放松融资条件及给予保险等国际规则。

（四）制定能恰当评价我国企业贡献的新机制

关于向海外提供低碳能源技术、产品、基础设施的国内企业，我们要建立新的机制，让他们在削减温室气体排放方面的贡献在我们国内的达标体系上有确切的反映。通过这类举措，进一步推进我国技术的海外发展，削减对象国的二氧化碳排放。

我们还要战略性地用好 IEA、APEC、APP（亚太清洁发展和气候伙伴关系）、MEF（主要经济国论坛）、IPEEC（国际能效合作伙伴关系）、IRENA（国际可再生能源机构）等，支援全球范围内的二氧化碳减排。

（五）根据地球温室效应对策的交涉进展，考虑具体支援

朝着实现 CCS 及核能的信用化的方向而努力，继续推进地球温室效应的对策交涉，为了利于我国低碳能源技术、产品、体系的国际扩张，要根据

---

① 加盟 OECD 的出口信贷机构（在日本有 JBIC 和 NEXI），决定提供融资和保险的条件（最长偿还期和利率等）。

国际交涉的进展状况，推进技术机制的构筑和资金机制具体化（合理利用 ODA 等公共资金及民间资金）。

三 主要领域的措施

（一）核电

根据世界对核电的导入预期，①当前规模最大并且是低风险市场的欧美；②已经导入核电并且今后预计会迅速扩大的印度和中国；③将来发展核电可能性较大的东南亚、中东、近东等新的核电导入国，附和每个市场的特性采取应对措施。

特别是关于新的核电导入国市场，在系统出口方面，有必要采取一体化的应对措施，该措施涵盖从建设、运营、管理，燃料调集到法规整备、人才培养、基础设施整备、支援资金筹集等方面。在国家积极干预下，要构筑以电力公司为中心的一元化体制，同时也要修改 NEXI 的海外投资保险和出口担保保险等风险担保范围。其他措施还包括：进行对象国的人才培养和可以适应海外发展的国内人才培养；强化能力建设完善核电导入制度，战略性迅速推进与新的核电导入国的核能协议缔结。活用 ODA，支援道路、港湾、电网等周边基础设施建设。

（二）高效燃煤发电

我国企业在超超临界发电和 IGCC、CO_2 分离技术方面，实现了世界最高水准的发电效率和低碳化。我国企业可以靠着预防性防护等运营、管理知识，长期确保燃煤发电站的高效、高强度运转。在发展中国家市场，我们被迫与那些以低成本为武器的新兴工业国企业进行苦战，但也要看到新的机遇，近期发展中国家因遭遇资源、环境问题的制约，出现了对高效率技术有好评价的动向。

通过支援对象国的总体规划制作，建设有利于我国企业易于拿订单的环境，用推举样板式成套设备的方法推进标准化，开展公共金融支援，培养运作和管理基础设施的人才，扩大公共机构对风险承担的范围等。通过这类举措，把重点放在我国比较擅长的超超临界高效技术、高强度运转及管理技术上，推进其海外发展。

（三）输配电

我国企业输电损失较低，不仅拥有高效率大容量超高压送电技术，还在继续推进变压器的小型化。但我们的输电机器的世界份额较低，因此有必要官民一体采取措施共同推进日本制机器向海外市场开拓。

要采取各种举措，支援对象国的总体规划制作，通过这类方法建设有利于我国企业易于拿订单的环境，开展公共金融支援，加强成本竞争力。运用我们的具有较高的供给信赖度的高科技，争取获得亚洲和发达国家在重置设备方面的订单需求。

（四）智能社区

我国企业不仅拥有高效节能、可再生能源技术，还积蓄了能源管理技术和系统运用经验。当然，对可再生能源的控制和蓄电系统的开发、验证，引入便于能源有效利用的新服务等，这些仍然是等待我们去解决的课题。

在此，我们还需进行以下几项工作，如官民合作组织（智能社区联盟）的设置，在国内外［美国（新墨西哥州、夏威夷）、印度等］进行实证工作，对与竞争力直接相连的标准化进行策划和制定等。通过种种努力，我们要争取以亚洲为中心、提升我国在整体智能社区体系中的存在感，并在全世界范围内获取相应的份额。

（五）可再生能源

我国企业以高科技为背景，虽然在太阳能发电领域的高效率太阳能光伏、风电轴承技术等要素技术上保有一定程度的竞争力，但同时也被欧美诸国、中国及韩国等新兴国急速追随。另外，伴随机器通用化的进展，中国及韩国等新兴国家正在席卷市场。为此，关于 IPP（电力批发业务）和咨询，整体的运营、管理援助体系，以及上下游部分的国际扩张，我们有必要确立目标获取增长中的市场份额，并与集结了我国优质节能和可再生能源技术企业的"世界节能经济推进协议会"共同合作，官民一体推动可再生能源的发展。

针对从参与方案组成阶段到促进技术开发的全过程，我们应合理利用NEDO，从根本上寻求实证事业的扩大，通过这种体制积累在国际扩张业绩，推进国际标准，扩大政府援助措施以期获得国际订单。通过以上种种努力，再加上我国企业拥有强项的各类机器产品，从而推进整体系统在国际上的扩张。

第七节　强化能源国际合作

能源安全保障的确保和气候变化问题，靠一国解决是很困难的，因此有必要合理利用多边、双边等各种框架推进多层面的国际合作。在新技术开发和普及应用，以及紧急应对措施等方面，由于我国经历两度石油危机，储蓄了丰富经验，因此海外对我国也有很大期待。我们既要有意识地开拓海外市场，同时还应积极推进对国际社会的贡献。关于这样的能源国际合作，要注意应对近年来国际能源的变化情况，推进高效的能源国际合作战略。

1. 对亚洲太平洋地区的合作

可以预见，以中国和印度为首，今后亚洲太平洋地区新兴国的能源需求将继续增大。从加强世界能源安全保障和应对气候变动问题的观点看，如何提高亚洲太平洋地区的能源效率，推进低碳化发展，将是今后我国国际能源合作的支柱。为此，要最大限度用好 APEC 和 EAS（East Asia Summit）[①]、ASEAN + 3 等非约束型合作框架，推进将来可能成为世界规模合作模式的先进的能源合作。关于节能和低碳能源导入的推进，要推动地区能源供需分析，为了在政策层面、技术层面让亚太地区共有我国积蓄的经验，我们要强化一些举措。在能源安全保障领域，强化并推进该地区与 IEA 的合作。在中国、印度、印度尼西亚等能源需求大国之间，发展我国节能技术和低碳技术，在努力的过程中，我们也要着眼于将我国内需融汇起来，推动两国间能源合作。

2. 与发达诸国的合作

确保能源安全保障，力争从长期稳定温室气体浓度，这要求我们实现能源技术革新。有效率地推进革新技术的开发，要求我们必须与发达诸国共同合作和强化信赖关系，还要推进与美国和欧洲的研究合作。

3. 活用国际能源框架

经过 1960 年的 OPEC、1974 年的 IEA（国际能源组织）的设立，以产消间的紧张关系为特征的国际能源秩序，在经历原油价格剧烈波动和节能、能源来源多样化之后，产消间共同的课题愈发显性化，以对话为基调的产消关系不断发生巨大变化。1991 年开始的产消间对话，在 2010 年 3 月第 12 次国际能源论坛部长级会谈上，决定制定宪章以期强化产消间对话以及承担该项业务的事务局的权责，这些逐步成为国际能源合作的较大支柱。此外，将存在感正在增加的中国和印度融汇到国际能源秩序中来，依然是一个大

---

① 旨在形成东亚共同体（East Asian community，EAC）的前提下所召开的首脑会议。东盟 10 国加上日本、中国、韩国、澳大利亚、新西兰以及印度 6 个国家在内共 16 个国家参加，每年召开（译者注：事实上该会议并非每年都召开）。

课题。

我国如何应对这种形势变化，进而为产消对话、产消合作做出积极贡献，可以考虑将新兴国融汇进来并加强以 IEA 为中心的能源消费国间的国际能源合作。具体而言，对产油国和消费国都参加的唯一的国际能源框架 IEF（国际能源论坛），我们一直进行完善有关统计，以争取提高石油、天然气市场的透明度，此外还积极参与该论坛的活动内容并加强事务局工作。IEA 在紧急应对和节能领域都有着丰富积累，应该力争让中国和印度参与 IEA 的各种活动，我们应加强这方面的合作。合理利用在 IEA 设置事务局的 IPEEC（国际能效合作伙伴关系），推进包括新兴国在内的节能合作，通过 IRENA（国际可再生能源机构）的活动，致力于新兴国、资源国的可再生能源普及。

第八节　能源产业结构改革

1. 能源产业的环境变化

伴随今后以中国、印度为首的新兴工业国的能源需求扩大，预计电力体系、核能、可再生能源等能源供给，以及节能型产品、运输机器的海外市场将会急速扩大。

在国内市场，随着节能推进、人口减少，预计能源市场会缩小。另外，预计可以满足能源利用效率和低碳需求的机器、服务市场，其发展余地将会更大。

关于能源产业，可以预想到会有各种结构变化。就电气而言，以民生部门为中心的电气化将进一步发展，对民生部门的电气供给将成为能源供给的中心。燃气方面，民生部门的竞争可能进一步加剧，产业部门的需求将进一步扩大，热电联产（cogeneration）将在分散型能源中承担起主要的作用。石油方面，预计国内作为运输用燃料的需求将减少，而作为原料的重要度将增加。此外，关于可再生能源相关及能源需求一方，预计将在家电、电动车及智能社区领域，会有各种各样的事业者加入进来，为满足需求者的需求展开活跃的竞争。在能源产业方面，要先行看准这种环境变化，调整事业模式，推进新的增长战略。

2. 能源产业结构改革方向

作为政府，要考虑确保能源稳定供给、环境友好以及经济效率，为此，创造可以引领我国经济增长的企业很有必要。

具体而言，首先，培育在国际能源业务中可以胜出的，具有卓越商品能力、经营能力的企业十分重要，拥有世界级规模的事业经营基础的企业有益于稳定的价格低廉的能源供给。其次，今后低碳能源供给要扩大，对能够承担这类能源供给的企业加以培育十分必要。还应扩大两种类型企业的参与，一类是那些可以用好能源相关信息及知识从而提供附加价值的企业，另一类是可以提供节能产品、系统和零部件的企业。

此外，为了适应顾客和社会在利用能源方面不断上涨的高标准要求，通过经营多种能源，并根据顾客和区域特性，促进可以用最佳组合方式实现供给的综合能源企业群体（燃气和电力、石油和电力等）的形成十分重要。这些事业和企业要有机结合，预计今后在满足国内外需求者的需求方面，竞争将更加活跃。

尽管能源产业处在事业环境的大变革中，我们仍然有必要追求 3E 目标的同步实现，即以稳定且低廉的原燃料的筹集为前提的稳定供给的确保，对低碳化的强有力应对，通过设备的有效运用追求能源供给的经济效益。迅速高效地推进新技术开发和获得相关知识是成就上述事业的基础，我们要努力推动这些基础性工作，为此也要关注从事能源供给事业的相关企业的集约化及其事业领域的扩大。

在包括能源机器和设备在内的能源关联产业，也要注意在事业环境大变革和国际竞争激化的背景中，进一步努力强化其规模经营等事业基础。

3. 今后举措

针对这些新的课题，作为政府，要对牵引我国经济成长的能源关联企业给以支援，有必要集中投入政策资源助其创办、海外扩张、向新事业领域进军等。为此要对预算、税收、金融等政策资源进行总动员，在与能源相关的内外领域，推动人才和投资比较密集的事业的环境整备，在产业政策上，要充分灵活利用并扩大各项援助措施。伴随今后事业环境的大变化，有必要对缩减设备、高效利用，雇佣、人才培养对策等结构调整予以政策援助。

应对稳定供给和低碳化，并实现今后成为我国经济成长原动力的新的能源产业结构，要对诸外国的能源产业结构和制度框架做调查。具体要推进两方面工作，一是在《事业法》和《反垄断法》等制度方面是否存在问题，二是官民应该发挥何种作用。

在推动这种产业结构改革之际，要充分考虑健全的竞争环境、稳定供给和普遍服务、稳定雇佣和顺畅转变以及保持经营自主性等，这些是应对好能源产业结构改革的大前提。

第九节　促进与国民的相互理解和人才培养

一　促进与国民的相互理解

实现迈向 2030 年的新能源供需结构和社会体系，是伴随能源利用进而使国民和事业者的意识、生活方式发生变革的过程，因此，拥有"与国民共同创造"的观点非常重要。关于推进核电和实现低碳社会的各种政策措施，针对我国能源安全保障和地球温室效应问题的现状，对策实施效果及必要的国民负担，要在获得国民的持续理解和信赖的前提下将各项工作推动下去。今后要推进更加细致的广听、广报、信息公开，同时也有必要普及能源教育和知识。国家为了有效率、有效果地实施这类举措，努力和地方公共团体、产业界、非营利团体等关联者开展联合协作至关重要。

（一）推进能源广听、广报、信息公开

国家要在国民各个阶层之间，开展各种层次的细致的对话和交流等，以此强化广听活动。关于能源政策的广报活动，要立足国民的视线，促使国民在能源问题上有人人参与企划的意识，要强化能够牵引国民意识和行动发生变化的有效果的举措。

要全力承担起对国民的说明责任，加深国民对能源的理解和关心，为此要努力做好有关能源的易于理解的广报工作和积极的信息公开工作。在这之中，为了不损害国民对我们的信赖，要努力注意以科学的知识和数据为基础提供并公开客观信息。

（二）促进能源教育和知识普及

肩负着我国未来重任的孩子们，为了让他们将来能做出关于能源的切实的判断和行动，现在就要打下基础，在学校教育场所进一步促进孩子们对能源问题的理解非常重要。为此，我们要与所有与能源教育、知识普及有关的人员合作，具体有：进行培养教员工作的大学教员、中小学和高中的教员、教育委员会、与能源相关的企业、非营利组织等；对用心采取举措开展能源教育的中小学和高中进行援助；完善能源类教科书的内容；利用好附属读物。力图搞活这类能源教育活动，扩大其对能源问题理解的边界。

为了更加有效果地促进孩子们关于能源问题的理解，要根据各个地域的特征和实际情况，推进地方公共团体的举措，重点在于国家与地方公共团体要紧密协作。

能源教育可以作为毕生学习的一个内容，对此，我们要力争城市、地区能源利用效率化、高度化。鉴于这项任务的重要性，要与地方企业、非营利组织、地方城市规划等紧密结合，推进组合拳型的举措。

在推进这些举措的时候，应该加深对各种能源形势的正确知识和科学知识的了解，要充分注意广泛提供各种各样的能源信息。向国民普及正确的知识，要考虑到尽量促进非营利组织的自主活动。

二　人才培养

我们面临少子化问题，另一方面也处在资源能源的国际化竞争日趋激化的状况下，能源环境经济承担着我国经济成长的重要部分，对可以担负能源环境经济的人才，我们要战略性确保并培养相关人才的举措。

在资源开发、核能、可再生能源等领域，在产学官的协作下，通过完善学校课程和支援大学研究，力图培养专业人才。从推动我国低碳技术向国际发展和确保资源的观点出发，采取积极的措施培育海外人才也很重要。

在老龄化进程中，要注意能源产业的工作岗位上相关技术和技能的传承，从能源稳定供给的角度看，这也是重要的课题，因此有必要构筑切实可行的支援政策。

第十节　地方公共团体、企事业单位、非营利组织的作用分担，国民的努力

1. 地方公共团体的作用

地方公共团体在运用地方的独特创意导入可再生能源，推进能源供给对策上发挥着重要作用。在能源需求对策方面，地方公共团体要率先采取节能举措，其次在提示所需要的前景目标、交通对策、城市规划以及在与居民的联合协作等方面，地方公共团体的作用都比较大。

地方公共团体要遵循《基本法》提示的基本方针，关于能源供需，一是要按照国家施政方针来构筑自己的方策，二是还要注意适应自己区域的实际情况，策划、实施有关对策。国家要尊重地方自治，并努力将国家的施政方针明确化、具体化，以便让地方充分了解国家的施政方针。

地方的声音要在能源政策中得到切实反映，为此要积极开展广听、广报等活动。社会期待我们积极采取先进的举措实现新的能源社会，国家应努力

促进这样的举措。

2. 企事业单位的作用

这里所说的企事业单位，不仅指能源供给的企事业单位，也包括使用能源开展活动的所有企事业单位，要看准未来新的能源社会，按照基本计划提示的方向去行动。企事业单位要发挥自主性和创造性高效利用能源，要努力确保能源稳定供给并在充分顾及地区及地球环境保护的意识中利用能源，国家和地方公共团体要对实施的能源供需对策给以协助。

能源供给的企事业单位，在确保能源供给、解决环境问题、争取经营效率化等举措上，要致力于自主的信息公开，同时也要遵守法令，完善内部管理体制。

3. 非营利组织的作用

非营利组织的活动，可以在国民中推广对能源问题的理解，在促使国民自己参与节能、尽量利用可再生能源方面，非营利组织分担着很大作用。非营利组织要考虑到《基本法》及基本计划提示的方向性，开展自律活动。国家和地方公共团体，要促进非营利组织的这些活动。

4. 国民的努力

国民应该认识到能源供需和政策形态在一定程度上决定着每个国民的社会生活方向，国民要认识到这是个重要的问题，在这种认识下采取行动。国民在使用能源时，要意识到能源是贵重的资源，进而不断调整自己的生活方式，要致力于能源合理化利用和可再生能源的利用。要关心能源供需问题和政策形态，参与能源相关举措的构筑，同时在国民的同意下定调能源政策，通过实施这样的政策开拓新的能源社会。立足这种观点，在地区，出现了导入太阳能、风能和生物能燃料，废弃物的合理利用，植根于提高能源自给率和搞好地球温室效应对策的问题意识推进核电发展，促进能源生产地与能源消费地的市民间的相互理解等，多种多样的"草根"活动持续扩大已经引发广泛关注。为了让这样的发自区域的举措扎扎实实地推广下去，可以考虑与地方公共团体加强合作。

5. 相互合作

国家、地方公共团体、企事业单位、非营利组织、国民等，即所有关系主体应理解各自在能源供需领域所发挥的作用并相互合作。

（丁敏 译）

稳定能源供需行动计划(2011)

2011 年 11 月 1 日

能源、环境会议

前言　为了避免高峰期电力不足和成本的上升

能源、环境会议为极力回避在核电站无法重新运行时带来的高峰期电力不足和电力成本上升的风险，而制定《稳定能源供需行动计划》。

该行动计划是比 2011 年 7 月 29 日决定的《稳定当前能源供需政策》更为具体化的方针。根据行动计划，动员包括预算措施和规制、制度改革等所有政策来优先实施能源结构改革。由此，在不实行有计划地停电和限制用电的前提下，来实现未来三年内能源安全的稳定、预防产业空心化以及国民生活的稳定。

一　今年夏天峰值期电力不足对策的成效

（一）实绩的总体状况

今年夏天政府对东京电力公司及东北电力公司供应范围内的需求用户提出了比去年夏天用电高峰减少 15% 的节电要求，同时，依据《电气事业法》第 27 条的规定，对于用电大户采取了限制使用的措施。对于关西电力公司供应范围的电力用户则是提出了节电 10% 以上的要求。对其他电力公司供应范围内的电力用户提出对国民生活和经济活动不产生障碍范围内的节电要求。

上述对策的实施已初见成效：若选出今年的需求、气温较高的一天和相同气温的一天做样本进行比较，高峰时用电量与去年相比，东京电力减少19%、东北电力减少18%、关西电力减少8%，再加上电力公司供给能力的积蓄和灵活的电力融通等相配合，终于避免了因采取"有计划地停电"措施和供电紧张带来的停电。

表1　今年夏天的各电力公司的电力需求状况

峰值需求（kW）（工作日 9 ~ 20 时的峰值）	东京电力范围内	东北电力范围内	关西电力范围内
数值目标（节电要求）	− 15%	− 15%	− 10% 以上
峰值与去年相比	− 19%	− 18%	− 8%
用电大户	− 27%（有用电限制）	− 18%（有用电限制）	− 9%
一般用户	− 19%	− 17%	− 10%
家庭	− 11%	− 18%	− 4%

※根据《电气事业法》第27条的规定，东京电力及东北地电力范围内的用电大户是限制用电（15%）的对象。

（二）　用电用户（契约电量为 500kW 以上的企业）

峰值需求与上一年相比，东京电力为 − 27%、东北电力 − 18%、关西电力 − 9%。在限制用电的东京电力、东北电力中，实行了超过目标的节电措施。仅提出数值目标的关西电力也达到了目标要求的节电效果。

用电大户当中，产业部门的用电目的直接与生产活动相关联，节电伴随着成本的上升。例如，由于改为休息日、夜间生产而产生的劳务费增加、利用自家发电引起的燃料费上升等，都产生相当高的成本。[1]

在写字楼和商店等业务部门中，冷气和照明占用电的大部分，通过拉长照明间隔、使用 LED、合理设定空调温度以及拉长电梯使用间隔等

---

[1] 根据资源能源厅实施的对企业意见听取调查，也出现了由于设置自家发电设备、燃料费的增加、节假日换班生产后人事费的增加等带来数十亿日元的成本上升的情况。

措施，不需要花费大的成本，就能节约电费，同时也顺利实现了数值目标。

（三）　一般用户（契约电量不满 500kW 的企业）

峰值电量需求与前年相比，东京电力减少 19%、东北电力减少 17%、关西电力减少 10%。各电力公司供应范围内，即使是根据节电要求主动设定的节电数值目标，也都发挥了预期的节电效果。

一般用户中，产业部门的用电目的直接与生产活动相关联，节电伴随着成本的上升。例如，由于改为休息日、夜间生产而产生的劳务费增加、利用自家发电引起的燃料费上升等，都产生相当高的成本。

便利店等商店为中心的业务部门中，冷气和照明占用电的大部分，通过拉长照明间隔、使用 LED、合理设定空调温度以及拉长电梯使用间隔等措施，不需要花费大的成本，就能节约电费，同时也顺利实现了数值目标。

（四）　家庭

峰值用电、实际用电量（2011 年 8 月）也都基本取得了节电要求的效果。在家庭部门中，通过随手关灯、使用 LED 灯、设定适宜的空调温度等措施，不需要大的支出就实现了节电。

从调查问卷①的结果来看，回答"勉强节电的仅占 0.8%"或"有点勉强节电的占 5.0%"，可见上述情况占少数。而约 90% 的家庭回答"今后将继续节电"，另有约 65% 的家庭回答"若有节电要求，今后可以协助进行 10% 以上的节电"。

（五）　今年夏天的节电活动的教训

在考虑今后的电力供给与需求对策时，鉴于产业部门的用电主要是用于生产活动，而业务部门和家庭用电主要用于空调、照明等，今后应根据不同用户的实际情况，持续和扩大"不勉强"的节电行动十分重要。

---

① 资源能源厅委托民间企业从东京电力和东北电力供应范围内的约 1200 家庭随机抽取实施的调查。

二 今年冬季电力供需预测和峰值时电力不足的对策

表2 各电力公司今年冬季（1月和2月）的电力供需的预测

	（万kW）	东日本3家	北海道	东北	东京	中西日本6家	中部	关西	北陆	中国	四国	九州	9家电力
1月	供给－需求（备用容量率）	330 (4.6%)	71 (12.3%)	-48 (-3.4%)	307 (6.0%)	52 (0.6%)	145 (6.2%)	-188 (-7.1%)	33 (6.2%)	72 (6.7%)	24 (4.6%)	-34 (-2.2%)	382 (2.4%)
	最大用电需求	7119	579	1390	5150	8662	2342	2665	528	1074	520	1533	15781
	供给能力	7449	650	1342	5457	8714	2487	2477	561	1146	544	1499	16163
	（万kW）	东日本3家	北海道	东北	东京	中西日本6家	中部	关西	北陆	中国	四国	九州	9家电力
2月	供给－需求（预备率）	305 (15.3%)	86 (15.3%)	-6 (-0.5%)	225 (4.4%)	38 (0.4%)	145 (6.2%)	-253 (-9.5%)	31 (5.9%)	72 (6.7%)	11 (2.1%)	32 (2.2%)	343 (2.2%)
	最大用电需求	7083	563	563	5150	8603	2342	2665	528	1074	520	1474	15686
	供给能力	7388	649	649	5375	8641	2487	2412	559	1146	531	1506	16029

（一）东日本的对策

1. 确保东北电力的融通和对灾区的考虑

东日本整体用电供需比估计为4.6%（1月份），最低限备用容量率估计超过3%，但东北电力的供需缺口预计是−3.4%，形势严峻。

因此，考虑到灾后重建的需要，北海道电力和东京电力要向东北电力融通电力，以确保东北电力管区内的供需平衡。

2. 普遍要求节电

从东日本整体电力供需来看，最低限备用容量率虽然超过3%，但远未达到通常所必需的8%。为了规避火力发电站等电源突然断电等风险，政府不进行"计划停电"和限制用电，而是在对国民生活和经济活动不产生障碍的范围内，要求用户节电。特别是在东日本大地震的灾区，更应当注意不要强制要求勉强的节电。

节电时间：12月1日（周四）至3月30日（周五）的非节假日　9：00~21：00

（12月29日、12月30日、1月3日、1月4日除外）

（二）中、西日本的对策

1. 确保和关西电力及九州电力的电力融通

中、西日本整体的电力供需比为0.6%（1月份）、0.4%（2月份），估计供需缺口将比东日本更为严峻。估计关西电力公司1月、2月的电力供需比分别为−7.1%和−9.5%，九州电力估计是−2.2%（1月份），形势严峻。所以，上述两家电力公司需要确保和包括东日本地区在内的其他电力公司的电力融通。

2. 政府对关西电力及九州电力公司管辖内的用户提出数值目标节电要求

（1）对关西电力管内的用户的节电目标要求

节电目标：最高用电量比去年同月节电10%以上①

节电时间：12月19日（周一）至3月23日（周五）的非节假日9：00~21：00

---

① 上述所规定的节电期间、时间带中的最高用电量（kW）控制在不超过去年同月的90%的程度。

（12月29日、12月30日、1月3日、1月4日除外）

（2）对九州电力管内的用户的节电目标要求

节电目标：最高用电量比去年同月节电5%以上[①]

节电时间：12月19日（周一）至2月3日（周五）的非节假日 9：00～21：00

（12月29日、12月30日、1月3日、1月4日除外）

（3）实施考虑企业活动实际情况的节电

可能对企业等产生很大影响（例如，医院和铁路等与民众生活密切相关的部门不能正常运转或对生产活动产生实质性影响等）的情况下，将在不产生实质性影响的范围内要求企业等设定节电目标。

在这种情况下，比如该企业可采取进一步挖掘写字楼等的节电潜力、降低工厂节电目标等灵活措施。

（4）上述以外期间的对策

上述以外期间中，在对中部、北陆、中国、四国四家电力公司管辖内的用户要求进行节电的一般期间［12月29日、12月30日、1月3日、1月4日除外、12月1日（周四）至3月30日（周五）的非节假日］时，要求实行在国民生活和经济活动不产生障碍范围内的节电措施。

（三）中部、北陆、中国、四国电力公司管辖内用户的一般节电要求

在对国民生活及经济活动不产生障碍的范围内，政府对中部、北陆、中国、四国四家电力公司管辖内的用户实行节电要求。

节电时间：12月1日（周四）至3月30日（周五）的非节假日 9：00～21：00

（12月29日、12月30日、1月3日、1月4日除外）

（四）利用2011年度预算支援改善电力供需

利用2011年度的最初预算和补充预算，支援用户的节能投资和对增强电力供给能力的投资等。促进使用高效燃气空调、可再生能源、热电联产、蓄电池、自家发电等，以解决峰值期的用电不足。

---

① 上述所规定的节电期间、时间带中的最高用电量（kW）控制在不超过去年同月的95%的程度。

三　明年夏季电力供需预测和峰值期用电不足的对策

（一）明年夏季电力供需预测

明年夏季的电力供需状况，在不重新启动正进入定期检查的核电站发电的情况下，且又达到去年夏季峰值期的用电量时，预计在峰值期会有约 1 成的用电缺口（1656kW 的电力供需缺口）。

今年夏季通过限制用电等措施的实施，东京、东北电力管辖内与去年相比实现了峰值期消减用电超过 15% 的目标。在以今年夏季的实际用电量为前提的情况下，日本全国整体将会达到 4.1%（638 万 kW）的电力备用容量率。但是，设法把实施限制用电从会对生产、产业活动产生很大影响转向实行不勉强的范围的节电很重要。

另一方面，考虑到抽水式发电站的抽水发电能力不足、燃料的运输制约、长期不用的火力发电站恢复迟缓等风险因素，有可能减少约 3.1%（560 万 kW）的供给电量，因此需要定期跟踪电力供需变化。

（二）明年夏季峰值期用电不足的对策

针对明年夏季可能出现约 1 成的峰值期用电不足的风险，但还是要以实现规避"计划停电"和限制用电为目标。以 2011 年度的最初预算和补充预算（峰值期用电的直接对策资金 2352 亿日元①，加上间接对策的资金在内共 5794 亿日元）② 和规制、制度（26 个重点项目）改革为动力，尽力实行绵密的节电和扩大电力供给，通过能源结构转换，来采取确保电力供需的万全之策。

具体来说，通过以下三项重要措施来实现能源结构的转换，解决用电问题。

---

① 其中"节电绿色补贴"，除去经济产业省 2011 年度的第一次、第三次补充预算中促进自家发电的使用等，仍有 2024 亿日元。

② 以下各项对策中预算金额是 2011 年度最初预算和补充预算中采取的预算项目的总金额。而且，根据预算项目的不同，预算金额中含有用于节电措施的实施的部分，也含有用于执行明年夏季以后的部分。但由于实施对策的效果无法分开计算，因此都计入总金额中。

表3 明年夏季各电力公司的用电供需预测

1. 假设与去年相同的酷暑时所需要的最大用电量（在不启动核电站、各家公司的供给能力都不包括核电站发电的情况下）[7月29日 能源、环境会议]

（万kW）	东日本3家	北海道	东北	东京	中西日本6家	中部	关西	北陆	中国	四国	九州	9家电力
供应－需求（存储率）	-834（-10.4%）	-32（-6.4%）	5（0.3%）	-807（-13.4%）	-823（-8.3%）	41（1.5%）	-605（-19.3%）	-9（-1.5%）	33（2.7%）	-67（-11.3%）	-216（-12.3%）	-1656（-9.2%）
最大用电需求	7986	506	1480	6000	9968	2709	3138	573	1201	597	1750	17954
供应能力	7152	474	1485	5193	9145	2750	2533	565	1234	529	1534	16297

-18.0%　　-15.8%　　-11.3%　　-12.8%

东北、东京为实施限制用电的效果，关西为按数值目标节电的效果（以明年夏季的预估供给能力为前提，用电供需是在实施限制用电等措施、与今年相同情况下的电力备用容量变化）

2. 与今年夏季峰值期最大用电[实施限制用电且处于与往年相同的炎热程度下，IIP（工业生产指数）较低的今年夏季大体相同的情况下：]

（万kW）	东日本3家	北海道	东北	东京	中西日本6家	中部	关西	北陆	中国	四国	九州	9家电力
供应－需求	499（7.5%）	-11（-2.3%）	239（19.2%）	271（5.5%）	137（1.5%）	230（9.1%）	-251（-9.0%）	32（5.9%）	151（13.9%）	-15（-2.7%）	-10（-0.6%）	636（4.1%）
今年夏季峰值期的实际情况	6653	485	1246	4922	9008	2520	2784	533	1083	544	1544	15661
供应能力	7152	474	1485	5193	9145	2750	2533	565	1234	529	1534	16297

1. 贯彻看得见的用电和活用市场原理

（共有节电目标、看得见的电力消费、扩充促进节电的电费套餐）

●共有节电目标、同时使用智能电表使电力消费看得见、系统的改革电费套餐以实现节电为目标；整备刺激节能措施的机制，使节电行动固定于国民意识中。

●因此，政府要提出合理的节电目标，同时创建出制度框架、加速智能电表的使用。电力公司调整电力供需契约，并新设和扩大灵活的电费套餐等。通过这些对策，来奠基智能用电格局的基础。

●这些环境整备将为用户使用 LED 等的高效照明、节能家电、节能设备等进行节电活动打下基础。

（1）设定合理的目标

以今年夏季节电活动的审查结果为根据，按需要设定合理的节电目标。以明年春天为期限设定具体的节电目标。

（2）贯彻目标共有和天气预报

通过要求节电和各种宣传等，使各阶层国民都拥有共同的目标。

通过提示各个领域的具体节电菜单、天气预报和整备用电紧张预警报等措施来促进节电。

（3）促进智能电表的使用

智能电表是实现看得见的电力消费，建立可以促进用户峰值期用电减少的电费套餐（例如，修正供需的契约、不同时间带不同电费的契约、负瓦特交易①契约等）的基本设备。在未来 5 年内，政府将建立制度框架，督促电力公司进行集中整备完成覆盖总需求 80% 的目标。

另外，为了加快智能电表的使用，今年度中将标准化智能电表和 HEMS② 信息合作必需的平台、优先对各电力公司等所提供的数据进行统一。

（4）普及修正供需的契约

电力公司对于利用特别高压或高压供电的用户，包括扩充的将成为修正供需契约对象的用户进行修正供需契约的普及和扩大。

（5）创建、扩充灵活的电费套餐

加上普及修正供需的契约，电力公司也通过活用智能电表，根据需求变

---

① 负瓦特交易：在峰值时间带，对节省一定电量的用户，电力公司补贴相同电量的电费。

② HEMS（Home Energy Management System）：住宅能源管理系统。

化重新划分用电时间带等，来创建、扩充灵活的电费套餐。

智能电表的普及，预期可以促进节电电费套餐的普及。随着普及的效果逐年显著，有助于电力供需结构的大改革。

同时对利用高压供电的一般用户实施降低契约电量的要求，促进节电。

（6）实现智能共同体

为了建立以地域为单位的最合理的能源管理智能共同体，通过实证企业明确节电中的课题，解决峰值期时的控制用电、自家发电设备、太阳能发电等销售电力时受到的阻碍因素等。

2. 促进用户对节能的投资（改革需求结构）

●促进节能投资。最大限度地使用 2011 年度的当初预算和修正预算。

●支援家庭部门进行住宅的节能改建、购买节电设备、利用 HEMS、使用蓄电池等。

●支援业务部门进行大厦等的节能改建、购买节电设备、利用 BEMS[①]、使用蓄电池等。

●支援产业部门使用节能设备、蓄电池等。

●支援节能产业的相关产业、通过重新修改制度促进国内节能产品、部件的普及，同时加强产业的国际性竞争力。

（1）促进利用 HEMS、BEMS［300 亿日元（2011 年度预算总额，以下相同）］

智能电表的使用使家庭和大厦等的能源使用变得看得见，同时促进自动控制空调、照明等的能源管理系统（HEMS、BEMS）利用。（促进利用能源管理系统）

（2）促进使用蓄电池（210 亿日元）

使用夜间蓄电、白天峰值期自动使用夜间所蓄电力的蓄电池。通过和不同时间带不同电费系列使用的普及，可期待达到更大幅度的峰值期的电力消减。（促进使用放置型锂离子蓄电池）

（3）促进使用节能设备（151 亿日元）

促进工厂等使用可大幅度降低能源消耗的节能设备（节能冷藏仓库、高性能发动机等）。（支援合理使用能源的企业、促进绿色环保设备的租借、补贴环境安全型经营利息补给等）

---

① BEMS（Building Energy Management System）：建筑物能源管理系统。

（4）促进住宅、大厦的节能投资（业务、家庭部门）（1824 亿日元）①

促进电力需求多用于空调、照明的住宅、写字楼等对高效空调、高效照明、建筑物隔热处理等的投资。（支援建筑物的节电改建、支援高效煤气空调的使用、住宅绿色积分等）

（5）利用节电状况诊断促进各个主体节电（8 亿日元）

在产业、业务、家庭各领域，根据需要促进它们不勉强的自主节电。（提案诊断节电潜在能力对策、免费节能诊断）

（6）促进节能产品、部件的扩大生产

在加速推进节能的同时，面向绿色改革领域中以 LED 为代表的节能产品、部件等的开发和生产能力的提高的投资进行支援。（成长领域的国内布局辅助金）

3. 支援增强各种主体加入的电力供给能力（改革供需结构）

●为促进电力公司以外的用户构成的主体对发电设备（分散型电源）进行投资，构建可持续的电力供需结构；最大限度地利用 2011 年度的最初预算和修正预算。

●活用规制、制度改革，推进产业、业务、家庭各部门利用可再生能源、燃料电池及集中供暖。且推进促进使用自家发电的规制、制度的改革。

●为稳定发电燃料的供给推进资源、燃料战略。通过支援可再生资源相关的产业，促进国内可再生能源的普遍使用的同时，强化产业的国际竞争力。

●电力公司尽可能增强自身供给能力。

（1）促进使用可再生能源（1183 亿日元）②

促进使用太阳能发电、风力发电、小规模水力发电、生物发电、地热发电等生产可再生能源，增强电力供给能力。（支援新能源等的加速使用）

（2）促进使用住宅用太阳能发电（1543 亿日元）

促进住宅用的太阳能发电，增强家庭自身的电力供给能力。（支援住宅用太阳能发电的使用）

---

① 该项措施的预算项目中包含一部分用于节电的项目，因预算额和实施对策后的效果无法分开计算，因此一并计入总金额中。

② 该项措施的预算项目中包含一部分用于可再生能源的预算，且一部分预算费用至明年夏季不实施，但一并计入总金额中。

（3）促进可再生能源相关产品的扩大生产

在加速可再生能源的使用，同时支援开发绿色改革领域中太阳能光板等可再生能源的相关产品、扩大生产能力。（成长领域的国内布局辅助金）

（4）通过 2012 年 7 月施行的固定价格收购制度，促进可再生资源的使用

推进系统链接的润滑、布局规制的重审等规制、制度的改革。

（5）促进家庭用燃料电池的使用（137 亿日元）

促进利用家庭用燃料电池系统（能源 ENE – FARM），满足家庭部门的分散型电源缓冲电力需求。

（6）促进利用自家发电和集中供暖系统

从促进产业、业务部门使用分散型电源构建抵御灾害能力高的电力系统出发，促进使用自家发电设备和集中供暖系统。

通过使用集中供暖把电与暖气合并，促进能源的高效利用。

（支援使用自家发电设备、支援使用煤气的共同供应系统等）

（7）重新改定自家发电补贴契约

在电力需求紧迫情况下，为有效积极地利用自家发电的电力供给能力，在设置自家发电用设备的用户签订必需的 backup 契约（自家发电补贴契约）时，要与一般的用电契约用户区分开，面向新用户（PPS）的契约实际可行、以减轻自家发电补贴契约中的负担为目的办理。

（8）有效利用自家发电的剩余电

通过用户把自家发电生产的电力灵活地运用到电力公司的系统（送电网）中，有效地用于其他有需求的地区的当地公司或是相关公司等中去，扩大了用户的节电措施选择项。

（9）资源、燃料战略

对使用资源确保战略更新和产投资金①的风险资金的供应能力的强化、炼油厂、储油厂的整备、加油站（SS）等、强化石油煤气基地、填充所的机能的加强、石油储蓄制度的进一步强化、天然气输送管道等的整备进行调查。

---

① 财政投融资的方法之一。国家持有的 NTT 股份、JT 股份的股权红利和（株式会社）日本政策金融公库的国库缴纳金等为原始资金向产业开发、发展贸易投入的资金。

（10）电力公司自身追加供电

通过重新启动长期停用的火力发电站发电、调整发电站定期检查的时期、利用自家发电、设置紧急用电源等措施，预计明年夏季全国可提供409万 kW 的电量。

（三）预期效果

预计明年夏季利用市场结构实施电力系统节电措施可以节约用电 710万 kW、通过改革电力需求结构可以节约用电 270 万 kW①、通过电力供给结构的节电对策可另外提供 642 万 kW 的电量。②③

电力需求结构改革和电力供给结构改革的节电效果不仅体现在 2012 年度，还会在 2013 年度、2014 年度体现。能源供需结构改革将固定于社会体系中。

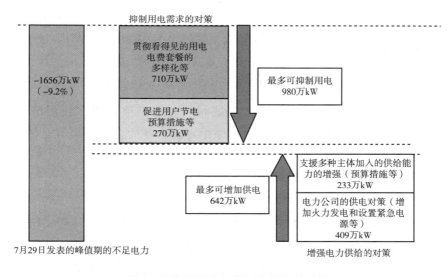

图 1　明年夏季峰值期用电不足的对策

① 电力需求结构改革的预期效果中，也包含无预算措施的 LED 和高效率空调、电冰箱等节能家电的使用的效果。

② 太阳能发电和风力发电，2011 年度以后的发电量是按与 2010 年度相同的数值来试算的。

③ 电力供给结构对策的效果中，因 2012 年 7 月计划实施的《可再生资源买取法》（《关于电力企业的可再生资源电力供应的特别措施法》）中电力价格和时间等并未确定，因此不予考虑。

表4　未来3年的预期效果 *

	2012 年夏季	2013 年夏季	2014 年夏季
贯彻看得见的用电和灵活运用市场原理	710 万 kW	710 万 kW	710 万 kW
促进用户的节能投资	270 万 kW	500 万 kW	653 万 kW
支援增强多种主体加入的电力供给能力	642 万 kW	727 万 kW	808 万 kW
共计	1622 万 kW	1936 万 kW	2171 万 kW

* ·实施对策后的效果是在各种对策的效果都达成的基础上，不同对策推算的数字的总数。
　·2013 年夏季、2014 年夏季节电效果是从 2012 年夏季开始累积的效果。
　·2013 年夏季、2014 年夏季中节电效果无法推测，一次使用 2012 年的节电效果数据。
　·不仅预算的节电效果、通过政府的宣传和其他的制度等可能产生的节电效果也计算在内。
　·电力公司采取节电措施可能产生的效果也计算在内。

另一方面，在这次的电力需求结构措施和电力供给结构措施中投入 2000 亿日元规模的节电环保辅助金为发展先进技术提供了前提需要，也会进一步提高日本的环境、能源的技术能力。

（四）面向更安定的供需结构

由上述的内容可以看出，实施对策的节电效果预计约节约用电 1600 万 kW。但必须注意以下各项和各种措施中可能出现的变化因素等，供需状况恶化的可能依然存在。

1. 尚未确保最低 3%（约 540 万 kW）的必要备用容量率

2. 根据气温变化电力消费需求可能提高

3. 由于火力发电、水力发电的减少和燃料输送限制等，可能会使电力供给能力下降（现阶段有可能少生产约 560 万 kW 的电量）

4. 在政府支援下的预期效果会因峰值期气象条件变化和机器设备利用情况的不同而出现误差

在这些风险的基础上，促进包括要求在细节方面节电的用户在内的所有用户进行节能行动，进一步追求电力公司的供电能力的增强，以明年春天为期限确定明年夏季的必须节约电量包含在内的电力需求的预估情况。

另外，通过分析今年夏季和今年冬季所实行的措施的效果，以明年春天为期限提出明年夏天的与用户相对应的具体电力供需措施一览。

四　抑制电力成本上升的对策

（一）替代燃料带来的约 20％电力成本上升的风险

定期检查后的核电站不重新启动的情况下，现阶段将用火力发电来代替生产核电站所生产的电量。这样，可能会使燃料成本每年增长约 3 兆日元以上，若把增长的燃料成本全部转嫁到电费上，就会导致 20％ 左右的电力成本的上升。电力成本的上升不仅会抑制消费、导致企业效益恶化，而且很可能对企业布局的选择和雇佣带来很大影响。所以，以极力回避电力成本的上升为基本的行动方针。

（二）通过用户的节能行动抑制电力总需求

1. 实行减少峰值期用电的对策中有抑制电力总需求效果的对策

避免电力成本的上升的一个方法，就是抑制总需求。即使上述峰值期用电不足的应对对策中与抑制电力总需求相关的下列对策也作为控制电力成本上升的对策来推进：使用 HEMS、BEMS；使用节能设备（节能型冷冻仓库、高性能发动机等）；促进住宅、大厦等对节能的投资（高效空调、高效照明、建筑物的隔热处理等）；促进投资增强 LED 为代表的节能产品、部件的制造能力；促进通过节电诊断的各个主体进行节电。

2. 通过电力消费看得见加快抑制用电总需求

电力消费看得见的措施等主要目的用于减少峰值期用电的措施也能促进合理的节电行动，很可能会有抑制用电总需求的效果。

（三）电力公司经营效率化和政府的应对

1. 推进电力公司经营效率化

抑制电力成本上升的另一个方法就是通过电力公司经营效率化来降低成本。

2. 电力公司的行动计划

政府这次对各家电力公司要求为实现供需稳定和抑制成本的上升主动采取对策，且把这些措施归纳为电力公司的供需稳定行动计划。

3. 电力公司的抑制成本的对策

根据《电力公司的需求对策行动计划和政府的应对》，各家电力公司实行降低燃料、施工、修缮等调动成本、提高效率，夜间、休息日等通过电力批发交易所实施电力输送①等措施。

另外，根据《东京电力的经营财务调查委员会》报告的主旨，有必要推进更进一步的经营效率化。

具体地讲，除了上述的经营效率化的措施之外，有必要再实施火力发电的新投标和统一配置部件等型号、电力公司参与计划上层权益项目等面向降低燃料调动成本的措施。

4. 政府在电力公司促进抑制成本上的应对

政府根据《东京电力经营、财务调查员会》的报告迅速重新研讨电费制度和运用。在《关于电费制度、运营重新研究的权威人士会议》中进一步讨论，尽量在明年年初得到初步的结论。

另外，相关主管部门要在电力公司提高经营效率的大前提下，对个别电力公司电费妥当性进行监督。

五 总结

政府在核电站不能重新启动的情况下，为了把对我国经济社会和国民生活的影响控制到最小和尽量避开峰值期的用电不足和电力成本的上升，实行在此制定的稳定能源安全行动计划，以求能源供需稳定万无一失。

1. 今年冬季峰值期用电不足的对策

●不实施"计划停电"和限制用电

●对关西电力、九州电力的用户提出带数值目标的节电要求（关西电力：−10％以上、九州电力：−5％以上）。而且，要适度考虑对医院、铁路等城市基础设施和企业活动等带来重大影响的情况。

2. 明年夏季峰值期约 1 成的电力不足时的对策

●不实施"计划停电"和限制用电

●动员以 2011 年度的当初预算和修正预算（峰值期用电直接措施的

---

① 即使要求节电的地区在电力需求有所缓和时，电力公司通过把电销售给电力批发交易所，有缓和全国电力总需求的缺口和降低电力成本的效果。

2353 亿日元加上间接措施共计 5794 亿日元的预算）和规制、制度改革 26 重点项目为代表的全部政策，把峰值期用电不足缩小到最小。

●以北海道、关西、四国、九州为代表，各处都有电力供需情况预估严峻的地区，因此需要讨论进行带数值目标的细节方面的节电要求（具体的措施以明年春天为期限审查数值后，确定、发表）。

3. 对有约 20％电力成本上升的风险的对策

●以抑制总需求对策和电力公司经营效率化，尽量规避电力成本上升为基本方针。

4. 存在供需缺口扩大风险的要因和对策

●明年夏季的电力需求由于天气气候影响和政策实施效果的有误差、电力公司供给能力不足等的风险。

●因此，明年夏季的电力需求通过机动的实行审查，在明年春天时向国民提供信息，以明年春天为期限在能源环境会议或电力供需讨论集会中，最终确定明年夏季的电力供需，提出抑制需求的目标等。

5. 贯彻核电站的安全对策

●峰值期的用电存在上述供需缺口扩大的风险。而且，若核电站不重新启动，就无法避免产生用户燃料费负担的加重，也会导致开始使用自家发电用户等的社会全体的用电成本的上升。

●在这样的情况下，对重新启动定期检查中停用的核电站时，在原子能安全、保安院评价相关单位实施的应激测试后，且在原子能安全委员会确认它的妥当性的基础上，包括得到当地民众的理解和国民的信赖后，再由政府层面上做出综合的判断。

●这样的情况下，当地自治体应当在政府前面对安全措施等进行详细的说明，努力得到民众的理解。

结　语

该行动计划另增加了 3 个行动计划。《按用户分类的需求对策行动计划》主要是用户接受国家支援后应当采取的措施，《电力公司的需求对策行动计划和政府的应对》是电力公应当采取的措施，《政府的能源规定、制度改革行动计划》是国家在听取民众的意见后应当采取的对策。在面向解决电力供需问题上，提出了国家、用户、电力公司应该共同行动。

　　能源环境会议将在按照用户不同分别有效果地普及行动计划的同时；对电力公司的供需措施和经营效率化，经济产业省应该有适度的掌握、评价规制、制度改革应和行政刷新会议合作，且按年末进步报告、年度末总结结论的步骤中具体化 3 个行动计划的进行密切关注。

（张季风　译）

能源基本计划（2014）

前　言

　　我国化石燃料缺乏，大宗化石燃料主要依赖海外进口，这说明我国能源存在本质上的缺陷，我国能源结构极易受到国内外能源状况变化所带来的影响。确保能源的稳定供给关系国民生活和产业活动能否顺利进行，对国家安全保障来说是必不可少的一部分，因此这在我国是一个长期的大课题。此外，加上国际地缘政治结构不断发生巨大变化，也使我国能源安全保障面临的环境日趋严峻。

　　为了应对当前所面临的状况，有必要立足于长期性、综合性、计划性的视角，推进我国的能源政策。为确保能源政策得以顺利实施，我国于2002年6月制定了《能源政策基本法》（以下简称《基本法》）。

　　《基本法》规定，政府需听取综合资源能源调查会的意见，为了确保能源供需对策实现长期性、综合性、计划性的发展，并进一步制订《能源基本计划》（以下简称《计划》），该法规定至少以每三年一次的频率对能源政策条款进行讨论，并根据需要进行必要的变更。

　　基于以上内容，我国在2003年10月制订了首部《计划》，其后分别在2007年3月和2010年6月制订了《第二次计划》和《第三次计划》。

　　2010年的《第三次计划》明确表示，到2030年，我国将实现能源自给率和化石燃料自主开发率倍增，如能源自主比率和零排放电源（核能和可再生能源）在电源构成中的占比分别提升至70%左右。

　　然而，在《第三次计划》制订之后，我国国内发生了东日本大地震和东京电力公司福岛第一核电站事故。围绕能源的国内外环境所发生的巨大变化，迫使我国必须大规模调整能源政策。

　　《第四次计划》即本计划必须应对大的环境变化，同时提出新的能源政策的发展方向。

本计划以中长期（今后 20 年左右）的能源供需结构为视角，归纳总结今后我国应挑战的政策课题，以及长期性、综合性、计划性的能源政策方针。

从北美采购 LNG 等国际能源供给结构所产生的新变化，可能在 2018～2020 年具体影响我国的发展。在持续推进以电力体制改革为中心的国内体制改革的同时，将当前一段时期定位为集中改革时期，以期确立稳定的能源供需结构。为此，我们要特别制定这期间的能源政策发展方向。

切实体会在东京电力福岛第一核电站事故中受害国民的苦痛，全力完成福岛的复兴和重建。重新审视震灾前所描绘的能源战略，以期今后尽可能降低对核电的依存程度。现在正是我们重新构筑能源政策的出发点。

由于政府和核电运营商陷入所谓的"安全神话"，未能有效防范残酷的核事故发生，因此今后我们每时每刻都要对未能防止这种悲惨事态发生进行深刻反省。

距离福岛核事故发生已经过去了 3 年，直至目前仍有 14 万多人还在进行艰苦的避难生活。我们有必要推进核赔偿、去污、中间储藏设施事业、废堆、水污染对策以及声誉受损控制等措施。此外，还包括乏燃料、核废料最终处理等问题，核电相关课题可谓堆积如山。

不能仅靠企事业者解决上述问题，国家应当主动履行义务，集结国内外的优秀经验解决废堆和水污染问题，为此必须实施多种预防性的措施。

反观我国经济的发展，景气复苏的范围正不断扩大。雷曼危机后，我国的有效求人倍率曾一度滑落至 0.42，历经 6 年零 6 个月后已经恢复至 1.05。从北海道到冲绳，整个日本各地区与上一年相比，消费均有所扩大。2013 年 12 月，日本央行公布的全国企业短期观测调查（短观）显示，中小企业的景气状况转为正值。其中，制造业时隔 6 年，非制造业时隔 21 年零 10 个月转为正值。

今后，企业收益关系着雇佣、扩大投资及工资上涨情况，更可进一步促进经济实现良好循环。

另外，与震灾前相比，核电站叫停加大了我国化石燃料的进口，贸易逆差现象不断扩大。对化石燃料的依存度加大，导致以电价为中心的能源成本增多，造成经济活动和家庭生计的负担，同时也对雇佣和可支配收入产生了影响。

此外，2020 年将于东京举办奥运会，为使这项国际重要赛事得以顺利举行，我国已经进入关键的筹备期。

稳定、低成本的能源供需结构是所有国民生活和社会活动的基础，同时也能够切实支撑经济的良好循环和国际重要赛事的筹备。

与此同时，支撑现代社会发展的能源供需结构既复杂又精密，它是跨越国境的国际化产物，很难轻易对其全貌进行解析。由于能源供需结构所隐藏的风险日趋多样化，能源相关设施等一旦发生事故，会在广泛的社会范围内产生巨大影响。

寻找最适合我国的能源供需结构，决非简单的就能找到解决的方案，而是要在把握详细状况之后，通过战略性的实际措施才能得以实现。

也就是说，奇技无法通用于能源政策。

面向未来，政府必须立案，执行负责任的可保护国民生活及经济、产业安全发展的能源政策。当前，我国电力供给结构中对海外化石燃料的依存度甚至高于第一次石油危机以后的数值，因而我国的能源安全保障环境正处在十分严峻的状况当中。这种状况源于能源成本上升和温室效应气体排放量的增大，反过来对我国的经济、产业活动以及应对全球变暖的措施产生了深刻影响。我们有必要尽快打破这种现实状况。

我国旨在实现的能源政策面临以下课题。具体包括：集全世界的力量实现真正意义上的节能社会；加速引进可再生能源；提升燃煤发电和天然气发电的效率；普及蓄电池和燃料电池技术等带来的分散型能源系统；开发可燃冰等非常规型资源；放射性废弃物减容或降低有害程度等。我国的能源政策必须是可解决上述问题、可实现具体开发成果的政策。同时，既是积极履行国际职责解决全球气候变暖的政策，又是虚心接受每个国民的意见、倾听每个国民的不安的政策，也是不辜负国民期待的能源政策。

放眼世界，确保能源稳定供给是全人类共同面临的课题，关系到人权、环境等社会存在方式。赋予全世界儿童一个充满希望的未来是我国的挑战，我们旨在做出这种贡献。

第一章　我国能源供需结构存在的问题

第一节　我国存在的结构性问题

1. 很大程度上依存于海外资源，从根本上导致能源供给体制的脆弱性

我国在推进国民生活和产业活动升级以及产业结构逐步向服务业转变的过程中，于1973年经历了第一次石油危机，之后通过各种各样的节能活动

试图抑制能源消费。2012 年，我国的能源消费仅为 1973 年的 1.3 倍。

从我国现状来看，绝大多数能源依赖海外进口，无论海外能源供给发生何种问题，均会给我国的资源确保带来难题。这是我国能源供给体制的脆弱性所在。这种脆弱性不能单纯依靠抑制能源消费来解决，而应该开发可替代石油的能源。一方面可分散风险，另一方面可尽最大努力确保国产能源。

2010 年，包含核能在内的我国能源自给率被提高到 19.9%，但是我国能源供给结构的脆弱性问题并未从本质上得到解决。

2. 人口减少、技术革新等造成能源供需结构的中长期变化

我国人口日益减少，预计到 2050 年为 9708 万人（社会保障和人口问题研究所预测）。人口因素将推动能源需求朝着减少的方向发展。

此外，经过我国产业界的努力，节能相关活动取得了扎实稳步的成绩。例如，汽车燃油消耗降低、家电节能水平提升以及制造业的能源消耗不断减少等。

以电力和氢为动力来源的新一代汽车，以及可高效利用燃气的热电联产，既扩大了能源使用用途，又为能源需求结构带来了巨大变化。

迅速老龄化也在不断改变能源需求的方式。

在人口减少和技术革新的前提下，预计我国能源需求结构的变化仍将持续，如何应对这种变化成为我们今后的课题。

3. 新兴国家能源需求扩大等导致资源价格的不稳定

放眼世界，能源需求中心正由发达国家向新兴国家转移。预计到 2030 年，世界能源需求量将是 2010 年的 1.3 倍，其中 90% 的增加量由非 OECD（经济合作与发展组织）国家的能源需求增加造成。

在能源需求呈扩大趋势的中国和印度等新兴国家，正积极推进其国有企业的资源开发和采购，新兴国家的企业集群也在世界各地展开激烈的资源争夺战。

获取资源的竞争激化、区域纷争以及经济状况变化所带来的需求变动趋势，使得资源价格从长期来看呈上升趋势，也可能导致更加严重的价格暴涨暴跌现象。2004 年以后，中国开始大量增加海外原油采购，当时的原油价格（日经迪拜）约为每桶 30 美元。2008 年夏季以后，原油价格瞬间迅速飙升至每桶高于 140 美元的价位。其后，雷曼兄弟破产引发严重的经济危机，为此欧美等国纷纷减少原油需求，原油价格一度跌破 40 美元大关。现在原油价格再次上升，每桶价格已经超过 100 美元（2014 年 4 月 1 日，日经迪拜价格每桶 104.20 美元）。今后，受中东地区的政治及社会局势的影响，再加上欧美诸国、中国等国家的经济状况变化，预计原油价格仍可能发生大的变动。

4. 全球温室效应气体排放量加大

新兴国家旺盛的能源需求，导致温室气体排放状况发生很大改变。全球二氧化碳排放量从 210 亿吨左右（1990 年）增加至 305 亿吨左右（2010年）。其中，新兴国家碳排放量增加尤为显著，1990 年，发达国家的碳排放量约占世界整体排放量的 70% 左右，到 2010 年降至 40% 左右，发达国家与发展中国家的碳排放量占比发生了逆转。

据国际能源机构（IEA）预测，到 2035 年，全球由能源导致的二氧化碳排放量可能进一步增加 20%。政府间气候变化专门委员会（IPCC）第 5次评价报告书显示，由气候导致的全球变暖一事已无可置疑，此外，为抑制气候变化有必要从根本上持续削减温室气体排放。为了从本质上解决全球气候变暖问题，削减我国国内二氧化碳排放量自不待言，在全球范围内大幅降低碳排放才是当务之急。

第二节　东京电力福岛第一核电站事故及该事件发生前后显现出的问题

1. 东京电力福岛第一核电站事故导致的严重损害及对核电安全隐患的担忧

东日本大地震及地震引发的强烈海啸为受灾地区带来了莫大的损害，再加上电力供应失灵等原因导致核反应堆无法冷却，从而导致东京电力福岛第一核电站引发了严重事故。周边地区的居民不得已被迫开始了他们的避难生活，截至目前依然有约 14 万避难居民无法返回家园。

东京电力福岛第一核电站核废堆恢复需要相当长的一段时间，为此有必要实施长期、稳定的措施。具体措施包括水污染处理对策、从乏燃料池取出燃料、取出燃料碎片、确保储藏设施以及严格监管等，这些措施均伴随诸多技术困难，为此必须由官民共举集全球之力，扎实稳步推进。

东京电力福岛第一核电站事故暴露出我国在应对重大事故方面的欠缺和不足。政府和企事业者必须时刻谨记，此次深陷"安全神话"之事故，并应对此次事故给受害者、全体国民招来巨大困难一事进行深刻反省。

反省此次核电事故吸取相关教训，我们设立了核能规制委员会，执行全世界最严格水平的管理标准。现在，核能规制委员会按照企事业者的要求，对现有核电站实施严格的技术及科学审查。

2. 化石燃料依存度加大及其导致的国家财富外流，扩大供给的不稳定程度

核电站叫停使得 2012 年我国能源自给率降至 6.0%，这在国际上属于低自给率、脆弱的能源供给结构。为替代核电，我国从海外大量进口石油、天然气，对化石燃料的依存度也从震灾前的 60% 急增至 90%。日本的贸易收支受扩大化石燃料进口的影响，2011 年时隔 31 年首次出现贸易逆差，2012 年逆差额进一步扩大，到 2013 年约为 11.5 万亿日元，刷新了史上最大的贸易逆差额。贸易收支恶化也使经常收支受到大幅影响，化石燃料进口额增多已不仅局限于能源领域，而且成为影响宏观经济发展的问题。

现在，经过测算可知，假设核电站叫停后的电能由火力发电代替，与东日本大地震前（2008~2010 年度的平均值）利用核能时的基本负荷电力相比较，2013 年度我国外流的进口燃料费增加了约 3.6 万亿日元。

我国对资源供应国的依赖随着海外化石燃料依存度的增大得到进一步升级。现在，83% 的原油、30% 的 LNG 从中东地区（2013）进口。一旦中东地区局势不稳，我国的能源供给结构可能受到直接且巨大的影响。

石油方面，我国从第一次石油危机后开始完善石油储备制度，该制度可以确保 190 天的石油储备量。那么即便发生供给中断的事态，国内储备仍可以维持一定程度上的石油供给。天然气方面，虽然有多样化的供给源，但由于作为发电燃料的天然气的使用范围急速扩大，因此若主要供给地区切断对我国的天然气供应，可能会为我国的电力供给体制带来深刻影响。为避免我国陷入这种事态，我们不得不更进一步迅速扩大天然气供给源，例如从北美进口 LNG 等。

3. 电源结构变化导致电价上涨，能源成本的国际地区差距对宏观经济、产业、家计（国民生活）的影响

第一，电价上涨及其影响。尽管 6 家电力公司已经对管辖部门的电价进行了 6.2%~9.8% 的提价，但实际上，受到高涨的燃料价格的影响，全国标准家庭的基本电价上涨了 20% 左右。

2012 年 7 月，我国开始实施固定价格收购制度，由此旨在进行可再生能源供应的设备投资开始加速，非住宅领域对以太阳能发电为主的可再生能源的引进也呈剧增趋势。自该制度实施至 2013 年 12 月末，可再生能源的设备引进量与以前相比增加了 34%。2014 年度，电力用户用电税金为每千瓦 0.75 日元（全国为 6520 亿日元），标准家庭每月需缴纳约 225 日元。固定价格收购制度下，考虑到今后可再生能源的导入将进一步增加，这可能成为电力用户负担加重的原因。

多种因素导致的电价上涨，压迫大量消费电力的产业和中小企业的企业收益，造成人员削减，导致国内企事业者盈利能力恶化进而向海外转移，同时造成海外扩大对日投资的障碍。此外，还将加重国民的生活家庭负担。

关于对宏观经济的影响，2011 年 12 月内阁府公布的《日本经济 2011 ~ 2012》指出，假设火力发电代替全部核电，预计电力供应业者的生产率会下降 10% 左右（即发电成本上升），潜在 GDP 减少约 0.39% ~ 0.60%，表明了能源结构变化对经济增长造成影响的担忧。

第二，能源成本的国际地区差距扩大及其影响。

在北美开始的页岩革命，导致以天然气为中心的能源价格在国际地区之间产生较大差距，这可能对各国的产业结构造成重大影响。

IEA 发布的《世界能源展望 2013》指出，美国国内的天然气价格低于欧洲的 1/4、日本的 1/6（2012 年平均值），假设地区间能源价差持续扩大，那么占全球产业部门能源使用量 70% 的能源集约型产业（化学、铝、水泥、钢铁、造纸、玻璃、炼油），在日本、美国、EU 三方进行互比时，只有美国的产业扩大，日本和 EU 合计将损失 1/3 的出口份额。据此，能源成本的国际地区差距，不仅影响能源领域，同时对包含石油化学产业在内的产业活动带来很大变化，还可能给经济增长和产业结构造成重大影响。

4. 我国温室气体排放量剧增

化石燃料依存度加大，不仅对能源成本产生影响，同时也为我国应对全球气候变暖问题带来困难。

现在，在电力部门，由能源导致的温室效应气体的排放量大幅增加。与 2010 年度的二氧化碳排放量相比，虽然 2012 年度非电力企事业者的二氧化碳排放量减少了 2900 万吨，但由于电力企事业者的二氧化碳排放量增加了 1.12 亿吨，所以整体来看二氧化碳排放量为 8300 万吨，大幅增加。

此前，在应对全球气候变暖的措施方面，我国一直居于引领国际的地位。但当前我国的实际情况以及姿态，却备受质疑。此外，这种变化还会对企业活动的生命周期评价造成恶劣影响，加速企业向海外转移的趋势。

5. 暴露供给体制的缺陷，如东西间电力融通、紧急供应等

第一，电力供给体制的问题。

东日本大地震时，太平洋一侧的大部分发电站停运，由于广域范围内的电力系统操作不够成熟，导致无法补充停运所带来的电力不足部分，最终使得东京电力管辖区内实施计划停电。

2011 年 7 ~ 9 月，为避免电力供给不足导致的停电，按照《电力事业法》第二十七条的规定，对电力实施限制性使用。2012 年、2013 年实施节电等措施，虽然确保了电力供给平衡，但由于其中包含老化的火力发电站，而且是在火力发电全面运作的情况下才达到平衡，因此一旦电力设备发生故障，我国依然可能陷入电力供应不足的情形。

为应对这种状况，我们有必要从电力供需平衡且电力供应充沛的地区向电力供应不足的地区输送电力，但实际情况显示我国东部和西部地区之间的输电线容量不足，广域运行机制不够完善。再加上电价和服务的多样性不足，导致无法将客户的柔性需求灵活地纳入电力供给结构中，这也深刻暴露出我国的供给体制在灵活性上的缺陷。

不够稳定的能源供给，使我们认识到分散型能源系统的有效性。这种分散型体制在考虑地区特征的基础上，组合多种能源资源并合理利用，能够强化我国的应对能力。因此我们有必要在全日本范围内分散风险，不断强化能源的供应网络。

第二，石油和城市燃气供给体制的问题。

东日本大地震的经验表明，在发生危机时，我国的石油、天然气紧急供给体制同样存在大量问题。

关于城市燃气，仙台灾区的 LNG 基地和天然气供应网络遭到损坏导致供给停滞，为此我国紧急调用新泻到仙台的燃气管道提供补给，在此次事故中日本海一侧的城市燃气供给设备发挥了备用功能。今后，预计天然气的使用还将持续增加，那么我们有必要对含管道架设在内的一系列可确保稳定供给的措施进行讨论。

当陷入供给障碍时，石油和液化石油气填补了电力和城市燃气的不足。灾区向政府提出的紧急供应物资中，30% 左右为石油产品（汽油、轻油、灯油等），可见石油是很好的应对危机的能源。石油巨头企业跨部门共同应对此次危机，让我们再次认识到了石油的重要性。但也存在诸多问题，例如地震和海啸造成多个炼油厂停工（其中 3 所炼油厂被迫长期停工），道路、港湾等物流基础设施受其影响遭到严重破坏，运输手段（油罐车）和物流基地（油库）的受灾情况如此之重令人始料未及，支援石油供给但相关省厅之间的合作准备却不充分，石油巨头企业无法适应跨部门的危机应对等。这些问题让我们认识到顺利向灾区输送石油依然存在很大困难。

6. 对能源相关的行政、企事业者的信赖度下降

东京电力福岛第一核电站事故发生以前，围绕核能政策发生过多起纠纷以及不断推迟有关政策出台的事件，诸如隐瞒事故信息、"文殊"快堆问题、六所村核废料处理厂数次推延开工、高放射废物最终处置地点的选址后延等问题，这些均招致国民对能源领域的行政、企事业者的不信任。

东京电力福岛第一核电站事故发生及其后续处理过程中，行政、企事业者在信息共享方式、欠缺与地区沟通的问题意识等方面广受批判，导致国民的信赖显著下降。

7. 需求趋势的变化：热电联产增多和节电行为的变化

东日本大地震后，我国的最终能源消费在 2010～2012 年减少了 4.2%，其中电力消费减少 8.0%，大于整体能源消费量的下降幅度。

另外，热电联产的发电容量与 2010 年度相比，2012 年度增加了 2.7%。电价上涨的影响在产业、业务部门表现为热电联产增多的方式，这为能源利用方式带来新的可能性。

此外，电价不断上涨导致普通家庭的负担逐步加重，由此家庭节约用电的动机开始出现变化，表现为从配合电力供给不足，发展至主动缓和电价上涨对家计造成的影响。

峰值定价（critical peak pricing）面向大量居民、对不同时间段的大幅度电价价差进行实证检验，结果表明当把电价提高 3～10 倍时，可以控制电力高峰期时段 20% 左右的用电量。当前，能源价格整体处于上涨情形，控制用户用电的方法可能带来大的收效。

8. 中东、北非地区局势不稳导致资源供给地区地缘政治的结构性变化

东日本大地震使我国国内环境发生很大变化，自《第三次计划》（2010 年 6 月内阁会议决定）以后，国际地缘政治结构也出现了大变动。

我国的化石燃料尤其是石油大量依赖中东地区，2012 年 12 月突尼斯爆发"茉莉花"革命，随后革命火种逐渐蔓延到约旦、埃及、巴林等地，所

谓的"阿拉伯之春"扩大至中东、北非地区。由于这些地区政治和社会结构不稳，引发国际社会对原油供给不足的担忧最终导致国际原油市场的不稳定。这种状况仍在持续当中，如埃及局势不稳、叙利亚内战等，现在我们还看不到可稳定中东地区局势的路径。

此外，伊朗涉嫌发展核武器问题，造成地区局势紧张。我们必须持续关注两个问题，其一，伊朗成立新政权，并与相关国家对话，会对今后的中东局势造成怎样的影响；其二，如何影响霍尔木兹海峡的安全通行问题，以及中东地区的石油和 LNG 稳定供给。

从中长期来看，页岩革命将使美国能源领域自主独立。美国减弱对中东地区局势的控制，其结果可能导致中东局势朝着更加不稳定的方向发展。对此，从能源安全保障的角度出发，对其加以考虑至关重要。

放眼日本的海上通道，沿岸各国围绕各自海洋边界问题关系颇为紧张。除此之外，东南亚海域近年频发海盗及武装抢劫案件，由此可以看出，与我国密切相关的能源供给网络并不稳定。

9. 北美页岩革命使国际能源需求结构发生变化

页岩中赋存非常规型天然气和原油，事实证明始于北美大陆的页岩革命极有可能对全球化石燃料供给结构造成重大影响。

2006 年以后，美国的页岩气开发剧增。雷曼兄弟破产导致金融危机爆发后，天然气价格急剧下滑，国际社会的天然气价格在 2010 年以后再次呈现上涨趋势。国际天然气价格主要受原油价格影响，但是美国的天然气价格却一直在低位徘徊，形成了一个与国际天然气价格市场全然不同的天然气市场。

关于页岩油，与 2010 年相比，2012 年的产量增加 2 倍以上，美国的石油产量位居世界前列。今后，美国对北美大陆以外地区的石油依存度可能进一步下降。

收获页岩革命果实的美国，预计至 2018 年将成为天然气的净出口国，同时美国也在加速由燃煤发电向天然气发电转移的趋势。由此，美国将扩大对欧洲的煤炭出口，欧洲对燃煤发电的依存度正不断加深。

北美大陆国际能源供给结构的独立自主化趋势，可能促使相邻的南美大陆加速对非常规能源在内的石油和燃气的开发，由此预计西半球将脱离以中东地区为中心的化石燃料供给体制，朝着独立自主的方向发展。其结果是中东地区可能进一步扩大对需求旺盛的亚洲地区的能源供给，最终极大依赖中东地区石油供给的亚洲，对该地区的依存度将会进一步加深。

预计国际能源供给结构的变化将会对以天然气为中心的世界需求结构造成很大影响，国际能源供需结构同时也可能发生极大变化。

国际能源市场的重心不断向亚洲转移，其中实力不断壮大的中国的影响力大幅提升。在国际政治、经济、能源市场，中国的影响力和存在感不断抬升。如何面对逐步走向强大的中国，形成怎样的国际秩序，这是我国乃至全世界今后共同面临的课题。在亚洲地区，摆在我们眼前待解决的共同问题包括 LNG 的高价格问题和环境问题等。对我国来说，有必要就与中国保持适度的合作关系进行讨论。

10. 以新兴国家为中心，全世界扩大对核能的利用

亚洲等地区对中东化石燃料的依存度不断加深，核能作为补充化石燃料的强有力的能源资源，从能源安全保障的角度出发，应该扩大其利用。急剧增长的能源需求，以及中东、北非地区的局势不稳状况，均将作用于加速核能扩大利用的趋势。

新兴国家今后扩大核能引进的可能性很高，日本周边国家也在推行核电站的新增计划。

关于核能的和平、安全利用，核不扩散问题以及核安全措施，事关能源供需结构的稳定，从全球安全保障的观点出发也是应持续关注的重要课题。考虑到将会有越来越多的国家采用核能，管理核能利用的国际核能机构（IAEA）等国际机构和主要的核能利用国家，今后将发挥更为重要的作用。围绕核能的利用，仅由一国关起门来进行议论绝不能很好地应对今后的发展，必须站在国际视角才能推进解决的步伐。

第二章　能源供需政策的基本方针

第一节　能源政策的原则及改革视角

一　确认能源政策的基本视点（3E + S）

（一）能源政策的基本视点（3E + S）

能源是支撑人类全部活动的基础。

能源供需结构若能实现稳定的且社会负担较小的能源供给，是我国取得更进一步发展的前提条件。

如第一章所述，我国的能源供需结构极其脆弱，还要克服东日本大地震及东京电力福岛第一核电站事故爆发后的种种问题，为此我们不可避免地要推行大胆的能源供需结构改革。

推进能源政策的重点在于掌控从生产、采购，到流通、消费的整个能源供应链，明确基本视点，采取中长期对策。

能源政策的要点如下：以安全性（safety）为前提，以能源稳定供给（energy security）为第一要务，通过提升经济效益（economic efficiency）实现低成本的能源供给，同时尽最大努力与环境（environment）相协调。

（二）国际视点的重要性

现在，不仅我国面临能源环境变化所带来的影响，作为新的世界潮流它已经波及多个国家。越来越多的能源领域问题，不能依靠一国之力就得到充分的解决对策。

例如，关于资源采购，各国、各企业一方面是对手在展开激烈的竞争，另一方面针对资源供给国家，各消费国可以通过合作改善交易条件。在竞争与合作并存的关系中，可以进一步促进资源交易的合理化。

此外，关于核能的和平、安全利用，应对全球气候变暖的措施以及确保稳定的能源供给体制等方面，相关国家如不通力合作，可能导致无法达成原本的目的，因此必须基于国际视点共同应对。

能源政策必须在切实捕捉上述国际趋势的基础上进行构筑。

能源产业与此相同，也越来越需要国际视点。

考虑到我国能源供给结构对海外资源的高依存度以及国内能源需求呈下降趋势的形势，能源产业在为我国能源稳定供给做出贡献的同时，为了强化经营基础谋求更进一步的发展，应当自主积极推行国际化、强化海外事业，将海外需求作为自身市场采取积极措施加以应对。

（三）经济增长视点的重要性

能源是支撑产业活动的基础，其稳定供给和成本对企业的业务活动和选址布局等战略层面影响深远。

在第一节基本视角已述及，经济效益提升可带来低成本的能源供给，实现能源稳定供给、降低环境负荷是将已有事业据点留在我国国内，实现我国经济更进一步增长的前提条件。

《日本再兴战略》（2013 年 6 月内阁会议决定）表明，为把我国建设成为易于企业发展的国家，应该强化布局竞争力。为此，需推进能源领域的改革，构筑可同时实现既克服电力、能源制约又可降低成本的能源供需结构。

能源供需结构的改革以各种形式促进新企事业者加入到能源领域之中，

这可能产生更加全面的高效的能源供给业者，也有可能创造出一个与能源以外市场相融合的新市场。

这种改革将成为我国能源产业提高竞争力、提升国际市场存在感的契机，能源相关企业通过出口高附加值的能源相关设备以及服务，可以改善我国的贸易收支状况。

因此，在讨论能源政策时，考虑其对经济增长的贡献也应该是一个重要的视点。

二　构筑"多层次、多样化、灵活的能源供需结构"及其政策方向

我国国内资源有限，为了营造安定的社会经济活动环境，必须确立可长期保持能源供需稳定且状态平衡的能源供需结构。为了灵活应对能源供给量和价格的变动，平时有必要确保稳定和效率；发生危机时，即便特定的能源供给发生障碍，其他能源依然可以顺利、恰当地作为备用能源加以利用。

我们旨在实现"多层次、多样化、灵活的能源供需结构"。

构筑上述能源供需结构，可基于以下方向开展政策。

（一）各种能源组合成多层次的供给体制，进而形成供给结构

各能源在供应链上分别有各自的强项和弱点，仅由一种单独的能源无法支撑安定的、高效的能源供给结构。

即使在危机时刻也要确保实现供需结构的稳定供给，那就需要最大限度发挥各能源的长处，弱项则由其他能源适当完善补充。我们有必要实现相互结合、多层次的供给结构。

（二）促进能源供给结构的弹性化

多层次的能源供给体制即使在危机时刻也要适度发挥其功能，弹性化可以确保能源的稳定供给。保持能源供应弹性是可真正确保能源稳定供给的重要课题之一。

为此，我们有必要掌控包含电力等二次能源在内的整个能源供应链，尽量减轻供给体制的损耗，尽早恢复供给，持续注意对问题点的把握，并迅速采取必要的应对措施。

（三）促进结构改革，参与能源供给结构的主体呈多样化趋势

通过电力、燃气体制改革，去除各产业存在的能源市场壁垒，建立可供各种主体参与的自由的能源供给结构。多样化的参与主体包括：已有能源企事业者；其他行业；进行能源供需管理服务的地方自治体；非营利组织等。

多种主体可以供给多种多样的能源，激活能源市场的竞争，进一步促进

能源产业的效率。

此外，还可能使地区创造新的产业，并为区域振兴做出巨大贡献等。

（四）为客户提供多种选择，实现由客户主导的能源供需结构

在为客户提供多种选择的同时，客户可通过分散型能源系统自主参与供给，这为能源供需结构提供了灵活性。

客户一旦通过多种选项自由选择能源，客户的需求动向会对供给结构中能源构成比例及供给规模带来影响，从而进一步提高供给结构的效率。

如果供给结构的构成能灵活应对需求动向的变化，那么可以进一步发挥多层次供给结构的稳定性。

（五）为最大限度降低海外局势变化带来的影响，通过促进国产能源等的开发与引进，改善能源自给率

由于我国对海外资源的依存度高，遭遇资源采购谈判瓶颈以及资源采购国家和海上通道的形势变化使我国一直面临供给不安的风险，确保能源安全保障，将是我国面临的一个长期挑战。

克服这些问题，提高我国应对国际形势变化的能力，重要性在于完善政策体系，通过中长期的对策促进国产能源的发展，改善我国能源自给率的现状。国产能源包括可再生能源、定位为准国产能源的核能以及可燃冰等沉睡在我国专属经济区内的资源。

（六）为在全球范围内削减温室气体排放，对解决全球气候变暖的措施做贡献

我国一直领先于其他国家，通过改善能源利用效率等措施，积极应对全球气候变暖。在这一过程中，我们扩大了节能和环境负荷较低的能源的用途，积累了这方面的技术和专业知识。我国拥有优越的技术，可以在技术层面为全球气候变暖问题做出巨大贡献。

为此，我们不仅要在国内继续推进应对全球气候变暖的措施，还要为全世界的温室气体减排做出贡献。

第二节　各能源的定位和政策时间轴

一　一次能源结构中各能源的定位与政策的基本方向

通过具体把握每种能源在供应链上的特征，我国根据实际情况发挥强项弥补不足，以期确立稳定的能源供需结构。为此，我们有必要明确各能源在供需结构上的定位，提示政策的未来走向。

特别是在电力供给方面，为实现能够平衡稳定供给、低成本、符合环境要求的供给结构，需要按照各能源的电源特性对其加以利用。各能源作为电源使用时的定位如下。

发电（运营）成本低廉、可稳定发电、不分昼夜可持续作业的电源，即"基础电源"。包含地热、传统水力（堤坝式）、核电、煤。

发电（运营）成本仅次于基本负荷电源，根据电力需求趋势，可灵活调整输出功率的"中间电源"。包含天然气等。

发电（运营）成本高，根据电力需求趋势，可灵活调整输出功率的"峰值电源"。包含石油、抽水蓄能发电等。

基于以上分类，针对第一章我国能源供需结构存在的问题，以及第二章第一节"多层次、多样化、灵活的能源供需结构"中对各能源的定位及政策走向，进行如下整理。

（一）可再生能源

1. 定位

当前，可再生能源存在稳定供给、成本等多方面的问题，但由于其不排放温室气体，可在国内自行生产，有望确保能源安全保障问题且多样性强，因此是重要的国产低碳能源。

2. 政策方向

从2013年起，在三年左右的时间里，最大限度加快可再生能源的引进，之后也要持续积极推进。为此，需切实推行系统强化、规制合理化、低成本化等研发活动。还可举办可再生能源相关的部长级会议，在强化政府核心指导功能的同时，促进相关省厅间的合作。通过这些措施，旨在推出远超此前能源基本计划水平①的新目标，以此为基础对能源结构进行讨论。

更进一步，还有必要按照各能源自身的不同特征，开发世界最先进的海上浮动式风电和大容量电池等新技术市场，同时要把创造新的能源关联产业和雇佣机会纳入视野中来，推进与经济平衡发展的能源开发。

（1）太阳能

由于太阳能接近包含个人在内的客户，因此可以进行中小规模的发

---

① 2009年8月制定的《长期能源需求展望（再计算）》指出，2020年，可再生能源等在总发电量中的占比为13.5%，合1414亿千瓦；2010年6月召开的综合资源能源调查会综合会议、基本计划委员会联席会议的资料《2030年能源供需形势》指出，2030年，可再生能源等在总发电量中的占比约为20.0%，合2140亿千瓦。

电。一方面，它不仅能抑制系统的负担，还可以作为应急电源使用。另一方面，它存在发电成本高、输出功率不稳定等问题，因此有必要进一步加以创新。

从中长期来看，可以降低太阳能发电的成本，在分散型能源系统下通过弥补日间峰值需求段的用电，有助于实现消费者参与型的能源管理体制。在对太阳能发电进行准确定位的前提下，我们可以考虑扩大其引进。

（2）风力

大规模开发的风力发电与火力发电的成本基本相同，因此它是可以确保经济效益并有发展前景的能源。

风力发电面临的实际情况是在电力需求规模较大的管辖区域内，我国具备充分的调节能力可应对供给的弹性变化。另外，在北海道及东北北部适合风力发电的区域，却未必具备良好的调节能力，为此需进行系统完善、广域操作确保调节能力、合理利用蓄电池等举措。我们有必要在考虑经济性的基础上，促进风力发电的利用。

（3）地热

我国地热储量丰富，居世界第三位。地热发电成本低且稳定，因此是可担当基础电源的能源。

此外，地热资源的多个环节均存在利用价值，例如可利用地热发电的地下热水等。另外，地热开发需要时间和成本，因此必须采取降低投资风险、完善配电网、加强与地区的共同开发等措施，从中长期的视角出发进行可持续开发。

（4）水力

抛开缺水问题，水力发电发挥着卓越的稳定供给功能，今后还将持续发挥重要作用。

其中，传统水力发电（堤坝式）运营成本低，可作为基础电源使用；抽水蓄能发电便于调整发电量，可作为峰值电源使用。

关于传统水力发电，此前我们已经进行了相当程度上的大规模水力开发。现在，我们可与相关人员合作以便进一步对已有水库加以有效利用。具体实施方式有两种，其一是对还未进行水力发电的水库增添发电设备，其二是就已经进行水力发电的水库更换发电设备加强其发电量。

此外，还有很多中小水力未得到开发，尽管存在高成本等问题，但作为可担当地区分散型能源供需结构基础的能源，依然值得我们对其加以合理利用。

（5）木质生物能等（含生物燃料）

以木质生物能（木材的未利用资源，如加工剩余物等）为中心的生物能发电可以成为稳定发电的电源，同时也是可以搞活地区经济的能源。尤其是木制生物能发电，一方面，可以完善我国宝贵的森林资源，搞活我国的林业经济，同时发挥作为地区分散型能源的作用。另一方面，木材木质和加工剩余物等材料各异、形态不同，存在成本等方面的问题。因此，首先要调整与其他利用形态的竞争关系，确保原材料的稳定供给；其次考虑木质生物能在分散型能源系统中的定位，追求规模效益，在火力发电厂采取共燃措施等。全面动员森林、林业等各种支援政策，谋求进一步扩大木质生物质能发电。

生物燃料以进口为主，为此我们要持续关注国际趋势和新一代生物燃料的技术开发走向。

（二）核能

1. 定位

核能的能源输出量远远大于其燃料投入量，多年来它完全依靠国内燃料维持生产，是低碳型的准国产能源。核能具备优越的稳定供给性能和高效性，运营成本低廉且变动少，再加上它运行过程中不排放二氧化碳等，因此在确保安全性的大前提下，核能是益于稳定能源供需结构的重要的基本负荷电源。

2. 政策方向

利用核能的大前提是安全第一，因此我们要竭尽全力消解国民的担忧。在此基础上，将关于核电站安全性的话语权交给核能规制委员会进行专业判断，当其认为我国核电站达到最严格的世界管理标准时，我国将尊重其判断并重启核电站运营。届时，国家需站在前面，尽力取得核电站所在地区的相关机构和人员的理解与合作。

首先，通过引进节能和可再生能源、提高火力发电站的效率等举措，尽最大可能降低我国对核电的依存度。以此为指导方针，考虑今后我国的能源制约问题，在确保稳定供给、降低成本、应对全球气候变暖、保证安全的基础上，从发展所需要的技术和人才角度出发，重视核电站的合理规模。

其次，吸取东京电力福岛第一核电站的事故教训，为了将核电站风险降至最低，我们要采取万全的对策。在此基础之上，一旦发生事故，则依照国家相关法律承担相应责任，再行处理。

再次，伴随核能利用过程中的乏燃料问题是全世界共同的课题，我们不能把这项难题留给下一代。将解决乏燃料问题作为我们这一代的责任，合理利用国际网络，切实推进相关对策。

最后，通过召开核安全峰会、修订《核物质防护条约》等举措，充分掌握国际走向，推进核不扩散和加强核安全的必要措施及其相关研发活动。

（三）煤炭

1. 定位

虽然煤炭的温室气体排放量大，但它在化石燃料中的地缘政治风险最低，每热量单位的单价也最低廉，拥有优异的稳定性和经济效益，因此被认为是重要的基本负荷电源燃料。同时，煤炭还是通过有效使用高效率的燃煤发电可降低环境负荷的能源，今后应继续对其加以合理利用。

2. 政策方向

煤炭未来的政策走向包括：通过更换过时的火力发电厂和新增火力发电厂促进可供使用的新技术的引进；通过进一步促进 ICGG 等的技术开发，大幅提升发电效率，从根本上降低单位发电量的温室气体排放。不仅在我国国内，还要在海外推进这些高效率的技术，以便在全球范围内降低环境负荷。在煤炭领域，高效的燃煤发电与环境负荷减轻有必要并行发展。

（四）天然气

1. 定位

现在天然气的使用在电源中的占比超过 40%，它是高效的热源，因此天然气利用在不断扩大之中。我国的天然气进口不通过陆地管道，与石油相比地缘政治风险相对较低，在化石燃料中其温室气体排放量也最少。因此，它在发电领域是重要的中间电源，未来可能成为氢社会的基础之一。

今后，页岩革命将使价格由竞争决定，据此我们预计各领域均可能向天然气转移。天然气的作用进一步扩大，成为重要的能源。

2. 政策方向

现阶段，我国以高价格从国际社会采购 LNG。今后的重点在于避免过度依赖某一种电源，而应通过多样化的供给源来降低成本。

此外，从应对全球温室效应的角度出发，我们有必要做好如下工作。第一，天然气使用形态多样化。热电联产等区域电源分散化利用以及作为氢源的利用使天然气利用形态多样化，这可以切实促进产业领域向天然气利用转移；第二，联合循环火力发电。这可以促进天然气的高效利用；第三，完善体制。这可以提高紧急状态时的弹性化。

（五）石油

1. 定位

尽管石油的国内需求不断减少，但其在一次能源中的占比仍然超过40％，可广泛应用于运输、民生、用电等领域，以及作为化学产品的原材料使用。其中，尤以运输部门对石油的依存度最大，同时石油还是重要的制造业原材料。从石油的使用用途来看，虽然它在电力上的应用并不十分广泛，但在一定程度上可发挥峰值电源及稳压电源的作用。关于能源采购，石油虽然是地缘政治风险最大的能源，但它可运输性高，再加上拥有完善的国内供给网络，可代替其他缺失的电源，因此今后仍将是重要的能源。

2. 政策方向

今后，旨在推进多样化的供给源、与产油国合作、加强储备强化危机管理、有效利用原油、运输用燃料的多样化，以及应用于稳压电源的石油火力发电。

此外，在发生灾害事故时，要保证石油能够成为能源供给的"最后基石"。为此，一方面要进一步加强网络的弹性供给，另一方面在减少国内需求的同时加强整个亚洲地区的供给。与此同时，为了维护好包含日常供给在内的全国供给网络，有必要采取可加强石油产业管理基础的措施。

（六）液化石油气

1. 定位

我国的液化石油气对中东依存度高，属脆弱的供给结构。但随着北美页岩气革命的发展，我们可以采购低价的液化石油气，其地缘政治风险将逐步降低。

液化石油气在化石燃料中属于温室气体排放相对较少的能源，可作为中间电源使用。再加上我国拥有完善的面向终端消费者的供给体制和储备制度，方便了液化石油气的运输及储藏。因此，液化石油气既可支撑国民的日常生活和产业活动，在紧急状况下还是优秀的分散型的干净的燃气能源。

2. 政策方向

发生灾害事故时，为使其成为能源供给的"最后基石"，需扎实做好储备工作，加强核心加油站的设备建设，推进供给体制的弹性化发展。此外，为了使液化石油气的使用费用透明化，可由国家调查零售价格、提供相应信息以及改善企事业者的供给结构来降低液化石油气的使用成本，在促进其使用形态多样化的同时，有必要进一步促进液化石油气汽车等在运输部门中所发挥的作用。

二　二次能源结构的存在方式

为确保新的能源供给结构更加稳定更加高效，不仅要针对一次能源构成，同时还要就终端消费人群的能源利用形态即二次能源进行探讨。其中，为了最大限度推进节能的开展，有必要针对电力转换和热转换的有效、节约运用进行探讨，同时推行相关具体措施。

此外，由于技术创新的进步，我们业已迎来必须全面讨论视氢为能源的"氢社会"时期。

一方面要构筑多方位的供给结构，使各种能源做到取长补短；另一方面要讨论二次能源结构的存在方式，使其能最大限度发挥各自的特性。

（一）　在二次能源结构中承担核心功能的电力

电力来源广泛，易于使用，再加上可能进一步实现电气化率，今后在二次能源结构中将持续发挥核心作用。

我国的电力供给体制既不像德法等欧洲国家拥有联合系统，可以在本国电力供给不稳时从其他欧盟国家调集电力，又不像地域宽广的美国在各个州之间装有完善的配电网络。因此，我们必须在全国范围内，装备并完善平衡的电源及电力系统，确保广域的、有效的能源利用体制。

关于电力供给，应当确保低价且稳定的基础电源、根据需求趋势可灵活调节电力输出的中间电源、适度均衡的峰值电源，同时组合可再生能源等各种分散电源也很重要。

电源构成应确保低价、稳定且不逊于国际水准的基础电源，以期不过度依赖特定的电源及燃料来源，确保稳定供给所必需的储备能力、调节能力，还要与环境相协调，最终实现均衡的电源构成。

另一方面，东京电力福岛第一核电站事发之后，电力需求出现了变化。以需求趋势变化为基础，推行节电、错开空调高峰使用等举措，通过这些节能对策平摊电力负荷，使我国的能源供给结构更加效率化。

今后，电力系统改革可能导致电源构成发生变化。届时，我们不仅要完善可再生能源等各种新型发电设备的投资，还要根据各项能源的特征完善配电网络来适应发电时间不同、输出特性不同的能源。此外，还包括稳压电源和蓄电池等系统稳定措施，因此未来我们可能进行大规模的投资。

东京电力福岛第一核电站事发后，核电站停止发电。此前，核能在电源构成中的占比为30%左右，受事故影响核能发电的比率急剧下跌，而从海外进口化石燃料的依存度上升并超过88%，这在电力供给结构中甚至超过第一次石油危机时的数据（当时的记录为76%，之后，石油替代资源以及核能等使得依存度降至60%）。最近，电价上涨的最大因素为发电用化石燃料的大幅增加，为此我们应官民共举一同降低化石燃料的采购成本。

电价受到配备、稳定电力系统的追加成本以及固定价格收购制度的影响，今后可能累计征收各种金额。虽然考虑到发电事业本身的成本会在竞争过程中得到控制，但我们依然有必要关注其他原因以便不会造成电价的大幅上涨。

为此，有必要追求均衡的电源构成方式，从而使可能发生的追加成本不为国民生活及经济活动带来大的负担。

此外，从大规模的灾害即电力供给弹性化的角度出发，我们还有必要推行与天然气基础设施建设相吻合的区域电源分散化工作。

（二）热利用：促进热电联产及可再生能源热能等的使用

以热利用为中心的非电力应用占比过半是我国终端能源消费的现状。因此，为了提高能源利用效率，进一步有效使用热能至关重要，为此我们有必要强化相关措施。个人和家庭的生活方式不同、区域热源赋存状况不同，导致热利用的形态也不尽相同。为此，我们应根据生活方式和地区实际情况，采取灵活的应对措施。

组合热能和电力的热电联产通过同时使用热电，是最能有效应用能源的方法之一。此外，热电联产通常大多拥有一定的剩余发电容量，因此可以在紧急状况下作为电力供给不足的后备电源使用。

近年，热电联产增长势头趋缓，此次电价上涨令我们再次看到引进热电联产的兆头。可以通过建筑物、工厂、住宅，以及包含周边在内的区域应用，扩大热电联产的引进及使用。

此外，为了使能源供需结构进一步效率化，可以采取的有效措施包括更进一步有效利用太阳能热、地热、冰雪热、温泉热、海水热、河川热、污水热能等可再生能源热。

以上热源之所以未得到合理应用，不仅在于其高昂的设备引进成本，还在于没能培育起可担当热源供给的企事业者。这源于以下两点原因，一是相较于设备供给能力，地区的热需求不足导致供需不平衡收支无法盈利，二是国民对热源的认知度较低。因此，重要性在于采取相应的使用措施，发挥热源蕴藏地区的特性。

（三）氢："氢社会"的实现

未来，除了电力、热，我们也期待氢可以成为发挥核心作用的二次能源。

使用氢时，要确保它的安全性。但氢易于使用、能效高，使用阶段二氧化碳排放量少，且在发生紧急状况时也能发挥相应作用，拥有众多优质的特征。

关于氢的引进，虽然已经有很多主体针对多种多样的要素技术进行了研发及实证，但若想实现在日常生活及产业活动中可以合理利用氢的"氢社会"，还需要克服技术层面、成本层面、制度层面、基础设施层面的诸多问题。为此，推行多种技术开发并降低成本，战略性推进制度及基础设施建设，使氢从可行性高的技术真正为社会所用。

三　政策时间轴与混合能源的关系

本计划虽未立足于长期能源供需展望，但将中长期（今后 20 年左右）的能源供需结构纳入视野之中，归纳总结了能源政策的基本方针。特别是将 2018～2020 年定位为确立稳定的能源供需结构的集中改革时期，并确立了该时期的能源政策方向。

关于能源组合，可根据各能源的定位，评估重启核电站、基于固定价格收购制度的可再生能源引进，以及《联合国气候变化框架条约》缔约国大会（COP）等关于地球温室效应问题的国际讨论，最终迅速做出判断。

政府应展开讨论，并及早完善本计划所涉及旨在达成各项课题的体制。

第三章　关于开展长期的、综合的、计划性的
能源供需所应采取的政策

第一节　确保资源稳定、开展综合政策

现阶段，我们对化石燃料的依存度不断加大。为了应对日趋不稳的国际能源供需结构，将未来可能发生的变化放入视野之内，确保资源稳定供给是一项重要的课题：分散主要资源；关于各项资源，有必要通过分散采购地区、确保上游权益、加强与资源供给国的关系来降低采购成本，实现适度的

投资组合，确保稳定的、经济效益优良的资源。

2013 年度，总理大臣、部长级官员积极开展与美国、俄罗斯、沙特阿拉伯、阿拉伯联合酋长国、卡塔尔、加拿大、莫桑比克等的资源外交，推进综合政策以确保实现可持续的稳定资源供给。例如，获得日本企业参与美国 LNG 项目的出口许可，确保日本位于阿拉伯联合酋长国的自主开发油田权益等。

1. 加强与北美、俄罗斯、非洲等新型资源供给国的关系，促进能源上游领域的发展

北美页岩气革命大大影响了天然气的国际供给结构，同时也为北美地区需求日渐低迷的煤炭贸易结构带来变化。今后，北美的页岩气革命还将扩大至石油领域，预计页岩气开发可能从北美地区延伸至南美地区，并进一步扩展到中国等其他区域。

随着页岩气革命的不断进展，俄罗斯在其主要销路地区即欧洲面临需求萎靡不振的情形，不得已必须开拓新的市场，这些新市场主要指我国、中国等亚洲地区市场。考虑到俄罗斯拥有丰富的资源潜景，同时是我国的近邻，再加上我国能源供给谋求多样化等原因，合理利用俄罗斯的石油和天然气资源对确保我国能源稳定供给具有重大意义。因此，我们有必要在判断国际形势的基础上，从综合性战略性的视点出发讨论与俄罗斯之间的关系。

此外，金属矿物和燃气等作为非洲资源开发的"最后领域"，备受世界瞩目。各国纷纷开始资源开发投资，今后开发的步调将进一步加速，非洲资源持有国正式步入国际资源市场。

在上述情况之下，我们已经开始了扩大多样化供给源的措施，包括增加新的资源供给国。例如，从不断扩大页岩气生产的美国进口 LNG，2020 年前后可以实现从加拿大、俄罗斯、莫桑比克等国进口天然气的构想。

为了我国能够加入国际能源紧密合作的过程中，捕捉国际资源供给结构的变化，使国际市场纳入新的资源供给国，我们于 2013 年召开了日本、非洲资源部长级会议，并决定以每两年一次的频率于今后定期召开。未来，我们将加强这方面措施。

新的资源供给国的出现，同时意味着我国企业在油田、燃气田、煤炭及金属矿物等的矿山开发权益方面，拥有了进军上游领域以及自主开发的新机会。在中东、澳大利亚、印度尼西亚、俄罗斯等国之外，美国、加拿大、莫桑比克、越南、哈萨克斯坦地区上游开发的趋势也在加速。为了进一步加快日本企业在资源能源上游领域的发展，我们可以通过积极开展资源外交、凭借独立行政法人"石油天然气、金属矿物资源机构"（JOGMEC）加强风险货币的供给功能等方式，官民合作共同提高我国在资源能源领域的自主开发比率。

为了获取并更新资源权益，可在我国拥有强项的各领域使用尖端技术，提供技术支持解决上游开发领域的难题，以及促进离岸开发情形下重要性日趋加大的浮式液化天然气生产储卸装置（FLNG）。

2. 强化当前资源采购的环境基础

与我国拥有资源供给关系的国家包括：产油国沙特阿拉伯、阿拉伯联合酋长国，天然气资源国澳大利亚、卡塔尔、马来西亚、俄罗斯、印度尼西亚，煤炭资源国澳大利亚、印度尼西亚，金属矿物资源国智利、秘鲁、澳大利亚、加拿大、南非等。与这些国家的关系不能只单纯停留于资源交易层面，通过多种多样的经济交易、在国民各阶层开展全方位的人员交流，推进综合性外交使两国间关系得以实现全面互惠发展同样至关重要。例如，我国与阿拉伯联合酋长国的关系就不局限于能源领域，还在考虑对方国家需求的基础上，在人才培养领域扩大合作，深化两国关系，今后应继续扩大并强化此类措施。

在构筑全面的互惠的双边关系过程中，积极开展首脑及部长级外交，使双边关系建立在牢固的信赖基础之上，完善可供资源交易稳定进行的环境。

此外，为了进一步提升海上交通线路的稳定性，强化与沿线各国、各地区的关系极为重要。以《亚洲反海盗及武装劫船合作协定》及马六甲海峡安全航行的"合作机制"运用为基础，通过与各国海上安保机构合作、参与港湾等基础设施建设、完善船舶航行的管理体制、强化沿岸受灾地区的救助与重建援助体制，以及通过加深日美在海洋等安保领域的合作，来确保商用船舶航行的安全性与稳定性。

最后，由官民合作，为了更进一步谋求 LNG 和煤炭等的稳定、低价采购，还需确保、强化大型船只的结合受纳功能。

3. 改善资源采购条件、降低能源成本

关于改善资源采购条件，在个案合同层面，基本是由民间企业之间共同商议采购条件。从国家层面来说，有必要完善涉及价格决策方法、目的地条款等可供讨论交易条件多样化的环境，战略性应用新型联合采购机制来强化谈判能力，支援可使资源稳定、低价采购的战略措施。

　　具体实施措施包括 LNG 产消会议、日印能源对话、日韩燃气对话等，通过确保国际对话的机会，沟通生产国家和消费国家之间的意见，强化消费国家之间的合作。

　　正在进行页岩气革命的美国天然气市场是由市场供需平衡决定天然气价格的市场，与石油价格之间不存在联动性。进口美国的天然气同时意味着将不以石油价格为决定性因素的 LNG 价格决策方法引入我国的交易环境之中。关于如何改善上述谈判环境，国家需对包含 LNG 期货市场在内的讨论进行积极援助。

　　关于 LNG 采购，不仅要在价格层面，还要在合同的灵活性以及确保上游权益等方面发挥谈判能力。为此，有必要战略性运用新型联合采购，既通过整体把握 LNG 供应链推进全面的事业合作来最大限度发挥谈判能力，而非采取一直以来的国际财团型联合采购方式。这种新型联合采购方式与制度改革同步进行，可能会成为创造综合型能源企业，以及与亚洲、欧美地区企事业者进行合作的契机。

　　为了促进国内外企事业者的合作，可采取撤销 FOB 目的地条款等措施完善有关环境，使 LNG 合约的商业惯例更加灵活。

　　此外，还要推进以下讨论：确保北美等新供给源；如何运用未来的管网设施实现供给形态的多样化；国际供应链的存在方式及可能性。

　　如上所述，通过促进交易的多样化（从北美进口 LNG、撤销目的地条款等）、召开 LNG 产消会议、加强消费国家间的合作等项措施，展望亚洲、太平洋地区的 LNG 需求前景，未来在亚洲地区实现以日本为核心定位的 LNG 供需结构。

4. 促进可燃冰等国产资源的开发

　　我国拥有排名世界第六的专属经济区，如果能开发蕴藏于海洋中的能源、矿物资源，可能大幅提升能源自给率。相关省厅、机构以及民间企业联合促进海洋开发，也会振兴关联产业。此外，在开发国产资源方面，还将切实评价环境层面的影响。

　　2013 年 4 月，基于《海洋基本法》首次对"海洋基本计划"进行了修订，针对海洋能源和矿物资源的开发制定了新的政府目标。

　　可燃冰

　　政府的最新计划定位于此前研发出的"砂层型"可燃冰，以及主要在日本海一侧确认的"表层型"可燃冰。

在我国东部南海海沟，砂层中的可燃冰蕴藏量可能相当于我国国内约十年的天然气消费量。2013 年 3 月，独立行政法人海洋研发机构使用"地球"深海探测船，进行了全球首个在海洋中采取减压开采法的燃气生产实验。以此次生产实验结果为基础，完善有关技术以期在 2018 年度实现商业化。届时，针对国际形势进行判断的同时促进技术开发，2023~2027 年，将开始由民间企业主导的商业化项目。

此外，在以日本海为中心确认可燃冰贮藏的表层型地带，从 2013 年度起在 3 年左右时间内，对必要的分布地区进行大范围调查进一步确认资源蕴藏量。具体措施如下：2013 年度在上越海域和能登半岛西部的海域实施广域地质调查，确认可能存在可燃冰的结构；2014 年度以后，扩大调查对象海域，在有可行性的调查地区实施地质抽样调查。基于上述调查结果及 2015 年度末期关于今后发展方向的讨论，着手进行真正意义上的资源回收技术调查和研发等活动。

石油、天然气

在缺乏勘探业绩的周边海域，最大限度使用 2008 年引进的三维地球物理深水勘探船"资源"，到 2018 年度争取大致实现 6000 平方公里的物理勘探。结合勘探结果，国家在有前途的水域灵活实施试采，并通过将得到的地质数据等成果移交给民间来促进勘探活动的发展。

金属矿物

海底热液矿床蕴藏在我国近海的浅层地带，无论是从技术角度还是经济角度均有利于开发。使用 2012 年起航的新型资源探测船"白岭"，对最具备可行性的冲绳海域进行热液矿床资源蕴藏量的探测，最终发现了新型深海矿床。通过继续勘探蕴藏量的详细情况、推进采掘器材等的技术开发，在 2018 年度前对其经济可行性做出评估。之后，完善有关技术开发，以便 2023 年以后开始实施民间可参与的商业化项目。

在我国专属经济区外侧的公海内，已经确认蕴藏着大量包含多种重要稀有金属的富钴结壳。2013 年 7 月，JOGMEC 按照国际海底机构制定的勘探规则申请了矿区，先于世界其他国家批准了我国的勘探矿区。我们实施计划性勘探，以便在今后 15 年的勘探期间内取得必要的成果。

此外，还要继续对以下两项内容进行战略性调查，分别是新追加为"海洋基本计划"内容的南鸟岛周边的稀土堆积物，以及在夏威夷洋面已经具备勘探矿区的锰结核。

5. 为确保矿物资源稳定供给，必须促进资源再利用、强化储备体制等

为了确保金属矿物的稳定供给，一方面要实施多样化的供给源，切实推进二手产品的金属矿物回收，另一方面要针对尚未确立回收技术的矿种积极推进其技术开发。此外，针对分布于国家风险较高地区的金属矿物，要推进代替材料的开发及节省资源的举措。金属矿物是我国产业发展必不可缺的能源，即使面临价格急剧高涨和供需紧迫的状况也要确保其稳定供给，因此我们通过上述措施及上游开发提高能源自给率。

此外，国家储备金属矿物是为了应对暂时性的供给障碍。为此，我们要认清国内供需动向，切实推进必要的稀有金属储备，完善国家储备体制以便在供给断绝的紧急时刻可根据客户需求灵活投放矿物。

第二节　彻底实现节能社会和灵活的消费活动

我国在 1970 年石油危机以后，经官民共同努力将能源实际使用效率提高了 40%，远超世界平均水平。例如，以石油危机为契机，1979 年我们制定了关于能源合理使用的法律，其中规定产业、办公、运输各部门人员每年均有义务向政府汇报节能对策的采取情况以及能源使用效率的改善情况，从而构筑起可自发性促进节能发展的社会框架。在办公、家庭部门，制订了以能耗设备为对象的领导者计划，针对各类型设备的制造业者实现了可提升能源消费效率的体系。虽然在各部门的有效实施下进一步加速了节能措施的开展，但实现更加合理的能源供需结构、抑制温室气体的排放同样重要。

为此，应进一步促进各部门节能措施的开展，尽快制订可能加速目标实现的具体指标。

此外，我们还修订了关于能源合理使用的法律。首先，从 2014 年 4 月起，鼓励需求方在电力需求峰值时刻采取相应对策。今后，企事业者抑制电力需求峰值时刻的用电措施，以此进一步推进电力需求的平衡化发展。其次，通过技术创新的进一步发展，例如采用可促进电力消费效率的新一代电力电子设备，可能更有效地使用能源或扩大各类能源的使用用途。最后，通过电力系统改革管理供给和需求，再加上多样性的主体参与能源供需结构，未来我国会形成需求方可自由选择的完善的能源利用环境。

我们认为在可提供多种选择的市场上，客户基于合理理性判断自由选择消费活动，可能带来供给结构及能源构成的变化。

为此，有必要加强相关措施，以便加速构建这种新型的能源供需结构。

一 各部门强化节能活动

（一）强化办公、家庭部门的节能活动

在办公、家庭部门，建筑物及住宅的节能化开展备受社会期待。尤其是在热量进出较大的入口处和墙壁等部位，引进高性能的窗户及绝热材料被认为是有效提高能效的手段之一。但是，此前住宅、建筑物却不在以能耗器械设备为实施对象的"领跑者计划"的实施范围内。1998 年修订《关于能源合理使用的法律》之后，我们引入领跑者计划指定家电及汽车等产品，参考该时间上具备最佳耗电量和油耗水平的产品制定具体数值标准，要求制造业者和进口业者所销售的产品在指定年度必须满足该标准。通过领跑者计划的实施，我国能源效率得到了提升。其中，空调和电视提升了 30%、家用冰箱和微波炉分别提升了 43% 和 11%。

首先，应当推广节能措施至建筑物、住宅领域，为此 2013 年我们重新修订了《关于能源合理使用的法律》。该法规定将可提升住宅、建筑物以及其他设备能源使用效率的产品追认为领跑者计划的新实施对象。据此，建筑材料成为领跑者计划的对象，并规定了绝热材料的具体标准。

此外，我们继续扩大了领跑者计划下能耗设备的对象范围，包括办公用冰箱、冷库、多功能设备、打印机、电热水设备（热泵热水器）以及 LED 球泡灯。同时，关于高效照明，力争在 2020 年前实现流量 100%，2030 年前实现存量 100%。

其次，还要推广以下节能对策，具体包括：改建、重建节能性能较低的建筑物和住宅，完善、普及包含节能性能在内的全方位的关于环境性能的评估和标签制度。推广新建筑、新住宅的高保温，引进节能设备，同时还要谋求具备较高节能性能的低碳建筑物的普及推广。

为了实现净零能源，政府在公共建筑场所、住宅、办公大楼、医院等建筑物内，引入高保温、高密封性、高效空调、全热交换器、LED 照明配置运动传感器等节能技术。截至目前，已经在全国进行了约 4000 项援助项目。

今后通过上述措施，关于建筑物，争取 2020 年前在新建公共建筑场所等地、2030 年前在新建筑物内基本实现 ZEB（零能耗建筑）。关于住宅，争取 2020 年前在标准的新住宅内、2030 年前在新住宅内基本实现 ZEH（零能耗住宅）。

再次，推广完善有关环境，充分考虑规制的必要性、程度以及均衡等方面内容，同时规定在 2020 年前新住宅、新建筑有义务阶段性满足节能的有关标准。

最后，为了提高国民生活质量，还要推广普及可更深层次促进能源节约的生活方式。

（二）促进运输部门的多种节能对策

首先，在运输部门，由于汽车占据能源消耗的绝大部分，因此推广汽车节能尤为重要。为此，我们推广汽车层面的对策，如截至 2030 年前将新一代汽车在新车销售中的占比从 50% 提高至 70%。此外，还要采取各种综合措施，例如，完善有利于能源节约的环形道路等干线公路网的建设，推广智能交通系统（ITS）等交通对策。

其次，通过技术开发及实证检验，提高含海上运输（仅次于汽车能耗）在内的运输部门的能源节约及物流效率，并公布有关成果谋求高效的节能对策的普及。

再次，为了削减物流领域的能源使用量，经由模式转变旨在实现高效的物流配送体系。具体来看，可继续推进物流基地的集约化以及货主与第三方物流共同配送等措施。

最后，不仅要节约车辆及船舶等的能源使用，还要在铁道站台、港湾、机场、道路等设施上引进节能设备和 LED 照明。

（三）加速产业部门等节能

20 世纪 70 年代石油危机以后，提升能源使用效率高达 41%，我们已经实现高效的能源使用。近年来，产业部门一直推广上述节能措施。例如，房屋建筑商以自家工厂为模型，开发新的建筑方法，在处理过程中采取各种措施提高运营效率，并将取得的成果分享给其他工厂。与 2005 年度相比，2012 年度的能源使用量提升了 34%。

在已经取得较高节能成果的产业部门，如果想更进一步提升其能源使用，那么有必要推广高效节能设备的更新使用。首先，企业自身应当完善最佳节能对策的实施环境，具体包括支援节能设备的投资，提供多种政策支援改善制造流程等。其次，还要推广创新性技术开发以便实现跨行业的大幅的能源节约活动。再次，为了促进灵活的能源使用措施，一方面要加快 BEMS（建筑物能源管理系统）等能源管理体系设备的引进，另一方面要取得制定能源管理手续的 ISO5001 认证，还要提供节能对策信息等。

（四）根据各产业的具体能源消费实况，采取更进一步的节能措施

如要更进一步扩大能源节约，仅依靠部门措施则面临一定的局限性。为此有必要根据更加细化的各业态的能源消费情况，采取详细的能源对策。

为了将上述措施转入实用化阶段，有必要对详细的能源消费情况进行调查分析，这需要花费一定时间。为此，对基础信息进行调查和分析，以便推广更高水平的节能措施，再以调查和分析结果为基础，构筑新的能源对策。此外，通过这些措施可以进一步细化各部门关于能源措施的指标。

二　运用电力需求响应、促进能源供给效率

迄今为止，在用电峰值时刻，我们通过稳压电源来确保电力供给。换句话说，通过抑制需求方的需求也可以实现供需平衡。根据供给抑制需求是需求响应的第一步，但还有一种方法是在不同的时间段故意设计不同的电费价差，通过需求方来使电力消费结构发生改变。把作业体制转换到夜间进行的措施虽然已经得到产业界的积极响应，但很难说它充分渗透到普通消费者中间。

为此，到 21 世纪 20 年代初期，我们要在全国的家庭和办公地点安装智能电表，首先，通过电力系统改革带来的零售自由化，设定更加高效的多样化的电价，实现可以自主抑制峰值时段用电需求的环境。

其次，在需求响应的第二个环节，可以考虑如何通过定量管理来抑制需求。定量管理的方法以供需调整合约的方式一直存在于电力公司与大宗客户之间，但没能像欧美社会那样广泛固定下来。关于该方法的效果及价值等，有必要在电力公司等相关人员之间达成共识。

为此，能源使用信息管理运营人员通过管理众多客户的负瓦特（省电能力）进行交易，通过他们可根据零售业者和配电业者的请求抑制客户需求，与此同时还要确立零售业者和配电业者向客户支付等价报酬的机制。具体来看，既要对电力需求响应的效果和价值进行实证检验实施定量管理，同时还要制定关于测定需求抑制方法的指导方针。

最后，通过搞活产生于控制需求的负瓦特交易，可能会进一步有效控制需求方的电力需求。因此通过切实推进电力系统改革，再加上完善环境使采取电力需求响应的新型业态更容易被引入进来，以此管理电力需求，将发电量维持在一个合理规模，从而实现稳定供给。

这些措施均需要对客户的电力使用信息进行处理，因此要以充分保障个人信息安全为基础。

第三节　加速可再生能源的引进：旨在于中长期内实现能源自给

自 2013 年起在 3 年左右时间之内，最大限度地加速引进可再生能源，今后也将继续积极推广。为此，我们正在切实推进系统强化、规制合理化以及低成本化等研发活动。例如，创办了可再生能源等相关部长级会议，在强化政府主导功能的同时，促进相关省厅间的合作。通过这些措施，旨在引进远超此前《能源基本计划》所制定的水平。在对能源组合进行讨论时，也以此为基础。

积极推进以下具体措施：以正确运用固定价格收购制度为基础，今后继续放宽有关规定，例如缩短环境评估期限等；同时需应对高发电成本、输出功率不稳定、选址布局受限等问题；进行低成本化、高效率化的技术研发；开发并实证检验大容量电池；完善配电网等。

一　强化措施、加速引进风力和地热

在一定开发规模基础之上可以确保经济效益的风力与地热，如对其进行引进还存在很多问题，需推进相关解决措施。

（一）风力

假设要引进风力发电设备，那么有必要应对的问题包括调节地方关系、环境评估、选址布局受到的各项规制以及制约。首先，即便是在固定价格收购制度下，应对上述问题的时间也要长于引进一项小型太阳能发电设备的时间，因此推广风力发电的速度不像引进太阳能发电设备如此迅速。其次，先期导入的太阳能发电利用了现有配电网络的容量，因此引入风力发电存在连接空间变窄的问题，还可能发生塔架倒塌等事故。

为了在更短时间内更加圆满地实现风力发电设备的引进，要持续推广相关措施，以便加速环境评估、实现《电力事业法》安全监管的合理化。如引进可再生能源有必要设置区域内的传输线和区域间的互连线。因此，首先要策划一个由风力发电企事业者成立的特殊用途公司，该公司旨在以电力传输线的使用费用反哺区域内传输线的装置投资回收为目的。其次，为了扩大存在输出波动的可再生能源的引进，可在电力系统改革内设置新的广域运营推广机构，导入可在广域范围内调节频率变化的机制，同时以该机构为中心

完善地区间传输线的建设。

同时，促进大容量电池和氢能的使用，缓解可再生能源的输出波动。变电站等引进大容量电池时，一要进行实证检验，二要符合国际标准。成本是阻碍大容量电池普及的问题，我们正在实施技术研发降低其成本，至 2020 年使其成本降低一半左右。

1. 陆地风力发电

北海道及东北地区是最适宜陆地风力发电的地区。为了最大限度地发展这类地区，首先要迅速进行环境评估、加强区域内的传输线和区域间的互连线架设；其次放宽、调整选址布局时关于农田挪用制度的监管力度，需对使其顺利开展的措施进行讨论；最后根据需要实施能进一步促进监管、制度合理化的措施。

2. 海洋风力发电

我国陆地风力发电资源有限，从中长期来看，势必要扩大引进海洋风力发电。

2012 年，在铫子海域和北九州海域设立了着床式海洋风力发电基座，取得了施工方法、气象条件、发电量等必需的数据。基于取得的数据和海外开发案例，从 2014 年度起对固定价格收购制度进行新的价格设定，继续强化有关措施。

此外，我们旨在实现世界首个真正意义上的浮动式海洋风力发电。通过进行技术研发，安全性、可信性、经济性评估，确立环境评估手法，继续推进福岛海域和长崎海域进行的实证研究，致力于在 2018 年左右尽早实现商业化。

（二）地热

地热发电需要开发时间和开发成本，面临的问题与风力发电情况相同，包括调节地方关系、环境评估、选址布局受到的各项规制以及制约。

为了在更短时间内更顺利地实现地热发电设备的引进，首先要降低投资风险、快速进行环境评估、实现《电力事业法》安全监管合理化，并根据需要实施能进一步促进监管和制度合理化的措施。其次，地热能源的各个环节都备受社会期待，如发电后的热水利用等。具体来看，地热发电站实现电力的稳定供给，同时蒸汽产生的热水可以供附近的宾馆及农业大棚使用，由此担负起支撑地区能源稳定供给的作用。基于地热发电的一系列优点，从中长期角度出发，应当持续推广这种与区域共存的可持续研发，对此要针对如何更好地调整选址布局进行讨论。

二 促进分散型能源体系下可再生能源的利用

分散型能源体系包括：易于放置在住宅及公共设施屋顶上的太阳能；以地方各主体为主设立的风力发电；运用河川和农业用水等的小型水力；合理利用温泉资源的小型地热发电；蕴藏于各地区以木质为首的生物质。通过降低太阳能热、地热等可再生能源的成本，可使分散型能源在成本层面也实现均衡发展从而可能发挥重要作用。由于分散型能源是与区域密切相关的能源，因此重要性在于以自治体为首同时地方发挥引进的主体作用，由此也创造了一个使各阶层国民能把能源问题当成是自己身边的事情来加以参与的机会。

构筑使用可再生能源的分散型能源体系，不仅能为地方带来新的产业发展机会，搞活地方经济；还能在大型电力产生供给困难的危急时刻，为地区能源稳定做出一定贡献。

为此，要进行支援以便使个人及小规模企事业者易于参与此项事业，加速构筑组合了各种小型可再生能源的分散型能源体系。2013 年，临时国会通过了《关于促进农林渔业健全和均衡发展的可再生能源电力发电的法律》（《农山渔村可再生能源法》）。积极运用相关法律，推广引进可为地方经济做出贡献的可再生能源。

为了使分散型能源系统内剩余的蓄电池电力等得以灵活向系统供给，需要弹性运用逆潮流。为此还需推广必要的可稳定系统的技术创新。

（一）木质生物能等

未加使用的木材具备极大的发展可能性，通过其稳定、高效供给可以实现木质生物能的发电和热利用。对此，有效利用森林资源有利于实现循环型经济的发展，采取森林、林业实施对策可以搞活林业发展，基于《农山渔村可再生能源法》等法律可以对促进农林渔业健全和均衡发展的可再生能源加以推广引进。还可以推广污水污泥、食品垃圾等城市型生物质能的利用，以及运用退耕土地的燃料作物生物质能。

（二）中小水力

关于中小水力发电，已经获得认证可通过农业用水等进行发电。由于修订《河川法》之后必须进行注册，因此现阶段我们正谋求用水权的手续简化，今后旨在积极扩大中小水力发电的引进。

（三）太阳能

太阳能发电的特征在于中小规模、可分散易于引进、系统负担小、可作为应急电源使用。因此它适合家庭使用及地产地消的分散型电源。我们已经在地区的闲置场所、学校及工厂的屋顶推广中小型太阳能发电，今后将继续支持相关措施的开展。

（四）可再生能源热能

可再生能源热与可再生能源电力并列，是重要的区域性能源。具体包括污水污泥、废料产生的生物质热，可在运输部门替代部分石油燃料的生物质燃料，废物处理过程中的热回收。对此，可根据经济效益及区域特性推广上述可再生能源热的使用。

关于太阳能热、地热、雪冰热、温泉热、海水热、河川热、地下水热等可再生能源热，一方面要支持其热供给设备的引进，另一方面要对多种可再生能源热和储热水箱的多种热利用形态进行实证检验，最终扩大可再生能源热的引进。

三　固定价格收购制度的存在方式

截至 2013 年 12 月底排除大型水力发电在外，与 2012 年 7 月开始实施固定价格收购制度前相比较，我国已经开始发电的可再生能源发电设备的设备引进量增加了 34%，取得了切实进展。但由于固定价格收购制度赋予对可再生能源进行投资的回收可能性，因此它实质上加快了投资的速度。那么有必要基于稳定且符合实际的运营来降低制度风险，实现企事业者可专注于竞争本身的制度运营。此外，重要性在于要把小范围措施以及搞活地方经济纳入视野之中，进行制度讨论。

另外，还必须时常考虑从国民负担的角度出发，遵守法律规定，基于成本降低的实际情况重新修改采购价格。诸如固定购买价格制度等有关促进可再生能源利用的制度，针对成本负担加重以及强化系统等课题，在参考国外情况的同时，构筑可以同时实现促进可再生能源利用最大化和控制国民负担的最佳实施对策组合。以此为核心关键，基于法律规定，就修订《能源基本计划》进行综合讨论，根据讨论结果采取必要措施。

四　推广福岛地区可再生能源产业的基地化发展

福岛正在进行世界首个真正意义上的大型浮动式海洋风力发电的实证研究工作。除此之外，独立行政法人产业技术综合研究所于 2014 年 4 月成立了"福岛可再生能源研究所"，主要研究地热发电的合理利用技术、评估技术以及可再生能源等。

通过上述措施，福岛旨在实现可再生能源产业的基地化发展。

第四节　重启核能政策

一　核能政策的出发点：东京电力福岛第一核电站事故的真挚反省

东京电力福岛第一核电站事故使我国国民和全世界人民重新认识到核能的风险。国民对核电的不信任感以及对推广核能政策的政府及企事业者的不信任和反感达到了前所未有的高度。

事故导致现阶段仍有约 14 万人无家可归，污染水等问题时至今日依然造成众多国民及国际社会的不安。政府对未能防止东京电力福岛第一核电站事故的发生进行了真挚的反省，在倾尽全力重建福岛地区的同时，还要根据事故原因及反应堆内的情况，为今后防止此类事故发生做出不懈努力。

东京电力福岛第一核电站事故发生以前，围绕核能政策发生过多起纠纷以及不断推迟有关政策实施的事件，诸如隐瞒事故信息、"文殊"快堆问题、六所村核废料处理厂数次推延开工、高放废物最终处置地点的选址后延等问题，这些均招致国民对能源领域的行政、企事业者的不信任。

与事故发生前相比，国民对能源问题的关心高涨。有观点认为应当立即停止核能使用，在未来全面废除核电，我国不需要类似核能的大型集中电源；也有观点指出我国需要核电，但即便继续启用核电也应将其控制在最小规模。国民从各种立场出发表达了各种观点和意见，进行着各种讨论。

政府必须正面认真接受上述种种讨论。

二　重建及复兴福岛的措施

重建及复兴福岛的措施是以重启能源政策为出发点。政府必须全力进行重建及复兴福岛的工作，优先解决的问题包括废堆及污染水对策、核能赔偿、去污及中间储藏设施、声誉受损控制等项内容。

东京电力福岛第一核电站事故危害如此之深的核能事故，其引起的废堆及污染水对策面临史无前例的巨大困难。因此不应完全由企事业者负担，国家有必要站在前面怀揣不屈不挠的决心切实履行每一项对策。

为此，国家为了统一废堆及污染水对策有关的主导功能，同时也为了强化解决体制，首先将"东京电力福岛第一核电站废堆对策促进会议"与"废堆及污染水对策部长级会议"合并，对相关组织进行了梳理。今后，基于以下三项规定，继续切实实施废堆及污染水对策。这些规定包括"关于东京电力福岛第一核电站 1～4 号机组退役的中长期路线图（2013 年 6 月核能灾害对策本部、东京电力福岛第一核电站废堆对策促进会议决定）"，"关于东京电力福岛第一核电站污染水问题的基本方针（2013 年 9 月核能灾害对策本部决定）"，以及注重预防性、多重对策的"关于东京电力福岛第一核电站废堆、污染水问题的追加对策（2013 年 12 月核能灾害对策本部决定）"。再加上解决东京电力福岛第一核电站的废堆和污染水对策预计需要 30～40 年的时间，国家有必要走在前列从技术角度出发，强化支援体制以便更加切实推进核废堆问题。为此，将"核能损害赔偿支援机构"改名为"核能损害赔偿、核废堆等支援机构"，并在 2014 年的国会例会上提出"修订核能损害赔偿支援机构法律的部分法案"，修订法案追加"援助事故反应堆的废堆"为业务内容。其次，在东京电力福岛第一核电站的周边区域，有必要设立以机器人及分析技术为首涉及多种核废堆技术的研发基地和以维修及零配件制造为中心的生产基地。对研发基地和生产基地的存在方式应采纳地方意见，并进行必要的讨论。在采取上述措施的同时，继续在福岛海域进行浮动式海洋风力发电技术的实证研究、开设由独立行政法人产业技术综合研究所成立的"福岛可再生能源研究所"、建设相马 LNG 基地、ICGG 的实证检验，通过这些使福岛发展成为能源产业和技术的基地。

通过 IAEA 和经济合作与发展组织核能机构（OECD/NEA）等多边合作框架以及与美、英、法、俄的双边合作框架，与世界共享我们取得的技术及经验，为提高各国核能设施的安全性以及强化防灾功能做出贡献。对于管理企事业者的对策进展、技术难度系数高以及国家有必要站在前面提出的对策措施，诸如国家财政、确保安全的劳动环境及作业品质等项内容，应持续由国家推进相关举措。

此外，为了更进一步从核能灾害中复兴并重建福岛，在"摆脱核能灾害、加速福岛复兴（2013 年 12 月内阁会议决定）"中，东京电力正面回应了福岛的重建问题，同时明确了国家先行的具体方针。加速那些缺乏必要的资金补贴则无法取得进展的事业，例如赔偿、去污及中间储藏设施等，最大限度控制国民负担，同时实现电力的稳定供给和福岛重建。针对福岛重建面临的所有课题，国家和东京电力一方面要取得国民的理解与合作，另一方面要与地方携手，同时以刻不容缓的姿势加以应对。

三 不间断提升核能利用的安全性、确立稳定的事业环境

核能利用应当首先优先安全问题。我国核电站脱离了不可能发生严重危

害事故的"安全神话"，重要性在于不断追求世界最高水平的安全性。

利用核能的大前提是安全第一，因此我们要倾尽全力消除国民的担忧。在此基础上，将关于核电站安全性的话语权交给核能管理委员会进行专业判断，当其认为我国核电站达到最严格的世界管理标准时，我国将尊重其判断并重启核电站运营。届时，国家需走在前列，尽力取得核电站所在地区的相关机构和人员的理解与合作。

包含核能企事业者在内的产业界有必要确立从自身出发不断追求核能安全的事业体制，致力于形成最优先考虑核能设施安全性能的安全文化。国家发挥必要的作用完善稳定的事业环境，以便使前述目标成为可能。

核能企事业者怀揣决不再次发生核能事故的强烈意愿，完善可适度管理核能风险的体制，同时通过实施概率论风险评估（PRA）等客观的、定量的风险评估手法，评估各核反应堆的安全性，不断提升安全性能。

核能企事业者维持高水平的核能技术及人才，灵活应对今后还将增加的退役核反应堆。以东京电力福岛第一核电站事发为契机，采取迅速的最好的安全对策强化管理，为地球温室效应和基础电源稳定供给做出贡献。即便是在电力系统改革引发竞争的环境下，核能企事业者也要能应对前述问题，为此国家可参考海外实例，对事业环境的存在方式进行讨论。

为了安全且灵活推进东京电力福岛第一核电站以及今后还将增加的旧核电站的废堆工作，有必要维持和发展高水平的核能技术及人才。再加上东京电力福岛第一核电站事发后，预计国际上依然会扩大核能利用。尤其是在能源需求剧增的亚洲地区，扩大核能引进的规模将十分显著。我国作为利用核能的发达国家，在事故经验、安全、核不扩散以及核安保领域的贡献将受到世界期待。再加上提升周边国家核能的安全使用也是为了确保我国的安全，因此有必要维持、发展可对此做出贡献的高水平的核能技术及人才。

关于废堆产生的放射性废物的处理问题，在谁发生谁负责的大原则下，包括低放废物的处理在内，基本是由核能企事业者实施处理措施。为了顺利处理，国家可推广必要的研发活动促进确保安全的举措。此外，为了使核废堆灵活安全实施，还要在工程期间确保必要的技术开发及人才等推广措施。

关于核能损害赔偿制度，需考虑本计划制定的核能定位等能源政策，并基于现阶段正在进行中的福岛赔偿的实际情况等内容，最终进行综合讨论。为了认识到参与构筑国际核能损害赔偿制度的重要性，同时在废堆、污染水对策上完善可集结海外智慧的环境，我们正加速缔结《核损害补充赔偿公约》（CSC）的有关工作。国家在制定核能灾害对策方针及完善防灾体制的基础上，集相关省厅之力，继续对有关自治体的地区防灾计划和避难计划进行补充完善，谋求加强防治灾害的对策。

按照《核能灾害对策指针》，关于地方公共团体新近实施的核能灾害对策，要在内阁府特命担当大臣的监督下，由核能灾害对策当局作为与地方公共团体协商的窗口，与有关省厅一同对其加以援助。

四　切实推进相关措施，不把问题留给将来

全世界的乏燃料中，2011 年时仅 OECD 成员国的乏燃料总量已经达到约 18.5 万吨，乏燃料问题是全球共同的课题。乏燃料伴随核能利用产生，为了不把解决乏燃料的问题留给后人，我们必须要把它当做是我们这一代人的责任，切实推进有关对策。为此，我们要全面推广，并从根本上加强乏燃料对策。

针对高放废物，国家应走在前列推广最终处理措施。在进行最终处理以前，核燃料循环的一个重要过程是要实现乏燃料的安全管理。为此，国家要加强可以扩大乏燃料储藏能力的有关措施。同时，为了确保未来有更广泛的选择余地，还需推广关于放射性废物减容、降低有害程度等的技术开发。

还要充分考虑核燃料循环政策一直以来的进展情况，取得有关自治体和国际社会的理解，同时推广再处理和钚热等，最终获得中长期角度上的灵活应对。

（一）全面推广并从根本上加强乏燃料问题的解决措施

1. 从根本上加强高放废物的最终处理措施

现阶段，在我国有约 1.7 万吨的乏燃料正处于保管过程当中。加上之前已经处理的部分，相当于我国拥有约 2.5 万吨的高放废物固化体。然而，自有放射性废弃物的最终处置制度以来，虽然已经过去了十多年，但我们还没有开始着手调查最终处置地点的选址问题。

我们这一代人制造出的废弃物不能留给后人解决。因此，国家有必要走在前面采取有关措施解决高放废物的问题。

关于高放废物，为了最大限度减轻后人负担，尽最大可能实现不依赖长期制度管理（人力管理）的最终处置；现阶段国际社会针对地质处置是解决高放废物的最佳方法已经达成共识，因此各国都在推广地质处置相关的措施。我国在地质处置方法上已经积累了一定科学经验。但是，不可否认地质处置的安全性能还不能得到十足的保证。因此，一方面要以地质处置为前提推广有关措施，另一方面还要确保其可逆性和可回收性。假设将来出现了更好的解决方法，并能大范围使用时，我们要为后人提供最佳的选择方法。

基于以上考量，关于地质处置技术的可信性问题，一方面要定期性、持续性进行最新科学经验的评估和反映，另一方面要从确保广泛选择余地的角度出发，推广直接处置、替代处置方案相关的调查和研究。同时，关于不封锁处置场地维持回收可能性时，要对其影响加以调查和研究，还要对封锁处置场地之前阶段的高放废物管理方式进行细化。

在此基础上，最终处置场地的选址必须充分保障处置的安全性。为此，由国家向全社会指出从科学角度出发最适宜进行处置的场地，从科学角度阐释区域的地质环境特征，寻求全社会的理解。此外，在区域独立自主讨论和判断的基础上，进行选址地点的设定也极为重要。为此，我们要构筑一个不同立场的居民均能参加的可形成地区统一意见的机制。将全社会的利益还富于地区是国民共通的解决课题。作为其解决方法，国家应与自治体合作共同探讨、实施能保障被选址地区可持续发展的支援政策。

具体措施包括：基于综合资源能源调查会的审议，在"最终处置部长级会议"上加以细化，及早修订"关于特定放射性废物最终处置的基本方针（2008年3月内阁会议决定）"。

此外，作为废弃物的直接造成人员拥有基本责任的核能企事业者，要在国家采取的一系列措施的基础上，主动寻求社会对选址布局的理解，向国民说明选择最终处置场地的必要性。

2. 扩大乏燃料的储藏能力

我们作为废弃物的制造者，应当加强高放废物的最终处置措施。国家也走在前列致力于解决该问题，但解决过程需要较长时间。其间，必须对伴随核电所产生的乏燃料进行安全管理。为此，有必要强化乏燃料的储藏能力。在确保其安全性的同时，扩大管理方法是当下面临的紧要课题。以上措施可以提高应对的灵活性，有助于中长期的能源安全保障。

基于以上考量，扩大乏燃料的储藏能力，具体来讲，不拘泥于发电站的场地内外，广泛探讨新地点的可行性，同时推广中间贮藏设施及干式贮藏设施等建设、利用，并加强政府在这方面的作为。

3. 通过技术开发，实现放射性废物的减容、降低毒性

从长期来看，要对已产生的和未来将产生的乏燃料进行安全管理，因此有必要对其加以适度的处理或处置。放射性废物减容和降低毒性尤为重要，有必要以此观念为基础加以应对，以便降低长期风险。切实应对前述课题，开发可提高安全性、可信性及效率性的技术，在将来可能会成为重要的乏燃料对策支柱。从确保广泛的选择余地角度出发，对其加以推广拥有重要意义。

为此，恰当处理、处置放射性废物，推广放射性废物减容和降低毒性的技术开发。具体推广措施包括：快堆；使用加速器的核素迁移等；降低放射性废物中长期残留的辐射剂量；运用国际网络促进可提升放射性废物处理、处置安全性能的技术开发。此外，还要认清最终处置相关的讨论及进步状况，针对最终处置及减容等技术开发、国际研究合作、培养研究人员等一体化实施的可能性加以讨论。

（二）推广核燃料循环政策

1. 推广再处理和钚热等

从资源有效利用、高放废物减容、降低毒性等角度出发，我国的基本方针包括对乏燃料实施再处理、推广核燃料循环、有效利用回收的钚等。

关于核燃料循环，接连发生了六所村核废料处理厂延迟竣工和"文殊"快堆问题。重点在于要正面接受这种现状，并逐一解决技术课题和快堆纠纷所面临的问题。为此，即使是为了解决乏燃料处置问题、减轻后人风险和负担，我们也要重视可实现高放废物减容、降低毒性、便于资源有效利用的核燃料循环。充分考虑核燃料循环的发展历程，寻求相关自治体和国际社会的理解，促进再处理和钚热（MOX）等问题。

以确保安全为大前提，具体推广措施包括：促进钚热发电、六所村核废料处理厂竣工、建设 MOX 燃料加工工厂、陆奥中间贮存设施完工等。此外，以和平利用为大前提，为了切实推广有关措施获得国际社会理解，为核不扩散做出贡献，我们将继续坚持原则不持有无使用用途的钚。为了使其不止步于一句空话，我们充分考虑钚回收和利用的平衡性，通过推广钚发电等措施对钚进行适度管理和应用，加强与美国、法国等国际合作，致力于钚反应堆等的研发。

我们将"文殊"定位为可以进行废物减容、降低毒性、提升核不扩散相关技术等的国际研发基地。基于对以往措施的反省和验证，进行全方位的

彻底改革，旨在达成"文殊研究计划"中所展示的研究成果。为此，在国家责任制度下，充分应对必须要克服的难题，例如重新完善实施体制、应对新管理标准等内容。

2. 中长期应对的灵活性

有关核燃料循环的诸多课题，非短期内能得以解决，因此有必要从中长期加以应对。再加上还要应对技术转变、能源供需、国际形势等种种不确定性问题，因此灵活应对显得至关重要。今后，核电站的数量及其前景展望，与核燃料的需求及乏燃料的产生密切相关。由此，综合考虑上述因素，根据事件进展情况开展战略性灵活应对。

五　构建与国民、自治体以及国际社会的信赖关系

（一）对东京电力福岛第一核电站事故要广听、广报

受东京电力福岛第一核电站事故影响，国民对核能的不信任和不安情绪持续高涨，对能源相关的行政和企事业者的信赖度日益下降。真挚面对这种状况，哪怕是基于反省才构筑信赖关系，也有必要推广与核能相关的细致的广听、广报。为此，基于科学根据和客观事实推广以下宣传活动：核能存在的风险及事故造成的影响；根据事故加以完善的管理标准和安全对策；预估重大事故的防灾对策；关于乏燃料的问题；核能的经济效益；国际趋势等。

此外，通过与各方利益相关人员进行对话、强化信息共享机制等措施，在选定的核电站地区和受益于电力供给的消费地区，进行详细的广听、广报活动。进而，为了增进全体国民的理解，还要完善核能相关的教育活动。

（二）构建与地方自治体等的信赖关系

我国的核能利用需要建设核能设备的地方自治体及当地居民等的理解与合作，因此必须重新认识相关人员对能源稳定供给做出的贡献。然而由于事故的发生，核电站所在自治体的相关人员也怀揣着种种不安。

为此，一方面要根据地区实际情况，发送经科学检验的信息；另一方面的重点在于针对核能存在的风险及其影响，以及采取何种措施如何应对风险等，进行细致周密的对话。1981年，法国成立"地区信息委员会（CLI）"，设置了共享核设施选址信息的场所。英国、瑞典分别通过各自的"Site Stakeholder Groups（SSG）"或地区委员会，促进与核设备周边地区的沟通交流。在参考国际范例的同时，国家要更进一步积极干预，通过与以当地居民为首的各方利害关系者进行细致周密的对话，以及强化信息共享机制等项内容，采取必要措施强化区域信息共享。

另外，核电站停运及其长期性，也会给核电站所在地区带来经济影响。国家与地方自治体进行周密对话构建信赖关系的同时，还要根据地区的实际情况对核电站所在地区进行支援。涉及的实际情况包括电源选择布局的对策宗旨、核电站的运营情况、新产业和新雇佣机会的创造等。

（三）为世界的核能和平利用和核不扩散做出贡献

由于东京电力福岛第一核电站事故为周边国家及国际社会带来巨大影响，因此要合理利用 IAEA 等场合加强与国际社会的对话，发送及时且正确的信息。此外，预计我国周边的中国、东南亚以及以印度为首的新兴国家今后也将扩大核电引进。与国际社会共享东京电力福岛第一核电站事故的经验和教训，不仅能为提升世界核能的安全性能和和平利用做出贡献，同时在核不扩散及核安保领域做出积极贡献还是我国的责任和义务，同时也是世界各国的期待所在。对我国来说重点在于积极参与制定 IAEA 基准等核能安全方面的国际标准。在提供核电出口在内的核能技术时，如果是在授予公共金融的场合，需进行以下工作。具体包括参照核能安全条约及 IAEA 基准对安保等内容进行确认、吸取事故经验及教训、共享可提高安全性能的核能技术和安全文化。通过上述措施，为提升世界核能安全做出贡献。

此外，发挥我国作为无核武器国家的经验，通过加强 IAEA 保障、严格出口管理下的核不扩散、核安全峰会等措施，为强化全球核安全做出积极贡献。特别是在核不扩散领域，重点在于促进国际合作、强化核不扩散措施。以此提升核燃料对核扩散的抵抗性、在核维护技术以及核取证、核探测领域进行研发。我国与美、法等国合作，推广上述措施。政府还要与 IAEA 等国际机构合作，针对新引进核能的国家进行人才培养和完善制度等方面的援助，完善其一元化实施体制。

第五节 完善环境、提高化石燃料的效率和稳定利用

一 促进高效率煤炭和 LNG 火力发电的有效利用

虽然煤炭火力发电拥有稳定的供给性能和经济性能，但其温室气体排放量大。为了使煤炭火力发电与降低环境负荷得以同时成立，首先，我们运用最新锐的技术抑制温室气体排放，同时基于对能源政策的探讨制定国家应对全球气候变暖的计划与目标，对整体电力界构筑独立自主的框架机制加以推广。此外，将更新设备所需的环境评估时间从原来的 3 年左右最短缩至 1 年

多，对新增设备的评估时间也进行了缩短。

其次，为了抑制温室气体向大气中排放，要推广 IGCC 等新一代高效率煤炭火力发电技术等的开发与普及，同时进行旨在于 2020 年左右实现碳捕捉与封存（CCS）技术普及的研发活动，并考虑 CCS 的商业化用途等。为尽早实现 CCS Ready 的引进对上述问题进行讨论，推广更加注重降低环境负荷的煤炭火力发电。

再次，预计全世界仍将扩大煤炭利用，为此促进我国尖端的高效煤炭火力发电出口，以期使海外煤炭的应用也能与降低环境负荷同时进行。

最后，促进高效率 LNG 火力发电的技术开发、有效利用及出口。

二　重新构建石油产业、液化石油气的事业基础

（一）石油产业（石油精炼、石油巨头企业）的事业整编与结构改革

1. 确立石油、石油化学产品的弹性生产体制

《平成 26～30 年度石油产品需求展望》指出：我国国内石油需求将以每年度平均 1.7% 的速度减少；亚太地区的石油需求、石油化学需求可能持续增大；在东亚地区，推行与石油化学相整合的大型石油区块接二连三成立。北美页岩气革命为全球石油、石油化学产品的贸易结构带来巨大变化，预计这也将激化亚洲石油区块的生产率竞争。

我国的炼油厂始于战后的经济高速增长时期，有观点指出其在规模效益、能源效率、灵活转换石油化学产品生产等弹性生产层面，不及东亚新近在建的大型石油区块。

今后，为了使我国的石油相关产业在国际扩张的过程中储备足够的竞争力，对选择在石油区块内建立的炼油厂、石油化学工厂等，有必要从根本上全面提升其生产率。采取的措施包括：跨越"资本壁垒"和"地区壁垒"进行统一运营及事业整编；构筑燃料和石油化学产品等弹性生产体制，带动高附加价值；通过设备共享和淘汰等措施，选择最佳设备，抑制生产成本。

此外，从中长期角度出发，原油采购将呈多样化发展趋势。为此，要促进技术开发和设备投资，以便使非常规型原油诸如超稠油和超稀油的处理成为可能。

2. 加强其他业务领域、进军海外，提高盈利能力

欧美石油企业在上游部门（资源开发）所占比重大，在中下游部门（精炼巨头企业、零售销售）所占比重小。第二次世界大战后，我国的绝大多数石油企业是从欧美各大石油企业购买原油。我国石油企业的盈利多在中

下游部门，这种盈利体制持续时间长可以作为部分原因，总之我国石油企业在盈利能力方面还存在问题。

我国石油产业如果要强化自身收益能力，不能只在日益缩小的国内石油市场竞争中投入力量，必须蜕变为吸收国内石油市场变动确保自身收益的强韧的"综合能源产业"。具体实施措施包括：加强石油开发事业（石油、燃气、金属矿物）；加强参与 LNG、煤炭及可再生能源等发电事业、燃气事业、氢事业；在完善其他能源业务投资组合的同时，参与海外石油区块的事业运营等。

（二）确保石油、石油液化气的最终供给体制

在面向消费者提供石油产品的下游部门，石油产品需求下降是压迫其盈利能力的一大要素。汽车等燃料效率的大幅改善，加速了汽油、石油产品的需求下降，其结果导致石油销售业者的经营环境比较严峻。

这要求负责石油产品终端供给的企事业者针对高安全性、耐久性的设备进行长线投资，以期在危机时刻能够发挥一定程度上的供给功能。

为此，针对既有意识又有较高意愿一直担当稳定供给核心功能的加油站（SS），有必要对其进行设备投资等项援助。现阶段，SS 已经涵盖灯油配送、液化石油气销售、提供汽车相关的各种服务、装备电动车充电站、在偏远地区兼任日用品店和邮局等项业务。企事业者要通过发挥其与消费者直接接触的强项，促进事业的多样化发展，还要根据地区的实际情况进一步强化 SS 在"地方社区基础设施"方面的功能。

液化石油气今后要采取如下措施：液化石油气热电联产，例如通过热电联产家用固体式燃料电池（ENE－FARM）实现了高效节能；扩大燃气热泵（GHP）等使用；参与城市燃气事业、氢燃料供给事业；向亚洲出口液化石油气的安全设备。现阶段，出租车等汽车是以液化石油气为主要燃料，期待液化石油气在运输部门能担负起燃料多样化的功能。

（三）确立公正且透明的石油产品交易结构

由于石油产品的品质难以区分，其竞争往往集中于价格方面。为此，有观点指出批发价差对 SS 的竞争基础造成很大影响，SS 企事业者可能蒙受不透明的批发价差和定价方法以及竞争上的不正当交易条件。

在此过程中，石油巨头企业一般在交易中占据有利地位。根据正常的商业惯例，如果它违反《反垄断法》做出不合理的价差，在竞争上强加给 SS 企事业者不利的竞争条件，则有必要对其严惩。

第六节　打破市场壁垒、促进供给结构改革

我国的各能源领域诸如电力、燃气、热的供给结构，由于各业态均完善了《事业法》等制度框架，因此可以说各个市场均拥有纵向型产业结构特征。

然而由于技术创新提高了各能源利用的效率促进了能源使用用途，因此在一定条件下有助于效率分配的纵向型产业结构，反而变成了低效的资源分配框架。

在这种情况下，有必要通过制度改革撤销市场壁垒，针对封闭的产业结构进行技术创新，以及在其他行业引入高效的经营管理手法，使能源产业结构转换为附加价值更高、效率更好的产业机构，同时也将分裂的能源市场统合成一个横向结构市场。

一　断然实行电力系统改革

（一）电力系统改革的内容和实施时间

东京电力福岛第一核电站事故发生之后，核能利用停顿、电力供给稳定性产生了问题。社会一直在强烈呼吁弹性电力供给，例如跨地区的广域系统运用、促进竞争最大限度控制电价、使用多种多样的分散型电源、根据客户的多样化需求提供多种高效服务、根据客户需求变化实现效率供给等。尽管如此，但各地区的垄断企事业者并没有建立起集中管理的电力供给体制，清楚地暴露出以往电力系统存在的种种问题。

为了从根本上解决前述问题，内阁会议决定在"关于电力系统改革的方针（2013年4月）"中实施大胆的改革。主要改革内容如下：扩大广域系统运用；零售、发电的全面自由化；通过法位分离方式进一步确保配电部门的中立性。

通过改革，强化供需调节功能进而使全国范围内的系统运用成为可能，确保电力稳定供给。同时，例如此前将参与零售自由化的市场新进比例控制在3.5%以内，首先通过零售、发电的全面自由化以及完善电力期货交易制度等措施，使远离竞争环境的市场进一步参与竞争，最终构筑相关结构进而使致力于最大限度抑制电价的框架组织得以发挥作用。其次，在法律上担保配电部门的中立性，进一步完善作为电力供给基础的配电网络的投资回收；最后，实现更易于使用分散型电源的环境，确立弹性稳定供给体制。

通过三个阶段依次修订电力制度，以2018～2020年为目标完成这一大

胆的电力系统改革。首先，2013 年临时国会成立了第一阶段的《电力事业法修正法案》。其次，2014 年国会例会提出了第二阶段的《修订法案》。最后，将在 2015 年向国会例会提出该法案的最新修订法案。

（二）设计电力系统改革的具体制度、确保稳定的电力供给

追求零售及发电市场全面自由化的结果，可能导致电力系统改革在短期时间内出现过于追求成本竞争的趋势，进而抑制整个发电站的建设投资。此外，为了适度进行供需调节，必然需要在输出方面可发挥灵活性的电力供给体制。但当自由化带来极度不均衡的电源构成时，系统运营方可能无法保障适当的调节能力，进而引发电力供给恐慌。

关于电力系统改革的具体制度设计，从中长期角度出发整个国家要确保弹性的稳定的供给能力，短期来看系统运营方需要引进可适度调节电源的框架组织以及恰当的系统利用制度。为此，要继续对以下内容进行讨论：系统运营方可调节电源的采购框架、确保向零售企事业者提供电力、通过广域运营促进机构招募发电站建设的企事业者、基于各种制度改革重新审视托运制度等。

此外，基于政府的政策方针和广域运营促进机构的计划，增强东西部地区的变频设备和地区间互连线等配电基础设施建设，以便应对包含灾害时期在内的电力供需紧张、扩大跨地区的电力交易、对存在输出波动的可再生能源扩大引进。

关于电力系统改革与电源构成间的关系，要以确保电源安全、稳定利用为基础。当为了实现期待中的电源构成而采取相关实施政策时，可以参考扩大可再生能源的引进措施，电力系统改革的详细制度设计也应当与实施政策相吻合。

二　促进燃气系统和热供给系统的改革

（一）实施改革，构筑可实现低价且稳定供给的燃气系统

燃气系统先于电力系统改革进行了自由化运动，其自由化范围在全部需求中的占比约为 65%，新近加入的比率在自由化中的比重为 15%。

燃气系统与电力系统改革相辅相成，提供低价、安全、稳定的燃气，进而为消费者提供多种多样的新服务。为构建燃气系统，要对以下内容加以讨论。具体包括：零售的全面自由化；提升供给基础设施接入能力、促进装备完善，其中包含 LNG 基地的存在方式和天然气管道；改革简易燃气事业制度的存在方式。

促进燃气系统改革的关键在于推广燃气使用形态的多样化发展。例如，拥有卓越环保性能的锅炉；通过工业炉和热电分布实现高效节能的天然气热电联产；扩大天然气空调等的使用、缓和系统电力需求高峰；燃料电池的氢供给原料。现阶段，船舶领域正切实推进燃气成为 LNG 的主要动力燃料，例如 LNG 燃料船等不断完善自身的国际安全标准。推广制度建设应对这种新需求，以及完善基础设施建设，在现阶段显得尤为重要。

（二）热供给市场的结构改革，促进热电的使用效率

随着如何更加有效利用热能的关心不断高涨，冷热服务的提供形态也越来越多样化。具体表现为全面铺设热管道实现"区域型"的热供给；随着市区重建项目为了保障楼宇为单位的事业及生活功能，产生了"地点型"的热电一体化供给。

在这种状况下，与电力、燃气系统改革相配合，通过推广彻底的热供给系统改革，重新讨论制度改革以及热供给事业的存在方式，使包括热电一体化供给在内的能源供给更加高效。

第七节　国内能源供给网络的强韧化

国内供给网络是指从国外采购的资源，在国内精炼为石油产品或转换为电力后，供应给客户的能源网络。对此也要开展综合性政策，以维持效率控制成本，并在发生大规模自然灾害时确保充足的危机应对能力。

2013 年 12 月，我国公布施行了《实现灵活健康国民生活／益于防灾减灾等国土强韧化基本法》。基于该法，可促进国内能源供给网络的强韧化。

一　加强石油储备、应对海外供给危机

一直以来，我国的石油储备政策是以完善量的储备为第一要务。今后的重点在于提升危机时刻的机动能力，为此要认识国内石油需求走向和风险等方面问题，并重新审视石油储备总量以及国家储备中的原油、石油产品比率。具体措施有：将国家储备原油的种类替换成更加适合我国炼油厂设备的原油；假定霍尔木兹海峡封闭等具体紧急时刻，强化相应训练；加强与产油国和东亚消费国之间的合作。

作为"产油国共同储备事业"，我们已经与沙特阿拉伯和阿拉伯联合酋长国的国有石油公司建立了"第三方储备"供给框架组织。该框架组织内容为出借我国国内的油库作为向东亚地区进行中转和库存的商用原油基地，

一旦发生供给危机将优先向我国提供石油供给。它被定位为"第三方储备"，仅次于国家储备和民间储备。作为共同强化我国与产油国双方利益关系的对策，应当予以强力推进。

关于液化石油气储备，2013 年 3 月完成了两个国家储备基地，至此我国共建了五处基地。同年 8 月末，为了填充上述两处储备基地，满载美国页岩气和液化石油气的第一艘船驶入了港口。今后，还要切实推进国家储备液化石油气的购买和储藏。

二　加强应对"国内危机"（灾害风险等）

（一）供给的强韧化

东日本大地震的发生，使我们再次认识到石油和液化石油气是能源供给的"最后基石"。为此，要开展对策，以便解决危机时刻可能发生供给制约的硬件和软件问题。

第一，大规模灾害发生时，依然要确保必要的石油供给量。首先，要在石油产业（精炼、巨头企业）各系列的供给网络中，制定与石油供给相关的业务连续和修复目标，确立从炼油厂到油库的物流过程，再到 SS 的系列 BCP 和 PCM（业务连续性管理），并通过定期评定等级来提高应对能力。其次，完善跨系列的危机供给能力，按照《石油储备法》不断修订"灾害时石油供给合作计划"，推广 PDCA 循环训练。最后，灾后能源供给量是有限的，以此为前提，针对来自灾区的紧急供给请求，要事先整理思路以便明确供给的优先顺序。

第二，与国土交通省的港湾建设事业等合作，推广石油区块的强韧化（增强炼油厂的应急电源、抗震和抗液体化、强化炼油厂之间的后备供给功能），强化负责终端供给的 SS 的灾害应对能力。

第三，在经济产业省资源能源厅、内阁府、总务省消防厅、国土交通省、防卫省、警察厅等相关省厅之间，基于《国土强韧化政策大纲（2013年12月国土强韧化促进本部决定）》的方案等尽快确立合作框架，继续促进石油业界、自治体的危机训练，以便完善危机时的石油供给。此外，还要强化运输途径即道路的抗灾性。

关于液化石油气，一方面要完善液化石油气进口基地的应急电源车，加强灾害时成为地区燃料供给基地的核心加油站的设备建设。另一方面按照《灾害时石油天然气供给合作计划》，要由液化石油气销售企事业者等共同进行供给运营管理并实施训练。为此，应完善此类体制以便确保紧急情况时的液化石油气供给。

关于电力供给，首先，设置了广域运营促进机构，以该机构为中心加强东西部地区之间变频设备和地区间互连线等配电基础设施建设。在电力系统改革之后，通过从制度上确保配电网络的投资回收，最终成立切实可行的框架组织，该组织可以建设、维护发生灾害时的电力供给基础即配电网。其次，有效推进电力供给的强韧化，例如区域电源的分散化等。最后，通过电气设备的抗灾性评估和推广及时的作业修复对策，致力于构筑抗灾性强的供给系统。

关于天然气，应促进其供给体制的强韧化。为了强化 LNG 接收站之间的互补系统，今后要对基地整备、功能强化、太平洋与日本海之间的运输道路、天然气管道的完善等内容进行讨论，同时还要促进城市燃气的抗震工作。

此外，人工卫星等空间信息基础设施正进行研发和普及措施，传感器可以把握能源相关设备及机器的状况。通过这两类系统迅速掌握灾害预兆情况及灾害发生之后的国土、设备状况。积极合理利用信息系统，进一步谋求供应方的强韧化。

（二）需求的强韧化

在灾害发生的数日之后，如果想象灾害刚刚发生时的交通混乱等状况，那么可以得知仅依靠"供应方"来提供通讯等重要基础设施所需的石油和液化石油气并不容易。为此，首先在可以称之为重要的基础设施场所诸如政府办公大楼、自治体办公大楼、通讯、广播、金融、定点医院、学校、避难所等地，在停电时启用应急电源继续办公，支撑饮食等国民生活。为此，应根据石油、液化石油气的燃料储备以及各场所的具体情况，进行准备工作讨论如何应对。其次，督促各企事业者、各家庭随时补充自家汽车的汽油和轻质油，以及做好灯油储备等日常准备工作。最后，关于灾害时使用的应急电源，针对各企业的发电设备、燃料储备和采购等问题，构筑可以在相关企业和地区间相互流通的框架组织。

此外，可再生能源、热电联产以及蓄电池系统等分散型能源系统，在危机时刻可以提高需求人员的应对能力，因此我们还要推广分散型能源系统的构筑。

三 确保日常稳定供给

首先，偏远地区的 SS 呈减少趋势，有些自治体境内甚至连一所 SS 都没有。这成为确保石油产品稳定供给方面的问题。

其次，即便是民间企事业者难以经营的场合，也有必要根据地区实际情况维持含石油产品在内的社区生活所必需的物资和服务供给体制。相关省厅要探讨如何维持其功能对策，为此应强化与自治体的合作，使其作为综合性区域政策的一环。

最后，还要致力于解决地理上居于不利条件的离岛地区的石油产品供给体制，这同样是区域面临的课题。

第八节　形成氢等新型二次能源的结构，为稳定供给和应对全球气候变暖做出贡献

现阶段的二次能源结构由电力、热和汽油等石油产品组成。其中，电力可以从多种能源转换而来且具备较高的便利性，可通过电网输送给终端消费者，因此担当核心功能。

与此同时，电力供给存在依赖配电网络的问题，当连接不上电网或切断电网时将导致无法供给。

为了解决以上问题，针对如何储藏、运输能源等，重要性在于就二次能源供给方法多样化的问题进行讨论。

从以上观点出发，运用蓄电池和氢等技术可能促成二次能源结构的变革。那么有必要将支撑未来社会发展的二次能源结构的存在方式纳入视野之中，切实推进有关措施。

一　为了更加有效利用电力，推广热电联产的使用、促进蓄电池的引进

（一）热电联产的推广

同时使用热和电力实现高效能源利用的热电联产属于混合型二次能源。它既具有节能性能，还与可再生能源之间存在亲和性，可以缓和电力需求高峰时段的用电量、实现电源构成的多样化和分散化，还具有抗灾害的强韧性。为了推广家用及其他热电联产的使用，一方面要推广相关的引进援助政策，另一方面要就如何通过燃料电池、热电联产进一步搞活电力交易的相关细化工作进行讨论。

（二）促进蓄电池的引进

易于电力储藏、随时随地可用的蓄电池，为强化能源供需结构的稳定性做出重要贡献。同时，它还是一项极有可能灵活引进可再生能源的技术。《日本再兴战略》指出蓄电池拥有极大的潜在市场，并预计至 2020 年其国

际市场可能达到 20 万亿日元。

蓄电池安全指数提高和充放电效率增加均提升了它的使用性能，在原有用途的基础上，使用范围进一步扩大至车载、家庭、楼宇、办公楼等固定使用。今后，可通过技术开发和普及国际标准等措施，进一步降低蓄电池成本、提高其性能。至 2020 年，国内有关企业取得全球蓄电池市场（20 万亿日元）50% 的市场份额。以此为目标，不断促进蓄电池的引进工作。

二 在汽车等多个领域完善环境，使需求方可选择多样性能源

在汽车领域，不仅在汽油、轻质油等石油产品间存在竞争，同时还可以使用生物燃料、电力、天然气、液化石油气乃至氢。因此，通过需求方的选择正不断完善多种能源相互竞争的环境。

在这种环境下，需求方可以选择成本效益相对较高的产品，以及温室气体排放量少的能源资源。同时，在促进技术革新、以石油产品为动力源的方面，还进一步提升了油耗水平（1995 年开始实施领跑者计划之后的 15 年间，油耗使用效率提高了 49%）、控制了温室气体的排放量。

无论使用哪种能源资源，如果为了促进能源资源之间的竞争，就必须实现面向需求一方的可灵活供给的环境。

首先，研发是普及、扩大新一代汽车（混合动力车、电动车、插电式混合动力车、燃料电池车、绿色柴油车、CNG 汽车等）的基础，但基础设施建设同样不可或缺。官民合作共同致力于电动车和插电式混合动力车所必需的充电器的普及。其次，通过电力系统改革所带来的零售全面自由化，期待出现无数个能为电动车的电力填充提供最佳服务的企事业者。最后，通过重新审视规制以及由官民共同合理分担费用等措施，促进加氢站的整备，推动燃料电动车的发展。通过上述措施，旨在于 2030 年使新一代汽车在新车销售中的占比从 50% 提高至 70%。

前述推广多样性能源使用的举措，不仅发生于运输部门中的汽车领域，预计未来在飞机生物燃料、船舶 LNG 的主要燃料等方面也将得到合理利用。在业务、办公部门，固体式燃料电池（ENE – FARM）使用了氢能，CO_2 冷媒热泵利用了空气热能，电力系统改革也为电源自身带来了多种选择。今后，更深层次的多样化将持续发展。

今后，为了在更多领域加快多样性能源的使用，需要整理能源相关技术的最新研发动向、世界的进展状况、普及新型使用模式时遇到的制度层面等障碍，推行战略性措施进行研发等。

三 加速有关措施，实现"氢社会"

氢蕴藏于无穷无尽的水资源中，通过多种方法可产生于各种一次能源，能够以气体、液体、固体（封闭在合金中）等各种形式加以储藏、运输，通过好的利用方法还可以实现高能效、低环境负荷以及应急等效果。因此，十分期待它将来能够成为发挥核心作用的二次能源。

如前所述，如果要实现真正合理利用氢的"氢社会"，重点在于促进多样性的技术开发和低成本化。具体措施是采取从氢制造到储藏、运输再到消费的全供应链战略，从多种多样的技术中，选择安全性、便利性、经济性及环境性能较高的技术。假设要实现真正意义上的氢利用，有必要对伴随社会结构变化而生的等同于现阶段电力、石油产品供给体制的大规模体制进行完善，为此需要战略性推广相关措施。

此外，当向社会推出氢产品时，需要在各层面完善必要的标准或基准。届时，重点在于从国际入手直接越过国内各利害关系团体。

（一）普及、扩大固体式燃料电池（ENE–FARM 等）

现阶段，ENE–FARM 是社会接受度最广泛的一项氢相关技术。在我国，以卓越的燃料电池技术为背景，固体式燃料电池已经领先全球推广到了普通家庭，现在已经有 6 万多台被安装在住宅等建筑内。再加上开拓海外市场也被纳入发展视野之中，因此我们已经进入了必须扩大开拓海内外市场的时期。另外，成本高是制约其普及、扩大的重大课题，为了打开初期市场，国家的补贴制度正在对其新市场给予支援。

2020 年、2030 年的推广目标分别为 140 万台、530 万台。为了通过降低生产成本实现自发购进的市场环境进而达成推广目标，在支援市场自发性行为的同时，还要继续推广可降低成本的催化剂技术等研发活动以及标准普及工作。

此外，在固体式燃料电池尚未得到普及的办公、产业领域，为尽快使其得到实际应用和推广普及，需推进产业活动要求的耐用性和降低成本所需的技术开发及实证等工作，谋求市场的建立。

（二）完善环境、加速燃料电池汽车的引进

2015 年起燃料电池汽车将开始商业销售，为此将通过重新审视规制及援助购进等措施促进其推广。具体措施有 2015 年前以四大城市圈为中心配备 1000 所左右的加氢站，同时进行技术研发降低零件材料的成本。在初期普及阶段，加氢站的运营管理艰难，如果燃料电池汽车的普及进展情况也不佳，那么加氢站的运营管理可能会陷入愈发严峻的恶性循环。

为了不陷入这种恶性循环，切实拉开真正意义上的"氢社会"，我们要积极给予援助以期使燃料电池汽车的引进更加灵活。关于加氢站，今后 SS 将被赋予多样性的功用，既可以探讨提供石油供给的已有基础设施在今后承担起氢供给的任务，还可以战略性开展移动式或小型加氢站的使用。在此基础上，为了使已经先期完成加氢站建设的企事业者不蒙受过度的利益损失，可采取以下两项措施。第一，官民合理分工，切实推进重新审视规制等降低成本的对策，达成装备目标。第二，通过进一步扩大加氢站的数量，实现在日常生活中也可以使用燃料电池汽车的社会环境。

预计燃料电池公共汽车和燃料电池叉车等对氢的需求相对稳定，因此在燃料电池汽车的普及初期，重点在于尽早实现燃料电池公共汽车、叉车等的实用化发展，为此要切实推进有关技术研发等。

在 2020 年东京奥运会和残奥会上，如果燃料电池汽车能成为大会的交通工具，那么这也是向世界展示氢能源这种新型能源的机会。基于此，今后应该有计划地切实推进相关举措。

（三）从真正意义上合理利用氢能，实现氢发电等新型技术

关于氢相关技术的实用化发展，不能止步于固体式燃料电池和燃料电池汽车，我们期待它能扩大至氢发电领域。现阶段的燃气轮机在某种程度上可以通过技术实现用氢能代替一部分燃料的混烧发电，此外还正在推广仅以氢能为燃料进行发电的面向实用化的技术研发。

关于上述氢相关的使用技术，从现在开始要切实推进含技术研发在内的战略性措施。

（四）促进氢制造、贮藏、运输技术的开发，实现氢稳定供给

现阶段，主要通过副产氢气、天然气和石脑油等化石燃料转化等途径制氢提供氢能供给。为了实现真正意义上的氢利用，有必要以更低廉的价格大量采购氢。

为此，可以对海外未利用的褐煤和伴随原油产生的燃气进行氢化运往国内，在将来利用国内外的太阳能、风力、生物质能等可再生能源制氢也很重要。首先，从现在开始切实推行从制氢到储藏、运输的技术开发，例如研发氢运输船，有机氢化物、氨等化学物质以及向液化氢转换的尖端技术，从而实现氢的大量贮藏和远距离运输等。其次，光催化技术和人工光合作

用可以利用太阳能从水中生成氢，针对此类中长期的技术开发，要不断从全局评估这些供应源的定位和经济合理性等，并采取含技术开发在内的必要措施。

（五）制定实现"氢社会"的路线图

实现"氢社会"，不仅需要制造氢产品和相关技术、设备的企事业者，还要有基础设施建设的相关企事业者、石油和城市燃气以及提供液化石油气的企事业者的参与，只有国家和自治体也作为新型社会的中坚负责者主动参与才能成就这项大事业。

为此，必须有一个包含多种要素可以统揽全局的路线图，具体包括：通过尖端技术等实现氢的大量贮藏和远距离运输；燃料电池和氢发电等；从制氢到贮藏、运输以及最终使用的全过程。此外，为了实施此长期性、综合性的路线图，重点在于所有相关主体要跨越已有的利益关系进行参与。

因此，我们以本年春季为目标制定"氢社会"路线图，并尽早成立由产官学组成的执行评议会，在确认进展状况的同时，切实推进相关举措。

第九节　通过市场整合创造综合能源企业，实现以能源为主轴的增长战略

一　以电力系统改革等制度改革为起爆剂的能源产业结构大变革

由于电力是使用用途最为广泛的二次能源，支撑着国民生活和经济生活的方方面面，因此电力系统改革也将为其他能源市场的存在方式带来重大影响。

首先，以前的大环境是各能源领域均有自己的供应商，燃气企事业者、石油企事业者、可自行发电的企业以及供应可再生能源的企事业者均参与发电事业，可能使这种大环境崩溃。其次，电信运营商拥有科学技术可获取顾客的多样化需求，预计它们可能转入电力零售领域，未来各产业领域纷纷进军将会使电力市场发生大的结构转变。

推行电力市场自由化的发达国家往往提供电力和燃气的综合服务。在美国，各个州对电力市场的制约形态均有所不同。在实行电力自由化的州，通过扩大诸如抑制客户需求等电力供需管理系统的使用，实现高效投资进而抑制电价。

电力系统改革通过能源供给商的相互参与以及更多拥有新技术和新服务的新业者的加入，从根本上改变产业结构。同时，燃气系统改革等也将同步

推进，进而共同影响其他能源产业，最终搞活能源市场，并成为经济增长的起爆剂。

此外，我国还要确立反映能源供需可信性和透明性的价格指标，以适当防止投资资金的过度流入。20 世纪 90 年代后半期，随着石油自由化我们整备了石油市场，今后还要就电力、LNG 等燃料进行讨论，从而不断完善能源期货市场。

二 创造综合性的能源供给服务企业

（一）现有的能源供应商相互参与各自市场，成为综合能源企业

通过制度改革，将在各领域呈纵向型结构的能源市场转换为统一的市场结构。借此完善能源相关企业可参与各自市场的大环境，并基于各自优势提供高效率、高附加值的服务，在竞争中获取新需求，进而使新的增长战略成为可能。

这种可揭示未来的新竞争环境，促使现有能源企业向可提供多种能源供给服务的综合能源企业转变，通过业务多元化扩大收益来源，还可能使分散拥有各自设备和业务部门的各业务领域朝着集约化的方向发展。综合能源企业借此成为强化经营管理基础、积极进行新投资以便在激烈的竞争中获胜的主体。同时，通过与从其他领域进入的新企事业者开展竞争与合作关系，提升整体产业的效益开拓新市场，从而拉动我国经济的增长。

此外，面对能源需求日益高涨的国际市场，强化参与各项业务经营管理能力和经营基础的综合能源企业，还被赋予了开拓国际市场的责任。

（二）根据地区特性，实现全面进行能源供需管理的智能社区

在客户主体多样化且具备一定规模的社区中，使用可再生能源和热电联产等分散型能源，并通过运用了 IT 和蓄电池等技术的能源管理体系，综合管理分散型能源系统中的能源供需，达到能源最佳利用的同时，为老年人提供生活援助服务。我们将这种构筑新型社会系统的社区称作智能社区。

一旦智能社区迅速发展，通过需求响应等将会提高能源供给的效率。此外，在整个社区内部，根据需求组合多样化的能源资源供给，平时可以实现大幅能源节约，紧急时刻还可以确保能源供给。因此，它可能起到支撑生活基础设施，强化企业等业务延续性的效果。

在国内的 4 个地区（横滨市、丰田市、京阪奈学园城、北九州市）进行了由广大居民参与的关于智能社区实证检验的各项工作，从而可以随时共享有关智能社区的具体情况和效果。

今后，为了实现智能社会的发展，要向相关人员普及构建智能社区所需

的知识方法。我们取得的实证检验成果包括：CEMS（社区能源管理系统）、智能电表信息向 HEMS（住宅能源管理系统）传递的手法（B 路径）等基础技术、ECHONET Lite（HEMS 与家用电器之间的通信规格）等标准接口。

此外，一方面同地区、街道单位合作推进城市开发，完善可供能源全面利用的能源基础设施建设；另一方面通过整合能源供需管理的运营、自来水等其他公益事业、关爱老年人等周边服务事业，构筑智能社区的事业基础。

三 创造能源领域的新市场，加强国际扩张带动增长战略

飞速发展的技术革新为能源领域带来发展新市场的可能性。例如，蓄电池技术的提升使电力产品可长时间驱动，这使此前一直依赖石油产品为动力源的汽车可以通过电力进行驱动。信息通信的数字化和大容量化，使针对顾客能源消费情况进行单个的详细分析成为可能，从而产生了可以通过能源管理对需求进行适度调控的新服务。关于能源供需平衡，不仅可以通过供给，还可以通过管理需求来使能源供需达到平衡。

这种新技术并不是传统能源供应商特有的，事实情况是由其他领域占据了大多数。然而，即便是卓越的技术，也会因为国际市场上的快速标准化而丧失技术优势。由于这种丧失技术优势的情况反复出现，为此有必要尽快确立新产品和新服务的高效供给体制、时常捕捉市场需求以及不断进行革新的业务体制。

以电力系统改革为首的制度改革开放了能源领域，推动了拥有优秀技术的其他领域人员的加入。新进企事业者成为缩小与能源领域顾客距离，找到新价值创造新市场的重要契机。借此，能源领域有望发展成为可以拉动我国经济增长的领域。

更进一步，在能源需求不断加大的亚洲等地区开展我国所积累的能源相关的尖端技术和有效的运营管理经验，可以缓和需求增大所带来的地区问题。为此，我们要推广战略性措施，与需求扩大的亚洲等地区共同面对。

（一）扩大蓄电池、燃料电池等尖端技术的市场

《日本再兴战略》指出 2020 年，蓄电池的国际市场规模可能达到 20 万亿日元。今后，面对全球将大举扩大蓄电池使用用途的状况，我们将继续通过技术开发和普及国际标准等措施，降低蓄电池成本提高蓄电池性能。至2020 年，使国内有关企业取得全球蓄电池市场（20 万亿日元）50% 的市场份额。以此为目标，不断促进蓄电池的引进工作。

此外，在我国，以卓越的燃料电池技术为背景，固体式燃料电池已经领先全球推广到了普通家庭，再加上开拓海外市场也被纳入发展视野之中，氢

相关技术可谓遥遥领先。关于固体式燃料电池，2020 年、2030 年的推广目标分别为 140 万台、530 万台。为此，我们一方面通过降低生产成本实现自发购进的市场环境；另一方面，从 2015 年起开始燃料电池汽车的商业销售，尽早创建氢相关技术的新市场。

我国在这些技术以外，还拥有许多先进的节能和可再生能源技术。将这些技术全部应用到实际当中，可能会创造出新的市场。通过旨在进行可将新技术投入使用的实证检验，并与以电力系统改革为首的制度改革一起，共同创造全球最尖端的能源市场。

（二）通过基础设施建设的出口等措施，强化能源产业的国际扩张

我国对能源实施严格的规制，为了把过程中积累的技术和方法普及到全世界，有必要由官民合作共同促进国际扩张。

产业不应当局限于个别要素技术及方法交易，而应当整合技术和方法并作为基础设施、能源供给的企事业者向海外进行供给，换句话说要基于更广泛的视野进行海外市场开拓。

政府为了促进我国企业在熟悉的或不熟悉的地区开展业务，要最大限度利用我国的海外网络和政府间的良好关系，为挑战新市场的我国企业营造可以在海外放心活动的环境。

1. 强化集技术与方法于一体的基础设施出口

我国产业虽然积累了有效利用能源的技术和方法，但很少将其整合起来在国际上开展。

今后的重点在于整合这些技术和方法，以高效煤炭和 LNG 火力发电、可再生能源和节能技术、核能、智能社区等基础设施建设的形式进行国际扩张。

为此，将积极推动以下工作：积极获取国际标准、支援对象国的制度构建、派遣官民团体、通过海外实证事业与当地企业建立合作伙伴关系等。

尤其是在大量引进可再生能源造成系统不稳定的发达国家、资源国、能源供需体制不成熟的新兴国家和发展中国家，期待地区综合能源事业可以为能源供需结构的稳定做出贡献。因此，诸如智能社区之类的地区综合能源事业，无论其事业规模大小，均应推动其向国际市场进军。

2. 积极参与亚洲乃至世界的能源供给事业

我国拥有真正领先全球的 LNG 使用经验和完善的基础设施建设。今后，亚洲各国在扩大 LNG 使用时，作为可共享的资产可以对我国的经验加以应用。当亚洲各国推广 LNG 的引进制度、完善基础设施建设时，我国可以通过技术

合作和贮藏设施相关的中介活动，帮助引进 LNG 的亚洲国家快速构建新的能源供给结构。同时，这种情况也是我国能源产业扩大海外经营活动的机会。

此外，基于亚洲地区今后对石油及石油化学产品的需求仍将上涨，由当地国有石油公司、化学产业以及商社合资而成的石油区块在海外的业务开展，可能成为我国石油产业的新的事业投资组合。但考虑到亚洲的供给能力正在急速提升，因此有必要尽快在亚洲地区进行投资。

在此之前，我国的石油产业以国内石油精炼、巨头企业和销售业务为主要收益来源。现阶段，政府可通过技术合作和政府间对话给予侧面支援，催促企业进行国际扩张的经营判断。

第十节　开展全面的能源国际合作

围绕世界能源的课题不断扩大、深化，也在日益复杂。其具体表现包括：世界能源需求重心向亚洲转移；天然气、可再生能源、核能利用扩大等资源能源的多样化；应对全球环境问题等。

受到国际能源供给结构的变化、打破能源壁垒的世界技术革新、应对全球气候变暖、从事大型资源开发的国际财团业务增加等影响，能源供需结构极易受到国际趋势的左右。在这种情况下，为了进一步实现各国能源供需结构的稳定和效率，不能仅依赖一个国家的力量，重点在于扩大国际合作。

基于上述情况转变，关于我国的能源供需结构，尤其是涉及与我国关系密切的国家及其机构的关系时，重点在于构筑更加全面的、战略性的能源合作框架机制。

一　扩大、深化能源国际合作体制

（一）扩大多国间能源合作框架机制

首先，有必要为国际、区域组织做出积极贡献。IEA 和 IAEA 在应急和广泛的能源政策领域拥有丰富经验。这些组织是指像 IEA、IAEA 那样拥有完善的事务性功能且稳定的多国间组织，包括 G8、G20、亚太经合组织（APEC）等。

关于提升能源需求正大幅增长的亚洲地区的能源稳定供给措施，我国发挥主导作用可以改善我国的能源安全保障环境。同时还应该以东亚/东盟经济研究中心（ERIA）为核心机构，把东亚峰会（EAS）的高度提升至更具实效性的可讨论多国间能源安全保障的框架机制。

其次，在拥有特定议题的多国间组织内，发挥我国政策和技术的强项，引领国际场合的舆论。这些多国间组织包括：促进产消对话的国际能源论坛

（IEF）、清洁能源部长级会议（CEM）、国际可再生能源机构（IRENA）和国际能效合作伙伴关系（IPEEC）等。

（二）提升双边能源合作体制

关于两国间的合作，为了确保资源、能源，以及为了推广能源产业的国际扩张，要与在以下方面具备潜在市场的国家加强双边关系。具体包括：拥有石油、天然气、煤炭和矿物等的资源国；高效率火力发电；核能；可再生能源与节能技术；智能社区等。其中，尤其要加强与同盟国美国的关系。针对能源供需结构与我国存在共同课题的国家，如韩国、印度、欧洲等，也要加深双边合作。

1. 扩大日美能源合作关系

现阶段，我国与美国在能源之间的关系，正朝着更加全面的方向发展。

2010 年，日美之间通过部长级磋商就关于合作开展清洁能源达成一致，在冲绳、夏威夷地区两国共同合作推进项目实施。东日本大地震后，日美两国间关于能源的对话变得更加紧密。

我国对 LNG 的依存度迅速高涨，在这种情况下，因页岩气革命可大量生产天然气的美国针对日本企业参与的项目给予了出口许可，预计从 2017 年起美国生产的 LNG 将正式向我国供给。此外，关于液化石油气，其出口早已经开始。

在核能领域，东京电力福岛第一核电站事发之后，为了进一步强化双边合作关系，两国间还成立了关于民用核能合作的日美双边委员会。关于支持核能利用的体制问题，在商业领域，日本和美国的反应堆制造商已经确立了共同开展业务的体制。在向国际社会确保核能的和平利用、核不扩散以及核安保的同时，日美作为合作伙伴在加强核能利用体制方面发挥着重要作用。

综上所述，日美之间已经就化石燃料、可再生能源、能源节约、核能、智能社区等方面，运用统括的形式达成了可供合作的条件。日美双边合作不是仅以两国为实施对象，以亚洲、中东、俄罗斯等区域特征和需求为基础，两国合作共同开展国际扩张也变得重要起来。

今后扩大双边合作关系，要讨论以下两项内容：第一，如何能把现阶段的日美能源合作框架扩展为面向更多样化的能源。第二，考虑到亚太地区的能源供需结构今后将会发生重大变化，日美合作共同致力于实现区域能源供需结构的稳定和升级。

2. 加强与亚洲各国的能源合作关系

预计亚洲新兴国家的能源需求将出现显著性增长。加强与亚洲新兴国家的合作，不仅对亚洲地区，乃至能强化我国的能源安全保障，同时也是开拓能源产业潜在市场方面的重要课题。

中国已经成为全球最大的能源消费国，预计今后中国在国际能源市场上的存在感还将提升。我国与中国之间，在各种层面上存在高度紧张关系。对我国来说，如何面对崛起中的中国是一个难题，同时也是一个重要的课题。然而作为能源领域的消费国和进口国，在涉及两国间的共同课题诸如亚洲的LNG价高问题等方面，两国就保持适度的协调关系进行讨论也是重要的。

《世界能源展望 2013》预计 2020 年以后印度的能源需求量将超过中国。为对此加以应对，印度在促进节能、扩大可再生能源和核能的利用、完善能源基础设施、清洁煤的利用等方面存在诸多问题。

自 2007 年以来，我国与印度之间共计召开了 7 次"日印能源对话"，全面推进能源合作。

能源消费国之间正推广双边合作，具体包括：支持节能政策和制度的完善，抑制不断加大的能源需求；支援我国技术的引进，开展节能、可再生能源和智能社区等实证检验；推广煤炭的高效利用，构筑稳定的电力系统；开展共同研究，面向 LNG 的低价采购等。今后在政府间合作的基础之上，不断完善、扩大合作内容，其中也包含官民共同合作和产业间合作，例如开办官民圆桌会议、技术展示会和商务会谈等。

此外，关于与具有类似能源供需结构的韩国等亚洲各国的关系，有可能在多个领域推广共同合作。合作方面包括：消除亚洲地区天然气等的溢价问题；确保核电站的安全性；强化节能对策；应对全球气候变暖等。例如，在天然气领域，我国与韩国开展天然气对话等，加深相互合作。

尤其在我国周边的中国、东南亚、以印度为首的新兴国家，能源需求增长显著，扩大核电引进是大势所趋。在此过程中，确保核电站的安全性能是各国共同的课题。通过共享东京电力福岛第一核电站事故的经验和教训，为提升世界核能的安全性能和和平利用做出贡献。

3. 与其他地区国家的能源合作关系

从确保石油、天然气的稳定供给角度出发，与中东地区各国的能源合作关系依然重要。与沙特阿拉伯之间成立的"产业合作工作特别小组"是一个代表性例子。今后要继续强化含贸易、投资领域在内的广泛的合作关系。

此外，预计伴随急速的经济增长，中东地区的能源消费将大幅增加。为此，中东地区已经开始抑制化石燃料的消费量，采取措施确保原油出口。从此观点出发，重点在于支持其推广的节能措施，并在核能和可再生能源领域进行合作。

俄罗斯当下的紧急课题包括：在欧洲以外，开辟多元化的石油、天然气销路；俄罗斯经济的现代化；推广节能；东西伯利亚和远东地区的开发等。现阶段的重点在于要充分认识这些问题，考虑国际形势，并站在战略性的角度探讨两国的合作关系。

在欧洲，我国与法国在核能领域开展了以下合作。具体包括：核燃料循环、快堆开发、应对东京电力福岛第一核电站事故、将共同开发的核反应堆向国际推广等。今后通过"关于核能能源的日法委员会"等，进一步强化合作。在英国，针对诸如核废堆之类的研发活动以及竞争环境下核能事业的存在方式等方面，通过"日英核能对话"等途径共享相关信息。除此之外，关于日欧之间共同的能源政策课题等进行信息交换，今后继续推广相关合作。

此外，我国与澳大利亚等国开展着民间领域的广泛的能源贸易，今后要进一步稳定合作基础。同时，关于非洲各国、中南美等，根据与各国进行资源确保和基础设施出口的重要性，我们要与世界所有地区构建全方位的能源合作关系。

二　以支持我国能源相关的尖端技术引进为核心，为从根本上解决地球温室效应做出国际贡献

现阶段，发展中国家的二氧化碳排放量已经超过了发达国家。从根本上解决地球温室效应问题的紧急任务在于大幅削减二氧化碳排放量急剧增加的新兴国家、发展中国家在内的全球温室气体排放，而非削减我国国内的二氧化碳排放量。

首先，我国拥有多种多样可降低环境负荷的技术和方法。假设要通过加速技术革新解决全球气候变暖的问题，就应当最大限度利用我国在技术和方法方面的优势定位。具体实施措施包括：每年召开"Innovation for Cool Earth Forum"（即"能源/环境技术版达沃斯会议"），将全球产官学的顶级人员汇聚一堂；为了在发展中国家推广低碳技术，通过公共金融手段和有效利用民间资金的组织，不断发挥我国的领导能力，在全世界推广能够加速技术革新和发展的措施。

其次，在世界推广能源相关的尖端技术。具体援助措施如下：第一，以继续大幅依赖化石燃料的新兴国家、发展中国家为中心，促进其发电设备向可有效利用煤炭、LNG 等的高效率火力发电转换；第二，通过强化金融系统方面的援助政策，在国际上开展能够有效利用可再生能源、节能技术等的能源技术和方法。例如，经济产业省测算出只要把美国、中国和印度的煤炭火力发电站置换成现阶段日本正使用的最新技术，就能够削减相当于日本全国的二氧化碳排放量。

最后，通过向发展中国家普及并实施以下对策，如削减温室效应气体的技术、产品、系统、服务、基础设施等，定量评估减少的二氧化碳排放量对我国的贡献。此外还应当积极利用可帮助我国达成减排目标的《两国间碳信用制度（JCM）》，基于"主动作为型的温室效应外交战略"，旨在于今后3年内将该制度的缔约国增加到16个国家。

第四章　推动战略性技术开发
——为了长期性、综合性和计划性地推行能源供需政策，
必须采取重点研发对策的能源相关技术及实施政策

一　制定能源相关技术的开发路线图
我国绝大多数能源必须依赖海外进口，这是我国能源供给结构的脆弱性所在。那么，只要能源政策位于现阶段技术及供给结构的延长线上，就很难找出根本的解决办法。至2050年，全球温室气体排放量必须减半，发达国家的目标是要削减80%的碳排放。

为了从根本上解决这些困难的课题，必须开发革命性的能源相关技术，并将取得的技术在全社会予以推广。为此，有必要采取长期性的研发措施和制度变革过程中所需的全面性的方法。

另外，影响能源供需的问题存在于各个层面。考虑到能源是日常生活和经济发展的基础，分别从短期、中期的观点出发，可得出稳定能源供给以及提高能源供给的安全和效率均是极为重要的举措。

因此，当开发能源相关的技术时，关于为了克服哪种问题而采取何种措施，首先要确定指标，其次要同时明确开发的时间轴和在社会实施下去的手段。结合《环境能源技术革新计划（2013年9月综合科学技术会议决定）》等内容，将于今年夏天制定可以全面整合前述诸多技术开发项目的战略路线图。

届时也要探讨如何完善指标，以便能从同一个角度对各项目的实施效果和进步状况等进行评估。

二　应解决的技术问题

从长期的角度出发，定位为国产能源的可再生能源可以改变我国过度依赖从海外进口化石燃料的能源供需结构。这些可再生能源资源包括太阳能发电、风力发电、地热发电、生物质能、波浪和潮汐等海洋能、其他可再生能源的热利用。为此，我们一方面要降低这些可再生能源的成本，提高其使用效率，重点促进有助于开拓多种使用用途的技术研发等；另一方面提高系统运营技术以期增加可再生能源发电与现存系统的连接量，并进行配电设备的技术实证检验。

关于被定位为准国产能源的核能，为了以防万一，要推广有关技术的开发。例如，有助于提升轻水反应堆安全性能的技术，其中包含应对严重事故的对策；提高可信性和效率的技术等。此外，针对放射性废物减容、降低毒性以及稳定的放射性废物的最终处置问题，也要推广必要的技术开发。

我国的专属经济区蕴藏着丰富的可燃冰和金属矿物。从中长期的角度出发，切实推广相关技术以便促进可燃冰和金属矿物的商业化开发。首先，氢这种二次能源可以有效利用这些国产能源，再加上从中长期来看氢的实用化是一项重要的课题，因此从现在开始要切实促进制氢、氢贮藏和运输，以及氢利用相关的技术。其次，预计氢包括制氢将得到广泛的产业化应用，为此要在国际合作框架下推广可提升安全性能的核能技术研发，例如本身具备安全性能的高温气体反应堆等。其次，从长期视角出发，切实促进国际合作正推行中的 ITER 计划和基于广泛实施方法下的核聚变。此外，空间太阳能发电系统（SSPS）通过无线受电和输电技术从宇宙空间向地面提供电力供给，其在宇宙空间的实证基础技术开发在将来属于革新性能源。关于此类革新性能源的中长期技术开发，要持续对上述能源供给源的定位和经济合理性等进行全面评估，采取必要措施其中包含技术开发。

此外，应用各种各样的能源资源均要强化其安全性和稳定性，其中的一项不可或缺的要素即为技术开发。例如，电力是二次能源的核心，配电网把电力输送给终端消费者。为了升级配电网，首先要应对今后将增多的电源波动，加快基于高度模拟的系统运营管理技术和超导技术等基础技术的开发，同时还要强化蓄电池和氢等的能源储藏能力。

最后，通过提升能源供应链各个环节的能源利用效率，实现彻底的高效的能源供应链。具体实施的技术开发措施包括：实现煤炭和 LNG 的高效火力发电；在应用层面，关于可提高能源有效使用的产品，可提升效率的技术开发对象要追溯至产品的材料和设备；升级能源管理系统，促进能源利用过程中的效率；支持制造过程的革新。

我们推行了彻底的提升效率的方法和合理利用氢能的方法。但即使如此，最终还存在必须要应对的问题，如温室效应等。例如，在彻底提升化石燃料效率的同时，并行开展 CCS 等相关的技术开发。

第五章　与各阶层国民的交流，深化关于能源的理解

——长期性、综合性、计划性推进能源供需
相关政策所需的必要事项

一　增进各阶层国民对能源的理解

（一）关于能源宣传的存在方式

对恰当的能源选择来说，政府公布有关信息、确保完全意义上的透明性重于一切。政府应把这一点铭记在心。

东日本大地震与东京电力福岛第一核电站事发之后，国民对整体能源的关注高涨。由于担心电力的稳定供给，从而采取节约用电措施。基于提高应对灾害能力的观点，因此加大了对分散型能源体系的关心。除此之外，能源供需结构存在的问题也在国民之间进行了信息共享，例如核能乏燃料的处置问题、我国高度依赖海外进口资源的问题等。

因此，针对我国能源的整体情况，无论关注点在哪里也无论背景知识的多寡，一要探讨有效的信息提供方式以便使无论谁都可以获得某种程度上的理解，二要讨论宣传的有关方法使国民可以带着兴趣点去查找信息。基于科学知识和数据等，确立客观的、多样化的信息提供体制，可以方便国民按照自身的关注点选择最为恰当的整理后的信息。

此外，国民自身采取彻底的节能行为，作为可再生能源的提供者参与能源供给结构，以及提高对放射性废物处置立地选址问题的关心，也是国民的重要的责任和义务。

国民在广泛理解能源的整体状况时，会获得对政策的理解，逐渐清楚政策在能源安全保障、能源成本、降低环境负荷方面的局限。

另外，"安全神话"的存在成为各阶层国民加深对能源理解的一大障碍。只要满足政府和企事业者设定的标准和条件，那么风险即为零，因而并不需要更深一层的理解，这是"安全神话"给予国民的印象。

以往的能源知识宣传没能改善这种认识。东日本大地震与东京电力福岛第一核电站事发之后，行政和企事业者在信息共享的方式、缺乏与地区进行沟通的问题意识方面广受批判，也降低了国民的信赖感。对此，行政和企事业者必须进行深刻反省。

因此，关于未来能源宣传的存在方式，有必要根据国民的关心程度，准备多种已经对信息量做过适度整理的综合性的能源信息。在信息中，要时刻表明使用能源存在风险，从而进一步吸引国民的关注。借此，加深国民对能源的理解，并使国民获得关于能源风险的正确理解。这是必要的，因此要强化有关措施。

届时，为了推广相关措施，要获取第三方建议以便可以提高客观性并站在"国民立场"提供更切合具体实际的信息，为此可以进一步运用由民间有识之士构成的顾问委员会。

（二）提升客观信息和数据的检索，促进第三方机构发送能源信息

积极向媒体、民间调查机构和非营利组织等提供信息，这些第三方机构再基于各自的独特角度整理信息，借此向国民提供多种多样的能源信息，进而在全国实现可以大范围进行能源宣传工作的环境。

其中的一个重要实施环节在于要使发送信息的主体能够把握能源状况，并进行各种分析。为此，要完善网页的内容，使其可以快速并且简单拿到能源相关的统计信息等内容。

（三）推广能源教育

要扩大、深化对能源的理解，我们认为在学校教育课程的一个环节中引入能源基础知识会取得大效果。

能源是支撑全部国民生活和产业活动的基础，但我国的现状是绝大部分能源资源依赖从海外进口。让儿童也理解我国的能源资源现状，当其成长为一个社会人，并且作为一个国民成为可参与能源政策的主体时，这种教育会大大帮助其做出恰当的判断。因此，不仅是能源领域的专家、企事业者和行政人员，与能源问题相关的各种各样的人都应当积极加入教育中来。

采取这种措施的结果在于到了高等教育阶段，通过儿童时代受到的能源教育，可能导致选择能源专业进行学习的人才数量增多。通过培养支撑能源供需结构的人才，还可与职业生涯的确立相联系。

二 完善双向沟通

一方面努力让国民最大限度加深对能源整体情况的理解；另一方面提高能源政策立案过程中的透明性，进而获得国民对政策的信赖。为此，今后要

强化沟通以便促进国民各阶层之间的对话。

关于核能等能源相关的种种课题，针对如何应对风险如何采取措施等方面内容，重点在于进行细致周密的对话。

此外，构建可持续发展的社会、旨在进行社会变革的国际共同研究构想（FE 计划：未来地球计划）正在以欧洲为中心的地区开展，它以全球规模的各种问题为实施对象。该构想在科学家、全社会各相关人员的合作下，以推进研究的企划、实施以及成果细化为目的。为使这种对话型的政策立案、实施过程能在社会中固定下来，希望能通过多种多样的形式推广有关措施。

届时，国家不再是能源政策立案和使用的唯一责任方。自治体、企事业者、非营利组织等主体以发挥各自优势的形式也参与能源政策的相关事宜。基于这种实际情况，要很好地将这些主体定位在即将全新构筑的沟通机制中。并且作为负责任的主体，重点在于还要将其发展成为从政策立案至实施对全过程加以参与的沟通机制。例如，为了实现各主体得以全面讨论的沟通机制，首先以全国的自治体为中心建立地区能源评议会，各主体讨论能源相关的各种问题、相互学习、加深理解、促进政策实施。关于具体的实施措施，今后予以讨论。

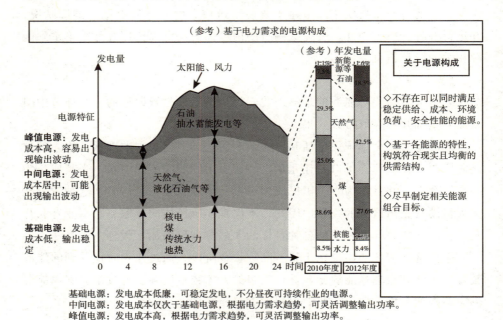

基础电源：发电成本低廉，可稳定发电，不分昼夜可持续作业的电源。
中间电源：发电成本仅次于基础电源，根据电力需求趋势，可灵活调整输出功率。
峰值电源：发电成本高，根据电力需求趋势，可灵活调整输出功率。

（周晓娜 译）

第三部分

能源**法律**

能源政策基本法

（2002 年 6 月 14 日第 71 号法律）

第一条　目的

能源是稳步提高国民生活、维持和发展国民经济所不可或缺的，同时，鉴于能源的利用会对地区乃至全球环境带来巨大影响，特制定本法律，目的是就能源供求的政策措施规定基本方针，明确国家以及地方公共团体的责任与义务，确定能源供求政策措施的基本事项，着眼长远，综合而有计划地推进能源供求的政策措施，以利保全地区和地球环境，为我国乃至世界经济社会的持续发展做贡献。

第二条　确保稳定供给

鉴于世界能源形势存在不稳定因素等，我国必须就能源的稳定供给采取措施，基本的政策是：在石油等一次能源进口方面，降低对特定地区的过度依赖，同时，推进对重要能源资源的开发，健全能源运输体制，加强能源储备和推进能源的有效利用，并进行妥善的能源危机管理，以此谋求能源供给来源的多样化，提高能源自给率，实现能源领域的安全保障。

第三条　符合环保原则

在能源供求方面，必须提高能源消费的效率，向利用太阳能、风能等化石燃料以外的能源转换，推进化石燃料的有效利用等，必须在防止地球暖化和保护地区环境中解决能源供求问题，并推进有助于形成循环型社会的政策措施。

第四条　充分运用市场原理

在开放能源市场等事关能源供给的经济结构改革方面，必须在充分考虑前两条政策目的的同时，充分发挥企事业的自主性和创造性，要以切实保障能源需求方的利益为主旨，推行放松规制等政策措施。

第五条　国家的责任与义务

一、国家有责任和义务遵照本法律第二条至第四条规定的关于能源供求政策措施的基本方针（以下简称"基本方针"），综合制定和实施有关能源供求的政策措施。

二、在能源的使用方面，国家必须使用有助于降低环境负荷的物品，努力减轻环境负荷。

第六条　地方公共团体的责任与义务

一、地方公共团体有责任和义务遵照基本方针，在能源供求方面，既要遵循国家的政策措施，又要制定和实施合乎本地区实际情况的政策措施。

二、地方公共团体在能源的使用方面，必须使用有助于降低环境负荷的物品，努力降低环境负荷。

第七条　经营者的责任与义务

经营者在从事经营活动时，有责任和义务发挥主动性和创造性，高效率地利用能源，努力使能源的利用有助于能源的稳定供给和保护地区乃至地球环境，同时对国家和地方公共团体实施的关于能源供求的政策措施给予配合。

第八条　国民应尽的努力

国民在使用能源时，须努力做到用的合理，同时，要努力充分利用新能源。

第九条　互相合作

国家、地方公共团体、经营者、国民及其组成的民间团体，在能源供求方面，需相互理解各自发挥的作用，互相合作。

第十条　法制上的措施等

为了落实关于能源供求的政策措施，政府须在法制上、财政上或金融上及其他方面采取必要的措施。

第十一条　向国会报告

政府必须每年就关于能源供求所采取政策措施的概况向国会提交报告。

第十二条　能源基本计划

一、为立足长远，综合而有计划地推进关于能源供求的政策措施，政府需制定关于能源供求的基本计划（以下简称"能源基本计划"）。

二、能源基本计划须确定下列事项。

1. 关于能源供求政策措施的基本方针；

2. 应有计划地采取有关能源供求的长期性、综合性政策措施；

3. 为长期、综合而有计划地推行关于能源供求的政策措施，应有重点地进行研究开发的能源技术及其政策措施；

4. 除以上所列三项外，为长期、综合而有计划地推行能源供求政策措施的其他必要事项。

三、经济产业大臣须在听取相关行政机构负责人意见的同时，听取综合资源能源调查会的意见，在此基础上编制能源基本计划方案，提交内阁会议讨论决定。

四、当前一项规定所指的内阁会议作出决定时，经济产业大臣须尽快将能源基本计划报告国会，同时公开发表。

五、政府须根据能源形势的变化，对能源政策措施的效果进行评价，至少每三年对能源基本计划进行一次探讨，必要时予以变更。

六、前述第三、第四项规定，适用于能源基本计划的变更。

七、关于实施能源基本计划所需经费，政府须努力采取必要措施，确保其有必要的资金，在国家财政容许的范围内，将实施能源基本计划所需经费列入每年度的预算等，以使能源基本计划得以顺利实施。

第十三条　促进国际合作

为了世界能源供求的稳定和保护地球环境，防止伴随能源使用带来的地球暖化等现象，政府要努力采取措施，为国际能源机构以及环保机构提供合作，推动研究者的国际交流，参加国际研究开发活动，发起国际共同行动的提案，推动双边以及多边能源开发合作及其他国际合作。

第十四条　关于能源知识的普及等

国家要努力采取必要的措施，通过各种机会加深广大国民对能源的理解与关心，积极努力公开与能源相关的信息，同时，注意充分发挥不以营利为目的的团体的作用，开展妥善使用能源的启蒙活动以及普及能源知识。

附　　则

第一条　实施日期

本法律自公布之日起实施。

（以下从略——译者）

（张淑英　译）

关于合理使用能源的法律*

（1979 年 6 月 22 日第 49 号法律）

第一章　总则

第一条　目的

本法律的目的是针对国内外围绕能源问题的经济社会环境，为确保燃料资源的有效利用，就工厂等、运输、建筑物以及机械器具合理使用能源及其他综合推进能源使用合理化采取必要的措施等，以此增进国民经济的健全发展。

第二条　定义

一、本法律中的"能源"是指燃料、热能（政令规定的替代以燃料为热源的热能除外，以下同此）和电力（政令规定的使用以燃料为热源的热能转换而得到的动力替代电力除外，以下同此）。

二、本法律中的"燃料"是指原油、挥发油、重油及其他经济产业省令规定的石油产品、可燃性天然气、煤炭、焦炭及其他经济产业省令规定的煤炭产品、用于燃烧及其他经济产业省令规定用途的物质。

第二章　基本方针等

第三条　基本方针

一、经济产业大臣须从综合推进能源使用合理化出发，就工厂或事务所及其他经营场所（以下统称"工厂等"）、运输、建筑、机械器具等制定和发布关于能源使用合理化的基本方针（以下简称"基本方针"）。

---

* 本法律俗称"节能法"。

二、为实现能源使用的合理化，基本方针需立足能源供求的长期展望，结合能源使用合理化的相关技术水平等，规定能源使用者等应采取的基本措施，为促进能源使用合理化而采取的基本政策措施及其他关于能源使用合理化的事项。

三、经济产业大臣制定基本方针，需经内阁会议决定。

四、经济产业大臣在制定基本方针时，需就涉及运输、建筑物（关于提高建材质量及其标注部分除外）以及有关汽车性能的能耗比等，预先与国土交通大臣协商。

五、由于第二项所指情况发生变化，经济产业大臣在认为必要时，要对基本方针进行修改。

六、第一至第四项规定，适用于前一项规定的对基本方针的修改。

第四条　能源使用者须尽的努力

能源使用者须重视基本方针的规定，为能源使用的合理化而努力。

第三章　有关工厂等的措施等

第一节　关于工厂等的措施

第五条　应作为经营者判断标准的事项

一、为使工厂等切实而有效地实行能源使用的合理化，经济产业大臣需就下列事项以及能源使用合理化的目标、为达到该目标应有计划地采取的措施、应作为工厂等使用能源从事经营者的判断标准的事项作出规定并加以公布。

（一）在专供工厂等经营场所以及类似的用途方面，改善能源使用方法，在能耗比上选择性能优越的机械器具及其他事关能源使用合理化的事项。

（二）关于工厂等（除前一项规定者外）能源使用合理化事项有如下列：

1. 燃料燃烧的合理化

2. 加热、冷却以及传热的合理化

3. 废热的回收利用

4. 热转换动力等的合理化

5. 防止辐射、传导、阻力等带来能量损失

6. 电能转为动能、热能等合理化

二、确定应作为前一项规定的判断标准的事项，需从能源供求的长期展望出发，考虑能源使用合理化的相关技术水平、各个行业能源使用合理化的状况等，并根据情况的变化进行必要的修改。

第六条　指导与建议

为确保能源使用合理化在工厂等中切实得以实施，主管大臣在认为有必要时，可依照前一项规定的判断标准，就该项中所列事项的实施，向工厂等使用能源从事经营者提出必要的指导和建议。

第七条之一　特定经营者的指定

一、对于工厂等的开设者（第十九条第一项规定的连锁经营者除外，第三项同此）中，其设置的所有工厂等的年度（指每年四月一日至次年三月三十一日，以下同此）能源合计使用量超出政令规定量者，经济产业大臣要将其指定为特别有必要推进能源使用合理化者。

二、前项的年度能源使用量，依照政令规定核算。

三、工厂等的开设者，当其开设的所有工厂等上年度按政令规定核算的能源合计使用量超出第一项政令规定的数值时，需依照经济产业省令的规定，将其开设的所有工厂等上一年度的能源使用量及其他能源使用状况，按经济产业省令规定的事项报经济产业大臣备案。但是，依据该项规定的被指定者（以下称"特定经营者"）不在此限。

四、特定经营者在发生下列任一事由时，可依据经济产业省令的规定，向经济产业大臣提出申请撤销按照第一项规定作出的指定。

（一）其开设的所有工厂等的全部经营活动不再进行时。

（二）其开设的所有工厂等按照第二项政令规定核算的年度能源合计使用量不会超出第一项政令规定的数值时。

五、经济产业大臣对于提出的前一项所指申请，在认为其理由成立时，应立即撤销依据第一项规定作出的指定。即使没有提出前一项所指的申请，在确认当事者已经发生同项所列任一事由时，也照此办理。

六、经济产业大臣在依据第一项规定作出指定或依据前项规定撤销指定时，应通知该工厂等所属行业的主管大臣。

第七条之二　能源总管

一、特定经营者需依照经济产业省令的规定，选任统筹管理人（以下

称"能源总管"），负责编制第十四条第一项规定的中长期计划，统筹管理所开设工厂等的能源使用合理化、耗能设备的维护、能源使用方法的改善与监督及其他经济产业省令规定的业务。

二、担任能源总管的负责人，必须是实际上从事特定经营者所从事业务的统筹管理者。

三、特定经营者选任或解聘能源总管，须依照经济产业省令报经济产业大臣备案。

第七条之三　能源管理计划推进者

一、特定经营者须依照经济产业省令的规定，在符合第十三条第一项所列条件的人选中，选任能源管理计划推进者。

二、特定经营者在符合第十三条第一项所列条件的人中选出能源管理计划推进者后，须按照经济产业省令规定的期限，让该能源管理计划推进者定期接受同条第二项规定的培训。

三、能源管理计划推进者在有关第七条之二第一项规定的业务方面协助能源总管。

四、第七条之二第三项规定适用于能源管理计划推进者。

第七条之四　第一类能源管理指定工厂等的指定

一、在特定经营者开设的工厂等中，年度能源使用量超出依据第七条之一第二项政令规定核定的数值者，经济产业大臣要将其指定为特别有必要推进能源使用合理化的工厂等。

二、在特定经营者中，依照前一项规定所指定的工厂等（以下称"第一类能源管理指定工厂等"），其开办者（以下称"第一类特定经营者"）在该工厂等发生下列任一事由时，可依照经济产业省令的规定，向经济产业大臣申请撤销依据同项规定的指定。

（一）不再从事该业务。

（二）按照第七条之一第二项所指政令规定核算的年度能源使用量不会超出前一项政令规定的数值。

三、经济产业大臣对于提出的前一项所指的申请，在认为其理由成立时，应立即撤销依据第一项规定作出的指定。即使没有提出前一项所指的申请，在确认当事者已经发生同项所列任一事由时，也照此办理。

四、经济产业大臣在依据第一项规定作出指定或依据前一项规定撤销指定时，应通知该工厂等所属行业的主管大臣。

第八条　能源管理者

一、第一类特定经营者须依照经济产业省令的规定，在其开设的每个第一类能源管理指定工厂等中，均须按照政令规定的标准，从获得能源管理士资格证书者中选任能源管理者。但是，在被指定为第一类能源管理工厂等中，符合下列情况者不在此限。

（一）在被指定为第一类能源管理工厂等中，属于供制造业及其他政令规定行业的业务用的工厂等，政令规定的专供经营场所及其他类似用途者。

（二）在被指定为第一类能源管理工厂等中，供前项规定以外的行业用的工厂等。

二、第一类特定经营者选任或解聘能源管理者，须依照经济产业省令的规定报经济产业大臣备案。

第九条　能源管理士资格证书

一、能源管理士资格证书由经济产业大臣颁发给符合下列条件之一者。

（一）通过能源管理士考试的合格者。

（二）具有符合前项规定者同等或以上学识经验并获得经济产业大臣认定者。

二、颁发能源管理士资格证书的相关手续，由经济产业省令规定。

第十条　能源管理士考试

一、能源管理士考试由经济产业大臣掌管。

二、经济产业大臣可委托其指定方（以下称"指定考试机构"）办理能源管理士考试事务（以下称"考试事务"）。

三、能源管理士考试的科目、考试手续及其他能源管理士考试实施细则，由经济产业省令予以规定。

第十一条　能源管理者的职责

能源管理者负责管理被指定为第一类能源管理工厂等中有关能源使用合理化、耗能设备的维护、能源使用方法的改善与监督及其他经济产业省令规定的业务。

第十二条　删除

第十三条　能源管理员

一、第一类特定经营者中属于第八条第一项所列工厂等的开设者（以下称"第一类指定经营者"），须依照经济产业省令的规定，在其开设的每个该类工厂等中选任能源管理员。能源管理员须从符合下列条件者中选任。

（一）完成经济产业大臣及其指定方（以下称"指定培训机构"）依照经济产业省令规定进行的有关能源使用合理化必备知识和技能培训课程者。

（二）获颁能源管理士资格证书者。

二、第一类指定经营者必须按照经济产业省令规定，使其选任的能源管理员定期参加培训。培训由经济产业大臣或指定培训机构依照经济产业省令的规定进行，目的是提高能源管理员的资质。

三、第一类特定经营者选任或解聘能源管理员，须依照经济产业省令的规定报经济产业大臣备案。

四、第十一条规定适用于能源管理员。

第十四条　中长期计划的编制

一、特定经营者每年度均须按照经济产业省令的规定，依照第五条第一项规定的各项判断标准制定的能源使用合理化目标，就其开设的工厂等为实现该目标编制中长期计划，并提交主管大臣。

二、为使特定经营者编制的前项所指计划切实可行，主管大臣可制定必要的指导方针。

三、主管大臣制定的前一项所指的指导方针，须公开发表。

第十五条　定期报告

一、特定经营者每年度均须依照经济产业省令的规定，就其工厂等的能源使用量、其他能源的使用情况（包括能源使用效率以及伴随能源使用发生的二氧化碳排放量等相关事项）、耗能设备以及与能源使用合理化相关设备的添置、改造或报废情况，按照经济产业省令规定的事项向主管大臣报告。

二、经济产业大臣在制定或变更前一项所指的经济产业省令（仅限于伴随能源使用发生二氧化碳排放量相关的事项）时，须预先与环境大臣协商。

第十六条　有关合理化计划的指示和命令

一、当主管大臣认为特定经营者开设的工厂等的能源使用合理化状况与第五条第一项规定的判断标准明显不符时，可向该特定经营者出示作此判断的根据，指令其编制和提交关于能源使用合理化的计划（以下称"合理化计划"）。

二、当主管大臣认为合理化计划对于该特定经营者开设的工厂等切实实行能源使用合理化不具有可行性时，可向该特定经营者发出应变更合理化计划的指示。

三、当主管大臣认为特定经营者没有实施合理化计划时，可对该特定经营者发出应切实实施合理化计划的指示。

四、对于收到前三项规定的指示而不予执行的特定经营者，主管大臣可将此事公之于众。

五、收到上述第一项至第三项规定的指示的特定经营者，无正当理由而不采取所指示的措施，主管大臣可听取审议会等［指《国家行政组织法》（1948 年第 120 号法律）第八条规定的机构，以下同此］政令规定方的意见，命令该特定经营者按照指示采取措施。

第十七条　第二类能源管理指定工厂等的认定

一、特定经营者开设的工厂等中，不属于第一类能源管理认定工厂等，按照第七条之一第二项规定核定的年度能源使用量不低于同条第一项所指政令确定的数值，经济产业大臣则参照超出政令规定的第一类能源管理认定工厂等的做法，认定其为特别有必要推进能源使用合理化的工厂等。

二、在特定经营者中，依照前一项规定被指定的工厂等（以下称"第二类能源管理指定工厂等"）的开设者（以下称"第二类特定经营者"），在该工场等发生下列任一事由时，可依照经济产业省令的规定，向经济产业大臣申请撤销依据同项规定作出的指定。

（一）不再从事经营。

（二）按照第七条之一第二项的政令规定核定的年度能源使用量不会超出前一项政令规定的数值。

三、经济产业大臣对于提出的前一项所指申请，在认为其理由成立时，应立即撤销依据第一项规定作出的指定。即使没有提出前一项所指的申请，在确认该工厂等已经发生同项所列任一事由时，也照此办理。

四、当认定为第二类能源管理工厂等依照第七条之一第二项政令规定核定的年度能源使用量超过依照第七条之四第一项政令规定的数值，经济产业大臣依据同项规定对该工厂等做出指定时，则要撤销依据本条第一项对该工厂等的指定。

五、经济产业大臣依据第一项规定作出指定或依据前两项规定撤销指定时，应通知该工厂等所属行业的主管大臣。

第十八条　适用规定

一、第十三条第一项至第三项规定，适用于第二类特定经营者。在这种情况下，同条第一项中的"该工厂等"应理解为"第二类能源管理指定工厂等"。

二、第十一条规定适用于第二类特定经营者开设的每一个第二类能源管理指定工厂等选聘的能源管理员。

第十九条之一　特定连锁经营者的指定

一、关于依据格式化规章订立契约、使用特定商标、商号及其他标志，规定商品销售或提供劳务的方式，并对持续经营进行指导，对于该规章以及该经营的加盟者（以下称"加盟者"）开设的工厂等的能源使用条件，在经济产业省令已有相关规定（以下称"连锁经营"）的经营者（以下称"连锁经营者"）中，该连锁经营者开设的所有工厂等以及该加盟者开设的与该连锁经营相关联的所有工厂等，按照第七条之一第二项政令规定核定的年度能源合计使用量超出同条第一项政令规定数值以上者，经济产业大臣可认定其特别有必要推进能源使用合理化。

二、连锁经营者开设的所有工厂等以及该连锁经营者搞的连锁经营的加盟者开设的与该连锁经营相关联的所有工厂等，当其上一年度依照第七条之一第二项政令规定核定的能源合计使用量超出同条第一项政令规定的数值以上时，连锁经营者须依照经济产业省令的规定，就其开设的所有工厂等以及该连锁经营者搞的连锁经营的加盟者开设的所有与该连锁经营相关联的工厂等的上一财年的能源使用量及其他能源使用情况，按照经济产业省令规定的事项报经济产业大臣备案。但是，依照前一项规定的被指定者（以下称"特定连锁经营者"）不在此限。

三、特定连锁经营者在发生下列任一事由时，可依据经济产业省令的规定，向经济产业大臣申请撤销按照本条第一项规定作出的指定。

（一）该特定连锁经营者开设的所有工厂等，以及该特定连锁经营者搞的连锁经营的加盟者开设的与该连锁经营相关联的所有工厂等的所有经营活动不再进行时。

（二）该特定连锁经营者开设的所有工厂等以及该特定连锁经营者搞的连锁经营的加盟者开设的与该连锁经营相关联的所有工厂等，依照第七条之一第二项政令规定核定的年度能源合计使用量不会超出同条第一项所指政令规定的数值。

四、经济产业大臣对于提出前一项所指的申请，在认为其理由成立时，应立即撤销依据本条第一项规定作出的指定。即使没有提出前一项所指的申请，在确认当事者已经发生同项所列任一事由时，也照此办理。

五、经济产业大臣在依据本条第一项规定作出认定或依据前一项规定撤销认定时，应通知当事者开设的工厂等以及与当事者搞的连锁经营相关行业的主管大臣。

第十九条之二　适用规定

一、第七条之二的第一项、第二项、第三项（包括适用第七条之三第四项的情况）、第七条之三至第八条、第十一条（包括适用第十三条第四项的情况）以及第十三条至第十七条的规定，适用于特定连锁经营者。在这种情况下，第七条之二第一项、第十四条第一项、第十五条第一项中记有"其开设的工厂等"文字的地方，当理解为"其开设的工厂等以及该特定连锁经营者搞的连锁经营的加盟者开设的与该连锁经营相关联的工厂等"；第十六条第一项以及第二项记有"特定经营者开设的工厂等"文字的地方，当理解为"特定连锁经营者开设的工厂等以及该特定连锁经营者搞的连锁经营的加盟者开设的与该连锁经营相关联的工厂等"。

二、前一项中适用的第十三条第一项至第三项规定，适用于特定连锁经营者中被指定为第二类能源管理工厂等的开设者。

三、本条第一项中适用的第十一条规定，适用于特定连锁经营者中被指定为第二类能源管理工厂等的开设者为其开设的各个工厂等选任的能源管理员。

第十九条之三　能源管理者等的义务

一、能源管理者以及能源管理员，必须诚实地履行其职责。

二、能源总管必须尊重能源管理者或能源管理员对其履行职责的工厂等的能源使用合理化的意见。

三、已选任能源管理者或能源管理员的工厂等的员工，必须服从能源管理人员在履行其职责中认为必要而发出的指示。

第二十条　接受注册调查机构调查的特例

一、特定经营者应依照经济产业省令的规定，就其开设的工厂等的能源使用量及其他能源使用情况（包括能源使用效率以及伴随能源使用发生的二氧化碳排放量等相关事项）、消费能源的设备以及有关能源使用合理化设备的配备、改造和报废情况，接受已获经济产业大臣注册者（以下称"注册调查机构"）的调查（以下称"确认调查"）。但是，接到依据第十六条第一项规定指示的特定经营者，自收到该指示之日起未满三年者，可不接受该确认调查。

二、依照经济产业省令的规定，注册调查机构认为其调查的特定经营者开设的所有工厂等的能源使用合理化状况符合第五条第一项规定的判断标准时，须将评定结果以书面形式交予被调查者。

三、注册调查机构在交付前项所指书面评定结果时，须依照经济产业省令的规定，立即将与书面内容相关的调查结果报告主管大臣。

四、收到第二项所指书面评定结果的特定经营者，在收到该书面评定之日的所属年度，不适用于第十五条第一项以及第十六条的规定。

五、经济产业大臣在制定或变更本条第一项所指的经济产业省令（仅限于伴随能源使用发生二氧化碳排放量的相关事项）时，须预先同环境大臣协商。

六、本条第一项至第五项规定，适用于特定连锁经营者。这时，第一项中记有"其开设的工厂等"文字的地方，应理解为"其开设的工厂等以及该特定连锁经营者搞的连锁经营的加盟者开设的与该连锁经营相关联的工厂等"；记有"第十六条第一项"的文字应理解为"第十九条之二第一项中适用的第十六条第一项"；第二项中的"特定经营者开设的所有工厂等"，应理解为"特定连锁经营者开设的所有工厂等以及该特定连锁经营者搞的连锁经营的加盟者开设的与该连锁经营相关联的所有工厂等"；第四项中的"第十五条第一项以及第十六条"，应理解为"第十九条之二第一项中适用的第十五条第一项以及第十六条"。

第二节　指定考试机构

第二十一条　指定

一、第十条第二项的指定，系依照经济产业省令的规定，视有意向从事考试事务者的申请而定。

二、经济产业大臣在进行第十条第二项的指定时，不进行考试。

第二十二条　不合格条款

一、属于下列任一项者，不得接受第十条第二项的指定。

（一）依据第三十二条第二项规定撤销指定、自撤销之日算起未满两年者。

（二）从事该业务的干部中，有下列任一情况者。

1. 违反本法律或依据本法律做出的处分、被判刑、其刑满或自不再服刑之日算起未满两年者。

2. 依据第二十八条规定的命令被解职、自解职之日算起未满两年者。

第二十三条　指定的标准

一、经济产业大臣对于其他未曾受过第十条第二项的指定，并且不认为同项指定的申请符合下列规定时，不得予以指定。

（一）关于考试的实施计划，包括职员、设备、考试事务的实施办法及其他事项，对于考试事务的妥善实施是切实可行的。

（二）对于妥善实施前一项所指考试计划具有足够的管理基础和技术能力。

（三）申请者是一般社团法人或一般财团法人。

（四）申请者所从事的考试事务以外的业务，不会因其从事该业务而影响考试的公正。

第二十四条　考试事务规程

一、指定考试机构须制定考试事务的实施规程（以下称"考试事务规程"），并取得经济产业大臣的认可。变更规程时也照此办理。

二、考试事务规程中应确定的事项，由经济产业省令规定。

三、当经济产业大臣认为本条第一项认可的考试事务规程对于考试事务的公正实施欠妥时，可命令指定考试机构变更考试事务规程。

第二十五条　考试事务的停止和废除

指定考试机构未经经济产业大臣许可，不得全部或部分停止或废除考试事务。

第二十六条　业务计划等

一、指定考试机构须在每个业务年度开始前（指收到第十条第二项指定之日所属业务年度，收到该指定后不得迟延地）编制该业务年度的业务计划以及收支预算，并取得经济产业大臣的认可。欲变更业务计划和收支预算时，也照此办理。

二、指定考试机构须在每个业务年度过后三个月以内编制出该业务年度的业务报告书以及收支决算书，并提交经济产业大臣。

第二十七条　干部选任和解职

指定考试机构选任以及解职干部，若未经经济产业大臣认可，则为无效。

第二十八条　干部的解职命令

当指定考试机构的干部违反本法律（包括依据本法律作出的处分）或

考试事务规程时，或在考试事务中有明显的不当行为时，经济产业大臣可命令指定考试机构撤掉该干部。

第二十九条　能源管理士考试员

一、指定考试机构在进行考试时，对于考生是否具有作为能源管理士必备的知识和能力的判定，必须由能源管理士考试员（以下称"考试员"）执行。

二、指定考试机构的考试员必须从具备经济产业省令规定的条件者中选任。

三、指定考试机构在选任考试员时，须依照经济产业省令的规定，报经济产业大臣备案。考试员有变更时也照此办理。

四、第二十八条规定适用于考试员。

第三十条　保密义务等

一、指定考试机构的干部或职员（包括考试员在内，下一项同此）或者在这些职位的人，不得泄露有关考试的秘密。

二、从事考试事务的指定考试机构的干部或职员，在适用刑法（1907年第45号法律）及其他惩罚规则上，视同依法从事公务的职员。

第三十一条　合规命令等

一、当经济产业大臣认为指定考试机构不符合第二十三条任一项（第三项除外，本项以下同此）时，可命令指定考试机构采取必要措施，以符合该条各项规定。

二、除前项规定外，当经济产业大臣认为在本法律的实施上确有必要时，可从监督的角度就考试事务向指定考试机构发布必要的命令。

第三十二条　撤销指定等

一、当指定考试机构不再符合第二十三条第三项规定时，经济产业大臣必须撤销第十条第二项所指的指定。

二、指定考试机构出现下列任一情况时，经济产业大臣可撤销第十条第二项所指的指定，或命令其在规定期限内停止全部或部分考试。

（一）违反本节规定。

（二）出现第二十二条第二项所指的情况。

（三）不按照第二十四条第一项所指经认可的考试规程进行考试。

（四）违反第二十四条第三项、第二十八条（包括适用于第二十九条第四项的情况）或依据第三十一条规定发布的命令。

（五）以不正当手段取得第十条第二项所指的指定。

第三十三条 账簿记录

一、指定考试机构必须置备账簿，依照经济产业省令规定的事项记录考试事务。

二、前项所指账簿必须依照经济产业省令的规定予以保存。

第三十四条 由经济产业大臣实施考试等

一、当指定考试机构接到第二十五条的许可后完全或部分停止考试时；当依据第三十二条第二项规定，命令指定考试机构全部或部分停止考试时；或指定考试机构因天灾等事由，难以完全或部分实施考试；经济产业大臣认为必要时，可亲自处理全部或部分考试事务。

二、在经济产业大臣依据前项规定亲自处理全部或部分考试事务的情况下，在全部或部分废除接到第二十五条许可的指定考试机构的考试时，或经济产业大臣依据第三十二条第二项规定，取消指定考试机构的资格时，有关考试事务的衔接及其他必要事项，由经济产业省令予以规定。

第三十五条 公示

在发生下列情况时，经济产业大臣必须在官报上予以公示。

一、经济产业大臣作出第十条第二项所指的指定时。

二、经济产业大臣颁发第二十五条所指的许可时。

三、经济产业大臣依据第三十二条规定撤销指定，或依据同条第二项规定命令全部或部分停止考试。

四、依据第三十四条第一项规定，经济产业大臣亲自处理全部或部分考试事务，或其亲自处理的全部或部分考试事务停止进行。

第三节 指定培训机构

第三十六条 指定

一、第十三条第一项第一点的指定（包括适用于第十八条第一项中的情况。本条以下、第三十八条第一项以及第八十八条第一项同此），须依据经济产业省令的规定，根据有意向从事第十三条第一项第一点以及同条第二项（包括适用于第十八条第一项的情况。第八十八条第一项同此）培训（本节以下以及在第九十四条中称作"能源管理培训"）者的申请而定。

二、第二十二条［除第二项的（二）之外］、第二十三条以及第三十二条的规定，适用于第十三条第一项（一）的指定；第二十四条、第二十六

条、第三十条第二项、第三十一条以及第三十三条的规定，适用于指定培训机构。（本条以下内容从略——译者）

第三十七条　能源管理培训的停办与废除

当指定培训机构停办或废除全部或部分能源管理培训时，必须在经济产业省令规定的期限内报经济产业大臣备案。

第三十八条　公示

对于下列情况，经济产业大臣必须在官报上予以公示。

一、经济产业大臣作出第十三条第一项（一）所指的指定。

二、经济产业大臣依据在第三十六条第二项中适用的第三十二条撤销指定，或依据同项中适用的同条第二项发布全部或部分停办能源管理培训的命令。

三、当事者已提出第三十七条所指的备案。

第四节　注册调查机构

第三十九条　注册

第二十条第一项的注册（本节以下称"注册"）依据经济产业省令的规定，根据有意向从事确认调查者的申请而定。

第四十条　不合格条款

属于下列任一情况者，不能获得注册。

一、违反本法律或依据本法律作出的处分，被判刑、其刑满或自不再服刑之日算起未满两年者。

二、依据第四十九条撤销注册、自撤销之日算起未满两年者。

三、在该法人办理业务的干部中，有属于前两种情况者。

第四十一条　注册标准

一、依据第三十九条规定申请注册者，在符合下列全部条件时，经济产业大臣须予以注册。有关注册必须履行的手续，由经济产业省令规定。

（一）确认调查由获得能源管理士资格证书者实施，其人数在两名以上。

（二）为切实保证确认调查的可信性，须采取下列措施。

1. 从事确认调查的部门设专职管理人员。

2. 编制关于确认调查业务的管理以及确保调查精确度的文件。

根据2所指的文件规定，为管理确认调查业务和提高调查精确度而设置专职部门。

二、注册须在调查机构注册簿上记载下列事项。

（一）注册年月日和注册编号。

（二）接受注册者的姓氏、名称及住址，法人则须登记其代表的姓名。

第四十二条 注册的更新

一、注册须定期更新，注册周期不低于三年，具体期间由政令规定，逾期不更新即失效。

二、前三条规定适用于前一项的注册更新。

第四十三条 调查的义务

一、注册调查机构在被要求进行确认调查时，除有正当理由外，必须及时进行确认调查。

二、注册调查机构必须公正，并依照经济产业省令规定的方法进行确认调查。

三、注册调查机构不得对其业务的实际支配人及其他与该注册调查机构存在明显利害关系的经营者依据经济产业省令开设的工厂等进行确认调查。

第四十四条 事务所的变更

当注册调查机构拟变更从事确认调查业务的事务所的地址时，须在变更之日的两个星期前报经济产业大臣备案。

第四十五条 调查业务规程

一、注册调查机构须制定关于确认调查的业务规程（以下称"调查业务规程"），在确认调查业务开始前，报经济产业大臣备案。变更规程时也照此办理。

二、调查业务规程中须规定确认调查的实施方法、确认调查的相关费用及其他经济产业省令规定的事项。

第四十六条 调查业务的停止和取消

注册调查机构拟完全或部分停止或取消确认调查业务时，必须依照经济产业省令的规定，预先报经济产业大臣备案。

第四十七条 财务诸表等的陈列及阅览等

一、每个业务年度结束后三个月以内，注册调查机构须编制出该业务年度的财产目录、资产负债表、损益计算表或收支计算表以及业务报告书［将这些内容制成电磁记录（以电子方式、磁盘方式等不易被外人感知的方式制作记录，以供电子计算机处理信息之用。本条以下同此），或以电磁记录替代书面报告，在这种情况下包括该电磁记录。下一项以及第九十九条第二项中称"财务诸表等"］，在事务所保存五年。

二、特定经营者或特定连锁经营者及其他利害关系人，可在注册调查机构工作时间内的任何时候提出下列请求。但是，提出下列第二或第四项请求，须支付注册调查机构的规费。

（一）在有书面形式的财务诸表等情况下，请求阅览或誊写该书面报表。

（二）要求得到前一项所指书面报表的副本或抄本。

（三）在财务诸表等被制成电磁记录的情况下，请求按照经济产业省令规定的形式阅览或誊写该电磁记录的事项。

（四）请求将上述电磁记录中的事项按照经济产业省令的规定以电磁方式提供，或请求提供记录该事项的书面材料。

第四十八条　改善命令

当经济产业大臣认为注册调查机构违反第四十三条第一项或第二项规定时，可命令该注册调查机构采取必要的措施，就应该进行的确认调查或确认调查的方法及其他业务方法进行改善。

第四十九条　注册的撤销等

当注册调查机构出现下列任一情况时，经济产业大臣可撤销其注册，或命令其在规定期间全部或部分停止确认调查业务。

一、出现第四十条第一项或第三项所指的情况。

二、违反第四十三条第三项、第四十四条、第四十五条第一项、第四十六条、第四十七条第一项或第五十一条中适用的第三十三条规定。

三、无正当理由而拒绝按照第四十七条第二项所列提出的请求。

四、违反依据第四十八条或第五十一条中适用的第三十一条第一项规定发布的命令。

五、以不正当手段取得注册。

第五十条　公示

经济产业大臣须对下列情况在官报上公示。

一、注册完毕。

二、当事者已提出第四十四条或第四十六条所指的申报。

三、依照第四十九条规定撤销注册或已发布完全或部分停止确认调查业务的命令。

第五十一条　适用规定（从略——译者）

第四章　有关运输的措施

第一节　有关货物运输的措施

第一款　有关货物运输业者的措施

第五十二条　应作为货物运输业者判断标准的事项

一、为切实而有效地在货运方面实施能源使用的合理化，经济产业大臣及国土交通大臣就下列事项以及货运方面的能源使用合理化目标、为达到该目标计划采取的措施、应作为货运业者（指以运送日本国内各地收发他人或自己的货物为业而使用能源者。以下同此）判断标准的事项作出规定，并予以公布。

（一）在能耗比方面，选用性能优越的运输机械器具。

（二）驾驶或操作运输机械器具的方法，要有助于能源使用的合理化。

（三）使用运力高的运输机械器具。

（四）充分而有效地发挥运输用机械器具的运力。

二、前一项所列作为判断标准的事项，要结合能源供求的长期展望、能源使用合理化的技术水平及其他相关情况而定，并随着情况的变化进行必要的修改。

第五十三条　指导和建议

为确保能源使用合理化在货运方面切实得以实施，国土交通大臣在认为必要时，可结合第五十二条第一项规定的判断标准，就该项中所列各点的实施向货运经营者提出必要的指导和建议。

第五十四条　特定货运经营者的指定

一、对于货运经营者，政令就各类货运（以下称"货运类别"）的运力分别作出规定，对于超出政令规定标准者，国土交通大臣要将其列为特别有必要在货运方面推进能源使用合理化者，对该货运按类别逐一进行指定。

二、截至上一年度的最后一天，对于运力超过前一项所指政令规定标准的各类货运，货运经营者须依照国土交通省令的规定，就其每一类货运的运力，按国土交通省令规定的事项报国土交通大臣备案。但是，根据同项规定已被指定的货运经营者（以下称"特定货运经营者"）的该类货运不在此限。

三、当特定货运经营者在指定的货运类别上发生下列任一事由时，可依据国土交通省令的规定，向国土交通大臣申请撤销对该类货运的指定。

（一）不再从事货运经营。

（二）第一项政令中所指运力不会超出同项政令规定的标准。

四、国土交通大臣对于提出前一项所指的申请，在认为其理由成立时，应立即撤销依据第一项规定作出的指定。即使没有提出前一项所指的申请，在确认当事者已发生同项所列任一事由时，也照此办理。

第五十五条　编制中长期计划

特定货运经营者自收到根据第五十四条第一项规定的指定之日所属年度的下一年度起，每年度均须依照国土交通省令的规定，就第五十二条第一项所定判断标准中有关货运的能源使用合理化目标，分别就与该指定相关的各类货运制定旨在达到目标的中长期计划，并提交国土交通大臣。

第五十六条　定期报告

一、特定货运经营者自收到根据第五十四条第一项规定的指定之日所属年度的下一年度起，须依照国土交通省令的规定，每年度就有关货运的能源使用量，其他与货运相关的能源使用情况（包括与货运相关的能源使用效率以及伴随货运使用能源而发生的二氧化碳排放量）、与货运相关的能源使用合理化必要措施的实施状况、分别就该指定涉及的货运类别按照国土交通省令规定的事项向国土交通大臣报告。

二、国土交通大臣制定前一项所指的国土交通省令（限于伴随货运使用能源而产生二氧化碳排放的相关事项）或拟对其进行变更时，须预先同环境大臣协商。

第五十七条　劝告和命令

一、关于依照第五十四条第一项规定作出指定的特定货运经营者的货运类别，对照第五十二条第一项规定的判断标准，当国土交通大臣认为其在货运方面的能源使用合理化状况存在明显欠缺时，可对该特定货运经营者出示做此判断的根据，劝其在该类货运方面采取必要的能源使用合理化措施。

二、当收到前一项劝告的特定货运经营者不服从劝告时，国土交通大臣可将此事公之于众。

三、收到第一项劝告的特定货运经营者无正当理由而不采取所劝告的措施时，国土交通大臣在听取审议会等政令规定方意见的基础上，可命令该特定货运经营者按照劝告采取措施。

第二款　有关货主的措施

第五十八条　货主须尽的努力

货主（指出于自身经营需要连续让货运经营者运送自己的货物者。以下同此）须重视基本方针的规定，切实实施下列措施，为协助货运经营者在货运上的能源使用合理化而努力。

（一）采取措施，在能耗比上选择性能优越的运输方式。

（二）采取措施，提高定量运力的利用效率。

第五十九条　应作为货主判断标准的事项

一、在货主委托货运经营者运货方面，为了切实而有效地实施能源使用合理化，经济产业大臣及国土交通大臣须就第五十八条所列措施和该货运方面的能源使用合理化目标以及为达到该目标计划采取的措施，确定作为货主判断标准的事项，并加以公布。

二、第五十二条第二项的规定，适用于前一项中应作为判断标准的事项。

第六十条　指导和建议

为确保货主在委托货运经营者运货方面切实合理使用能源，主管大臣在认为有必要时，可参照第五十九条第一项规定的判断标准，就实施第五十八条所列措施向货主提出必要的指导和建议。

第六十一条　特定货主的指定

一、货主委托货运经营者的年度货运量超出依据政令核定的政令规定量，经济产业大臣要将其指定为特别有必要在委托货运经营者运货方面推进能源使用合理化的货主。

二、按照前一项政令规定核定的委托货运经营者的货运量超出该项政令规定量时，货主须按照经济产业省令的规定，就其货运量依照经济产业省令规定的事项报经济产业大臣备案。但是，依据同项规定被指定的货主（以下称"特定货主"）不在此限。

三、特定货主在发生下列任一事由时，可依据经济产业省令向经济产业大臣提出申请撤销按照第一项规定作出的指定。

（一）不再继续委托货运经营者运送与自身经营相关的货物。

（二）按照第一项政令规定核算的委托货运经营者的年度货运量不会超出同项政令规定量。

四、经济产业大臣对于提出的前一项所指的申请，在认为其理由成立时，应立即撤销依据第一项规定作出的指定。即使没有提出前一项所指的申请，在认为当事者已发生同项所列任一事由时，也照此办理。

五、经济产业大臣在依据第一项规定作出指定或依据前一项规定撤销指定时，应通知该货主所属行业的主管大臣。

第六十二条　编制计划

依照经济产业省令的规定，特定货主每年度须对照第五十九条第一项规定的应作为判断标准的事项中确定的关于委托货运经营者运货的能源使用合理化目标，编制为达到该目标的计划，并提交主管大臣。

第六十三条　定期报告

一、特定货主每年度均须依照经济产业省令的规定，就其委托货运经营者运货的能源使用量、其他与该货运相关的能源使用状况（包括与该货运相关的能源使用效率以及伴随该货运的能源使用发生二氧化碳排放量等相关事项）以及与该货运相关的能源使用合理化必要措施的实施情况，按照经济产业省令规定的事项向主管大臣报告。

二、经济产业大臣在制定或变更第一项所指的经济产业省令（限于伴随委托货运经营者运货的能源使用发生二氧化碳排放的相关事项）时，须预先同环境大臣协商。

第六十四条　劝告和命令

一、对照第五十九条第一项规定的判断标准，当主管大臣认为特定货主在委托货运经营者运货方面的能源使用合理化状况存在明显欠缺时，可对该特定货主出示做此判断的根据，劝其在该类货运方面采取必要的能源使用合理化措施。

二、当收到前一项劝告的特定货主不服从劝告时，主管大臣可将此事公之于众。

三、当收到第一项劝告的特定货主无正当理由而不采取所劝告的措施时，主管大臣在听取审议会等政令规定方的意见基础上，可命令该特定货主按照劝告采取措施。

第六十五条　国土交通大臣的意见

为确保货运经营者在货运中切实合理地使用能源，在国土交通大臣认为特别有必要时，可就第六十条以及第六十一条规定的运用，向主管大臣陈述意见。

第二节　有关客运的措施等

第六十六条　应作为客运经营者判断标准的事项

一、为切实而有效地在客运方面推行能源使用合理化，经济产业大臣及国土交通大臣就下列事项以及客运方面的能源使用合理化目标、为达到该目标而有计划地采取的措施、应作为客运业者（指以运送日本国内各地间出入的旅客为业而使用能源者。以下同此）判断标准的事项作出规定，并予以公布。

（一）在能耗比上，选用性能优越的运输机械器具。

（二）驾驶或操作运输机械器具的方法，要有助于能源使用的合理化。

（三）压缩无客空驶或航行的距离。

二、第五十二条第二项规定适用于前一项规定的作为判断标准的事项。

第六十七条　指导和建议

为确保能源使用合理化在客运方面切实得以实施，国土交通大臣在认为必要时，可结合第六十六条第一项规定的作为判断标准的事项，就该项中所列内容的实施向客运经营者提出必要的指导和建议。

第六十八条　特定客运经营者的指定

一、对于客运经营者，政令就各类客运（以下称"客运分类"）的运力分别作出规定，对于超出政令规定标准者，国土交通大臣要将其列为特别有必要在客运方面推进能源使用合理化者，对各类客运分别予以指定。

二、截至上一年度的最后一天，按照客运分类的运力超过前一项政令规定的标准时，客运经营者须依照国土交通省令的规定，将各类客运的运力依照国土交通省令规定的事项报国土交通大臣备案。但是，已根据同项规定被指定的客运经营者（以下称"特定客运经营者"）的该类客运不在此限。

三、当特定客运经营者在被指定的客运类别方面发生下列任一事由时，可依据国土交通省令的规定，向国土交通大臣申请撤销对该类客运的指定。

（一）不再从事客运业务。

（二）第一项政令规定所指的运力不会超出同项政令规定的标准。

四、国土交通大臣对于提出的前一项所指的申请，在认为其理由成立时，应立即撤销依据第一项规定作出的指定。即使没有提出前一项所指的申请，在确认当事者已发生同项所列任一事由时，也照此办理。

第六十九条　适用规定（从略——译者）

第七十条　经营者须尽的努力

经营者须重视基本方针的规定，切实采取措施，推动其员工通勤利用公共交通工具等，为运输方面的能源使用合理化做出努力。

第三节　关于空运的特例

第七十一条　关于空运经营者的特例

一、在空运经营者（指以运送往来于日本国内各地的货物或旅客为业而使用飞机者。以下同此）中，对于政令规定所指的运力超过政令规定标准者，国土交通大臣要将其指定为特别有必要在货运或客运方面推进能源使用合理化者。

二、第五十四条以及第六十八条的规定不适用于空运经营者。

三、截至上一年度的最后一天，按照第一项政令所指的运力超出同项政令规定的标准时，空运经营者须依照国土交通省令的规定，将其运力按照国土交通省令规定的事项报国土交通大臣备案。但是，根据同项规定已被指定的空运经营者（以下称"特定空运经营者"）不在此限。

四、当特定空运经营者发生下列任一事由时，可依据国土交通省令的规定，向国土交通大臣申请撤销依据第一项规定作出的指定。

（一）不再经营货运以及客运业务。

（二）第一项政令规定所指的运力不会超出同项政令规定的标准。

五、国土交通大臣对于提出的前一项所指的申请，在认为其理由成立时，应立即撤销依据第一项规定作出的指定。即使没有提出前一项所指的申请，当确认当事者已发生同项所列任一事由时，也照此办理。

六、第五十五条至第五十七条的规定适用于特定空运经营者。（本项以下从略——译者）

第五章　有关建筑物的措施等

第一节　有关建筑物的措施

第一款　与建筑物的建筑等相关的措施

第七十二条　拟兴建建筑物者等须尽的努力

下列各方须重视基本方针的规定，切实采取措施，防止透过建筑物外墙、窗户等形成热能流失，使建筑物安装的空调设备及其他政令规定的建筑设备（以下称"空调设备等"）有效利用能源，为建筑物方面的能源使用合理化做出努力。

一、拟构筑建筑物者。

二、建筑物的所有者（当所有者与管理者不是同一主体时，则指管理者。以下同此）。

三、对建筑物直接接触户外空气的屋顶、墙壁或地板（包括窗户及其他开口部位。以下同此）拟进行修缮或改建者。

四、拟在建筑物安装空调设备等或拟对建筑物安装的空调设备等进行改装者。

第七十三条　应作为建筑方等以及特定建筑物所有者判断标准的事项

一、为了切实而有效地实施建筑物方面的能源使用合理化，经济产业大臣及国土交通大臣就第七十二条规定相关的措施，对应作为建筑方等（指第七十二条第一、第三、第四中所指方面。以下同此）以及有必要实行能源使用合理化的超出政令规定规模的建筑物（以下称"特定建筑物"）所有者判断标准的事项〔以建设住宅为业的建筑方（以下称"住宅业建筑方"）属于政令规定的新建住宅（以下称"特定住宅"）除外〕作出规定，并予以公布。

二、第五十二条第二项规定适用于前一项规定的应作为判断标准的事项。

第七十四条　有关建筑物的指导和建议等

一、为切实保证第七十二条规定的措施得以实施，主管行政厅〔对于设置建筑主理的市町村或特别区，则指该市町村或特别区的负责人，其他市町村或特别区则指都道府县知事。但是，根据《建筑标准法》（1950年第201号法律）第九十七条之二第一项和第九十七条之三第一项的规定，在设置建筑主理的市町村或特别区，对于政令规定的建筑物，则指都道府县知事。以下同此〕对照第七十三条第一项规定的判断标准，在认为必要时，可就建筑物的设计、施工以及维护等相关事项，向建筑方等或特定建筑物（住宅除外。本项以下同此）的所有者提出必要的指导和建议。

二、对于住宅，为确保第七十二条规定的措施得以实施，国土交通大臣认为必要时，可依照第七十三条第一项规定的判断标准，就防止透过建筑物外墙、窗户等形成热能流失以及住宅安装的空调设备等有效地利用能源，制定关于住宅设计、施工以及维护的指导方针，并予以公布。

第七十五条之一　有关第一类特定建筑物的申报、指示等

一、拟从事下列活动者（以下称"第一类特定建筑方等"），须依照国土交通省令的规定，就下列建筑物的设计和施工的相关事项分别制定相应的措施，向主管行政厅申报。申报内容发生变更时也照此办理处理。

（一）在特定建筑物中，特别是有必要讲求能源使用合理化的大规模建筑，凡是超出政令规定规模以上的建筑物（以下称"第一类特定建筑物"）的新建（住宅业建筑方作为新建特定住宅的第一类特定建筑物除外）、改建或扩建，为防止该建筑物透过外墙、窗户等形成热能流失，使安装于该建筑物的空调设备等有效利用能源而采取的措施。

（二）对于第一类特定建筑物直接接触户外空气的屋顶、墙壁或地板进行的超出政令规定规模的修缮或改装，为防止透过该第一类特定建筑物的外墙、窗户等形成热能流失而采取的措施。

（三）对于在第一类特定建筑物安装空调设备等，或对第一类特定建筑物已安装空调设备等进行政令规定的改装，为使该类空调设备等有效利用能源而采取的措施。

二、对于按照前一项规定提交的申报，当主管行政厅对照第七十三条第一项规定的应作为判断标准的事项，认为该申报存在明显欠缺时，可对提交该申报者出示作此判断的根据，指示其对申报的相关事项进行变更。

三、当收到前一项规定的指示者不服从指示时，主管行政厅可将此事公之于众。

四、收到第二项规定的指示者无正当理由而不按照指示采取措施时，主管行政厅可在听取建筑领域有学识经验者的意见基础上，命令收到指示者采取指示中提出的措施。

五、依照第一项规定提出申报者［当申报者与所申报建筑物的管理者非同一主体时，则指管理者；当该建筑物被转让时，则指受让者（当受让者与该建筑物的管理者非同一主体时，则指管理者）］，须依照国土交通省令的规定，就所申报的该建筑物的维护情况定期向主管行政厅报告。

六、对于前一项规定的报告，当主管行政厅对照第七十三条第一项规定的应作为判断标准的事项，认为该报告有明显欠缺时，可对该报告者出示作此判断的根据，劝其进行有助于有效利用能源的维护。

七、由于法令或条例规定的变更而采取规制以及保存等措施，难以采取

第七十二条规定的措施，属于政令规定的建筑或临时建筑，由政令予以规定，不适用于前一项所列规定。

第七十五条之二　有关第二类特定建筑物的申报、劝告等

一、拟进行第一类特定建筑物以外的特定建筑物（以下称"第二类特定建筑物"）的新建（住宅业建筑方作为新建特定住宅的第二类特定建筑物除外）或超出政令规定规模的改建或扩建（上一条第一项第一点规定的扩建除外）者（以下称"第二类特定建筑方"），须依照国土交通省令的规定，就有关该建筑物的设计及施工的事项中为防止透过该建筑物的外墙、窗户等形成热能流失而采取的措施以及为使该建筑物安装的空调设备等有效利用能源而采取的相关措置，向主管行政厅申报。申报内容发生变更时也照此办理。

二、对照第七十三条第一项规定的应作为判断标准的事项，当主管行政厅认为依照前一项规定提交的申报有明显欠缺时，可向该申报者出示作此判断的根据，劝其就所申报的相关事项采取必要的措施。

三、依照第一项规定提出申报者［当申报者与所申报建筑物的管理者非同一主体时，则指管理者；当该建筑物被转让时，则指受让者（当受让者与该建筑物的管理者非同一主体时，则指管理者）］，须依照国土交通省令的规定，就与其申报事项（仅限于该建筑物的设计及施工的相关项目中为安装于该建筑物的空调设备等有效利用能源而采取的措施）有关的该建筑物的维护状况，定期向主管行政厅报告。但是，同项申报的建筑物若是住宅，则不在此限。

四、上一条第六项规定适用于前一项的报告。

五、由于法令或条例规定的变更而采取规制以及保存等措施，难以采取第七十二条规定的措施，属于第七十五条之一中第七项所指政令规定的建筑或临时建筑，不适用于同项所指的政令规定。

第七十六条之一　接受注册建筑物调查机构调查的特例

一、按照国土交通省令的规定，须依照第七十五条第五项以及上一条第三项规定提交报告者，可就所报告的建筑物的维护状况接受经国土交通大臣注册者（以下称"注册建筑物调查机构"）进行的调查（以下称"建筑物调查"）。但是，收到依据第七十五条第六项（包括适用于上一条第四项的情况在内）规定的劝告者，自收到该劝告之日算起，未满国土交通省令规定的期限，不得接受该建筑物调查。

二、依照国土交通省令的规定，当注册建筑物调查机构认为所调查的建筑物的维护状况符合第七十三条第一项规定的判断标准时，须交付记载调查结果的书面材料。

三、注册建筑物调查机构在交付前一项规定的书面材料时，须依照国土交通省令的规定，及时将交付书面材料所载建筑物的调查结果报告主管行政厅。

四、收到第二项所指书面材料的下列各方，在接到该书面材料之日的所属期间，分别不适用于下列规定。

（一）依据第七十五条第五项规定的应提交报告者：同项及同条第六项。

（二）依据上一条第三项规定应提交报告者：同项以及同条第四项中适用的第七十五条第六项。

第七十六条之二　有关建筑物设计等的指导和建议

对于符合第七十三条第一项中规定的判断标准且符合第七十四条第二项中规定的指导方针的建筑物，为确保其建筑达标，在国土交通大臣认为特别有必要时，可参照该判断标准以及该指导方针，就防止透过建筑物外墙、窗户等形成热能流失以及建筑物安装的空调设备等能够有效利用能源，就提高建筑物的必备性能以及关于该性能的标志等，向建筑物的设计或施工方提出必要的指导和建议。

第七十六条之三　有关建筑材料的指导和建议

对于符合第七十三条第一项中规定的判断标准且符合第七十四条第二项中规定的指导方针的建筑物，为确保其建筑达标，在经济产业大臣认为特别有必要时，可就防止透过建筑物外墙、窗户等形成热能流失，提请相关建筑材料的制造、加工、进口业者重视前述判断标准和指导方针，对提高该类建筑材料在隔热性能方面的质量以及该类建材质量的标志提出必要的指导和建议。

第二款　关于住宅业建筑方新建特定住宅的特别措施

第七十六条之四　住宅业建筑方须尽的努力

一、住宅业建筑方须重视基本方针的规定，其新建的特定住宅，要防止透过住宅的外墙、窗户等形成热能流失。为使安装于住宅的空调设备等高效利用能源，要提高住宅的必备性能，为新建特定住宅方面的能源使用合理化而努力。

第七十六条之五　应作为住宅业建筑方判断标准的事项

一、经济产业大臣及国土交通大臣要就前一条规定的提高住宅业建筑方新建住宅的性能，制定应作为住宅业建筑方判断标准的事项，并予以公布。

二、前一项规定的应作为判断标准的事项，相对于住宅业建筑方新建的特定住宅而言，前一条规定的性能，其标准为最优性能，要结合特定住宅相关的技术开发前景，对第七十三条第一项规定的应作为判断标准的事项附加必要的内容，并根据情况变化进行必要的修改。

第七十六条之六　关于提高住宅性能的劝告和命令

一、对照前一条第一项中规定的作为判断标准的事项，对于住宅业建筑方新建的、超出政令规定户数以上的特定住宅，当国土交通大臣认为其在相当大程度上有必要按照第七十六条之四的规定提高住宅性能时，可对该住宅业建筑方提出目标，劝其提高新建特定住宅的性能。

二、当收到前一项劝告的住宅业建筑方不服从劝告时，国土交通大臣可将此事公之于众。

三、收到第一项劝告的住宅业建筑方无正当理由而不采取所劝告的措施，当确认住宅业建筑方新建的特定住宅明显有碍能源的合理使用时，国土交通大臣在听取审议会等政令规定方的意见基础上，可命令该住宅业建筑方依照劝告采取措施。

第二节　注册建筑物调查机构

第七十六条之七　注册

第七十六条第一项的注册（本节以下称"注册"）系依照国土交通省令的规定，视有意向从事建筑物调查者的申请而定。

第七十六条之八　注册标准

一、按照上一条规定提出注册申请者符合下列各项条件，国土交通大臣须予以注册。有关注册的必要手续，由国土交通省令规定。

（一）建筑物调查由下一条规定的调查员实施，其人数须在两名以上。

（二）为确保建筑物调查的可信性而采取下列措施。

1. 从事建筑物调查的部门设置专职管理者。

2. 编制关于建筑物调查业务的管理以及确保调查精确度的文件。

3. 按照 2 所指的文件规定，设置专职部门从事建筑物调查业务的管理，确保调查的精确度。

二、进行注册，须在注册建筑物调查机构注册簿上记载下列内容。

（一）注册年月日以及注册编号。

（二）接受注册者的姓名或名称及其住址，若是法人，则是其代表的姓名。

（三）注册建筑物调查机构从事建筑物调查业务的营业所的地址。

第七十六条之九　调查员

注册建筑物调查机构必须从下列人选中聘任调查员：《建筑士法》（1950 年第 202 号法律）第二条第二项规定的一级建筑士；《建筑标准法》第五条第一项规定的"符合建筑标准评定资格者考试"的合格者；国土交通大臣认可的具备与前两者同等及以上的知识和经验者（以下统称"一级建筑士等"）；经国土交通大臣注册者（以下称"注册培训机构"）开办的培训（在下一节以及第九十三条第二项中称"建筑物调查培训"）课程的结业者。

第七十六条之十　适用规定（从略——译者）

第七十六条之十一　注册

第七十六条之九所指注册（本节以下称"注册"）系依照国土交通省令的规定，视有意向从事建筑物调查培训者的申请而定。

第七十六条之十二　注册标准

一、按照上一条规定提出注册申请者符合下列各项条件，国土交通大臣须予以注册。有关注册的必要手续，由国土交通省令规定。

（一）能够就建筑物的能源使用合理化相关的法律制度以及实务科目实施建筑物调查培训者。

（二）上述有关建筑物的能源使用合理化的实务科目，须由符合下列任一条件者担任讲师，从事建筑物调查培训。

1. 本身是第七十六条之九所指的调查人员，并具有三年以上实际工作经验者。

2. 国土交通大臣认可的具备与上述 1 同等及以上知识经验者。

二、进行注册，须在注册培训机构注册簿上记载下列内容。

（一）注册年月日以及注册编号。

（二）接受注册者的姓名或名称及其住址，若是法人，则是其代表的姓名。

（三）注册培训机构从事建筑物调查培训业务的培训处所在地。

第七十六条之十三　关于实施建筑物调查培训的义务

注册培训机构必须公正地、并以符合上一条第一项所列规定以及合乎国土交通省令规定标准的方法进行建筑物调查培训。

第七十六条之十四　　由国土交通大臣实施建筑物调查培训

一、当出现下列及其他情况，国土交通大臣认为有必要时，可亲自主持全部或部分建筑物调查培训。

（一）没有获得注册者。

（二）已依据第七十六条之十六中适用的第四十六条规定提出全部或部分停止乃至废除建筑物调查培训业务的申报。

（三）依据第七十六条之十六中适用的第四十九条规定撤销注册，或已命令全部或部分停办建筑物调查培训。

（四）注册培训机构因天灾等事由，难以全部或部分实施建筑物调查培训。

二、国土交通大臣依照前项规定，在亲自主持全部或部分建筑物调查培训的情况下，有关建筑物调查培训业务的衔接及其他必要事项，由国土交通省令规定。

第七十六条之十五　　公示

国土交通大臣必须就下列情况在官报上公示。

一、注册完毕。

二、依据下一条中适用的第四十四条以及第四十六条规定提出申报。

三、依据下一条中适用的第四十九条规定撤销注册，或已命令全部或部分停止建筑物调查培训。

四、依据上一条第一项规定，国土交通大臣亲自主持全部或部分建筑物调查培训，或者国土交通大臣不再亲自主持全部或部分建筑物调查培训。

第七十六条之十六　　适用规定（从略——译者）

第六章　　与机械器具相关的措施

第七十七条　　制造业者等须尽的努力

涉及耗能机械器具的制造业或进口业者（以下称"制造业者等"）必须重视基本方针的规定，对其制造或进口的机械器具，力求在能耗比方面提高机械器具的性能，为机械器具的能源使用合理化而努力。

第七十八条　　应作为制造业者等判断标准的事项

一、在消耗能源的机械器具中，对于汽车（上一条中规定的力求提高性能，限于特别有必要由政令规定者。以下同此）及其他在我国大量使用且在使用时消费相当多能源的机械器具，作为特别有必要提高其性能的由政令确定（以下称"特定机器"），经济产业大臣（汽车业由经济产业大臣及国土交通大臣共同负责。本章以下以及第八十七条第十一项同此）对各类特定机器提高性能问题，分别制定作为制造业者等判断标准的事项，并予以公布。

二、前一项中的作为判断标准的事项，相对于该类特定机器而言，上一条中规定的性能，指的是最优性能，该性能是结合关于该类特定机器的技术开发前瞻及其他情况制定，须根据相关情况的变化进行必要的修改。

第七十九条　关于提高性能的劝告和命令

一、制造业者等制造或进口的特定机器，虽然产量或进口量满足政令规定的条件，但是，对照上一条第一项规定的判断标准，当确认该制造或进口的特定机器在相当大程度上有必要按照第七十七条规定提高性能时，经济产业大臣可向该制造业者等公示相关目标，就提高制造或进口该特定机器的性能发出劝告。

二、当收到前一项劝告的制造业者等不服从劝告时，经济产业大臣可将此事公之于众。

三、收到本条第一项劝告的制造业者等无正当理由而不采取劝告中的措施，当经济产业大臣认定该特定机器明显有碍能源使用的合理化时，可在听取审议会等政令规定方意见的基础上，命令该制造业者等按照劝告采取措施。

第八十条　标示

对于特定机器［《家庭用品质量标示法》（1962 年第 14 号法律）第二条第一项第一点规定的家庭用品除外。本条以下及下一条同此］，经济产业大臣须对每一种特定机器规定下列事项，并予以公告。

一、有关特定机器的能效［在能耗比方面，特定机器的性能系指依据经济产业省令（对于汽车工业则指经济产业省令和国土交通省令）核定的数值。以下同此］，制造业者等应该标注内容。

二、标注方法及其他在标注能效问题上制造业者等应遵守的事项。

第八十一条　有关标示的劝告和命令

一、当经济产业大臣认为制造业者等没有按照上一条中的公告规定标注特定机器的能效时，可劝告该制造业者等按照公告的规定对其制造或进口的特定机器标注能效。

二、当收到前一项劝告的制造业者等不服从劝告时，经济产业大臣可将此事公之于众。

三、收到本条第一项劝告的制造业者等无正当理由却不按照劝告采取措施，当经济产业大臣认为该特定机器明显有碍能源使用的合理化时，可在听取审议会等政令规定方意见的基础上，命令该制造业者等按照劝告采取措施。

第七章　其他

第八十二条　财政上的措施等

为促进能源使用的合理化等，国家必须努力在财政、金融以及税制方面采取必要的措施。

第八十三条　振兴科学技术

为振兴有助于促进能源使用合理化等的相关科学技术，国家必须采取必要的措施，努力推动研究开发及其成果的普及等。

第八十四条之一　加深国民理解等措置

国家须通过教育活动、宣传活动等，加深国民对能源使用合理化等的理解，同时，在实施能源使用合理化方面，努力取得国民的配合。

第八十四条之二　实行本法律时须照顾的方面

在施行本法律过程中，为了本国整体的能源使用合理化，对于经营者通过自主提供技术、建议、业务合作等其他有助于促进能源使用合理化的做法，经济产业大臣要给予适当照顾，加以促进。

第八十五条　地方公共团体开展教育活动等须考量的方面

地方公共团体开展的教育、宣传活动等，要尽量考虑有助于增进当地居民对能源使用合理化等的理解。

第八十六条　为普通消费者提供信息

向普通消费者供给能源的经营者、从事建筑物销售或租赁的经营者、从事消费能源的机械器具的零售业者以及其他通过经营活动能够为普通消费者合理使用能源提供帮助的经营者，必须努力提供有助于使普通消费者合理使用能源的信息，诸如，给消费者发能源使用状况通知；为了防止透过建筑物外墙、窗户等形成热能流失，为了使建筑物安装的空调设备等有效利用能源，标注出建筑物的必备性能；以能耗比标注机械器具的性能等。

第八十七条　报告与现场检查

一、在施行相关法律规定的必要限度内（此处有删节——译注），经济产业大臣可依据政令规定，要求工厂等使用能源从事经营者报告其开设的工厂等的业务状况，或派职员进入工厂等，检查消费能源的设备、账簿、文件及其他物品。

二、在施行相关法律规定的必要限度内（此处有删节——译注），经济产业大臣可依据政令规定，要求特定经营者或特定连锁经营者报告其开设的工厂等的业务状况，或派职员进入工厂等，检查消费能源的设备、账簿、文件及其他物品。

三、在施行相关法律规定的必要限度内（此处有删节——译注），主管大臣可依据政令规定，要求特定经营者或特定连锁经营者报告其开设的工厂等（包括特定连锁经营者、该特定连锁经营者搞的连锁经营的加盟者开设的与该连锁经营相关联的工厂等）的业务状况，或派职员进入工厂等，检查消费能量的设备、账簿、文件及其他物品。但是，进入该特定连锁业者搞的连锁业的加盟者开设的与该连锁业相关联的工厂等时，必须事先取得该加盟者的同意。

四、在施行第三章第二节以及第三节规定的必要限度内，经济产业大臣可要求指定考试机构或指定培训机构报告其业务或经营状况，或派职员进入指定考试机构或指定培训机构的事务所检查账簿、文件及其他物品。

五、在施行第三章第四节规定的必要限度内，经济产业大臣可要求注册调查机构报告其业务或经营状况，或派职员进入注册调查机构的事务所检查账簿、文件及其他物品。

六、在施行相关法律规定的必要限度内（此处有删节——译注），国土交通大臣可依据政令规定，要求货运业者、客运业者或航空运输业者（本项以下称"运输业者"）报告其货运或客运方面的业务状况，或派职员进入运输业者的事务所及其他营业场所、运输机械器具所在地或进入运输机械器具内部，检查运输机械器具、账簿、文件及其他物品。

七、在施行相关法律规定的必要限度内（此处有删节——译注），国土交通大臣可依据政令规定，要求特定货运业者、特定客运业者或特定航空运输业者（本项以下简称"特定运输业者"）报告其货运或客运方面的业务状况，或派职员进入特定运输业者的事务所及其他经营场所、运输机械器具所在地或进入运输机械器具内部，检查运输机械器具、账簿、文件及其他物品。

八、在施行第六十一条第一项以及第四项规定的必要限度内，经济产业大臣可依据政令规定，要求货主报告其委托运输业者运送货物方面的业务状况，或派职员进入货主的事务所及其他经营场所检查账簿、文件及其他物品。

九、在施行第四章第一节第二款（第六十一条第一项及第四项除外）规定的必要限度内，主管大臣可依据政令规定，要求特定货主报告其委托运输业者运送货物方面的业务状况，或派职员进入特定货主的事务所及其他经营场所检查账簿、文件及其他物品。

十、在施行第五章第一节第一款规定的必要限度内，主管行政厅可依据政令规定，要求第一类特定建筑方、第二类特定建筑方或按照法律规定应提交报告者，就特定建筑物的设计、施工或维护等相关事项提交报告，或派职员进入特定建筑物或特定建筑物的施工现场，对特定建筑物、建筑设备、文件及其他物品进行检查。

十一、在施行第五章第一节第二款规定的必要限度内，国土交通大臣可依据政令规定，要求住宅业建筑方报告其新建特定住宅方面的业务状况，或派职员进入住宅业建筑方的事务所及其他经营场所或住宅业建筑方新建特定住宅或特定住宅的工地，对住宅业建筑方的新建特定住宅、账簿、文件及其他物品进行检查。

十二、在施行第五章第二节以及第三节规定的必要限度内，国土交通大臣可要求注册建筑物调查机构或注册培训机构报告其业务或经营状况，或派职员进入注册建筑物调查机构或注册培训机构的事务所检查账簿、文件及其他物品。

十三、在施行第六章规定的必要限度内，经济产业大臣可依照政令规定，要求特定机器制造业者报告有关特定机器的业务状况，或派职员进入特定机器制造业者等的事务所、工厂、仓库，对特定机器、账簿、文件及其他物品进行检查。

十四、依据上述各项规定进入现场进行检查的职员，必须携带可证明其身份的证件并向有关人员出示。

十五、依据第一项至第十三项规定进行现场检查的权限，不得作旨在搜查罪证的解释。

第八十八条 手续费

一、自愿接受能源管理士考试者，自愿接受第九条第一项第二点规定所指认证者，自愿通过指定考试机构举办的考试、合格后领取能源管理士资格证书者，愿意续办能源管理士资格证书者，自愿接受第十三条第一项（一）所指培训（指定培训机构自行搞的除外）者，自愿接受同条第二项所指的培训（指定培训机构自行搞的除外）者，或依照第七十六条之十四第一项规定自愿接受国土交通大臣主持的培训者，必须考量实际发生的费用，按照政令规定的数额缴纳手续费。

二、对前一项所指的手续费，指定考试机构将参加能源管理士考试者缴纳的部分留给操办该项考试事务的指定考试机构，其余部分上缴国库。

第八十九条 听证办法的特例

一、关于依据第二十八条（包括第二十九条第四项中的适用规定）、第三十二条（包括第三十六条第二项中的适用规定）或第四十九条（包括第七十六条之十及第七十六条之十六中的适用规定）规定进行处分，召开听证会当天的审理必须公开。

二、依据《行政程序法》（2003 年第 88 号法律）第十七条第一项的规定，当与该处分相关的利害关系人要求参与该听证的相关程序时，前一项所指听证会的主持者必须准许。

第九十条 关于指定考试机构所作处置等的不服申诉

对指定考试机构作出的有关考试事务的处置办法（对考试结果的处理除外）或对其不作为有不服者，可依据《行政复议法》（1962 年第 160 号法律），请求经济产业大臣予以审查。

第九十一条 有关过渡措施授权予命令

在基于本法律规定发布、修改或废除命令时，可在伴随该命令的制定、修改或废除的合理而必要的范围内，制定所需要的过渡措施（包括与惩罚条例相关的过渡措施）。

第九十二条 主管大臣等

一、第三章第一节以及第八十七条第三项中所指的主管大臣为经济产业大臣和当事者开设的工厂等以及当事者搞的连锁经营所属行业的主管大臣。

二、第四章第一节第二款以及第八十七条第九项的主管大臣为经济产业大臣以及该货主所属行业的主管大臣。

三、内阁总理大臣将依据本法律的权限（限于金融厅掌管部分，已有政令规定者除外）授权予金融厅长官。

四、本法律规定的权限，可根据政令规定授权予地方分支局的负责人。

五、依照政令规定，金融厅长官可将第三项规定授权的一部分转授予财务局长或财务分局长。

第八章　处罚规定

第九十三条　属于下列任一情况者，处以一年以下徒刑或 100 万日元以下罚款。

一、违反第三十条第一项规定，将因其职务之便得知的秘密外泄者。

二、依据第四十九条（包括第七十六条之十以及第七十六条之十六中的适用规定）规定发布的停止认定调查、建筑物调查或建筑物调查培训业务的命令的违反者。

三、违反第五十一条或第七十六条之十中适用的第三十条第一项规定，将因其职务之便得知的秘密外泄者。

第九十四条　违反依据第三十二条第二项（包括第三十六条第二项中的适用规定）规定发布的停止考试或能源管理培训的命令时，对有违反行为的指定考试机构或指定培训机构的干部以及职员处以一年以下徒刑或 100 万日元以下罚款。

第九十五条　对属于下列任一情况者，处以 100 万日元以下罚款。

一、第七条之二第一项（包括第十九条之二第一项中的适用规定）、第七条之三第一项（包括第十九条之二第一项中的适用规定）、第八条第一项（包括第十九条第一项中的适用规定）或第十三条第一项［包括第十八条第一项以及第十九条之二第一项（包括同条第二项中的适用规定）中的适用规定］的违反者。

二、依据第十六条第五项（包括第十九条之二第一项中的适用规定）、第五十七条第三项（包括第六十九条以及第七十一条第六项中的适用规定）、第六十四条第三项、第七十五条第四项、第七十六条之六第三项、第七十九条第三项以及第八十一条第三项的规定所发布命令的违反者。

第九十六条　属于下列任一情况者，处以 50 万日元以下罚款。

一、不按照第七条第三项、第十九条第二项、第四十六条（包括第七十六条之十以及第七十六条之第十六中的适用规定）、第五十四条第二项、

第六十一条第二项、第六十八条第二项、第七十一条第三项、第七十五条第一项以及第七十五条之二第一项的规定进行申报或提交虚假申报。

二、不按照第十四条第一项（包括第十九条之二第一项中的适用规定）、第五十五条（包括第六十九条以及第七十一条第六项中的适用规定）以及第六十二条的规定提交相关材料。

三、不按照第十五条第一项（包括第十九条之二第一项中的适用规定）、第五十六条第一项（包括第六十九条以及第七十一条第六项中的适用规定）、第六十三条第一项、第七十五条第五项、第七十五条之二第三项或第八十七条第一项至第三项或第五项至第十三项规定提交报告，或提交虚假报告，或者拒绝接受、阻挠依据同条第一项至第三项或第五项至第十三项规定进行的检查或逃避检查。

四、违反第五十一条、第七十六条之十或第七十六条之十六中适用的第三十三条第一项规定，不置备账簿、不记账或做假账，或违反第五十一条、第七十六条之十或第七十六条之十六中适用的第三十三条第二项规定，没有保存账簿。

第九十七条　属于下列任一情况者，对有违反行为的指定考试机构或指定培训机构的干部以及职员处以 50 万日元以下罚款。

一、未得到第二十五条所指许可而全部废除考试事务。

二、违反第三十三条第一项（包括第三十六条第二项中的适用规定）规定，不置备账簿、不记账或做假账，或违反第三十三条第二项（包括第三十六条第二项中的适用规定）规定，没有保存账簿。

三、不按照第三十七条的规定提交申报或提交虚假申报。

四、不按照第八十七条第四项的规定提交报告或提交虚假报告，或者拒绝接受、阻挠依据同项规定进行的检查或逃避检查。

第九十八条　法人代表以及法人或自然人的代理人、雇员及其他从业人员，在有关该法人或自然人的业务上，有违反第九十三条第二项或第三项、第九十五条或第九十六条的行为时，除处罚行为者外，对该法人或自然人，也依照本条各项规定予以相应的处罚。

第九十九条　属于以下任一情况者，处以 20 万日元以下的过失罚款。

一、不按照第七条之二第三项（包括第七条之三第四项中的适用规定以及这些规定适用于第十九条之二第一项的情况）、第八条第二项（包括第十九条之二第一项中的适用规定）或第十三条第三项［包括第十八条第一

项以及第十九条之二第一项（含同条第二项中的适用规定）中的适用规定]
的规定提交申报或提交虚假申报。

　　二、违反第四十七条第一项（包括第七十六之十以及第七十六条之十
六中的适用规定）的规定，不置备财务诸表等，不在财务诸表中记录应该
记载的事项，或做假账，或无正当理由而拒绝受理依据第四十七条第二项所
列规定（包括第七十六条之十以及第七十六条之十六中的适用规定）提出
的请求。

附　　则

　　一、施行日期

　　本法律自公布之日起，在不超过九个月的期限内，由政令规定之日起施
行。但是，第八条规定自本法律公布之日起施行。

　　二、需探讨事项

　　政府要根据国内外能源形势及其他经济社会环境的变化，对本法律的规
定加以探讨，并根据探讨结果采取必要的措施。

　　三、废除《热管理法》（1951 年第 146 号法律）

　　四、伴随废除《热管理法》的过渡性措施

　　根据前一项规定，依据废除前的《热管理法》第十二条规定颁发的热
管理士资格证书，视同依据本法律第八条第一项规定颁发的热管理士资格证
书。

　　（以下从略）

　　（根据 2011 年 6 月 24 日第 74 号法律颁布的修改后版本翻译）

（张淑英　译）

关于促进利用新能源等特别措施法[*]

（1997 年 4 月 18 日颁布第 37 号法律）

第一章　总则

第一条　目的

本法律的目的在于因应国内外经济社会环境，为确保稳定而适量地供给能源，在促进国民努力利用新能源的同时，为顺利推进新能源利用等而采取必要的措施，以利实现国民经济的健康发展和国民生活的稳定。

第二条　定义

本法律中的"新能源利用等"，指的是政令规定的下列情况：《关于促进开发和导入非化石能源的法律》（1980 年第 71 号法律）第二条规定的制造、使之发生、利用以及可转换为电力加以利用的非化石能源（本条以下称"非化石能源"）中，因受其成本制约尚未充分普及，却又是促进利用非化石能源特别需要的物质。

第二章　基本方针等

第三条　基本方针

一、经济产业大臣须制定关于促进利用新能源等的基本方针（以下称"基本方针"），并予以公布。

二、基本方针要根据能源供求的长期展望、新能源利用等的特性、关于新能源利用等的技术水平及其他情况，在注意保护环境的同时，就下列事项作出规定。

---

* 又称"新能源法"。

（一）就新能源等的利用，对能源使用方应采取的基本措施作出规定。

（二）为促进对新能源等的利用，对从事能源供给的经营者（在下一条第二项中简称"能源供给经营者"）以及为利用新能源等而从事机械器具制造或进口的经营者（同项中称"制造经营者等"）应采取的基本措置作出规定。

（三）关于为促进新能源的利用等采取的基本政策措施。

（四）其他有关新能源利用等事项。

三、经济产业大臣制定的基本方针，必须经内阁会议讨论决定。

四、经济产业大臣在制定基本方针时，须事先与相关行政机构负责人协商。

五、由于第二项所指情况发生变化，在必要时，经济产业大臣要修改基本方针。

六、上述第一至第四项规定适用于依据前一项规定对基本方针的修改。

第四条　能源使用者等应尽的努力

一、能源使用者须重视基本方针的规定，努力利用新能源等。

二、能源供给业者及制造业者等，须重视基本方针的规定，努力促进对新能源等的利用。

第五条　利用新能源的指导方针

一、鉴于利用新能源等的特性、利用新能源的相关技术水平等情况，当认为能源使用者适合利用新能源等时，为促其利用新能源，经济产业大臣须在综合考虑相关情况、注意环境保护的同时，确定应加以推广利用的新能源等的种类及其利用方法，制定并公布能源使用者利用新能源等的指导方针（以下称"新能源利用指针"）。

二、由于前一项所指情况发生变化，在必要时，经济产业大臣要对新能源利用指针进行修改。

三、经济产业大臣在制定或修改新能源利用指针时，须事先与相关行政机构的负责人协商。

第六条　指导与建议

为促进利用新能源等，当主管大臣认为有必要时，可就新能源利用指针规定的事项，向能源使用者提出指导及建议。

第七条　地方公共团体在政策措施上的配合

地方公共团体在制定以及实施有助于促进当地利用新能源等的政策措施时，应尽量与基本方针确定的内容协调。

第三章　促进经营者利用新能源等

第八条　利用计划的审定

一、拟在经营活动中进行新能源等的利用者（包括拟建立法人从事该新能源等的利用者），须就该新能源利用等编制计划（以下简称"利用计划"），提交给主管大臣，方可获得该项利用计划切实可行的认定。

二、利用计划须记载下列内容。

（一）利用新能源等的目标

（二）利用新能源等的内容以及实施时间

（三）利用新能源等所需资金规模及其筹措方法

三、对于本条第一项所指认定的申请，主管大臣认为该利用计划符合下列各项规定时，即予以批准。

（一）前一项的（一）和（二）中记载的内容与基本方针相符，且对全国普及新能源的利用等尤为有效。

（二）前一项的（二）和（三）中记载的内容对于切实推行新能源的利用等是妥当的。

第九条　利用计划的变更等

一、已通过第八条第一项所指认定者（包括该主体建立的与同项规定相关的法人），在拟变更与该项认定有关的利用计划时，须经主管大臣认定。

二、当主管大臣认为已通过前一条第一项认定的利用计划（依据前一项规定变更认定时，以变更后为准。以下简称"经认定的利用计划"。）的新能源等利用者（以下称"经认定的经营者"）没有按照该计划利用新能源等，可以取消该项认定。

三、前一条第三项规定适用于本条第一项所指的认定。

第十条　独立行政法人新能源和产业技术综合开发机构的业务

独立行政法人新能源和产业技术综合开发机构为促进新能源的利用等而开展下列业务。

一、向经认定的经营者依照经认定的利用计划利用新能源等所必需的资金提供债务担保。

二、前项所指业务的附带业务。

第十一条　删除

第十二条　删除

第十三条　培育中小企业投资股份公司法的特例

一、培育中小企业投资股份公司除从事《培育中小企业投资股份公司法》（1963 年第 101 号法律）第五条第一项所列各项业务外，还可从事下列业务。

（一）承购和持有中小企业者或尚未开业的个人按照认定的利用计划为利用新能源等而建立本金在 3 亿日元以上的股份公司所发行的股票。

（二）承购中小企业者中资本金在 3 亿日元以上的股份公司依照认定的利用计划为利用新能源等筹措所需资金而发行的股票、新股认购权（不含可转换新股公司债）或可转换新股公司债（指《培育中小企业投资股份公司法》第五条第一项第二点规定的可转换新股公司债等。本项以下以及下一项同此），持有所承购的股票、新股认购权（包括行使该认股权而发行或转换的新股）或可转换新股公司债（包括因行使可转换新股公司债等附带的认股权而发行或转换的股票）。

二、依据前一项（一）之规定承购并持有的股票以及依据前一项（二）之规定承购的股票、新股认购权（不含可转换新股公司债）或可转换新股公司债等以及持有所承购的股票、新股认购权（包括行使该项权利而获得或转换的新股），或可转换新股公司债等（包括行使该换股权而获得或转换的新股），在《培育中小企业投资股份公司法》的适用上，分别视为该法第五条第一项的第一种和第二种业务。

三、本条第一项中的"中小企业者"，是指符合下列任一情况者。

（一）资本金或出资总额在 3 亿日元以下的公司及常用员工不足 300 人的公司及个人，主营业务为制造业、建筑业、运输业等［不包括下列（二）所列行业以及（三）所指政令规定的行业］。

（二）1. 资本金或出资总额在 1 亿日元以下的公司以及常用员工不足 100 人的公司及个人，主营业务为批发业［不含（三）中所指政令规定的行业］。

2. 资本金或出资总额在 5000 万日元以下的公司以及常用员工不足 100 人的公司及个人，主营业务为服务业［不含（三）中所指政令规定的行业］。

3. 资本金或出资总额在 5000 万日元以下的公司以及常用员工不足 50

人的公司及个人，主营业务为零售业［不含（三）中所指政令规定的行业］。

（三）资本金或出资总额均达不到政令对该行业的规定数额的公司以及常用员工在政令对该行业规定人数以下的公司及个人，主营业务属于政令规定的行业。

（四）合伙企业①。

（五）联营企业②。

（六）政令规定的联营企业、联营小企业、商工合作社、合作社联合会及其他依据特别法律设立的合作社及联合会。

第四章　其他

第十四条　提交报告

主管大臣可要求经认定的经营者就经认定的利用计划的实施情况提交报告。

第十五条　主管大臣

本法律的主管大臣如下。

一、与第六条规定的指导与建议相关的事项，主管大臣为经济产业大臣及能源使用者所属行业的主管大臣。

二、关于第八条第一项规定的认定，第九条第一项规定的变更认定，同条第二项规定的认定的取消及前一条规定的提交报告，主管大臣为经济产业大臣及该项新能源利用者所从事行业的主管大臣。

第十六条　处罚规则

一、不按照第十四条规定提交报告或提交虚假报告者，处以 20 万日元以下罚款。

---

① 合伙企业（日语为"企业组合"）是日本中小企业中的一种形态。根据日本《中小企业等协同组合法》（1949 年 6 月 1 日第 181 号法律）的定义，合伙企业是由四名以上自然人发起建立的经济体。

② 联营企业（日语为"事业协同组合"或"协业组合"），其中包括联营小企业（日语为"事业协同小组合"或"协业小组合"），它们均是日本中小企业中的一种形态。根据日本《中小企业等协同组合法》（1949 年 6 月 1 日第 181 号法律）的定义，联营企业的成员是中小企业；联营小企业的成员多是个体经营者，它们的相同点是：共同从事生产、加工、采购、接受订货、提供担保、研究开发等经营活动。

二、法人代表以及法人或自然人的代理人、雇员及其他从业人员，在有关该法人或自然人的业务上发生前一项规定所指情况时，除处罚行为者外，对该法人或自然人也依同项规定进行处罚。

附　则（摘抄）

一、施行日期

本法律自公布之日起的六个月以内，由政令规定的日期起施行。

第十四条　执行处罚规则的过渡措置

对于本法律施行前的行为以及本附则规定前有先例的，对本法律施行后的行为适用的罚则，仍沿用前例。

第十五条　对政令的授权

有关本法律施行所必需的过渡措施，由政令规定。

（以下从略——译者）

（据 2009 年修改版本翻译，该版本于 2009 年 7 月 8 日第 70 号法律颁布）

（张淑英　译）

妥善处理石油供求关系法

（1973 年 12 月 22 日第 122 号法律）

第一条　目的

本法律的目的在于当供应我国的石油出现严重短缺及我国发生灾害而导致国内石油供给严重不足时，为稳定国民生活和保障国民经济顺畅运转，通过确保适量供给石油、采取节油措施，妥善处理石油供求关系。

第二条　定义

一、本法律中的"石油"是指原油以及石油产品。

二、本法律中的"石油产品"是指挥发油、煤油、轻油及其他碳化氢油和石油气（含液化石油气）等政令规定的产品。

三、本法律中的"石油精炼业者"指的是运用《关于确保石油储备等的法律》（1975 年第 96 号法律）第二条第四项规定的特定设备从事制造石油产品的经营者（不含由于制造工程的技术性理由而形成的石油产品以外的物品。在第七条第三项中称作"石油精炼"）。

四、本法律中的"石油进口业者"指的是经营石油进口业务者。

五、本法律中的"石油经销商"是指从事石油销售业务者。

第三条　本法律的运用方针

一、政府在依据本法律规定采取措施时，须照顾对普通消费者、中小企业、农林渔业以及公益事业、通信事业、教育事业、医疗事业、社会福利事业、言论出版及其他对国民生活的顺畅运行具有重大影响的事业及其活动，优先确保对这些方面的石油供给。

二、政府须努力向国民提供有关石油的必要信息。

第四条　实施对策的告示等

一、由于供给我国的石油严重不足或有可能出现不足，或者因发生灾害造成（或有可能造成）国内石油供给严重短缺，明显影响（或有可能影响）国民生活的稳定以及国民经济正常运行，为应对这种事态，当内阁总理大臣认为有必要采取本法律规定的措施时，须通过内阁会议决定，并发出告示。

二、当内阁总理大臣认为前一项规定的事态已经消失时，须立即通过内阁会议决定，予以告示。

第五条　石油供应目标

一、经济产业大臣须考量石油进口动向、石油库存状况等，以经济产业省令的形式确定石油供给目标，并予以公告。

二、经济产业大臣在制定石油供给目标时，须经内阁会议决定。

第六条　石油生产计划等

一、石油精炼业者、石油进口业者或石油销量在一定数量以上及其他属于经济产业省令规定的石油经销商（以下简称"特定石油经销商"）须依照经济产业省令的规定，分别编制石油生产计划、石油进口计划或石油销售计划（以下称"石油生产计划等"），向经济产业大臣申报。变更计划时也照此办理。

二、为实现石油供给目标，经济产业大臣认为必要时，对于按照前一项规定提交计划的石油精炼业者或特定石油经销商，可指示其变更所申报的石油生产计划或石油销售计划。

三、依据第一项规定提出申报的炼油公司、石油进口业者或特定石油经销商（已有前一项规定的指示而未按指示变更石油生产计划或石油销售计划者除外），须分别按照申报的石油生产计划等（已变更申报时，依照变更后的计划。下一项同此）从事石油的生产、进口或销售。

四、当确认收到第二项规定的指示却不服从者，或前一项规定的石油精炼业者、石油进口业者或特定石油经销商，无正当理由却不按照申报的石油生产计划等从事石油的生产、进口或销售时，经济产业大臣要将其公之于众。

第七条　使用石油的限制

一、在政令规定的期间（以下称"使用期间"），石油使用者须按照下列分类用油，不得超量使用规定类别的石油。但是，确需在使用期间内超量使用石油者，必须按照主管省令规定预先向主管大臣提出申报，在主管大臣指定数量范围内使用石油，则不在此限。

（一）对未被列为特定石油（指经济产业省令规定的特别有必要节俭使用的石油。以下同此）的用量，由政令予以规定。

（二）在被指定为特定石油的情况下，仅使用特定石油时，数量由政令规定。

（三）在被指定为特定石油的情况下，仅使用特定石油以外的石油时，数量由第（一）项所指政令规定。

（四）在被指定为特定石油的情况下，既使用特定石油，又使用特定石油以外的石油时，数量由第（一）项所指政令规定。但是，对于特定石油，其数量则由第（二）项所指政令规定。

二、根据前一项但书的规定进行定量时，需结合石油供给目标、该申报者使用该类石油的实际情况等确定。

三、第一项规定不适用于将石油用于精炼石油的情况。

四、发现违反第一项规定者时，主管大臣要将其公之于众。

第八条　使用石油者（已收到依据上一条第一项但书规定下达定量者除外）必须依照经济产业大臣告示中确定的节油目标，努力节减用油。

第九条　节减使用挥发油

一、为了节减使用挥发油，在经济产业大臣认为必要时，对从事直接给汽车加油的石油经销商，可指示其实行限制挥发油的给油量、缩短营业时间及其他必要的限售办法。在这种情况下，对于身体残障者为维持生计不能缺少挥发油者，须给予特殊照顾。

二、当收到前一项规定的指示者不按照指示去做时，经济产业大臣要将此事公之于众。

第十条　储存石油的指示等

一、对于特定石油经销商，经济产业大臣可指示其在不超出经济产业省令规定量的范围内，限于为实行下一项规定的指示，应储存可供销售的石油。

二、对于保护国民的生命、身体或财产以及确保公共利益不可或缺的行业及活动，在所需石油供应发生明显困难的情况下，经济产业大臣认为特别有必要确保对该类行业及活动的石油供给时，可指示特定石油经销商把石油卖给这些方面。

三、当收到上述第二项规定的指示者不服从指示时，经济产业大臣要将此事公之于众。

四、将收到上述第二项规定的指示者不服从指示之事公之于众后，该经销商无正当理由仍不按照指示采取措施时，经济产业大臣可规定应卖出期限、数量以及卖给对象，命令该经销商将石油卖给对方。

五、在依据前一项规定发布命令的情况下，对于当事者应支付或收取的金额及其他与实施该命令相关的必要细节，由当事者协商确定。

六、直到第四项规定的命令所要求的卖油截止期，当事者仍未达成前一项所指协议且无望达成协议时，经济产业大臣可依据政令规定进行裁定。

七、经济产业大臣在作出前一项裁决时，必须及时通知当事者。

八、当做出第六项所指裁决时，则视为当事者之间已经就遵从该裁决达成了协议。

九、对于第六项裁决中当事者应支付或收取的金额有不服者，可在收到该裁决通知之日起的六个月以内提起诉讼，请求增减金额。

十、在前一项诉讼中，被告为其他当事者。

十一、对第六项所指裁决提出异议，当事者不得将对应支付或领取金额的不服作为对该裁决不服的理由。

第十一条　对调剂石油供应的指导等

一、为确保对普通消费者、中小企业、农林渔业以及铁路、通信、医疗及其他公益性强的事业及活动（下一项中统称"普通消费者等"）的石油供给顺利进行，在经济产业大臣认为必要时，可指导石油经销商调剂石油供应。

二、为确保对普通消费者等的石油供给顺利进行，相关行政机构负责人认为必要时，可要求经济产业大臣依据前一项规定进行必要的指导。

第十二条　配额或配给等

一、仅采用第五条至第十一条规定的措施显然难以克服第四条第一项所指事态，在这种情况下，对于石油的配额或配给、石油的制造、使用、转让或受让的限制或禁止等必要事项，可用政令加以规定。

二、前一项中所指以政令规定的事项，不得超出为克服该事态的必要限度。

第十三条　删除

第十四条　向国会报告

从第四条第一项规定的告示之日起到同条第二项规定的告示日期间，政府大约每半年向国会报告一次本法律的施行状况。

第十五条　记账

一、石油精炼业者、石油进口业者或特定石油经销商，须按照经济产业省令的规定置备账簿，就经济产业省令规定的事项对其业务进行记载并予以保存。

二、收到第七条第一项但书规定所指定量者，须依照主管省令的规定置备账簿、就主管省令规定的事项记载其石油使用情况并予以保存。

第十六条　提交报告及现场检查

一、在施行第六条、第九条、第十条规定的必要限度内，经济产业大臣可要求石油精炼业者、石油进口业者或石油经销商就其业务提交报告，或派职员进入其营业所、办事处及其他经营场所检查账簿、文件及其他物品。

二、在施行第七条规定的必要限度内，主管大臣可要求石油使用者报告其石油使用情况，或派职员进入使用石油者的营业所、办事处及其他经营场所检查账簿、文件及其他物品。

三、为施行依据第十二条第一项规定而发布的政令，在必要限度内，主管大臣可依据政令规定，要求石油提炼业者、石油进口业者、石油经销商、石油使用者及其他政令规定的有关方面按照同项规定的事项提交报告，或派职员进入其营业所、办事处及其他经营场所检查账簿、文件及其他物品。

四、依据上述三项规定到现场进行检查的职员，必须携带身份证件，在有关人员提出要求时予以出示。

五、依据上述第一项至第三项规定进行现场检查的权限，不得作旨在搜查罪证的解释。

第十七条　协议

主管大臣在依据第七条第一项但书的规定下达定量指标时，必须事先与有关行政机构的负责人协商。

第十八条　授权予命令

一、依据第十二条第一项制定、修改或废除政令时，对于适用第五条至第十条规定的相关措施，可由政令做出必要的规定。

二、依据本法律制定、修改或废除命令时，伴随命令的制定、修改或废除，可在合理而必要的范围内确定所需要的过渡性措施（包括关于惩罚条例的过渡性措施）。

第十九条　主管大臣等

一、本法律中所指的主管大臣是经济产业大臣以及使用石油者所在行业的主管大臣。但是，关于依据第十二条第一项规定制定的政令的行使权限（包括第十六条第三项权限的行使），依据该政令规定。

二、本法律中所指的主管省令是指前一项正文中的主管大臣发布的命令。

三、本法律中规定的属于经济产业大臣以及主管大臣的权限的部分事务，可根据政令规定，由地方公共团体的负责人执行。

四、本法律规定的经济产业大臣以及主管大臣的权限，可依据政令规定，授权予地方分部或支局的负责人。

第二十条　适用期间等

一、第五条至第十九条（第十三条以及第十四条除外）规定，仅适用于依据第四条第一项规定发布告示之日至依据同条第二项发布告示之日的期间。

二、对于前一项规定期间内发生行为的处罚，在适用同项规定时，不得作延伸影响的解释。

第二十一条　处罚规定

对于依照第十条第四项规定所发命令的违反者，处以三年以下徒刑或100万日元以下罚款。

第二十二条　属于下列任一情况者，处以一年以下徒刑或20万日元以下罚款。

一、违反第十五条第一项及第二项规定，不按照同条第一项及第二项规定事项记账、做假账以及没有保存账簿者。

二、不按照第十六条第一项至第三项规定提交报告或做虚假报告以及拒绝、阻挠依据这些规定进行的检查或逃避检查者。

第二十三条　不按照第六条第一项规定提交申报者，处以20万日元以下罚款。

第二十四条　法人代表以及法人或自然人的代理人、雇员及其他从业人员，在有关该法人或自然人的业务上发生违反前三条的行为时，除处罚行为者外，对该法人或自然人也依本条各项规定处以罚款。

第二十五条　依据第十二条第一项规定的政令，可作如下规定：对于违反该政令或依据该政令发布的命令，或依据这些法令做出的处分，处以五年以下徒刑或300万日元以下罚款，或多项违规并罚；对于法人代表以及法人或自然人及其代理人、雇员及其他从业人员，在有关该法人或自然人的业务上有违规行为时，除处罚行为者外，对该法人以及自然人也依本条各项规定处以罚款。

附　则（抄录）

一、施行日期

本法律自公布之日起施行。

二、后续的探讨

在本法律施行后一年以内，就本法律的规定及其实施状况加以探讨，并基于探讨结果采取必要的措施。

（以下从略——译者）

（根据 2012 年 9 月 5 日第 76 号法律颁布的修改后版本翻译）

（张淑英　译）

关于电力业者采购再生能源电的特别措置法

（2011 年 8 月 30 日第 108 号法律）

第一章 总则

第一条 目的

在适应国内外经济社会环境的同时，切实保障能源的稳定供给以及降低能源供给带来的环境负荷，利用可再生能源至关重要。有鉴于此，特制定本法律，对于电力业者采购可再生能源电，通过在价格、期间等方面采取特别措施，促进在电力方面利用可再生能源，以强化我国的国际竞争力，振兴我国产业，发挥地方活力等，促进国民经济的健康发展。

第二条 定义

一、本法律中的"电力业者"指的是《电力业法》（1964 年第 170 号法律）第二条第一项第二点规定的普通电力业者（以下简称"普通电力业者"）、同项第六点规定的特定电力业者以及同项第八点规定的特定规模电力业者（在第五条第一项中称之为"特定规模电力业者"）。

二、本法律中的"可再生能源电"，指的是运用可再生能源发电设备变换可再生能源而得到的电。

三、本法律中的"可再生能源发电设备"，指的是能够将可再生能源转变为电力的设备及其附属设施。

四、本法律中的"可再生能源"，指的是下列能源。

（一）阳光

（二）风能

（三）水力

（四）地热

（五）生物质［源自动植物的有机物、可作为能源加以利用的物质（原油、石油气、可燃性天然气、煤炭以及利用此类物质制造的产品除外）。第六条第三项和第八项同此］。

（六）除以上所列之外，在原油、石油气、可燃性天然气、煤炭以及利用该类物质制造的产品以外的能源中，对于可作为电力能源永久利用的物质，由政令予以规定。

第二章　电力业者采购可再生能源电等

第三条　采购价格及采购期间

一、在每一年度开始前，经济产业大臣须根据经济产业省令规定，制定该年度内电力业者依照下一条第一项规定进行的可再生能源电采购，分别确定每一类可再生能源电力设备的种类、装机形态及其规模，每一类可再生能源电每度（一千瓦时）的平均价格（以下称"采购价格"）以及按照该采购价格进行采购的期间（以下称"采购期间"）。但是，根据我国可再生能源电的供给状况、安装可再生能源发电设备所需费用、物价及其他经济形势的变化等，在经济产业大臣认为必要时，可将周期定为半年一次，在每半年开始前确定采购价格及采购期间（以下称"采购价格等"）。

二、采购价格是该类可再生能源发电设备在整个采购期间能够稳定供给可再生能源电的价格。采购价格的确定，以该类供应高效实施时通常所需费用和预计可再生能源电的供给量为基础，并考虑以下情况：我国可再生能源电的供给状况；与第六条第一项认定的发电（依据同条第四项规定对变更的认定或依据同条第五项规定提出变更申报时，则指变更后的情况。同条第六项同此）运用可再生能源发电设备（以下称"认可发电设备"）从事可再生能源电供应者（以下称"特定供应者"）应得的适当利润；在本法律施行前已经运用可再生能源发电设备提供可再生能源电的供应者在相关供应方面的费用等。

三、采购期间的确定，要考量该项可再生能源发电设备供应可再生能源电的起始时间到可再生能源发电设备初次更新重要部件的标准期间。

四、在确定采购价格等时，经济产业大臣须考虑第十六条的收费不宜导致用电者的负担过重。

五、在确定采购价格等问题上，经济产业大臣须同主管该类可再生能源发电设备相关的农林水产大臣、国土交通大臣以及环境大臣协商，并从消费者政策的角度听取负责消费者问题的主管大臣［该大臣是《内阁府设置法》（1999 年第 89 号法律）第九条第一项规定的特命主管大臣，根据该项规定任命，主管该法第四条第一项第十七点以及同条第三项第六十一点所列事务］的意见，同时听取采购价格等核算委员会的意见。在这种情况下，经济产业大臣要尊重采购价格等核算委员会的意见。

六、采购价格等一经确定，经济产业大臣须立即予以公告。

七、经济产业大臣在依据前一项规定发布公告后，须立即将该公告涉及的采购价格等连同作为该采购价格等的计算基础所使用的数据和计算方法向国会报告。

八、在物价及其他经济状况发生显著变化或很可能发生变化的情况下，经济产业大臣认为特别有必要时，可以修改采购价格等。

九、第五项至第七项的规定，适用于前一项关于修改采购价格等的规定。

第四条　接受订立特定契约申请的义务

一、当特定供给者就该类可再生能源电提出签订特定契约［指电力业者与该特定供给者就认可发电设备，在不超过采购期限范围的整个期间（当遇有该类可再生能源电已供应其他电力业者及其他经济产业省令规定的情况，则为经济产业省令规定的期间）内，特定供给者承诺向电力业者供应可再生能源电、电力业者承诺按照有关该认可电力设备发电的采购价格购进可再生能源电的契约。以下同此］申请时，除非其内容对该电力业者的利益包含不应有的损害及其他经济产业省令规定的正当理由，电力业者不得拒绝签订特定契约。

二、为使特定契约得以顺利缔结，经济产业大臣认为必要时，可就该契约的缔结对电力业者给予必要指导和建议。

三、电力业者无正当理由而不签订特定契约，经济产业大臣可就应签订特定契约对该电力业者提出劝告。

四、收到前一项劝告的电力业者无正当理由而不按照劝告采取措施时，经济产业大臣就该电力业者应采取所劝告的措施发布命令。

第五条　接受联网请求的义务

一、依据上一条第一项规定拟申请签署特定契约的特定供给者要求将该特定供给者运用的认可发电设备与该电力业者营运用的变电、送电以及配电等电力设备（指《电力业法》第二条第一项第十六点规定的电力设备。第三十九条第二项同此）连接时，除下列情况外，电力业者（特定规模电力业者除外。本条以下同此）不得拒绝进行该项连接。

（一）该特定供给者不按照经济产业省令规定承担该连接的必要费用。

（二）有可能发生故障，妨碍该电力业者确保顺利供电。

（三）除上述两点之外，具备经济产业省令规定的正当理由。

二、为使前一项规定的联网顺利进行，经济产业大臣认为必要时，可对电力业者就该联网相关事宜给予必要的指导和建议。

三、电力业者无正当理由而不进行第一项规定的联网，经济产业大臣可就应该进行联网对该电力业者提出劝告。

四、收到前一项规定所指劝告的电力业者无正当理由而不按照劝告采取措施时，经济产业大臣可就该电力业者应采取劝告中的措施发布命令。

第六条　运用可再生能源发电设备发电的认定等

一、拟运用可再生能源发电设备进行发电者，可依照经济产业省令的规定，就下列各项规定的合规性接受经济产业大臣的认定。

（一）预计该可再生能源发电设备在整个采购期间能够稳定而高效率地进行可再生能源发电，符合经济产业省令所定标准及其他相关规定。

（二）发电方法符合经济产业省令规定的标准。

二、当经济产业大臣认为前一项所指申请认定的发电符合同项所列规定时，则准予该项认定。

三、经济产业大臣在着手进行本条第一项规定的认定时，若所申请的发电属于将生物质转换为电力时，须依照政令规定，预先同农林水产大臣、国土交通大臣以及环境大臣协商。

四、已取得或有意向取得本条第一项发电认定的当事人，在拟变更与该认定相关的发电时，须依照经济产业省令的规定，接受经济产业大臣的认定。但是，对于经济产业省令规定的轻微变更，不在此限。

五、已取得或有意向取得本条第一项发电认定的当事者，在依据前一项但书所指经济产业省令进行轻微变动时，须及时将所作变更报经济产业大臣备案。

六、当经济产业大臣认为已获得本条第一项认定的发电不再符合同项所列任一规定时，可撤销该认定。

七、第二项以及第三项规定适用于第四项所指认定。

八、经济产业大臣在制定第一项第二点所指的经济产业省令（仅限于同可用于发电的生物质相关部分）时，须预先同农林水产大臣、国土交通大臣以及环境大臣协商。

第七条　电力业法的特例

基于特定契约为一般电力业者提供一般电力业（指《电力业法》第二条第一项第一点规定的一般电力业）用的可再生能源电，不适用同法第二十二条的规定。

第三章　电力业者间的费用负担调整

第八条　拨款

一、为了调整基于特定契约采购的可再生能源电量在各电力业者供电量中所占比例不同带来的费用负担不均，第十九条第一项规定的费用负担调整机构（本章以下称"费用负担调整机构"）在经济产业省令规定的每个期间，向电力业者拨款（依据第十四条第一项规定收到催缴通知、没有按照该项规定在指定期限内缴纳应缴款项的电力业者除外。第九条、第十条第一项、第十六条以及第十八条同此）。

二、前一项所指拨款（以下简称"拨款"）的资金，来源于费用负担调整机构按照第十一条第一项规定征收的款项以及政府依据第十八条规定在预算上采取措施所筹资金。

第九条　拨款额度

依据第八条第一项规定，对电力业者的拨款额度，在同项规定所指的经济产业省令确定的每一期间，从每个特定契约的第一点所指数额中，扣除第二点所指数额之后的合计额作为基数，依照经济产业省令规定的方法核定。

一、该电力业者基于特定契约采购的可再生能源电量（指以"千瓦时"表示的量）乘以该特定契约中的采购价格所得数额。

二、若该电力业者没有按照特定契约规定采购可再生能源电，作为相当于该可再生能源电的发电量及其采购所需费用，依据经济产业省令规定的方法核定。

第十条　拨款额的决定和通知等

一、费用负担调整机构须在第八条第一项所指经济产业省令规定的每一期间，决定对各电力业者应拨款的数额，并将应拨款数额及其他必要事项通知相关各电力业者。

二、费用负担调整机构为了核定拨款数额，必要时可要求电力业者提供资料。

第十一条　收费以及缴费义务

一、为筹集第十九条第二项规定业务所需费用以及处理该业务的相关事务所需费用（下一条第二项中称"事务费"），由费用负担调整机构在经济产业省令规定的每一期间，向电力业者收取。

二、电力业者负有缴纳前一项规定收费（以下简称"收费"）的义务。

第十二条　收费额

一、依据上一条第一项规定向电力业者的收费，其计算方法是：在同项所指的经济产业省令规定的每一期间，该电力业者向用电者的供电量（以千瓦时表示。下一项以及第十六条第二项同此）乘以该期间所属年度的收费单价，以此数额为基础，考量第十七条第一项规定的取得认定的经营体等向用电者征收的第十六条所指付费的数额，依照经济产业省令规定的方法核定。

二、前一项的收费单价为每年一定，其确定方法是：在该年度开始前，经济产业大臣估计该年度向所有电力业者的合计拨款额加上预估该年度的业务费，除以该年度内所有电力业者的预估供电量，得出每度电的收费额；在此基础上，考虑到前年度对所有电力业者的合计拨款与合计收费之差及其他情况，确定新年度的收费单价。

三、作为核定收费额以及收费单价的计算资料，电力业者每年度须依照经济产业省令的规定，将基于特定契约采购的可再生能源电量，依据第十七条第一项规定获得认定的经营体向用电者收取的第十六条所指缴费的数额及其他经济产业省令规定的事项，报经济产业大臣备案。

四、收费单价确定后，经济产业大臣必须及时予以公布。

第十三条　收费额的决定与通知等

一、费用负担调整机构必须在第十一条第一项所指经济产业省令规定的每一期间，决定各电力业者应缴纳的收费额，将其应缴纳的收费额、缴纳期限及其他必要事项通知各该电力业者。

二、第十条第二项规定适用于收费。

第十四条　缴费催促函等

一、对于收到上一条第一项规定的通知而到期未缴费的电力业者，费用负担调整机构必须发催促函，督促其在指定期限缴费。

二、费用负担调整机构在依据前项规定催促缴费时，可自该项收费截止期限的次日算起，直至其缴费之日止，按 14.5% 的比率加收滞纳金。

三、对于收到第一项规定的催促函而未在指定期限内缴纳应付款项的电力业者。费用负担调整机构须随即将此事通知经济产业大臣。

四、经济产业大臣收到依据前一项规定的通知时，须随即公布该电力业者的名称以及在本条第一项规定的指定期限内该电力业者的欠费数额。

第十五条　账簿

电力业者必须依照经济产业省令的规定，置备账簿，记载每项特定契约采购的可再生能源电的数量、供电量及其他经济产业省令规定的事项，并予以保存。

第十六条　付费的请求

一、电力业者为筹集上缴费用，可将其作为供电价格的一部分，要求接受供电的用户负担相应的费用。

二、依据前一项规定可向电力用户收费的金额，其计算公式为：该电力业者对该用户的供电量乘以该供电年度的收费单价。

第十七条　有关付费的特例

一、在每一年度开始前，经济产业大臣须依照经济产业省令的规定，对于年间用电量超过政令规定量的经营体，就前一条收费负担对维持经营活动持续性的影响、有必要予以特别照顾的经营体进行认定。关于经营体的单位用电量［指每千日元销售额的用电量（以千瓦时表示的量，限于从电力业者接受供电的用电量。本条以下以及第四十条第二项同此），本条以下同此］，属于制造业的企业，其单位用电量超过制造业平均单位用电量八倍以上者；属于非制造业的企业，其单位用电量高于非制造业平均单位用电量且超过政令规定倍数的经营者，可申请进行此项认定。

二、与前一项规定无关，对于依据第五项规定撤销同项申请者的认定的情况，自撤销之日算起未满五年者，经济产业大臣不得准予前一项所指的认定。

三、与第十六条第二项规定无关，在依据本条第一项规定进行认定的年度，根据同条第一项规定，对于获得第一项规定所指认定的经营体，可要求其缴费的计算方法为：根据该经营体的单位用电量，从按照第十六条第二项规定计算出的数额中，减去该数额乘以不低于 80% 的政令规定的比率后的所得数。

四、经济产业大臣须依照经济产业省令的规定，公布依据第一项规定通过认定的经营体的相关信息，包括经营者的姓名或名称、住址，若是法人则是其代表的姓名、其办事处的名称及所在地，该项认定中作为计算单位用电量基础的该项经营的用电量，该经营体年间的经营用电量，经济产业省令规定的其他事项。

五、发现以虚假或其他不正当手段通过第一项规定的认定者，经济产业大臣必须撤销该项认定。

六、对于已获得第一项规定的认定者，当经济产业大臣认为其不再具备同项规定的条件时，可撤销该项认定。

第十八条　预算上的措施

按照第八条第一项规定，费用负担调整机构为向电力业者拨款，必然需要费用。为筹措此项财源，政府须在预算上采取必要的措施。

第四章　费用负担调整机构

第十九条　费用负担调整机构的指定等

一、凡是一般社团法人、一般财团法人等政令规定的法人，均可提出申请。经济产业大臣根据申请，在全国范围内从符合下列标准、适合办理下一项规定的业务（以下称"调整业务"）的机构中指定一家作为费用负担调整机构（以下简称"调整机构"）。

（一）具有足够的切实实施调整业务的管理基础和技术基础。

（二）负责人以及职员的构成，不会妨碍调整业务的公正实施。

（三）从事调整业务以外的业务时，不会因该业务而妨碍调整业务的公正实施。

（四）不属于依据第二十九条第一项规定被撤销指定、自撤销之日算起未满两年者。

（五）负责人中无属于下列任一情况者。

1. 被处监禁以上徒刑、刑期结束或自不再受刑之日算起未满两年者。

2. 因违反本法律以及依据本法律发布的命令、规定被处以罚款、刑期结束或自不再受刑之日算起未满两年者。

二、调整机构须从事下列业务。

（一）向电力业者收费并管理这项资金。

（二）对电力业者拨款。

（三）从事前述两项业务的附带业务。

三、经济产业大臣在依据第一项规定作出指定时，必须公布该受指定者的名称、住址及其办事机构所在地。

四、调整机构拟变更其名称、住址和办事机构所在地时，须预先向经济产业大臣申报。

五、经济产业大臣收到依照前一项规定提出的申报时，须公布该申报的相关内容。

第二十条　调整业务规程

一、调整机构在开始办理调整业务之前，必须就实施方法及其他经济产业省令规定的事项制定调整业务规程，并取得经济产业大臣的认可。拟变更业务规程时，也照此办理。

二、对于前一项所指认可的申请，经济产业大臣必须在确认符合下列所有条件时，方可准予该项认可。

（一）制定的调整业务实施方法恰当而明确。

（二）对于特定对象，无不正当的歧视性做法。

（三）无不正当妨碍电力业者的利益之虞。

三、当经济产业大臣认为获第一项认可的调整业务规程对于妥善而切实地实施调整业务变得不再适当时，可命令调整机构变更调整业务规程。

第二十一条　业务计划等

一、调整机构每个业务年度均须按照经济产业省令的规定，编制有关调整业务的计划书和收支预算书，报经济产业大臣审批。拟变更业务计划和收支预算时，也照此处理。

二、当调整机构获得前一项审批时，必须及时公布其业务计划书和收支预算书。

三、调整机构必须依照经济产业省令的规定，于每个业务年度结束后编制关于调整业务的报告书和收支决算书，在提交经济产业大臣的同时，予以公布。

第二十二条　单独管理

调整机构在从事调整业务以外的业务时，必须在经营管理上将该业务与调整业务区分开。

第二十三条　业务的中止与废除

调整机构未经经济产业大臣许可，不得中止或废除部分或全部调整业务。

第二十四条　收费所得款项的运用

调整机构除下列运用方式外，不得擅用收费所得款项。

一、持有国债及其他经济产业大臣指定的有价证券

二、在银行及其他经济产业大臣指定的金融机构存款

三、购买经营信托业务的金融机构〔指获得《金融机构兼营信托业务等相关法律》（1943 年第 43 号法律）第一条第一项认可的金融机构〕的信托产品。

第二十五条　账簿

调整机构必须依照经济产业省令的规定，置备账簿，按照经济产业省令的规定记载调整业务的相关事项，并予以保存。

第二十六条　保密义务

调整机构的干部或职员以及在这些职位的工作人员，不得泄露所知道的涉及调整业务的秘密。

第二十七条　解职命令

调整机构的负责人违反本法律规定，或违反依据本法律发布的命令、规定或处分时，发生有违第二十条第一项规定的经认可的调整业务规程的行为时，或在调整业务上有明显的不当行为时，经济产业大臣可命令该负责人解职。

第二十八条　监督命令

在施行本法律的必要限度内，经济产业大臣可从监督指导的角度就有关调整业务对调整机构发布必要的命令。

第二十九条　撤销指定等

一、当调整机构出现下列任一情况时，经济产业大臣可撤销依据第十九条第一项规定作出的指定（本条以下简称"指定"）。

（一）不能妥善而切实地实施调整业务

（二）为通过审定而有不正当的行为。

（三）违反本法律规定，或违反依据本法律发布的命令、规定或处分，不按照第二十条第一项规定的经认可的调整业务规程从事调整业务。

二、经济产业大臣在依照前一项规定撤销指定时，必须予以公布。

三、在依据第一项规定撤销指定的情况下，被撤销指定的法人仍存有电力业者交纳的款项时，被撤销指定的法人必须迅速将该款项移交给经济产业大臣依据第十九条第一项规定新指定的调整机构。

第三十条　提供信息等

经济产业大臣要向调整机构提供有关实施调整业务所必需的信息及资料，并向其提出指导和建议。

第五章　采购价格等核定委员会

第三十一条　机构设置及掌管的事务

一、在资源能源厅内设置采购价格等核定委员会（以下简称"委员会"）。

二、委员会依据本法律赋予的权限处理事务。

第三十二条　组织

委员会由五名委员组成。

第三十三条　委员

一、委员从电力业、经济等领域具有专业知识和经验者中选出，经众参两院同意，由经济产业大臣任命。

二、当国会闭会或因众议院解散而无法得到众参两院同意时，经济产业大臣可不局限于前一项规定，从具有同项规定资格的人选中任命委员。

三、出现前一项的情况，必须在任命委员后最初的国会上获得众参两院的事后承认。在得不到众参两院事后承认时，经济产业大臣必须立即罢免该委员。

四、委员的任期为三年。但是，增补委员的任期为前任的剩余期间。

五、委员任期届满时，直至任命继任者为止，该委员要继续履行其职责。

六、委员可以连任。

七、当委员收到开始执行破产程序的决定，或被处以监禁以上的刑罚时，经济产业大臣必须罢免该委员。

八、经济产业大臣认为由于委员的身心疾患而无法履行职务时，或者委员有违反职责义务及其他与委员身份不符的行为时，经众参两院同意，经济产业大臣可罢免该委员。

九、委员不得泄露因其职务能够知道的秘密，去职后也是如此。

十、委员为非专职。

第三十四条　委员长

一、委员会设委员长，委员长通过委员互选确定。

二、委员长执掌会务，并代表委员会。

三、委员长因故不在时，由预先提名的委员代理其职务。

第三十五条　会议

一、委员会的会议由委员长召集。

二、委员长以及委员的出席人数未达半数以上，不得召开会议，不能做出决议。

三、委员会所议事项，须过半数的出席者赞同才能决定，当赞成与反对人数相同时，由委员长决断。

四、关于委员长因故不在情况下第二项规定的执行，依据前一条第三项规定，代理委员长职务的委员视同委员长。

五、委员会的会议须公开。但是，在认为有碍会议公正及其他出于公益上的必要时，会议也可以不公开。

第三十六条　提供资料等方面的合作

一、委员会为执行所掌管的事务，在认为必要时，可要求行政机构以及地方公共团体的负责人提供资料、陈述意见、做出说明及其他必要的合作。

二、委员会为执行其所掌管的事务，在认为特别有必要时，也可请前一项规定人员以外的人士提供必要的合作。

第三十七条　对政令的授权

除本法律规定的内容外，有关委员会的必要事项，由政令规定。

第六章　其他

第三十八条　要将利用可再生能源所需费用反映在价格上

一、为使利用可再生能源作为发电原料得以顺利推行，重要的是将所需费用恰当地反映在对用电者的供电价格上。有鉴于此，政府必须努力通过广告活动等，让全体国民知晓本法律的主旨及其内容，取得国民的理解与合作。

二、为使利用可再生能源作为发电原料得以顺利推行，不能以供电价格的高进高出方式让用电者承受过重负担，为此，电力业者必须采取各种必要措施，努力提高经营效率，降低相关经营费用等。

第三十九条　国家等在确保稳定和高效地供给可再生能源电方面的责任与义务

一、为确保稳定而高效地供给可再生能源电，在促进研究开发及其成果的普及，在安装可再生能源发电设备相关的土地利用，在有关建筑物等的规制及其他关于供给可再生能源电的规制，在为运用认可发电设备供给或拟供给可再生能源电的经营者提供便利等方面，国家要进行探讨，并根据探讨结果采取必要的政策措施加以实施。

二、为确保稳定而高效地供给可再生能源电，电力业者以及向电力业者提供可再生能源电的经营者必须相互密切合作，努力采取各种必要措施，建设有助于可再生能源电顺畅供给的电力设施。

三、为确保稳定而高效地供给可再生能源电，从事可再生能源发电设备的制造、安装及其他与可再生能源发电设备相关的经营者，必须采取各种必要措施，努力减少可再生能源发电设备的制造以及安装所需要的费用。

第四十条　报告和现场检查

一、在施行本法律的必要限度内，经济产业大臣可要求电力业者或运用认可发电设备供给或拟供给可再生能源电的经营者就其业务状况、认可发电设备的状况及其他必要事项提交报告，或派职员进入电力业者或运用认可发电设备供给或拟供给可再生能源电的营业所或办事处以及安装认定发电设备的场所，检查账簿、文件、认可发电设备及其他设施。但是，在进入住宅时，必须事先取得住户的同意。

二、在施行第十七条规定的必要限度内，依据该条第一项规定，对接受认定或拟接受认定的营业所，经济产业大臣可要求其经营者报告该营业所相关业务的年间用电量、该经营者的该项业务的销售额及其他必要事项，或派职员进入该经营场所或当事人的办事处，检查账簿、文件及其他物品。

三、在施行本法律的必要限度内，经济产业大臣可要求调整机构就调整业务的状况或资产提交报告，或派职员进入调整机构的办事处检查账簿、文件及其他物品。

四、依据前三项规定进行现场检查的职员，必须携带证明其身份的证件，向相关人员出示。

五、依据第一项至第三项规定进行现场检查的权限，不得作旨在搜查罪证的解释。

第四十一条　与环境大臣的关系

在实施促进利用可再生能源发电的政策措施时，当该措施的实施涉及环境保护政策措施的情况下，经济产业大臣须与环境大臣紧密联系，相互合作。

第四十二条　对经济产业省令的授权

除本法律规定之外，为实施本法律的必要事项，由经济产业省令规定。

第四十三条　过渡措施

在依据本法律制定、修改或废除命令时，可在伴随该命令的制定、修改或废除的合理而必要的范围内，制定所需的过渡措施（包括关于处罚规则的过渡措施）。

第七章　处罚规则

第四十四条　违反第二十六条或第三十三条第九项规定者，处以一年以下有期徒刑或 50 万日元以下罚款。

第四十五条　对依据第四条第四项或第五条第四项规定发布的命令的违反者，处以 100 万日元以下罚款。

第四十六条　对属于下列情况之一者，处以 30 万日元以下罚款。

一、不按照第十二条第三项的规定进行申报或进行虚假申报者。

二、违反第十五条规定，没有置备账簿、没有记账或做假账以及没有保存账簿者。

三、不按照第四十条第一项或第二项规定进行报告或搞虚假报告，拒绝、阻挠依照同条第一项或第二项规定进行的检查或逃避检查者。

第四十七条　属于下列任一情况，对发生违规行为的调整机构的干部职员处以 30 万日元以下罚款。

一、未得到第二十三条所指许可而全面废除调整业务。

二、违反第二十五条规定，没有置备账簿、没有记账或做假账以及没有保存账簿。

三、没有按照第四十条第三项规定进行报告或作虚假报告，拒绝、阻挠依照同条第一项或第二项规定进行的检查或逃避检查。

第四十八条　法人代表以及法人或自然人的代理人、雇员及其他从业人员，在事关该法人或自然人的业务上发生有违第四十五条以及第四十六条的行为时，除处罚行为者之外，对该法人或自然人也要依照本条量刑进行处罚。

附　则（摘抄）

第一条　施行日期

本法律自 2012 年 7 月 1 日起施行。

（以下从略——译者）

（张淑英　译）

表1 我国的矿业（各年年末值）

年份	金属矿业		非金属矿业		煤炭、褐煤矿业		原油、天然气矿业	
	事业所数量（个）	从业者人数（人）	事业所数量（个）	从业者人数（人）	事业所数量（个）	从业者人数（人）	事业所数量（个）	从业者人数（人）
1905	…	68861	…	6609	…	79505	…	…
1910	…	74736	…	3109	…	137467	…	6883
1915	…	86359	…	6096	…	193142	…	4680
1920	…	78842	…	8750	…	342873	…	8694
1925	…	44861	…	5347	…	252898	…	7320
1930	…	50728	…	4388	…	225479	…	5548
1935	…	77731	…	9427	…	193904	…	4627
1940	…	176627	…	18344	…	368443	…	6161
1945	…	97163	…	7580	…	269686	…	9097
1950	621	67807	849	34127	…	407629	…	7983
1955	635	72028	968	38865	…	288351	…	5199
1960	629	70479	1206	47612	956	319777	264	9213
1965	371	49378	1365	38560	363	154623	278	6255
1970	236	34105	1046	30648	114	68932	87	4102
1971	192	29195	971	26916	102	…	86	4137
1972	139	21915	917	21650	87	50136	66	3347
1973	126	17405	872	22908	67	38243	67	2425
1974	109	20526	833	27397	53	35628	59	2824
1975	99	15483	773	23805	53	36350	56	2656
1976	93	14122	777	19361	52	33644	57	3344
1977	88	12806	763	19111	46	32978	64	2884
1978	75	10432	759	17364	40	31571	67	2713

年份	金属矿业		非金属矿业		煤炭、褐煤矿业		原油、天然气矿业	
	事业所数量（个）	从业者人数（人）	事业所数量（个）	从业者人数（人）	事业所数量（个）	从业者人数（人）	事业所数量（个）	从业者人数（人）
1979	66	8325	822	18291	37	29724	62	2862
1980	59	8295	791	17885	37	28894	57	2691
1981	58	8044	775	17466	33	28190	54	2692
1982	57	7599	778	16868	31	25967	52	2576
1983	54	7251	748	15575	32	24755	53	2648
1984	54	6790	750	14981	30	24185	62	2947
1985	51	6424	741	14290	30	23218	61	3045
1986	37	3971	729	13774	30	20561	55	2676
1987	27	2458	674	12793	30	16278	56	2479
1988	27	2211	660	12203	29	12255	64	2551
1989	25	1974	629	11752	28	9396	61	2329
1990	22	1942	649	12032	29	7895	59	2158
1991	22	1759	637	11811	26	7394	54	2026
1992	18	1543	633	11673	20	6574	57	1916
1993	17	1290	621	11475	18	6120	52	1879
1994	12	939	599	11083	19	5493	53	1872
1995	11	882	603	11095	18	4603	51	1756
1996	10	871	606	10815	18	4340	50	1701
1997	10	832	596	10756	18	2891	47	1583
1998	10	822	580	10315	17	2859	47	1565
1999	10	726	565	9775	16	2874	46	1543
2000	10	513	520	9351	15	2723	44	1512
2001	10	461	503	8777	16	1649	46	1535
2002	9	432	487	8298	14	777	44	1479
2003	9	453	460	7607	15	793	44	1365
2004	8	461	454	7350	12	785	42	1452
2005	9	454	434	7038	9	752	41	1433

资料来源：根据日本统计协会的《新版　日本长期统计总鉴》和经济产业省的《国内矿产业的趋势》（该调查在 2005 年进行最后一次统计后被废止）整理制作。"从业者人数"是经常从业者人数（生产部分＋管理部门）和临时以及承包从业者人数的合计。1940 年以前的数据是截至 6 月末的数值、煤炭和褐煤矿产业 1965～1970 年的数据是年度末数值。本书"日本能源主要数据"均转引自（日本）公益财团法人矢野恒太纪念会编《从数字看日本的 100 年》（修订第 6 版），2013 年 3月出版。

表 2　我国的矿业（各年年末值）

单位：亿日元

年份	金属矿业		非金属矿业		煤炭、褐煤矿业		原油、天然气矿业	
	产出额	附加值额	产出额	附加值额	产出额	附加值额	产出额	附加值额
1955	485	329	176	122	1671	1152	44	26
1960	608	407	293	199	2080	1359	110	55
1961	635	415	334	213	2011	1160	122	51
1962	644	424	372	232	2088	1304	135	75
1963	632	422	384	249	1813	1153	176	104
1964	706	470	444	282	1838	1171	195	108
1965	807	563	458	314	1879	1238	167	82
1966	868	613	519	344	1944	1271	183	103
1967	876	589	567	377	1767	1131	191	123
1968	907	621	684	455	1729	1135	185	123
1969	995	687	725	479	1545	1013	216	149
1970	1035	694	823	492	1518	878	237	143
1971	899	561	899	494	1317	792	237	136
1972	774	459	902	512	1200	680	246	151
1973	815	477	1098	521	1029	485	248	157
1974	1086	574	1421	650	1433	704	424	296
1975	960	450	1374	583	1704	894	573	433
1976	973	466	1494	660	2075	1071	691	476
1977	904	367	1568	669	2273	1187	858	543
1978	675	242	1631	715	2510	1353	868	564
1979	884	475	1950	823	2291	1198	845	563
1980	1087	594	2137	865	2505	1252	1022	721
1981	843	378	2140	833	2716	1350	1036	735
1982	823	366	2142	888	2873	1491	1096	764
1983	831	386	2070	829	2800	1421	1180	820
1984	791	373	2075	819	2739	1433	1248	772
1985	733	314	2043	790	2726	1394	1358	794
1986	514	193	1965	767	2637	1423	1095	548
1987	391	171	1913	763	2068	1068	1002	525
1988	344	165	2015	833	1728	837	949	435
1989	358	180	2083	867	1585	792	858	404
1990	358	199	2233	918	1240	575	880	439
1991	287	128	2370	975	1167	506	959	485
1992	271	123	2318	943	1060	482	982	544
1993	194	67	2253	914	975	435	937	556

续表

年份	金属矿业		非金属矿业		煤炭、褐煤矿业		原油、天然气矿业	
	产出额	附加值额	产出额	附加值额	产出额	附加值额	产出额	附加值额
1994	170	87	2219	912	941	464	907	504
1995	157	82	2188	897	848	397	855	464
1996	168	95	2193	887	879	451	885	424
1997	172	103	2196	849	572	231	912	469
1998	161	91	2012	755	471	188	866	451
1999	140	72	1896	705	469	221	844	447
2000	127	62	1792	690	370	128	884	445
2001	109	47	1732	687	322	106	886	460
2002	108	45	1682	700	121	51	872	462
2003	133	72	1507	611	148	59	975	529
2004	164	101	1498	580	132	53	901	431
2005	194	132	1492	595	116	47	1173	655

资料来源：根据日本统计协会的《新版　日本长期统计总览》和经济产业省的《国内矿产业的趋势》（该调查在 2005 年进行最后一次统计后被废止）整理制作。"产出额"是生产金额和其他收入额（营业过程中间接获得的收入）的合计。"附加值额"是产出额扣除原料使用额、材料使用额、燃料和电费、折旧费等后的金额。

表 3　一次能源总供给（会计年度）

换算单位：10^{15}J

年份	国内生产	进口	总供给	化石能源	石油	煤炭	天然气
1990（平 2）	3546	16637	20183	16938	11518	3361	2059
1991（〃3）	3744	16645	20390	16960	11306	3489	2166
1992（〃4）	3682	17194	20876	17503	11907	3375	2221
1993（〃5）	4038	17141	21179	17441	11766	3391	2284
1994（〃6）	3948	18311	22258	18600	12570	3619	2411
1995（〃7）	4303	18382	22685	18659	12430	3750	2479
1996（〃8）	4374	18620	22994	18892	12449	3814	2629
1997（〃9）	4554	18778	23332	19001	12331	3934	2736
1998（〃10）	4652	18070	22722	18284	11777	3710	2797
1999（〃11）	4430	18450	22880	18662	11798	3923	2942
2000（〃12）	4468	19154	23622	19355	12008	4286	3061
2001（〃13）	4390	18485	22875	18689	11235	4379	3075
2002（〃14）	4071	18906	22978	19051	11422	4510	3119

续表

年份	国内生产	进口	总供给	化石能源	石油	煤炭	天然气
2003（"15）	3722	19325	23047	19476	11514	4647	3315
2005（"17）	4193	19591	23784	19759	11641	4829	3288
2004（"16）	4093	19571	23664	19727	11376	5058	3292
2006（"18）	4306	19466	23773	19648	11182	4865	3601
2007（"19）	3885	19970	23855	20172	11206	5074	3892
2008（"20）	3782	19436	23218	19635	10775	4977	3883
2009（"21）	3915	17828	21743	18021	9836	4404	3781
2010（"22）	4202	18920	23123	19100	10101	4997	4002

年份	非化石能源	核能	事业用水力	可再生、未充分利用能源	自然能源	地热能源	未充分利用能源
1990（平2）	3245	1887	833	524	53	16	454
1991（"3）	3429	1989	908	532	52	17	464
1992（"4）	3372	2077	768	527	49	17	461
1993（"5）	3738	2325	892	521	48	17	457
1994（"6）	3659	2500	625	534	47	19	467
1995（"7）	4026	2700	761	564	45	29	489
1996（"8）	4102	2782	741	579	43	34	503
1997（"9）	4331	2910	819	603	43	34	526
1998（"10）	4438	3011	838	590	38	32	520
1999（"11）	4218	2836	774	607	35	31	541
2000（"12）	4268	2873	778	616	37	30	550
2001（"13）	4186	2838	747	601	35	30	535
2002（"14）	3927	2593	724	610	36	30	544
2003（"15）	3571	2108	831	632	35	31	566
2004（"16）	3937	2486	828	623	37	30	556
2005（"17）	4025	2677	672	676	40	28	608
2006（"18）	4125	2661	767	697	43	27	627
2007（"19）	3683	2317	650	715	46	27	643
2008（"20）	3583	2248	666	669	48	24	596
2009（"21）	3722	2411	663	649	52	25	571
2010（"22）	4023	2495	712	816	172	23	621

资料来源：源自资源能源厅的《综合能源统计》。10^{15} J = 1 PJ = 千万亿 J。焦耳（Joule）是功和能量的单位，1 J = 0.000239 kcal。"总供给"是国内生产量和进口量的合计。

表 4　一次能源的国内供给（会计年度）

换算单位：10^{15} J

年份	总供给	出口	国内供给	化石能源	石油	煤炭	天然气
1990（平 2）	20183	359	19657	16412	11003	3308	2102
1991（″3）	20390	537	20221	16792	11149	3391	2252
1992（″4）	20876	642	20330	16957	11386	3295	2276
1993（″5）	21179	787	20494	16756	11113	3310	2333
1994（″6）	22258	818	21357	17698	11727	3515	2456
1995（″7）	22685	838	22001	17975	11800	3638	2538
1996（″8）	22994	666	22275	18172	11758	3733	2681
1997（″9）	23332	873	22447	18116	11476	3848	2792
1998（″10）	22722	836	22054	17616	11148	3619	2849
1999（″11）	22880	736	22410	18192	11330	3851	3011
2000（″12）	23622	706	22761	18493	11157	4203	3133
2001（″13）	22875	675	22429	18243	10820	4294	3129
2002（″14）	22978	674	22473	18546	10891	4437	3219
2003（″15）	23047	678	22352	18781	10844	4567	3370
2004（″16）	23664	719	22888	18951	10595	4997	3359
2005（″17）	23784	947	22757	18732	10575	4763	3394
2006（″18）	23773	1009	22881	18756	10181	4823	3751
2007（″19）	23855	1208	23022	19340	10215	5037	4088
2008（″20）	23218	1384	21853	18271	9332	4920	4019
2009（″21）	21743	1228	20885	17163	8800	4384	3979
2010（″22）	23123	1228	22091	18069	8853	4982	4234

年份	非化石能源	核能	事业用水力	可再生、未充分利用能源	自然能源	地热能源	未充分利用能源
1990（平 2）	3245	1887	833	524	53	16	454
1991（″3）	3429	1989	908	532	52	17	464
1992（″4）	3372	2077	768	527	49	17	461
1993（″5）	3738	2325	892	521	48	17	457
1994（″6）	3659	2500	625	534	47	19	467
1995（″7）	4026	2700	761	564	45	29	489
1996（″8）	4102	2782	741	579	43	34	503
1997（″9）	4331	2910	819	603	43	34	526
1998（″10）	4438	3011	838	590	38	32	520
1999（″11）	4218	2836	774	607	35	31	541

续表

年份	非化石能源	核能	事业用水力	可再生、未充分利用能源	自然能源	地热能源	未充分利用能源
2000（″12）	4268	2873	778	616	37	30	550
2001（″13）	4186	2838	747	601	35	30	535
2002（″14）	3927	2593	724	610	36	30	544
2003（″15）	3571	2108	831	632	35	31	566
2004（″16）	3937	2486	828	623	37	30	556
2005（″17）	4025	2677	672	676	40	28	608
2006（″18）	4125	2661	767	697	43	27	627
2007（″19）	3683	2317	650	715	46	27	643
2008（″20）	3583	2248	666	669	48	24	596
2009（″21）	3722	2411	663	649	52	25	571
2010（″22）	4023	2495	712	816	172	23	621

资料来源：源自资源能源厅的《综合能源统计》。$10^{15}J = 1PJ = $ 千万亿 J。焦耳（Joule）是功和能量的单位，$1J = 0.000239kcal$。"国内供给"是总供给量扣除出口量和库存调整量后的数值。

表5　原有分类方法框架下的一次能源总供给（会计年度）

单位：$10^{15}J$

年份	煤炭	石油	天然气	水力	核能	新能源等[1]	地热	合计
1953	1229	395	5	746	—	202	—	2578
1954	1179	415	6	737	—	201	—	2538
1955	1268	472	10	731	—	204	—	2684
1956	* 1430	593	12	737	—	205	—	2976
1957	* 1573	736	18	759	—	211	—	3298
1958	1365	749	22	763	—	193	—	3094
1959	1516	1149	29	710	—	190	—	3594
1960	1738	1588	39	661	—	194	—	4220
1961	* 1882	1969	57	753	—	192	—	4853
1962	* 1751	2389	74	665	—	186	—	5065
1963	* 1809	3005	86	694	—	122	—	5717
1964	* 1861	3565	85	678	—	116	—	6305
1965	* 1911	4215	85	751	0	109	—	7071
1966	* 1991	4789	88	768	6	109	0	7751
1967	* 2233	5779	94	668	6	111	1	8891
1968	* 2402	6828	101	716	10	121	2	10180
1969	* 2576	8052	119	728	10	130	2	11617
1970	* 2662	9623	166	749	44	136	3	13383
1971	* 2338	10067	168	805	75	141	2	13596

续表

年份	煤炭	石油	天然气	水力	核能	新能源等[1]	地热	合计
1972	2339	10968	169	815	89	144	3	14527
1973	*2494	12484	248	660	91	153	3	16133
1974	*2666	11985	322	794	186	147	3	16103
1975	*2512	11245	386	805	237	141	4	15330
1976	*2455	12027	438	817	321	153	4	16214
1977	*2338	12126	580	710	298	153	5	16211
1978	2151	11864	754	689	559	153	8	16177
1979	2373	12306	899	790	663	167	12	17210
1980	2818	10986	1012	857	778	164	12	16627
1981	2947	10191	1015	841	827	164	12	15998
1982	2827	9431	1056	782	965	175	13	15250
1983	2885	9869	1211	812	1076	186	15	16055
1984	3172	9986	1547	687	1265	200	16	16873
1985	3299	9546	1600	799	1503	204	17	16967
1986	3068	9525	1657	776	1585	210	16	16837
1987	3187	10059	1710	718	1768	222	16	17681
1988	3371	10691	1783	867	1683	233	15	18643
1989	3335	11195	1932	883	1722	245	15	19328

注：＊包括进口路径下的供给。

1. 包括太阳能、垃圾发电等。

资料来源：源自资源能源厅的《综合能源统计》。10^{15} J = 1 PJ = 千万亿 J。焦耳（Joule）是功和能量的单位，1J = 0.000239kcal。

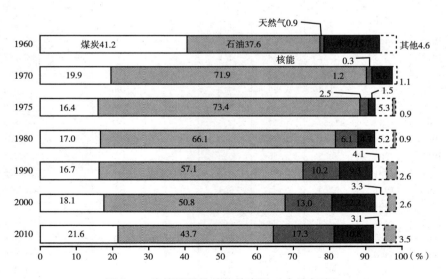

图 1　一次能源供给结构的变迁（会计年度）

表6　石油依存度以及化石能源依存度（会计年度）

単位：%

年份	石油依存度	化石能源依存度	年份	石油依存度	化石能源依存度	年份	石油依存度	化石能源依存度
1996	61.8	88.6	1981	63.7	88.5	1996	54.1	82.2
1967	65.0	91.2	1982	61.8	87.3	1997	52.9	81.4
1968	67.1	91.7	1983	61.5	87.0	1998	51.8	80.5
1969	69.3	92.5	1984	59.2	87.2	1999	51.6	81.6
1970	71.9	93.0	1985	56.3	85.1	2000	50.8	81.9
1971	74.0	92.5	1986	56.6	84.6	2001	49.1	81.7
1972	75.5	92.8	1987	56.9	84.6	2002	49.7	82.9
1973	77.4	94.4	1988	57.3	85.0	2003	50.0	84.5
1974	74.4	93.0	1989	57.9	85.2	2004	48.1	83.4
1975	73.4	92.3	1990	57.1	83.9	2005	48.9	83.1
1976	74.2	92.0	1991	55.4	83.2	2006	47.0	82.6
1977	74.8	92.8	1992	57.0	83.8	2007	47.0	84.6
1978	73.3	91.3	1993	55.6	82.4	2008	46.4	84.6
1979	71.5	90.5	1994	56.5	83.6	2009	45.2	82.9
1980	66.1	89.1	1995	54.8	82.3	2010	43.7	82.6

资料来源：源自资源能源厅的《综合能源统计》。"石油依存度" = 石油总供给÷一次能源总供给。"化石能源依存度" = 化石能源总供给÷一次能源总供给。

表7　按部门划分的最终能源消费（会计年度）

单位：10^{15} J

年份	产业部门[1]	制造业	民生部门[2]	家庭使用	运输部门[3]	非能源使用	合计
1955（昭30）	957	892	429	319	309	26	1721
1960（"35）	1667	1553	530	368	482	54	2732
1965（"40）	2840	2626	783	448	798	123	4543
1966（"41）	3255	2994	886	479	883	149	5174
1967（"42）	3754	3461	991	535	1002	169	5916
1968（"43）	4207	3878	1113	590	1134	187	6641
1969（"44）	5003	4633	1299	694	1278	223	7802
1970（"45）	5704	5268	1451	767	1435	253	8842
1971（"46）	5929	5494	1620	828	1528	281	9357
1972（"47）	6286	5818	1812	902	1652	310	10059
1973（"48）	6935	6431	2011	988	1818	340	11103

续表

年份	产业部门[1]	制造业	民生部门[2]	家庭使用	运输部门[3]	非能源使用	合计
1974("49)	6638	6170	2021	1020	1841	288	10788
1975("50)	6235	5780	2075	1071	1938	263	10510
1976("51)	65945	6113	2257	1176	2035	261	11148
1977("52)	6422	5921	2279	1194	2114	288	11103
1978("53)	6491	5938	2393	1273	2245	312	11441
1979("54)	6610	6051	2448	1336	2331	313	11703
1980("55)	6116	5567	2366	1276	2302	290	11074
1981("56)	5808	5280	2395	1331	2274	283	10759
1982("57)	5446	4952	2406	1325	2287	278	10416
1983("58)	5542	4999	2666	1491	2395	295	10897
1984("59)	5819	5241	2657	1492	2406	312	11194
1985("60)	5798	5235	2756	1562	2465	306	11325
1986("61)	5702	5097	2784	1573	2551	331	11368
1987("62)	5985	5350	2930	1674	2655	340	11911
1988("63)	6352	5683	3090	1724	2791	348	12580
1989(平1)	6532	5841	3158	1760	2980	352	13022
1990("2)	6993	6187	3679	1655	3217	—	13889
1991("3)	6991	6166	3714	1693	3387	—	14092
1992("4)	6914	6077	3837	1768	3449	—	14200
1993("5)	6797	5971	4022	1860	3518	—	14337
1994("6)	7035	6227	4092	1866	3697	—	14824
1995("7)	7164	6379	4348	1973	3806	—	15318
1996("8)	7320	6521	4357	1981	3891	—	15567
1997("9)	7411	6639	4368	1977	3923	—	15702
1998("10)	6998	6267	4520	1997	3910	—	15428
1999("11)	7157	6460	4716	2052	3941	—	15814
2000("12)	7221	6567	4826	2114	3928	—	15975
2001("13)	6940	6305	4886	2057	3958	—	15784
2002("14)	7066	6450	5063	2129	3876	—	16006
2003("15)	7075	6491	4958	2067	3840	—	15872
2004("16)	7157	6581	5053	2093	3833	—	16043
2005("17)	7064	6516	5176	2182	3756	—	15996
2006("18)	7098	6575	5166	2105	3705	—	15968
2007("19)	7055	6558	5115	2135	3620	—	15790

续表

年份	产业部门[1]	制造业	民生部门[2]	家庭使用	运输部门[3]	非能源使用	合计
2008（"20）	6272	5833	4972	2058	3477	—	14720
2009（"21）	6157	5722	4837	2037	3399	—	14393
2010（"22）	6572	6145	4972	2154	3430	—	14974

注：1. 制造业和非制造业的合计。

2. 家庭使用和办公使用的合计。

3. 旅客使用和货物使用的合计。

资料来源：源自资源能源厅的《综合能源统计》。单位是千万亿 J。由于统计方法进行了变更，1989 年度和 1990 年度的数据无法衔接。1990 年度以后的数据，产业部门和运输部门中包括了非能源使用量。

表8　主要国家的一次能源生产（换算为石油）

单位：万 t

年份	日本	中国	韩国	印度	德国	英国	法国[1]
1970（昭45）	3934	…	…	…	17469	10134	5009
1975（"50）	2992	…	841	…	17216	11474	3641
1980（"55）	4329	61547	927	18687	18562	19785	5260
1985（"60）	6770	75574	1460	27935	20933	23814	8592
1990（平2）	7521	88629	2262	29182	18617	20800	11187
1995（"7）	9857	106618	2115	33577	14503	25753	12853
1996（"8）	10019	112334	2274	…	14310	26894	13164
1997（"9）	10720	112462	2414	…	14352	26827	12893
1998（"10）	10982	110978	2771	…	13594	27194	12596
1999（"11）	10636	109094	3134	…	13717	28162	12788
2000（"12）	10584	115115	3444	36641	13534	27247	13080
2001（"13）	10474	1138645	3324	…	13471	26233	13345
2002（"14）	9687	120231	3484	…	13451	25832	13524
2003（"15）	8400	133134	3794	39422	13464	24660	13648
2004（"16）	9501	151167	3827	40741	13619	22543	13731
2005（"17）	9989	166462	4293	42375	13528	20516	13712
2006（"18）	10127	172441	4379	43787	13642	18658	13773
2007（"19）	9060	182449	4260	45273	13864	17644	13479
2008（"20）	8869	195058	4473	47092	13353	16681	13727
2009（"21）	9396	204483	4431	50541	12715	15894	12886
2010（"22）	9679	220896	4492	51867	13135	14877	13557

续表

年份	意大利[2]	俄罗斯	美国[3]	加拿大	墨西哥	巴西	澳大利亚
1970(昭45)	1987	…	145084	14476	…	…	4770
1975("50)	2065	…	140695	18735	6504	…	7494
1980("55)	1990	…	155326	20742	14703	6435	8541
1985("60)	2229	…	156935	24123	19411	9602	12529
1990(平2)	2531	129310	165250	27372	19465	10417	15752
1995("7)	2942	96756	166369	34882	20233	11208	18691
1996("8)	3028	94736	168712	35846	21333	11086	18980
1997("9)	3043	92166	168485	36492	22318	11806	19986
1998("10)	3035	92842	169814	36564	22854	12625	21340
1999("11)	2922	95059	167964	36599	22296	13447	21360
2000("12)	2817	97798	166728	37271	22230	14760	23355
2001("13)	2685	99615	169961	37692	23024	14688	24918
2002("14)	2745	103448	166734	38398	22987	16201	25454
2003("15)	2759	110687	163452	38593	24231	17167	25389
2004("16)	2815	115844	164702	39744	25360	18284	25902
2005("17)	2785	120324	162989	40209	25921	19461	26819
2006("18)	2743	122700	165348	41055	25609	20648	26996
2007("19)	2638	123913	166896	41592	24444	21636	29860
2008("20)	2697	125392	170180	40607	23335	22794	30104
2009("21)	2699	118638	168585	39015	22003	23041	29708
2010("22)	2979	129305	172451	39783	22636	24637	31062

注：1. 包括摩纳哥。

2. 包括圣马力诺。

3. 包括波多黎各、关岛等。

资料来源：源自 IEA 的 *Energy Balances of OECD Countries / Non OECD Countries*。在这一统计中，一次能源包括煤炭、原油、天然气、核能、水力、地热，以及其他（太阳能、风力等）、生物燃料和废弃物（固体生物燃料、液体生物燃料、生物气体、产业废弃物和城市废弃物）。

表9 主要国家的一次能源供给（换算为石油）

单位：万 t

年份	日本	中国	韩国	印度	德国	英国	法国[1]
1970(昭45)	25759	…	…	…	30412	20729	15488
1975("50)	30824	…	2455	…	31665	20180	16192
1980("55)	34452	59834	4121	20515	35718	19843	19177
1985("60)	36586	70397	5428	29845	36098	20379	19872
1990(平2)	43933	87212	9309	31674	35115	20592	22389

续表

年份	日本	中国	韩国	印度	德国	英国	法国[1]
1995（″7）	49910	104725	14793	38428	34240	22344	24137
1996（″8）	50872	111415	16306	…	35371	23317	25410
1997（″9）	51892	111874	17641	…	35116	22719	24679
1998（″10）	51460	111277	16224	…	34923	23027	25481
1999（″11）	52536	111829	17850	…	34174	23164	25513
2000（″12）	51896	118269	18816	45721	33658	22294	25187
2001（″13）	51945	113738	19284	…	35352	23458	26690
2002（″14）	51988	121283	20290	…	34525	22862	26668
2003（″15）	51532	136037	20744	49075	34718	23233	27133
2004（″16）	53226	158487	21328	51938	34822	23346	27493
2005（″17）	52838	175017	21255	53928	34527	23453	27620
2006（″18）	51829	185140	21384	56373	34124	21943	26771
2007（″19）	51533	196399	22215	59656	33290	21006	26389
2008（″20）	49555	208611	22695	62608	33470	20814	26720
2009（″21）	47210	224932	22918	67519	31710	19707	25349
2010（″22）	49685	241713	25001	69269	32737	20251	26229

年份	意大利[2]	俄罗斯	美国[3]	加拿大	墨西哥	巴西	澳大利亚
1970（昭45）	11007	…	155703	13851	…	…	5130
1975（″50）	12389	…	166055	16740	6198	…	6102
1980（″55）	13084	…	180468	19261	9512	11385	6960
1985（″60）	13551	…	178141	19336	11141	12288	7391
1990（平2）	14656	87919	191500	20854	12249	14023	8623
1995（″7）	16105	63665	209000	23144	13265	16112	9439
1996（″8）	16040	61659	214088	23720	13681	16179	10094
1997（″9）	16278	59515	216383	23970	14152	17022	10225
1998（″10）	16734	58139	218228	23826	14779	17577	10389
1999（″11）	17040	60303	224108	24677	14966	18074	10856
2000（″12）	17152	61926	227333	25144	14512	18740	10811
2001（″13）	17349	62134	225971	24607	15209	18626	10834
2002（″14）	17368	61781	228980	25014	15546	19140	11196
2003（″15）	18068	63966	228278	26236	15976	19366	11305
2004（″16）	18280	64231	232855	26870	16522	21087	11354
2005（″17）	18573	65171	234188	27366	17664	21524	12075

续表

年份	意大利[2]	俄罗斯	美国[3]	加拿大	墨西哥	巴西	澳大利亚
2006("18)	18113	67067	230280	26920	17510	22297	12262
2007("19)	17909	67259	233655	27210	17629	23539	12446
2008("20)	17606	68848	227703	26654	18109	24834	12940
2009("21)	16486	64692	216497	25075	17464	24027	12598
2010("22)	17024	70152	221632	25184	17811	26562	12473

注：1. 包括摩纳哥。

2. 包括圣马力诺。

3. 包括波多黎各、关岛等。

资料来源：源自 IEA 的 *Energy Balances of OECD Countries / Non OECD Countries*。在这一统计中，一次能源包括煤炭、原油、天然气、核能、水力、地热，以及其他（太阳能、风力等）、生物燃料和废弃物（固体生物燃料、液体生物燃料、生物气体、产业废弃物和城市废弃物）。

表10　日本煤炭产业的概况（会计年度）

年份	年度间开工的煤矿数量	生产量（千 t）	年度末从业者人数（人）				产煤效率（t/人）[1]
			经常从业者	职员	承包从业者	临时从业者	
1950(昭25)	781	39330	…	…	…	…	…
1955("30)	807	42515	278404	37433	13665	10934	12.9
1956("31)	841	48281	287889	37847	19957	11987	14.3
1957("32)	864	52255	298190	38673	25740	11021	14.6
1958("33)	824	48489	283231	37231	23761	8821	13.9
1959("34)	754	47886	256350	34002	24869	7027	15.0
1960("35)	682	52607	231294	30974	27358	6162	18.0
1961("36)	662	55413	198164	28516	29181	6073	21.7
1962("37)	608	53587	159485	23516	26148	4683	24.9
1963("38)	436	51099	122827	19329	23609	4913	31.3
1964("39)	322	50774	112779	17576	21378	4993	36.4
1965("40)	287	50113	107096	16610	18994	4941	38.1
1966("41)	239	50554	100251	15717	17856	4543	40.3
1967("42)	205	47057	86238	13697	14354	4235	42.7
1968("43)	168	46282	76558	12488	12838	4202	47.9
1969("44)	159	43580	57332	9576	11174	3615	55.8
1970("45)	102	38329	47929	7828	9000	3475	61.0
1971("46)	93	31728	37585	6556	8121	2694	63.4
1972("47)	77	26979	29323	5482	6129	1714	66.0

续表

年份	年度间开工的煤矿数量	生产量（千 t）	年度末从业者人数（人）				产煤效率（t／人）[1]
			经常从业者	职员	承包从业者	临时从业者	
1973（"48）	57	20933	23515	4577	5065	1680	68.2
1974（"49）	39	20292	23313	4530	5780	1818	71.8
1975（"50）	39	18597	22493	4474	6473	1685	67.8
1976（"51）	37	18325	21366	4281	6262	1562	69.5
1977（"52）	33	18571	20995	4189	6723	1490	73.3
1978（"53）	30	18549	20117	4114	6008	1257	74.6
1979（"54）	27	17760	18816	3933	5565	1185	76.8
1980（"55）	29	18095	18285	3809	5944	1089	81.8
1981（"56）	31	17472	17781	3763	5957	921	80.3
1982（"57）	31	17408	16162	3534	5798	919	85.7
1983（"58）	32	16694	15396	3368	5722	831	87.9
1984（"59）	33	16831	14910	3220	5787	644	92.2
1985（"60）	31	16454	14298	3153	5538	569	94.0
1986（"61）	28	15200	12568	2889	4359	379	93.4
1987（"62）	29	12575	8938	2192	3154	174	104.8
1988（"63）	26	11102	7535	1928	2623	154	116.4
1989（平1）	27	9635	5017	1523	1932	20	127.1
1990（"2）	25	7980	4651	1442	1755	14	138.8
1991（"3）	24	7931	4349	1374	1633	16	146.1
1992（"4）	18	7602	3826	1236	1514	5	154.5
1993（"5）	17	7206	3374	1074	1350	31	162.0
1994（"6）	17	6742	3132	1021	1228	40	172.4
1995（"7）	16	6317	2631	849	1108	3	193.0
1996（"8）	16	6166	2395	835	1055	3	203.5
1997（"9）	13	3970	1506	494	887	3	214.6
1998（"10）	13	3698	1965		864	调查停止	调查停止
1999（"11）	13	3690	1922		761		
2000（"12）	13	3126	1847		890		
2001（"13）	13	3208	1159		402		

注：1. 每一个月的产煤量，只以年度间 12 个月的平均经常就业者为对象。

资料来源：源自原通商产业省（经济产业省）的《能源生产、供求统计年报》，2000 年以后的数据为历年数值。上述与煤炭相关的统计到 2001 年停止。

表 11 不同地区的煤炭生产（会计年度）

单位：千 t

年份	全国	北海道	本州东部	常磐	本州西部	山口	九州
1880（明13）	889	1	4	2	44	38	839
1885（″18）	1253	33	21	14	53	44	1146
1890（″23）	2619	188	77	37	182	137	2172
1895（″28）	4773	457	89	60	250	204	3977
1900（″33）	7429	655	515	489	174	125	6086
1905（″38）	11542	1178	951	927	281	236	9133
1910（″43）	15681	1592	1505	1469	508	465	12077
1915（大4）	20491	2612	2360	2324	670	640	14848
1920（″9）	29245	4510	3437	3380	1512	1484	19787
1925（″14）	31459	5639	2900	2860	1761	1747	21159
1930（昭5）	31376	6727	2548	2519	1811	1800	20291
1935（″10）	37762	8318	2659	2621	2610	2598	24175
1940（″15）	*56313	15106	3921	3708	4813	4753	32473
1945（″20）	22335	6972	1845	1702	1557	1516	11961
1950（″25）	39330	11569	3385	3140	2569	2542	21807
1951（″26）	46490	13681	4557	4239	3427	3372	24826
1952（″27）	43747	12821	4437	4095	3047	2983	23442
1953（″28）	43538	12844	4101	3747	3184	3131	23410
1954（″29）	42912	13002	3691	3387	3025	2987	23194
1955（″30）	42515	12711	3754	3457	2985	2944	23066
1956（″31）	48281	14849	4257	3960	3287	3246	25888
1957（″32）	52255	16188	4581	4303	3754	3530	27912
1958（″33）	48489	15097	4140	3878	3335	3301	25918
1959（″34）	47886	16296	3861	3661	3296	3261	24433
1960（″35）	52607	19043	4241	4089	3177	3140	26146
1961（″36）	55413	20692	4347	4236	3180	3144	27194
1962（″37）	53587	19865	3924	3837	3034	3001	26764
1963（″38）	51099	21142	3942	3868	2394	2376	23620
1964（″39）	50774	21881	3908	3835	2206	2204	22779
1965（″40）	50113	22133	3969	3907	2131	2129	21880
1966（″41）	50554	22959	3971	3916	2157	2155	21466
1967（″42）	47057	21703	3571	3528	1630	1628	20153
1968（″43）	46282	21271	3570	3534	1354	1352	20086

续表

年份	全国	北海道	本州东部	常磐	本州西部	山口	九州
1969（″44）	43580	21158	3853	3838	1091	1090	17478
1970（″45）	38329	19039	3888	3882	652	652	14750
1971（″46）	31728	17586	1789	1782	148	148	12205
1972（″47）	26979	15024	1295	1286	90	90	10570
1973（″48）	20933	12539	553	544	45	45	7796
1974（″49）	20292	12361	489	478	48	48	7394
1975（″50）	18597	11000	381	369	47	47	7169
1976（″51）	18325	11043	251	239	33	33	6998
1977（″52）	18571	11350	114	102	—	—	7707
1978（″53）	18549	11151	116	104	1	1	7281
1979（″54）	17760	10809	66	59	4	4	6881
1980（″55）	18095	10736	68	67	18	18	7274
1981（″56）	17472	10359	69	69	33	33	7011
1982（″57）	17408	10241	68	68	31	31	7069
1983（″58）	16694	10237	70	70	14	14	6373
1984（″59）	16831	10222	101	101	54	54	6484
1985（″60）	16454	9791	—	—	26	26	6638
1986（昭61）	15200	9234	—	—	9	9	5908
1987（″62）	12575	7679	—	—	11	11	4884
1988（″63）	11102	6770	—	—	9	9	4323
1989（平1）	9635	5933	—	—	8	8	3693
1990（″2）	7980	4632	—	—	5	5	3342
1991（″3）	7931	4477	—	—	…	…	3454
1992（″4）	7602	4051	—	—	…	…	3550
1993（″5）	7206	3752	—	—	…	…	3454
1994（″6）	6742	3288	—	—	…	…	3454
1995（″7）	6317	2843	—	—	…	…	3474
1996（″8）	6166	2771	—	—	…	…	3394
1997（″9）	3970	2787	—	—	…	…	1183
1998（″10）	3698	2697	—	—	…	…	1002
1999（″11）	3690	2717	—	—	…	…	973
2000（″12）	3126	…	—	—	…	…	…
2001（″13）	3208	…	—	—	…	…	…
2002（″14）	1368	…	—	—	…	…	…
2003（″15）	1338	…	—	—	…	…	…

续表

年份	全国	北海道	本州东部	常磐	本州西部	山口	九州
2004（″16）	1339	…	—	—	…	…	…
2005（″17）	1114	…	—	—	…	…	…
2006（″18）	1360	…	—	—	…	…	…
2007（″19）	1423	…	—	—	…	…	…
2008（″20）	1228	…	—	—	…	…	…
2009（″21）	1281	…	—	—	…	…	…
2010（″22）	917	…	—	—	…	…	…
2011（″23）	1272	…	—	—	…	…	…

注：＊加黑部分为最大值。

资料来源：源自日本统计协会的《日本长期统计总览》、原通商产业省的《能源生产、供求统计年报》和煤炭能源中心的资料。1940 年以前以及 2000 年以后的数据为历年数值。1991 年度以后九州的数据，包括本州西部（山口）。另外，由于能源生产统计在 2001 年停止，2002 年以后的生产数据源自煤炭能源中心的资料（按地区统计的生产量不清楚）。

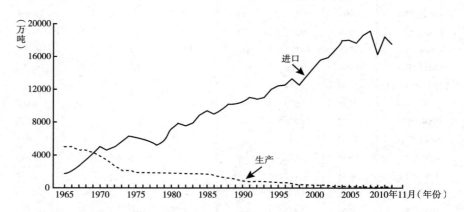

图 2　煤炭的生产和进口的变化（会计年度）

表 12　我国的煤炭进口地

单位：千 t

年份	澳大利亚	印度尼西亚	俄罗斯[1]（前苏联）	加拿大	美国	中国	合计×
1950（昭 25）	—	—	59	—	244	482	996
1955（″30）	10	—	67	—	2621	227	3151
1960（″35）	1513	—	633	611	5047	5	8595
1965（″40）	6828	—	1253	890	6618	610	16936

年份	澳大利亚	印度尼西亚	俄罗斯[1]（前苏联）	加拿大	美国	中国	合计×
1966（″41）	8042	—	1507	952	7459	927	20201
1967（″42）	9201	—	2533	981	11147	985	26459
1968（″43）	12848	—	2756	1217	15061	225	34043
1969（″44）	16550	—	3307	1167	20069	196	43392
1970（″45）	15768	—	2690	4686	25437	235	50950
1971（″46）	17859	—	2482	6732	16857	291	46342
1972（″47）	21708	—	2596	8903	15679	279	50661
1973（″48）	24000	—	2901	10548	18344	282	58049
1974（″49）	23247	—	3229	9353	25588	432	64576
1975（″50）	23435	—	3209	11528	21471	456	62339
1976（″51）	26474	—	3241	10359	16910	304	60937
1977（″52）	26589	3	3097	10673	13153	477	58289
1978（″53）	24818	—	2393	10999	9956	932	52858
1979（″54）	28300	4	2079	9839	13994	1470	59385
1980（″55）	30575	9	2275	11769	21522	2236	72711
1981（″56）	32823	80	1233	10436	25793	2855	78893
1982（″57）	34093	75	1417	10554	21095	3272	76250
1983（″58）	37034	175	2164	11915	16189	3892	78741
1984（″59）	41714	342	2268	17253	14660	3788	88692
1985（″60）	44395	333	4418	17519	13888	3676	93691
1986（″61）	42662	366	5372	17358	10777	3687	89463
1987（″62）	47245	338	6372	17716	10333	3751	94346
1988（″63）	49362	353	7607	20179	12886	4267	101711
1989（平1）	53587	576	7912	18393	11644	4111	101987
1990（″2）	55334	1033	8054	18320	11576	4589	104835
1991（″3）	58777	3251	5492	18285	11758	5860	110401
1992（″4）	60046	5488	3854	14664	11531	6054	108253
1993（″5）	60360	6028	4579	15949	10127	6393	110169
1994（″6）	64841	8175	4545	17277	9372	8370	119766
1995（″7）	64101	9298	4889	17477	10553	9920	124170
1996（″8）	64702	9386	4577	17606	9040	11586	125322
1997（″9）	71862	11665	4308	18102	7416	12011	132473
1998（″10）	68939	12488	3678	16656	6317	12279	126584
1999（″11）	79728	13392	…	14235	4873	13109	135719
2000（″12）	86541	14045	5464	13383	4196	17037	145278

续表

年份	澳大利亚	印度尼西亚	俄罗斯[1]（前苏联）	加拿大	美国	中国	合计×
2001（″13）	91354	16164	5660	11541	2321	25155	155784
2002（″14）	90574	18628	6438	9264	1230	28770	158534
2003（″15）	94883	21567	7589	9156	2	30723	167018
2004（″16）	102547	24982	9298	6258	3982	28956	179984
2005（″17）	103728	29410	10695	7375	2063	23965	180808
2006（″18）	103223	31551	9204	8766	417	20683	177209
2007（″19）	113355	32652	11486	10568	2	15167	186486
2008（″20）	117737	35545	9956	10473	1625	13294	191671
2009（″21）	102911	31320	8907	9232	844	6230	161811
2010（″22）	117496	33835	10689	10542	3065	6301	184560
2011（″23）	104832	35389	11375	9644	6273	5035	175239

注：1. 截至 1990 年度是苏联的数值。

×包括其他。

资料来源：1999 年以前的数据源自原通商产业省的《能源生产、供求统计年报》，2000 年以后的数据源自财务省的《贸易统计》。1999 年以前为会计年度，2000 年以后为历年。

表 13　煤炭的主要生产国

单位：百万 t

年份	中国	印度	美国[1]	澳大利亚	南非	俄罗斯[2]（前苏联）	全球合计
1950（昭 25）	42.9	32.8	505.3	16.8	26.5	185.2	1434.7
1955（″30）	98.3	38.8	442.4	19.4	32.1	276.6	1598.2
1960（″35）	420.0	52.6	391.5	21.9	38.2	355.9	1966.3
1961（″36）	250.0	56.1	378.7	23.2	39.6	355.8	1790.1
1962（″37）	250.0	61.4	395.5	23.5	41.3	363.4	1833.7
1963（″38）	270.0	66.0	430.5	23.8	42.5	369.3	1901.7
1964（″39）	290.0	62.4	454.7	26.2	44.9	381.3	1968.6
1965（″40）	299.0	67.2	475.3	30.1	48.5	397.6	2014.7
1966（″41）	327.0	68.0	492.5	31.6	47.6	406.6	2049.4
1967（″42）	227.0	68.2	508.4	32.8	49.4	414.1	1952.9
1968（″43）	300.0	70.8	500.7	37.8	51.8	416.2	2017.2
1969（″44）	325.0	70.6	513.4	42.5	52.9	425.8	2057.7
1970（″45）	360.0	73.7	550.4	45.2	54.8	432.7	2138.6
1971（″46）	390.0	71.8	503.1	43.9	58.8	441.4	2143.2
1972（″47）	400.0	75.7	536.6	54.6	58.6	451.1	2162.7

续表

年份	中国	印度	美国[1]	澳大利亚	南非	俄罗斯[2]（前苏联）	全球合计
1973（″48）	430.0	77.9	530.2	55.5	62.5	461.2	2207.4
1974（″49）	450.0	84.1	539.4	58.0	66.2	473.4	2243.3
1975（″50）	470.0	95.9	575.9	60.7	69.6	484.7	2361.0
1976（″51）	480.0	100.9	598.2	67.8	76.8	494.4	2420.6
1977（″52）	550.0	100.1	607.2	72.0	85.8	499.8	2525.1
1978（″53）	618.0	101.3	566.6	72.7	90.8	501.5	2571.5
1979（″54）	635.0	103.4	665.7	74.8	95.4	495.0	2698.2
1980（″55）	595.8	109.1	710.4	72.5	116.6	492.9	2728.5
1981（″56）	598.3	122.5	700.8	85.9	133.3	481.3	2727.6
1982（″57）	641.4	128.5	712.8	89.5	137.5	488.0	2828.3
1983（″58）	687.6	134.8	656.6	97.8	143.7	486.8	2831.5
1984（″59）	759.1	144.9	750.3	104.2	163.5	483.3	2968.0
1985（″60）	872.3	149.7	735.9	117.5	173.7	494.4	3161.4
1986（″61）	894.0	163.4	738.9	133.4	175.7	512.9	3248.9
1987（″62）	928.0	177.0	762.3	147.7	177.3	519.1	3335.4
1988（″63）	946.5	189.0	784.9	134.8	178.8	599.0	3454.0
1989（平1）	1040.0	198.7	810.0	147.8	174.7	502.8	3474.2
1990（″2）	1079.9	201.8	853.6	158.8	175.7	473.9	3517.5
1991（″3）	1087.4	226.9	825.1	164.6	179.1	414.0	3467.2
1992（″4）	1116.4	233.9	823.3	175.1	175.4	210.4	3531.6
1993（″5）	1149.7	246.0	776.4	177.0	183.2	193.1	3463.1
1994（″6）	1239.9	254.7	857.7	176.7	196.9	176.8	3592.4
1995（″7）	1360.7	265.6	858.6	191.1	207.3	176.9	3744.7
1996（″8）	1397.0	285.5	885.2	193.4	207.2	152.9	3794.0
1997（″9）	1372.8	296.3	910.8	206.8	221.0	146.7	3826.5
1998（″10）	1250.0	297.9	935.7	221.1	224.1	140.5	3702.9
1999（″11）	1045.0	296.6	919.2	223.7	224.5	152.4	3470.3
2000（″12）	998.0	315.6	895.2	239.4	225.5	152.5	3390.6
2001（″13）	1381.0	327.8	554.7	232.4	224.8	164.8	3471.4
2002（″14）	1455.0	341.3	520.2	239.1	221.5	163.5	3524.6
2003（″15）	1722.0	361.2	492.4	238.7	240.0	177.4	3808.3
2004（″16）	1992.3	382.6	521.2	251.1	242.8	189.8	4193.6
2005（″17）	2349.5	407.0	531.8	266.3	245.0	209.2	4660.0
2006（″18）	2528.6	430.8	524.0	264.6	244.8	210.4	4919.5

续表

年份	中国	印度	美国[1]	澳大利亚	南非	俄罗斯[2]（前苏联）	全球合计
2007(″19)	2691.6	457.1	506.4	288.3	247.7	217.9	5154.2
2008(″20)	2802.0	492.8	517.9	288.4	250.0	222.4	5339.1
2009(″21)	2973.0	532.1	471.2	293.7	249.5	207.0	5481.0

注：1. 2001 年的数值大幅下调，这是因为 2000 年以前的数据包括无烟煤和沥青煤炭以外的产品。

2. 1991 年以前的数据为苏联的数值。

资料来源：源自联合国的 *World Energy Supplies 1950 – 1974* 和 *Energy Statistics Yearbook*。只包括无烟煤和沥青煤炭。中国的数据还包括褐煤。

表 14　原油的生产、进口以及石油制品的生产

单位：千 kL

年份	原油生产	原油进口	石油制品生产[1]	年份	原油生产	原油进口	石油制品生产[1]
1910	290	…	177	1961	738	37647	33545
1911	276	…	…	1962	860	44581	41401
1912	263	…	…	1963	898	59246	53548
1913	306	…	185	1964	766	72142	64746
1914	425	…	211	1965	751	83280	75820
1915	471	…	298	1966	869	98728	90334
1916	468	…	341	1967	876	120815	109968
1917	453	…	293	1968	869	140539	126641
1918	387	…	231	1969	875	166875	152173
1919	354	…	…	1970	899	195825	176313
1920	352	…	…	1971	879	221043	195783
1921	354	…	…	1972	833	238334	205192
1922	325	…	…	1973	817	*286670	*243257
1923	284	…	…	1974	785	280480	236783
1924	285	…	…	1975	705	262806	224099
1925	295	…	…	1976	674	268588	230514
1926	270	…	…	1977	689	277893	235038
1927	262	…	…	1978	630	270184	232784
1928	292	…	…	1979	561	280486	236003
1929	311	…	…	1980	503	256833	217563
1930	317	570	549	1981	456	230239	198245
1931	306	616	627	1982	467	214685	182473

续表

年份	原油生产	原油进口	石油制品生产[1]	年份	原油生产	原油进口	石油制品生产[1]
1932	253	853	749	1983	492	207794	174447
1933	226	1218	797	1984	476	214602	179858
1934	284	1200	935	1985	625	198330	165942
1935	351	1332	1199	1986	736	194515	159814
1936	391	1676	1382	1987	707	185380	152925
1937	393	1922	1722	1988	692	193851	158535
1938	391	2575	1594	1989	641	209692	167097
1939	357	1745	1474	1990	632	228760	184395
1940	331	2292	1328	1991	878	242697	198381
1941	287	694	1440	1992	*1002	251234	209957
1942	263	560	1055	1993	911	255096	216283
1943	271	980	1308	1994	870	270848	226485
1944	267	209	785	1995	861	266921	227398
1945	243	—	194	1996	837	263445	225342
1946	213	—	147	1997	842	271701	232061
1947	203	—	104	1998	792	254828	229383
1948	179	—	114	1999	730	250426	225255
1949	218	24	119	2000	740	250578	224034
1950	328	1541	1402	2001	760	247089	222018
1951	372	2844	2583	2002	723	235649	217463
1952	339	4432	4254	2003	820	248496	223552
1953	334	5748	5458	2004	834	243395	218518
1954	338	7440	6758	2005	918	245186	223154
1955	354	8553	7872	2006	897	243139	217612
1956	350	11438	10816	2007	961	238822	215758
1957	361	14833	13317	2008	986	243207	213075
1958	410	16311	14634	2009	921	211863	197413
1959	454	21621	19632	2010	873	215381	196247
1960	593	31116	27660	2011	832	206979	186199

注：1. 只包括燃料油，不包含润滑油、沥青等。

*加黑部分表示最大值。

资料来源：源自经济产业省的《资源能源统计年报》、《能源生产、供求统计年报》、《能源统计年报》、《石油统计年报》和石油联盟的《战后石油统计》。石油制品生产的具体内容参照表16。

表 15 – 1　原油的进口地（Ⅰ）

单位：千 kL

1960 年			1965 年		
国家/地区	千 kL	%	国家/地区	千 kL	%
科威特	11807	37.9	科威特	20993	25.1
沙特阿拉伯	5609	18.0	伊朗	17197	20.6
伊拉克	4388	14.1	沙特阿拉伯	15682	18.8
印度尼西亚	3638	11.7	中立地带[1]	13153	15.7
中立地带[1]	1859	6.0	印度尼西亚	6128	7.3
文莱	1292	4.1	伊拉克	5692	6.8
前苏联	1239	4.0	前苏联	2571	3.1
伊朗	1127	3.6	卡塔尔	520	0.6
美国	137	0.4	罗马尼亚	506	0.6
卡塔尔	86	0.3	阿联酋	480	0.6
合计	31183	100.0	合计 ×	83601	100.0
中东	24876	79.8	中东	73802	88.3
1970 年			1975 年		
国家/地区	千 kL	%	国家/地区	千 kL	%
伊朗	85296	43.6	沙特阿拉伯	67082	25.5
沙特阿拉伯	28409	14.5	伊朗	65119	24.8
印度尼西亚	25789	13.2	印度尼西亚	30032	11.4
中立地带[1]	20255	10.3	阿联酋	24261	9.2
科威特	16645	8.5	科威特	22594	8.6
阿联酋	9456	4.8	中立地带[1]	13449	5.1
阿曼	5624	2.9	中国	9207	3.5
埃及	1479	0.8	文莱	8655	3.3
安哥拉	733	0.4	阿曼	7478	2.8
委内瑞拉	653	0.3	伊拉克	5437	2.1
前苏联	577	0.3	利比亚	3589	1.4
利比亚	385	0.2	尼日利亚	3041	1.2
合计 ×	195825	100.0	合计 ×	262806	100.0
中东	165888	84.7	中东	205603	78.2

续表

1980 年			1985 年		
国家/地区	千 kL	%	国家/地区	千 kL	%
沙特阿拉伯	81096	31.6	阿联酋	42212	21.3
印度尼西亚	36828	14.3	沙特阿拉伯	34452	17.4
阿联酋	35063	13.7	印度尼西亚	22587	11.4
伊拉克	19123	7.4	阿曼	17516	8.8
伊朗	15547	6.1	伊朗	14295	7.2
中立地带[1]	13641	5.3	中立地带[1]	12852	6.5
中国	9169	3.6	中国	12811	6.5
文莱	8102	3.2	卡塔尔	11544	5.8
阿曼	8004	3.1	墨西哥	8225	4.1
科威特	7954	3.1	马来西亚	6580	3.3
卡塔尔	7556	2.9	伊拉克	4153	2.1
马来西亚	6049	2.4	文莱	3163	1.6
合计 ×	256833	100.0	合计 ×	198330	100.0
中东	187984	73.2	中东	139603	70.4

注：1. 指的是沙特阿拉伯和科威特之间的非武装地带。

× 包括其他。

表 15 – 2　原油的进口地 （Ⅱ）

单位：千 kL

1990 年			1995 年		
国家/地区	千 kL	%	国家/地区	千 kL	%
阿联酋	47784	21.2	阿联酋	71521	27.1
沙特阿拉伯	45993	20.4	沙特阿拉伯	61801	23.4
印度尼西亚	27711	12.3	伊朗	23200	8.8
伊朗	22614	10.0	印度尼西亚	20767	7.9
中国	15922	7.1	卡塔尔	16853	6.4
阿曼	13718	6.1	阿曼	16480	6.2
卡塔尔	13125	5.8	科威特	15198	5.8
墨西哥	8902	4.0	中国	13686	5.2
伊拉克	8361	3.7	马来西亚	5323	2.0
科威特	7876	3.5	越南	5022	1.9
马来西亚	4821	2.1	墨西哥	4409	1.7
越南	2544	1.1	澳大利亚	2666	1.0
合计 ×	225251	100.0	合计 ×	263889	100.0
中东	159766	70.9	中东	207332	78.6

续表

2000 年			2005 年		
国家/地区	千 kL	%	国家/地区	千 kL	%
阿联酋	62876	25.2	沙特阿拉伯	75926	30.5
沙特阿拉伯	62863	25.2	阿联酋	61959	24.9
伊朗	29556	11.8	伊朗	33321	13.4
卡塔尔	22928	9.2	卡塔尔	23465	9.4
科威特	21036	8.4	科威特	19534	7.9
印度尼西亚	12365	4.9	阿曼	7334	2.9
阿曼	11403	4.6	印度尼西亚	6754	2.7
中国	5927	2.4	前苏丹	5310	2.1
澳大利亚	3797	1.5	尼日利亚	2885	1.2
伊拉克	3642	1.5	澳大利亚	2073	0.8
越南	2872	1.1	俄罗斯	1779	0.7
墨西哥	2392	1.0	越南	1731	0.7
合计 ×	249814	100.0	合计 ×	248822	100.0
中东	214540	85.9	中东	224288	90.1

2010 年			2011 年		
国家/地区	千 kL	%	国家/地区	千 kL	%
沙特阿拉伯	65033	30.3	沙特阿拉伯	68587	32.8
阿联酋	44249	20.6	阿联酋	47843	22.9
卡塔尔	25260	11.8	卡塔尔	21858	10.5
伊朗	20989	9.8	伊朗	18229	8.7
科威特	16114	7.5	科威特	14164	6.8
俄罗斯	14526	6.8	俄罗斯	9113	4.4
伊拉克	7026	3.3	印度尼西亚	6505	3.1
阿曼	6857	3.2	伊拉克	5728	2.7
印度尼西亚	4903	2.3	阿曼	4770	2.3
前苏丹	2389	1.1	前苏丹	2744	1.3
澳大利亚	2040	1.0	越南	2300	1.1
马来西亚	1012	0.5	马来西亚	1524	0.7
合计 ×	214618	100.0	合计 ×	208872	100.0
中东	186384	86.8	中东	181556	86.9

注：× 包括其他。

资料来源：源自财务省的《贸易统计》、表 15-1 原油的进口地（Ⅰ）中出现的"中立地带"，在财务省的贸易统计中被划分到沙特阿拉伯和科威特中。

表 16　石油制品的生产量

单位：千 kL

年份	汽油	粗挥发油	喷气式飞机用汽油	煤油	轻油	重油	石油制品合计
1960（昭 35）	6119	—	360	2117	2341	16723	27660
1961（″36）	7257	—	479	2322	2898	20588	33545
1962（″37）	8007	2325	540	2965	3541	24025	41401
1963（″38）	9280	3283	684	3950	4510	31841	53548
1964（″39）	9938	4951	1009	4514	5469	38865	64746
1965（″40）	10908	7302	1289	5552	6094	44676	75820
1966（″41）	12595	9033	1498	6329	7173	53705	90334
1967（″42）	14437	10755	2439	8648	8100	65590	109968
1968（″43）	16394	12988	2977	10480	9334	74468	126641
1969（″44）	18480	17148	3348	12912	10440	89844	152173
1970（″45）	20888	21860	2397	17496	12097	101575	176313
1971（″46）	22676	24965	2688	17567	13250	114638	195783
1972（″47）	24712	26919	3391	16979	14489	118702	205192
1973（″48）	27432	* 31255	4141	22985	18028	* 139416	* 243257
1974（″49）	27224	30424	3220	22119	17031	136764	236783
1975（″50）	28914	26347	3331	20624	16102	128782	224099
1976（″51）	30164	28831	3514	24097	17409	126499	230514
1977（″52）	31328	28487	3828	25331	18263	127802	235038
1978（″53）	33493	25689	4147	25613	19571	124270	232784
1979（″54）	34517	25083	4239	26546	21571	124047	236003
1980（″55）	34230	22308	4592	23839	21571	111023	217563
1981（″56）	35102	18259	4496	23254	21387	95746	198245
1982（″57）	35606	13817	4310	22694	21870	84175	182473
1983（″58）	35713	11527	4441	22431	23047	77287	174447
1984（″59）	36383	11670	3740	26841	24782	76441	179858
1985（″60）	36435	10348	4327	24248	25468	65117	165942

续表

年份	汽油	粗挥发油	喷气式飞机用汽油	煤油	轻油	重油	石油制品合计
1986("61)	34322	9672	4020	24089	26123	61589	159814
1987("62)	34520	8733	4038	20054	25236	60344	152925
1988("63)	35586	8754	3857	21039	25554	63746	158535
1989(平1)	38482	8949	4193	20439	27773	67262	167097
1990("2)	42272	10860	4441	23119	31980	71722	184395
1991("3)	44449	14092	5202	24469	37653	72514	198381
1992("4)	46264	16002	6009	26004	39862	75817	209957
1993("5)	47991	17358	6450	26960	41260	76264	216283
1994("6)	49857	17460	7181	27198	43943	80846	226485
1995("7)	50857	17824	7873	27294	45709	77841	227398
1996("8)	52271	16595	7497	28233	47121	73625	225342
1997("9)	53534	19234	9224	27620	*48153	74297	232061
1998("10)	55316	18003	10526	27685	46071	71782	229383
1999("11)	56316	17978	10451	26669	44536	69305	225255
2000("12)	56726	17955	10625	27886	42612	68230	224034
2001("13)	57985	18462	10703	28086	41631	65150	222018
2002("14)	57897	18967	10376	26944	39895	63384	217463
2003("15)	58458	19453	9541	*28294	38524	69281	223552
2004("16)	58295	19914	10310	26606	38702	64692	218518
2005("17)	58524	21589	11120	28155	40022	63744	223154
2006("18)	57883	21645	12145	26675	39955	59310	217612
2007("19)	58381	22630	14719	23024	43058	53946	215758
2008("20)	56787	21749	*16563	20589	46415	50972	213075
2009("21)	56951	20740	13529	20287	43418	42488	197413
2010("22)	*58827	20850	14048	19675	42866	39980	196247
2011("23)	54860	18963	12909	19402	40335	39732	186199

注：*加黑部分表示历史最高值。

资料来源：源自经济产业省的《资源能源统计年报》和《能源生产、供求统计年报》。"石油制品"只包括燃料油，不包括润滑油和沥青。

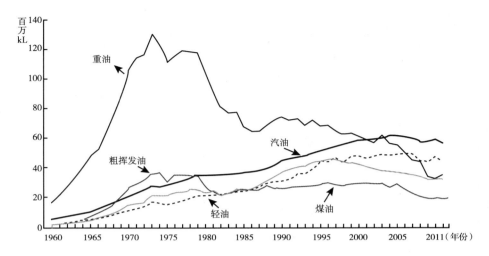

图 3　石油制品的销售量变化

表 17　石油制品的进口量

单位：千 kL

年份	燃料油合计 ×	重油	汽油	粗挥发油	年份	燃料油合计 ×	重油	汽油	粗挥发油
1960	3105	3079	26	—	1986	31051	6924	3293	17294
1961	5266	5211	54	—	1987	42293	8010	* 4190	20043
1962	5866	5797	69	—	1988	48421	7993	3902	22634
1963	7753	7641	71	—	1989	* 50924	8056	3934	23676
1964	9570	9511	59	—	1990	44494	8959	2537	21573
1965	12616	12004	52	560	1991	33928	7272	1366	19959
1966	12173	10947	20	1206	1992	32872	6945	1114	20678
1967	13085	11461	2	1622	1993	28451	5094	593	19285
1968	14951	11892	8	3051	1994	31903	4584	1326	22249
1969	15897	11395	10	4492	1995	35574	3487	1464	27386
1970	23354	* 16832	2	6460	1996	40520	4431	1264	28554
1971	21692	16493	2	5042	1997	35584	3180	1451	28233
1972	21624	15296	2	6315	1998	30464	2063	893	26017
1973	19428	13451	13	5951	1999	39163	2653	1383	29973
1974	21812	13647	0	7886	2000	39527	2300	1607	* 31074
1975	11990	6938	13	5039	2001	35366	1776	1153	28147
1976	17867	9869	—	7998	2002	37044	1648	1687	29919

年份	燃料油合计 ×	重油	汽油	粗挥发油	年份	燃料油合计 ×	重油	汽油	粗挥发油
1977	17485	9193	—	8256	2003	38489	3042	1700	29789
1978	17876	7706	—	10144	2004	37036	2667	2717	29330
1979	20151	9491	—	10365	2005	36674	3863	2452	28565
1980	15047	7431	0	7363	2006	36361	3938	2305	28360
1981	16116	7404	0	7241	2007	32983	3811	975	27453
1982	16645	6893	—	8998	2008	30993	5485	573	24436
1983	20382	7285	—	13096	2009	27702	2464	888	23755
1984	21247	7342	—	13414	2010	32548	3056	1101	27173
1985	22389	7493	0	14896	2011	36561	5553	2559	26220

注：×包括其他。

资料来源：源自经济产业省的《资源能源统计年报》和《能源生产、供求统计年报》。只包括燃料油，不包括润滑油和沥青。

表 18   石油制品的销售量

单位：千 kL

年份	汽油	粗挥发油	喷气式飞机用汽油	煤油	轻油	重油	石油制品合计
1960（昭 35）	5516	—	186	1791	1994	16495	25983
1961（″36）	6673	—	257	2144	2597	22061	33732
1962（″37）	7654	2155	318	2738	3308	26564	42737
1963（″38）	8837	3162	386	3400	4032	33406	53223
1964（″39）	9689	4756	435	4276	4780	40478	64413
1965（″40）	10577	7316	529	5064	5396	47504	76385
1966（″41）	11923	9571	669	5979	6411	51857	86411
1967（″42）	13841	11914	704	7931	7527	63772	105689
1968（″43）	15802	15012	796	9259	8831	74628	124328
1969（″44）	18051	20532	911	11975	10155	87870	149494
1970（″45）	20440	26483	1119	15311	11703	105387	180442
1971（″46）	22380	29068	1225	16052	12647	114402	195773
1972（″47）	24282	32022	1459	17075	14028	115623	204489
1973（″48）	27153	35837	1662	21472	16762	*129357	232242
1974（″49）	26763	36719	1809	21222	16008	123523	226044
1975（″50）	28555	30647	2049	21256	15680	110638	208824
1976（″51）	30084	34877	2081	23528	16709	115883	223162
1977（″52）	31265	35284	2294	23711	17889	119310	229752

续表

年份	汽油	粗挥发油	喷气式飞机用汽油	煤油	轻油	重油	石油制品合计
1978（″53）	33178	34789	2539	25513	19575	117876	233469
1979（″54）	34497	34142	2817	25076	21346	117665	235542
1980（″55）	34615	28364	2988	23451	21502	104164	215083
1981（″56）	35218	23893	2854	24430	21860	90714	198969
1982（″57）	35376	21822	2792	22213	22031	80987	185221
1983（″58）	35739	22894	2717	23101	23129	76916	184497
1984（″59）	36175	24134	2850	25868	24860	77209	191095
1985（″60）	36545	24354	2979	24583	25453	67490	181404
1986（″61）	37446	25819	3131	25794	26970	64622	183782
1987（″62）	38141	27467	3196	25363	28902	64377	187445
1988（″63）	39471	29897	3309	28186	31508	69348	201720
1989（平1）	41987	31173	3466	26600	34111	71540	208877
1990（″2）	44446	31110	3637	26324	37178	74475	217171
1991（″3）	45801	32698	3787	27074	39321	71659	220342
1992（″4）	47061	35957	3942	27525	40616	72609	227709
1993（″5）	47816	36093	4181	28038	41386	67986	225501
1994（″6）	50130	39069	4315	28035	43881	71987	237416
1995（″7）	50955	44377	4874	29152	44982	68530	242870
1996（″8）	52818	44390	4815	* **30466**	* **45934**	68388	* **246812**
1997（″9）	54220	47007	4845	28804	45613	64775	245265
1998（″10）	55362	43689	4927	28290	43948	62689	238905
1999（″11）	56841	47386	4500	29434	43611	63067	244838
2000（″12）	58201	48238	4576	29876	42275	61283	244450
2001（″13）	58681	46552	4977	29867	41174	58583	239835
2002（″14）	59605	47691	4693	29287	39800	56639	237714
2003（″15）	60078	49092	4527	29752	38295	61825	243569
2004（″16）	61220	48414	4838	27411	38079	56308	236269
2005（″17）	* **61616**	49541	4905	29539	37449	55231	238280
2006（″18）	60840	* **49647**	5432	26323	36779	49918	228939
2007（″19）	59805	49310	* **5829**	23006	35938	45322	219210
2008（″20）	57247	45330	5761	20972	34246	44115	207670
2009（″21）	57447	44485	5337	20104	32247	33776	193396
2010（″22）	58379	47394	5432	20248	33064	32731	197249
2011（″23）	56864	44646	4306	19376	32658	35206	193056

注：＊加黑部分表示历史最高值。

资料来源：源自经济产业省的《资源能源统计年报》和《能源生产、供求统计年报》。"石油制品"只包括燃料油，不包括润滑油和沥青。

表 19－1　世界原油生产（Ⅰ）

单位：万 kL

年份	俄罗斯[1]	沙特阿拉伯	美国	中国	伊朗	加拿大	墨西哥
1960（昭 35）	17178	7258	40941	204	6213	3050	1575
1961（″36）	19152	8081	41686	280	6851	3512	1698
1962（″37）	21488	8825	42551	446	7673	3882	1778
1963（″38）	23388	9454	43768	509	8563	4096	1827
1964（″39）	25873	9987	44310	636	9836	4367	1838
1965（″40）	28074	11751	45291	914	10943	4651	1875
1966（″41）	30615	13886	48320	1161	12264	5098	1924
1967（″42）	33272	15075	51142	1393	15068	5578	2113
1968（″43）	35699	17708	52930	…	16571	5929	2262
1969（″44）	37986	18665	53613	…	19586	6255	2669
1970（″45）	38048	19938	55138	1218	21769	7410	2479
1971（″46）	42946	27676	54913	2960	26346	7676	2478
1972（″47）	46046	35010	54999	3055	29405	8962	2565
1973（″48）	49195	42567	53438	4179	34014	9948	2622
1974（″49）	52696	47645	52511	6616	34947	9489	3336
1975（″50）	56840	40625	48575	9048	32500	8415	4120
1976（″51）	60324	48557	47323	9718	34225	7303	4660
1977（″52）	63374	52330	47467	10487	32866	7091	5692
1978（″53）	66410	45267	50258	12180	30468	7545	7370
1979（″54）	67860	53682	50200	12528	16830	8589	8647
1980（″55）	69873	55976	50332	12283	7448	8554	11405
1981（″56）	70644	55951	49835	11600	7979	7468	13869
1982（″57）	70795	37626	50224	11722	11002	7155	15865
1983（″58）	71860	28272	50305	12209	15122	8101	15679
1984（″59）	71163	26446	50914	13092	12603	8321	15961
1985（″60）	69083	19122	51756	14356	13225	8432	16231
1986（″61）	71375	27388	51007	15029	10482	8561	14321

续表

年份	俄罗斯[1]	沙特阿拉伯	美国	中国	伊朗	加拿大	墨西哥
1987（″62）	72457	23526	48029	15360	13589	8752	14727
1988（″63）	72594	27394	47510	15652	12842	9333	14704
1989（平1）	70505	28641	44540	16074	17027	9215	15192
1990（″2）	66733	36316	41944	16059	18571	7680	15328
1991（″3）	59508	47315	42754	16240	19384	8835	16107
1992（″4）	52078	47352	41731	16498	20106	9333	15524
1993（″5）	45537	46319	40020	16803	21125	9774	15457
1994（″6）	40569	45371	38535	17120	20733	10117	15577
1995（″7）	40334	45656	37984	17347	21206	10435	15606
1996（″8）	40878	45505	37592	18149	21330	10561	16562
1997（″9）	34322	46909	37444	18507	21082	11086	17539
1998（″10）	34351	46554	36283	18571	20936	11706	17823
1999（″11）	34415	43650	34133	18713	20337	11031	16867
2000（″12）	36707	46399	33788	18788	21367	11810	17480
2001（″13）	39352	44658	33667	19132	21449	11911	18148
2002（″14）	42973	39754	33347	19765	19906	12843	18438
2003（″15）	47821	49214	32973	19865	21962	13449	19560
2004（″16）	51574	50781	31447	20226	22818	14032	19635
2005（″17）	53334	52580	30053	21050	22580	13747	19350
2006（″18）	55123	51825	29608	21382	22580	14609	18898
2007（″19）	57048	47589	29392	21702	23098	15194	17890
2008（″20）	56584	51651	28727	22111	22692	15072	16243
2009（″21）	57552	45964	31107	22040	21705	15031	15099
2010（″22）	59196	47182	31768	23724	21473	15931	14949
2011（″23）	59956	52232	32906	23655	20771	16830	14799

注：1. 1996 年以前的数据为苏联。

资料来源：源自石油公团、石油矿业联盟的《石油开发资料》，石油联盟的《内外石油资料》，以及石油天然气杂志。1 桶换算为 0.159kL。

表 19 - 2 世界原油生产（II）

单位：万 kL

年份	阿联酋[1]	委内瑞拉	伊拉克	科威特	尼日利亚	挪威	全球合计×
1960（昭35）	…	16563	5638	9449	…	…	121845
1961（″36）	…	16946	5809	9544	…	…	129525
1962（″37）	95	18570	5828	10642	…	…	140748
1963（″38）	290	18849	6715	11217	…	…	150681
1964（″39）	1088	19744	7263	12320	700	…	163195
1965（″40）	1636	20155	7633	12591	1580	…	175068
1966（″41）	2087	19564	8055	13206	2424	…	190373
1967（″42）	2213	20557	7122	13304	1862	…	204760
1968（″43）	2904	20978	8694	14089	825	…	236407
1969（″44）	3549	20858	8777	14947	3143	…	243534
1970（″45）	4169	21402	8803	15914	5800	—	257908
1971（″46）	6152	20597	8869	16978	8842	—	280788
1972（″47）	6992	18738	8528	17454	10578	—	296346
1973（″48）	8944	19535	11752	15976	11888	187	321487
1974（″49）	9592	17271	10736	13206	13091	203	322964
1975（″50）	10446	13928	13928	11317	10736	987	312546
1976（″51）	10917	13352	13271	11131	12053	1627	333784
1977（″52）	11328	12987	13145	10357	12068	1623	345374
1978（″53）	10643	12478	14509	11027	10446	2031	348923
1979（″54）	10591	13522	19558	12826	13754	2263	363716
1980（″55）	10125	12510	15129	8146	12219	3084	347143
1981（″56）	8774	12145	5176	5316	7944	2948	324276
1982（″57）	7237	10596	5304	3917	7683	2832	307563
1983（″58）	6494	10393	5252	5292	7149	3482	309054
1984（″59）	6610	10032	7087	5382	8228	4003	314737
1985（″60）	6495	9685	8105	4777	8388	4474	310358
1986（″61）	7915	9661	10374	6975	8495	4777	324263

年份	阿联酋[1]	委内瑞拉	伊拉克	科威特	尼日利亚	挪威	全球合计×
1987（″62）	8225	9238	12162	6359	7187	5648	323333
1988（″63）	8331	9648	15588	7297	7901	6220	335759
1989（平1）	10646	10048	16422	8951	9315	8529	344579
1990（″2）	12513	12386	11671	6233	10621	9779	354856
1991（″3）	13946	13580	1624	733	10772	10811	347533
1992（″4）	13291	13466	2473	5121	11068	12479	349182
1993（″5）	12699	13532	2529	9820	11002	13042	345996
1994（″6）	12942	14296	3018	10707	11201	14505	350599
1995（″7）	12791	14886	3482	10446	10951	15786	356595
1996（″8）	12865	17151	3482	10548	11685	17908	367797
1997（″9）	13081	18466	6657	10657	13243	18274	379785
1998（″10）	13329	18117	12245	10446	12374	17532	383981
1999（″11）	11865	16173	14654	9595	11399	17513	375545
2000（″12）	12945	17573	14896	10243	11781	18641	390192
2001（″13）	12498	15582	13667	9953	12090	18830	387364
2002（″14）	10873	13261	11689	9286	11288	18274	379702
2003（″15）	13274	11646	7709	10853	12449	17788	397580
2004（″16）	13660	12816	11622	11897	13595	17150	413461
2005（″17）	14236	15703	10504	12361	13967	15656	419951
2006（″18）	15122	14867	11027	12826	12879	14462	421607
2007（″19）	14687	13870	12129	12536	12361	13180	418781
2008（″20）	15030	13638	14068	13406	11317	12652	422622
2009（″21）	13172	12478	13928	11636	10591	11996	411518
2010（″22）	13387	14683	13754	11781	12071	10844	421438
2011（″23）	14538	14497	14352	12681	12634	10208	422257

注：1. 阿布扎比、迪拜、沙加、拉斯阿尔卡麦的合计。

　　×包括其他。

资料来源：同表19－1世界原油生产（Ⅰ），1桶换算为0.159kL。

表 20　液化石油气（LPG）的供求

单位：千 t

年份	生产	进口	内销	年份	生产	进口	内销
1970	6666	2610	7583	1991	4576	14572	19373
1971	7714	3292	9097	1992	4724	15286	19752
1972	8121	4204	10265	1993	4601	15234	19956
1973	8762	5027	11588	1994	4584	15182	19426
1974	8646	5608	11566	1995	4921	14757	19783
1975	7925	5680	11650	1996	4879	15135	20214
1976	8392	6394	12683	1997	5094	15352	19788
1977	8399	7279	13046	1998	4777	13932	18803
1978	8671	8015	14414	1999	4871	14323	18840
1979	9090	9491	15250	2000	4935	14682	18878
1980	7996	9725	14932	2001	5167	14269	18420
1981	7780	10097	15465	2002	4620	13792	17785
1982	7653	11861	16536	2003	4578	14085	17259
1983	7933	10860	16374	2004	4386	13917	16324
1984	8138	11320	18156	2005	1858	13414	16301
1985	8354	11540	17876	2006	4801	14189	16759
1986	7833	11942	18227	2007	4753	13439	16308
1987	8214	12612	18797	2008	4626	13850	16245
1988	4168	12960	16992	2009	4608	11842	15081
1989	4346	14039	18191	2010	4506	12148	14644
1990	4459	14723	18746	2011	4211	12447	15008

　　资料来源：源自经济产业省的《资源能源统计年报》和《能源生产、供求统计年报》。1988 年以后，由于石化工厂被排除在调查对象事业所的范围之外，所以生产和销售量的数值无法衔接。

表 21　液化石油气的进口地

单位：千 t

年份	卡塔尔	阿联酋	沙特阿拉伯	科威特	澳大利亚	伊朗	合计×
1970（昭 45）	—	—	932	1025	139	222	2610
1975（″50）	104	—	2490	771	1129	678	5680
1980（″55）	49	783	5252	1743	1160	68	9725
1985（″60）	466	2427	5413	816	1422	7	11540
1990（平 2）	458	3395	6613	951	801	—	14723
1995（″7）	760	3016	6489	1323	490	98	14757
1996（″8）	765	3127	6252	1488	648	48	15135

续表

年份	卡塔尔	阿联酋	沙特阿拉伯	科威特	澳大利亚	伊朗	合计 ×
1997（″9）	666	3947	6403	1541	583	154	15352
1998（″10）	787	3661	5479	1351	613	20	13932
1999（″11）	628	3619	6509	1236	473	22	14323
2000（″12）	600	3743	5983	1483	885	256	14682
2001（″13）	374	3895	4708	1555	928	670	14269
2002（″14）	635	3702	4642	1639	876	515	13792
2003（″15）	915	3809	4629	1347	1064	706	14085
2004（″16）	1094	3134	5508	1522	1029	585	13917
2005（″17）	1134	3230	5067	1463	1070	349	13414
2006（″18）	1885	3649	5229	1551	957	578	14189
2007（″19）	1974	3190	4868	1479	893	643	13439
2008（″20）	2729	2966	4298	1602	755	612	13850
2009（″21）	2670	2458	2916	1471	829	394	11842
2010（″22）	3380	2912	1946	1353	740	872	12148
2011（″23）	3892	2970	1920	1510	989	663	12447

注： × 包括其他。

资料来源：同上表。

表 22　天然气的供求

单位：百万 m³

年份	生产量	出货量[1]	原油、天然气矿业[2]	化学工业[3]	其他制造业	电气业	燃气业
1960（昭 35）	731	706	41	494	85	5	76
1965（″40）	1780	1727	49	1114	170	50	340
1966（″41）	1827	1776	56	1006	119	209	365
1967（″42）	1890	1859	49	1062	123	219	378
1968（″43）	2056	2013	56	1133	139	236	422
1969（″44）	2206	2155	62	1235	150	221	466
1970（″45）	2359	2320	59	1282	181	275	502
1971（″46）	2433	2589	…	1490	388	134	540
1972（″47）	2475	2379	…	1259	370	177	559
1973（″48）	2595	3271	807	1215	433	224	590
1974（″49）	2572	3228	784	1127	456	265	595
1975（″50）	2436	3119	759	1106	377	260	617
1976（″51）	2493	3224	799	1087	353	331	653
1977（″52）	2804	3585	859	1030	314	708	673
1978（″53）	2641	3299	738	994	218	687	645
1979（″54）	2414	2988	625	907	160	666	610
1980（″55）	2197	2705	566	780	86	635	617

续表

年份	生产量	出货量[1]	原油、天然气矿业[2]	化学工业[3]	其他制造业	电气业	燃气业
1981（″56）	2102	2616	588	695	71	569	672
1982（″57）	2047	2593	599	649	76	564	687
1983（″58）	2085	2646	595	658	78	558	737
1984（″59）	2133	2826	578	686	82	678	783
1985（″60）	2225	2980	613	664	80	789	816
1986（″61）	2105	2754	545	589	66	666	865
1987（″62）	2168	2848	497	578	52	832	867
1988（″63）	2097	2755	461	576	46	705	886
1989（平1）	2009	2537	381	517	44	653	851
1990（″2）	2044	2537	348	520	49	621	908
1991（″3）	2135	2618	345	513	56	642	973
1992（″4）	2159	2646	351	441	46	688	1034
1993（″5）	2204	2674	366	458	45	686	1051
1994（″6）	2274	2691	357	436	42	720	1072
1995（″7）	2209	2714	399	427	43	674	1113
1996（″8）	2230	2707	382	345	46	693	1183
1997（″9）	2279	2773	407	354	58	674	1227
1998（″10）	2301	2784	410	306	66	689	1293
1999（″11）	2280	2762	399	311	89	585	1364
2000（″12）	2453	2944	437	358	116	575	1443
2001（″13）	2521	3042	441	368	140	568	1511
2002（″14）	2571	3084	423	381	165	549	1551
2003（″15）	2844	3499	488	423	187	670	1716
2004（″16）	2883	3551	530	446	194	541	1820
2005（″17）	3120	3805	567	469	194	577	1982
2006（″18）	3302	4026	559	487	253	493	2216
2007（″19）	3708	4436	521	502	282	370	2745
2008（″20）	3735	4545	497	527	323	306	2877
2009（″21）	3539	4367	479	471	334	311	2756
2010（″22）	3396	4586	460	612	357	337	2807
2011（″23）	3298	4712	460	640	482	370	2740

注：1. 除了生产外也包括购入部分。

2. 1973 年以后的数据包括自家消费和同业者之家的转售。

3. 1970 年以前的数据只包括原料使用量。1965 年以前的数据也包括燃料使用量。

资料来源：源自经济产业省的《资源能源统计年报》和《能源生产、供求统计年报》、《能源统计年报》。本表是关于国产天然气供求的统计。"出货量"中，由于 1971 年、1973 年对调查对象进行了变更，所以数值无法衔接。

表 23　液化天然气（LNG）的进口地

单位：千 t

年份	马来西亚	澳大利亚	卡塔尔	印度尼西亚	文莱	阿联酋	合计 ×
1975（昭 50）[1]	—	—	—	—	1550	—	4560
1980（〃55）	—	—	—	8073	5516	1876	16324
1985（〃60）	4386	—	—	14768	5082	2303	27556
1990（平 2）	6609	2907	—	17459	5350	2209	35627 ×
1991（〃3）	7360	3972	—	17901	5287	2557	38087
1992（〃4）	6769	4538	—	18557	5415	2478	39035
1993（〃5）	7606	4821	—	17765	5545	2444	39228
1994（〃6）	7780	6097	—	18488	5454	3149	42166
1995（〃7）	7904	6712	—	17327	5557	3969	42758
1996（〃8）	9480	7169	—	18308	5678	4510	46409
1997（〃9）	9557	7009	—	17523	5390	4630	45341 ×
1998（〃10）	9948	7285	2823	17953	5407	4596	49280
1999（〃11）	9886	7110	4757	18334	5536	4692	51539
2000（〃12）	10895	7270	5893	17920	5712	4664	53581
2001（〃13）	11372	7438	6319	17869	6038	5164	55523
2002（〃14）	10631	7194	6248	14566	5914	4335	50825
2003（〃15）	10709	7548	6558	14983	6486	5066	53512
2004（〃16）	8990	7826	6764	12775	5973	5239	50169
2005（〃17）	10700	9232	6230	11197	6269	4882	50907
2006（〃18）	12018	12159	7483	13988	6502	5315	62189
2007（〃19）	13274	12074	8172	13592	6439	5572	66816
2008（〃20）	13134	11983	8203	14130	6177	5574	69263
2009（〃21）	12622	11933	7734	12973	6098	5138	64552
2010（〃22）	13950	13278	7632	12785	5849	5166	70008
2011（〃23）	14961	13978	11863	9343	6326	5513	*78532

注：1. 来自美国的进口量为 3010 千 t。

× 包括其他。

* 加黑部分表示历史最高值。

资料来源：2005 年以前的数据源自经济产业省的《资源能源统计年报》和《能源生产、供求统计年报》，2006 年以后的数据源自财务省的《贸易统计》。俄罗斯的进口量，2009 年为 2772 千 t，2010 年为 6031 千 t，2011 年为 7125 千 t。

表 24　主要国家的天然气生产量

单位：亿 m³

年份	1970	1975	1980	1985	1990	1995	2000
美　国	5951	5447	5494	4659	5043	5267	5432
俄罗斯[1]	1791	2618	3938	5818	5900	5326	5285
加拿大	567	750	748	842	1086	1598	1822
伊　朗	129	203	71	146	232	353	602
卡塔尔	10	20	47	55	63	135	237
中　国	29	89	143	129	153	179	272
挪　威	—	—	251	262	255	278	497
全球合计 ×	10015	11947	14342	16486	19804	21153	24113
年份	2005	2006	2007	2008	2009	2010	2011
美　国	5111	5240	5456	5708	5840	6041	6513
俄罗斯	5801	5952	5920	6017	5277	5889	6070
加拿大	1871	1884	1827	1766	1640	1599	1605
伊　朗	1035	1086	1119	1163	1312	1462	1518
卡塔尔	458	507	632	770	893	1167	1468
中　国	493	586	692	803	853	948	1025
挪　威	850	876	897	993	1037	1064	1014
全球合计 ×	27704	28694	29393	30472	29559	31782	32762

注：1. 1985 年以前的数据为苏联的数值。

× 包括其他。

资料来源：源自 BP 统计。

表 25　发电设施的变化（最大输出）（截至会计年度末）

单位：千 kW

年份	合计	不同事业者		不同原动力				
		电气事业用	自家用	水力	火力	核能	地热	风力
1903	44	25	19	13	31	—	—	—
1905	74	39	35	18	56	—	—	—
1910	258	161	97	113	145	—	—	—
1915	772	569	203	449	323	—	—	—
1920	1378	951	427	825	553	—	—	—
1925	2768	2167	601	1814	954	—	—	—
1930	4500	3961	539	2948	1552	—	—	—
1935	5757	5137	620	3382	2375	—	—	—
1940	9073	7881	1192	5127	3946	—	—	—
1945	10385	8689	1696	6435	3950	—	—	—
1950	10771	9023	1748	6763	4008	—	—	—
1955	14512	12185	2327	8909	5603	—	—	—

续表

年份	合计	不同事业者		不同原动力				
		电气事业用	自家用	水力	火力	核能	地热	风力
1960	23657	20649	3008	12678	10978	—	—	—
1965	41005	36499	4506	16275	24717	13	—	—
1970	68262	58955	9306	19994	46931	1336	¹ 11	—
1975	112285	99740	12545	24853	80765	6615	52	—
1980	143698	129358	14340	29776	98072	15689	162	—
1984	163290	148338	14953	33966	108384	20726	214	—
1985	169399	154329	15070	34337	110161	24686	214	—
1986	173808	158339	15469	35698	112051	25846	214	—
1987	179107	163013	16094	36386	114461	28046	214	—
1988	181708	164822	16886	38291	115337	28866	215	—
1989	186231	167976	18256	37483	119089	29445	215	—
1990	194730	175072	19658	37831	124984	31645	269	—
1991	199985	179598	20387	39117	127183	33404	270	—
1992	205133	183832	21301	39523	130745	34584	270	—
1993	212914	190427	22487	39965	134101	38541	299	1
1994	220898	197687	23212	41932	138049	40531	379	1
1995	226994	202944	24051	43455	141665	41356	504	1
1996	233737	209337	24400	44407	146074	42712	530	1
1997	242447	216603	25844	44462	152202	45248	530	1
1998	250290	222393	27897	45382	159054	45248	533	6
1999	253544	224291	29253	45860	161869	45248	533	34
2000	258838	228596	30241	46325	166648	45248	533	84
2001	261730	230041	31689	46387	168729	45907	533	175
2002	266129	231564	34566	46545	172889	45907	510	277
2003	268287	231826	36460	46781	174721	45742	535	508
2004	272701	233556	39145	46803	177472	47122	535	769
2005	274183	234963	39220	47357	175779	* 49580	535	930
2006	274988	234544	40444	47375	176350	49467	532	1252
2007	275588	234073	41516	47637	176412	49467	532	1527
2008	277511	234711	42800	47949	179324	47935	532	1756
2009	281099	* 237153	43946	47966	181736	48847	535	1997
2010	282315	228479	53836	48111	182381	48960	* 537	2294
2011	* 285729	229908	* 55821	* 48419	* 185309	48960	* 537	* 2419

注：＊加黑部分表示最大值。

1. 数据为 1971 年的数值。

资料来源：电气事业联合会的《电气事业遍览》和《电气事业 60 年的统计》，日本统计协会的《新版·日本长期统计总览》以及东洋经济新报社的《完结版·昭和国势总览》。1941 年度以后的数据是截至各个会计年度末的数值，在此以前的数据为历年数值。1945～1971 年度的数据不包括冲绳县。1945 年度以后"电气事业用"的数据是一般电气事业者（九大电力公司和冲绳电力）和批发电气事业者的合计，1995～2009 年度的数据包括公营、联合火电公司等批改供给事业者，1998 年度以后的数据包括特定电气事业者。"自家用"的数据 1964 年度以前指的是，水力发电一个公司一个系统允许的最大输出功率在 500kW 以上，1996 年以后的数据是一个发电所最大输出功率在 1000kW 以上的发电输出量合计。1940 年以前的数据指的是总输出功率在 1000kW 以上设备的部分。

表 26 发电量的变化（会计年度）

单位：百万 kW·h

年份	合计	不同事业者		不同原动力				
		电气事业用	自家用	水力[1]	火力[1]	核能	地热	风力
1914	···	1457	···	1258	199	—	—	—
1915	···	1811	···	1600	211	—	—	—
1920	[2] 5113	3815	[2] 864	3166	649	—	—	—
1925	9093	7735	1358	6742	993	—	—	—
1930	15773	14034	1740	13431	2342	—	—	—
1935	24698	22155	2543	18903	5795	—	—	—
1940	34566	30603	3963	24233	10333	—	—	—
1945	21900	19500	2400	20752	1149	—	—	—
1950	46266	39914	6352	37784	8482	—	—	—
1955	65240	54583	10657	48502	16739	—	—	—
1960	115497	101708	13789	58481	57017	—	—	—
1965	190250	167624	22626	75201	115024	25	—	—
1970	359539	307588	51951	80090	274868	4581	···	—
1975	475794	414026	61768	85906	364736	25125	(147)	—
1976	511793	448432	63361	88390	389324	34079	···	—
1977	532608	467992	64616	76269	424681	31658	···	—
1978	563988	497012	66976	74647	430028	59312	···	—
1979	589643	521624	68019	85043	434207	70393	···	—
1980	577521	514050	63471	92092	402838	82591	(871)	—
1981	583245	523144	60101	90562	404862	87820	···	—
1982	581133	522476	58658	84008	394695	102431	···	—
1983	618100	555493	62607	87982	415828	114290	···	—
1984	648572	582195	66377	76711	437597	134264	···	—
1985	671952	603926	68026	87948	424426	159578	(1262)	—
1986	676352	601510	74842	86067	421980	168305	···	—
1987	719068	640165	78903	80846	450463	187758	···	—

续表

年份	合计	不同事业者		不同原动力				
		电气事业用	自家用	水力[1]	火力[1]	核能	地热	风力
1988	753728	666774	86954	95885	479184	178659	…	—
1989	798756	704676	94080	97826	518061	182869	…	—
1990	857272	757593	99679	95835	559164	202272	(1741)	—
1991	888088	783111	104977	* 105595	567258	213460	1773	—
1992	895336	788334	107002	89616	580656	223259	1787	—
1993	906705	795708	1109997	105470	550180	249256	1778	1
1994	964330	849259	115071	75659	617465	269127	2064	1
1995	989880	868027	121853	91216	604206	291254	3173	1
1996	1009349	884574	124775	89433	614014	302201	3673	2
1997	1037938	904980	132957	100414	614576	319177	* 3756	1
1998	1046288	909150	137138	102587	607815	* 332343	3531	6
1999	1066130	921062	145068	95577	650448	316616	3450	37
2000	1091500	940687	150813	96817	669177	322050	3348	109
2001	1075890	921997	153893	93872	658475	319859	3434	252
2002	1101260	935807	165452	91801	710575	295095	3374	413
2003	1093956	920134	173822	104138	745488	240013	3484	832
2004	1137341	946756	190586	103147	747069	282442	3374	1307
2005	1157926	969135	188791	86350	761841	304755	3226	1751
2006	1161110	972883	188226	97340	755084	303426	3081	2168
2007	* 1195032	* 1004622	190410	84234	841289	263832	3044	2614
2008	1146269	957889	188380	83504	798930	258128	2750	2942
2009	1112622	925392	187230	83832	742522	279750	2887	3613
2010	1156888	918239	238649	90681	771306	288230	2632	4016
2011	1107829	857405	* 250424	91709	* 906946	101761	2676	* 4676

注：* 加黑部分表示最大值。

1. 1925 年以前的数据只包括电气事业用。

2. 数据为 1921 年的数值。

资料来源：电气事业联合会的《电气事业遍览》和《电气事业 60 年的统计》，日本统计协会的《新版·日本长期统计总览》。由于 1990 年以前地热被包含在火力项下，所以 1990 年以前 "地热" 的数据加注括号。"电气事业用" 和 "自家用" 的数据调查范围同表 25，1941 年以前的数据为历年数值。1945～1971 年度的数据不包括冲绳县。

表 27　蒸汽发电用燃料消费量（会计年度）

年份	煤炭[1] （千 t）	重油[2] （千 kL）	原油 （千 kL）	粗挥发油 （千 kL）	NGL （千 kL）	LNG （千 t）	LPG （千 t）
1912（大 1）	607	…	—	—	—	—	—
1915（″4）	323	…	—	—	—	—	—
1920（″9）	1152	…	—	—	—	—	—
1925（″14）	985	…	—	—	—	—	—
1930（昭 5）	1385	3.0	—	—	—	—	—
1935（″10）	2722	4.6	—	—	—	—	—
1940（″15）	5413	[3] 8.7					
1945（″20）	729	311					
1950（″25）	5007	1760	—	—	—	—	—
1955（″30）	7221	307	—	—	—	—	—
1960（″35）	16600	4986	—	—	—	—	—
1965（″40）	20073	11786	719	—	—	—	0
1970（″45）	18821	34646	7239	—	—	717	0
1975（″50）	7179	35999	22666	2439	981	3326	0
1977（″52）	8136	41953	22726	* 3785	2936	5703	39
1978（″53）	7729	40532	21389	2373	* 3316	8936	333
1979（″54）	8385	39699	18527	2330	2916	11708	570
1980（″55）	9776	35689	13432	1376	2985	12987	736
1981（″56）	12188	34377	14334	998	2420	13227	760
1982（″57）	14821	31045	13742	748	1903	13358	* 1075
1983（″58）	17714	29744	15002	555	1570	15332	657
1984（″59）	20569	25987	13920	379	599	20791	638
1985（″60）	22627	21079	12830	363	332	21634	610
1986（″61）	21869	18711	13126	388	421	21949	529
1987（″62）	24289	19355	15144	222	571	22733	636
1988（″63）	24492	20297	17481	153	549	23630	754
1989（平 1）	25440	22966	18771	174	417	25197	949
1990（″2）	27238	23806	21859	152	572	27624	892
1991（″3）	29264	22678	20329	176	318	29431	933

续表

年份	煤炭[1] （千 t）	重油[2] （千 kL）	原油 （千 kL）	粗挥发油 （千 kL）	NGL （千 kL）	LNG （千 t）	LPG （千 t）
1992（″4）	31539	23655	20462	167	351	29134	899
1993（″5）	34511	18983	15841	93	259	29178	596
1994（″6）	37902	22303	21004	190	427	31089	393
1995（″7）	41474	18676	16740	154	240	31593	539
1996（″8）	43344	16218	16429	83	219	33140	525
1997（″9）	46332	14481	11969	134	82	34346	374
1998（″10）	46072	13101	9469	111	27	35359	351
1999（″11）	51803	13098	9184	123	62	37662	304
2000（″12）	57785	11750	7510	113	47	38663	389
2001（″13）	62325	8488	4559	23	13	38175	373
2002（″14）	67759	11110	6579	18	56	37914	410
2003（″15）	73460	12601	5810	5	46	39063	400
2004（″16）	77876	10147	6051	6	16	37170	359
2005（″17）	82460	11673	7799	—	34	34639	376
2006（″18）	79523	8978	6120	—	19	38178	446
2007（″19）	* 84205	14239	11301	—	20	42105	445
2008（″20）	80992	12566	7978	—	—	41034	583
2009（″21）	76805	7212	3643	—	39	40671	247
2010（″22）	72153	6318	4759	—	13	41743	328
2011（″23）	69934	11846	11567	—	3	* 52870	952

注：＊加黑部分表示最大值。但是，重油和原油的最大值出现在 1973 年，分别为 42825 千 t 和 23601 千 t。

1. 1946 年度以前的数据是干炭，1947 年度以后为湿炭，1948 年度以后的数据包括批发电气事业者。

2. 1938 年以前的数据为包括轻油、石油。1941 年以前的数据单位为千 t。1957 年度以后的数据包括批发电气事业者。

3. 数据为 1941 年的数值。

资料来源：同表 26。在电气事业者的统计中包括批发电气事业者。1995～2009 年度的数据包括公营、联合火电公司等批发供给事业者。1945～1972 年度的数据不包括冲绳县。蒸汽发电是占据火力发电主流的方式，通过锅炉等生成高温高压的蒸汽流、助推蒸汽涡轮机转动发电。1941 年以前的数据为历年数值。

表 28　用电量的变化（会计年度）

年份	电气事业用[1]				自己发电自家消费电量[5]	总计	其中电力公司部分
	电灯[2]	电力[3]	特定规模需求[4]	合计			
1930（昭5）	2780	8098	—	10878	1740	12618	…
1935（″10）	2800	14589	—	17389	2004	19393	…
1940（″15）	2900	21714	—	24614	3962	28576	…
1945（″20）	2608	11612	—	14220	2199	16419	…
1950（″25）	5664	22325	—	27989	5909	33898	…
1955（″30）	7758	36478	—	44237	8908	53144	43884
1960（″35）	13379	74367	—	87746	11666	99411	86888
1965（″40）	28324	119495	—	147819	21002	168821	144047
1970（″45）	51706	221254	—	272960	46741	319701	259874
1975（″50）	82421	291850	—	374271	54064	428335	348953
1977（″52）	93082	326694	—	419776	58976	478752	391846
1978（″53）	101984	342966	—	444950	59305	504255	417092
1979（″54）	105750	363795	—	469545	59525	529070	441033
1980（″55）	105271	358982	—	464253	55998	520251	436404
1981（″56）	110295	360266	—	470561	52101	522662	446447
1982（″57）	112788	358650	—	471438	50293	521731	452174
1983（″58）	122217	377573	—	499790	53262	553052	480825
1984（″59）	127510	397012	—	524522	56228	580750	504325
1985（″60）	133303	408091	—	541394	57912	599306	521895
1986（″61）	136521	401218	—	537739	64070	601808	519756
1987（″62）	146108	424534	—	570642	67486	638128	552402
1988（″63）	153085	444330	—	597415	74902	672317	578584
1989（平1）	163419	468893	—	632313	81605	713918	613297
1990（″2）	177419	500712	—	678131	87471	765602	658933
1991（″3）	185326	513267	—	698594	91295	789888	679237
1992（″4）	192136	512660	—	704796	92956	797752	685710
1993（″5）	197695	511507	—	709202	95494	804695	690578

续表

年份	电气事业用[1]				自己发电 自家消费 电量[5]	总计	其中电力 公司部会
	电灯[2]	电力[3]	特定规模 需求[4]	合计			
1994(″6)	215515	543498	—	759013	99804	858817	740097
1995(″7)	224650	551861	—	776511	105048	881559	756975
1996(″8)	228231	566087	—	794318	109153	903471	774602
1997(″9)	232371	578891	—	811261	115444	926705	791451
1998(″10)	240938	577397	—	818334	116327	934661	798971
1999(″11)	248234	588509	—	836743	120627	957370	816920
2000(″12)	254592	363594	239891	858078	123988	982066	837923
2001(″13)	254469	358303	231505	844277	123378	967655	824100
2002(″14)	263439	362405	237088	862932	126760	989692	841474
2003(″15)	259658	359725	238838	858221	126547	984768	834305
2004(″16)	272552	250781	368770	892103	* **131046**	1023149	865428
2005(″17)	281294	52827	559654	918265	125535	1043800	882559
2006(″18)	278316	49427	575451	927141	121167	1048308	889423
2007(″19)	289728	49743	595564	* **959661**	117831	1077492	* **919544**
2008(″20)	285288	46757	571691	925503	110029	1035532	888935
2009(″21)	284969	45173	543977	896668	106154	1002822	858516
2010(″22)	* **304234**	47453	574937	931059	125382	1056441	906418
2011(″23)	288950	44931	545567	883787	118658	1002445	859809

注：*加黑部分表示最大值。

1. 1946 年度以后的数据包括一般电气事业者和批发电气事业者。1995～2009 年度的数据包括公营、联合火电公司等批发供给事业者。1998 年度以后的数据包括特定电气事业者，2000 年度以后的数据包括特定规模电气事业者。

2. 包括一般家庭、小规模事业所、公共街道路灯等的消费量。

3. 包括业务用电力、零星电力、大规模电力以及其他电力的消费量。2000 年度开始的数据不包括特定规模需求。

4. 伴随大规模电力的零售自由化进程，从 2000 年度调开始新设立。2003 年度以前指的是最大用电量原则上在 2000kW（冲绳电力在 20000kW）以上的需求。2004 年度调整为 500kW（冲绳电力为 2000kW）以上，2005 年度再次调整为 50kW（冲绳电力为 2000kW）以上。

5. 1995 年度以前对自家发电设备输出功率在 500kW 以上、1996 年度以后对 1000kW 以上的事业所进行统计。

资料来源：同表 26，1945～1971 年度的数据不包括冲绳县。1940 年以前的数据为历年数据。同表 26 的差额大都是输电损耗。

表 29　最大电力供求对比和年负担率（会计年度）

单位：kW

年份	发电设备容量[1]	供给能力	最大需求电力	供给预备能力	供给预备率（%）	年负荷率（%）[2]
1951（昭 26）	9049	6467	7235	−768	−10.6	66.6
1955（〃30）	12185	9168	9331	−163	−1.7	66.4
1960（〃35）	20649	16892	16892	0	0.0	67.0
1965（〃40）	36499	31098	26864	4234	15.8	68.6
1970（〃45）	58955	50607	48964	1643	3.4	68.3
1971（〃46）	66231	59138	54395	4743	8.7	66.0
1972（〃47）	74582	65042	60857	4185	6.9	65.8
1973（〃48）	84409	72983	70429	2554	3.6	62.7
1974（〃49）	92466	82673	70566	12107	17.2	61.8
1975（〃50）	99740	84765	74096	10669	14.4	61.3
1976（〃51）	103791	91207	79099	12108	15.3	61.7
1977（〃52）	109123	93398	84215	9183	10.9	60.5
1978（〃53）	117630	99444	88622	10822	12.2	60.9
1979（〃54）	124153	106053	91361	14692	16.1	62.1
1980（〃55）	129358	111253	89095	22158	24.9	63.0
1981（〃56）	135507	113080	94591	18489	19.5	60.3
1982（〃57）	139843	111102	93187	17915	19.2	61.3
1983（〃58）	144257	114036	101992	12044	11.8	59.3
1984（〃59）	148336	118174	106958	11216	10.5	59.3
1985（〃60）	154329	122113	109810	12303	11.2	59.7
1986（〃61）	158339	125274	110544	14730	13.3	59.0
1987（〃62）	163013	128017	114488	13529	11.8	60.3
1988（〃63）	164822	134550	121453	13097	10.8	59.5
1989（平 1）	167976	141781	127434	14347	11.3	60.0
1990（〃2）	175072	148641	142867	5774	4.0	57.4
1991（〃3）	179598	158206	146976	11230	7.6	57.4

续表

年份	发电设备容量[1]	供给能力	最大需求电力	供给预备能力	供给预备率（%）	年负荷率（%）[2]
1992（"4）	183832	162436	150860	11576	7.7	56.6
1993（"5）	190427	171459	143772	27687	19.3	59.7
1994（"6）	197487	171512	165081	6431	3.9	55.6
1995（"7）	204212	178899	167664	11235	6.7	55.8
1996（"8）	210744	183306	167494	15812	9.4	57.2
1997（"9）	218211	188829	166573	22256	13.4	58.9
1998（"10）	224097	194066	168186	25880	15.4	58.8
1999（"11）	226960	195870	168032	27838	16.6	59.9
2000（"12）	232024	194035	172339	21696	12.6	60.0
2001（"13）	233510	193972	177525	16447	9.3	57.2
2002（"14）	237032	196453	176676	19777	11.2	59.0
2003（"15）	238938	192598	167311	25287	15.1	61.6
2004（"16）	242432	198330	175822	22508	12.8	61.2
2005（"17）	243554	198722	174885	23837	13.6	62.8
2006（"18）	243300	198641	175473	23168	13.2	63.2
2007（"19）	243184	194540	181336	13204	7.3	63.1
2008（"20）	244360	199489	181001	18488	10.2	61.3
2009（"21）	247620	201503	160777	40726	25.3	66.9
2010（"22）	247827	198998	178919	20079	11.2	62.2
2011（"23）	249232	175947	156438	19509	12.5	67.4
2012（"24）	[3] 250164	176936	157197	19739	12.6	...

注：1. 电气事业用。截至会计年度末，1995 年以后把自家发电和用电部分，所以与表 25 有所差别。

2. 年平均需求电力÷最大需求电力×100

3. 截至上期末。

资料来源：源自日本电力调查委员会的《日本电力调查报告书》。"最大需求电力"为年度间电力需求最大月的数值，各月中需求量最大的三天的平均值。在石油危机和 2011 年 3 月东日本大地震导致电力供给能力不足的时候，针对大规模需求方和广大国民提出抑制电力消费的要求，数据为得到各方协作基础上的数值。"供给能力"为输电终端的电量，指的是在使用了所有能够使用的发电设备的情形下，能够发电的最大电量减去发电站本身消耗的电量。"供给预备能力"是供给能力与最大需求电力之差，"供给预备率"是供给预备能力与最大需求电力之比。

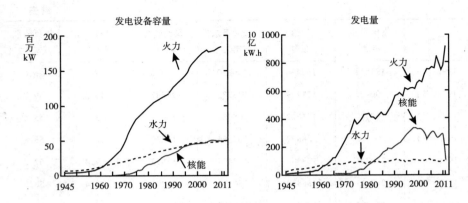

图4 发电设备容量和发电量的变化（会计年度）

表30 针对太阳能、风力发电等电力事业者的电力供给（会计年度）

年份	认定件数[1]（件）			发电设备容量[1]（千 kW）			电力供给量（百万 kW·h）		
	太阳能	特定[2]太阳能	风力	太阳能	特定[2]太阳能	风力	太阳能	特定[2]太阳能	风力
2003	141154	140452	206	528	509	673	196	…	990
2004	198159	…	243	741	…	921	347	…	1440
2005	265963	…	287	988	…	1075	458	…	1910
2006	332852	…	327	1232	…	1553	542	…	2144
2007	385352	…	354	1432	…	1816	661	…	2744
2008	436034	…	339	1619	…	2043	763	…	3058
2009	518731	518648	375	1937	1919	2314	946	[3] 265	3734
2010	719302	719188	389	2778	2728	2452	1354	1337	4143
2011	966668	966516	403	3913	3809	2559	2159	2103	4631

注：1. 截至会计年度末的数值。

2. 使用 2009 年度的《太阳能发电剩余电力收购制度》规定的设备，主要在住宅等利用太阳能发电的剩余电力。不包括 RPS 法。2003 年度的数据为住宅用太阳能的数值。

3. 数据为 2009 年 11 月 1 日到该年度末的 2010 年 3 月 31 日的供给量。

资料来源：根据资源能源厅的资料，依据 RPS 法。RPS 法针对电气事业者赋予了使用一定数量以上的新能源发电电量的义务，电气事业者在使用本公司新能源发电电量以外，还从外部购入部分电量。本表统计的是针对获得 RPS 法认定的设备和电气事业者的电力供给量，所以不仅不包括没有获得 RPS 法认定的设备，"电力供给量"中也不包括自家消费电量。但是，表25 和表26 的数据是针对一定规模以上的发电设备的统计，不包括一般家庭等小规模发电，本表包括该部分内容。

表 31　世界再生能源发电量

单位：亿 kW・h

年份	中国	美国[1]	巴西	加拿大	俄罗斯[2]	印度	（参照）日本[3]	全球合计 ×
1960	…	1476	…	1068	…	…	585	…
1971	300	2643	438	1625	1487	280	842	12392
1980	582	2846	1307	2524	2177	466	892	17726
1990	1267	3692	2106	3007	1660	717	1007	22996
2000	2255	3304	3122	3670	1642	775	1038	28423
2009	6454	4287	4147	3831	1747	1241	1036	38679
2010	7702	4407	4370	3699	1670	1364	1117	41603

注：1. 包括波多黎各等。

2. 1980 年以前的数据为前苏联的数值。

3. 包括冲绳。

× 包括其他。

资料来源：IEA：*Energy Statistics of OECD Countries/Non OECD Countries*。1990 年以后的数据是表 32 的具体项目数值。包括利用水力（抽水水力除外）、地热、太阳能、风力、潮汐能、波能、生物燃料和垃圾燃烧等发电的电量。

表 32　世界发电量

单位：亿 kW・h

年份	美国[1]	中国[2]	日本[3]	俄罗斯[4]	印度[5]	德国[6]	加拿大	法国[7]
1925	[8] 659	…	[8] 82	29	…	203	[8] 101	102
1930	939	[8] 11	[8] 139	84	…	289	[8] 181	153
1935	1189	23	249	259	…	[9] 367	249	175
1940	1799	…	347	…	28	[9] 630	331	188
1945	2713	…	232	…	41	…	427	185
1950	3896	46	449	912	71	461	550	330
1955	6309	123	636	1702	109	789	828	496
1960	8442	594	1155	2923	201	1190	1144	721
1965	11576	710	1884	5067	368	1723	1443	1014
1970	16398	1159	3595	7409	612	2426	2047	1470
1975	20033	1958	4758	10386	859	3018	2734	1853
1980	23544	3006	5775	12939	1193	3688	3775	2464
1985	25683	4107	6720	15441	1834	4067	4590	3257
1990	32186	6212	8420	10822	2894	5500	4822	4207
1995	35821	10078	9899	8600	4176	5373	5600	4939
2000	40527	13562	10585	8778	5612	5765	6057	5407
2005	42939	25025	10983	9531	6982	6206	6260	* 5762
2006	43001	28642	11028	9958	7503	6368	6160	5746
2007	43498	32763	* 11357	10153	8139	6371	* 6421	5698
2008	43683	34820	10825	10404	8417	* 6372	6411	5741
2009	41882	37421	10503	9920	9068	5904	6140	5359
2010	* 43784	* 42083	11192	10380	* 9599	6290	6080	5691

续表

年份	巴西	韩国[10]	英国[11]	西班牙	意大利[12]	墨西哥	南非	全球合计 ×
1925	…	…	113	…	65	…	[8] 18	…
1930	…	…	165	…	101	…	[8] 5	2849
1935	[13] 8	…	[8] 189	33	138	21	38	3469
1940	[13] 13	[14] 38	[8] 300	36	194	25	72	[15] 4820
1945	[13] 19	1	[8] 386	42	126	31	83	[15] 5720
1950	82	4	664	69	247	44	112	9553
1955	137	9	941	119	381	70	172	15441
1960	229	18	1370	186	562	108	244	22998
1965	301	35	1965	317	830	172	346	33799
1970	455	96	2490	565	1174	287	510	49619
1975	789	209	2720	824	1473	433	753	65267
1980	1395	401	2849	1105	1857	670	904	82473
1985	1927	627	2937	1256	1823	934	1224	97466
1990	2228	1054	3197	1519	2166	1158	1672	118662
1995	2756	1839	3340	1671	2415	1525	1878	132957
2000	3489	2901	3771	2245	2766	2042	2107	154880
2005	4030	3894	3984	2941	3037	2420	2449	183356
2006	4199	4040	3979	2995	3141	2496	2538	190571
2007	4458	4273	3970	3051	3139	2635	* 2635	198860
2008	4631	4464	3887	* 3138	* 3191	2619	2583	202808
2009	4662	4545	3767	2946	2926	2610	2496	202097
2010	* 5158	4995	3811	3031	3021	* 2710	2596	* 215117

注：＊加黑部分表示最大值。

1. 1990 年以后的数据包括波多黎各和关岛等。

2. 1938 年以前的数据不包括"满洲"。

3. 1946～1972 年的数据不包括冲绳。因为与表 26 在统计范围上存在差异，所以数值不一致。

4. 1989 年以前的数据为苏联的数值。

5. 1946 年以前的数据包括巴基斯坦。

6. 1948～1989 年的数据为前联邦德国的数值。

7. 1950 年以后的数据包括摩纳哥。

8. 只包括电气事业者的发电部分。

9. 包括萨尔地区。

10. 1944 年以前的数据包括现在的朝鲜。

11. 1938 年以前以及 1948 年的数据不包括北爱尔兰。

12. 1950 年以后的数据包括圣马力诺。

13. 里约热内卢和圣保罗两个城市的消费量。

14. 只包括 6～12 月的数值。

15. 不包括苏联和中国。

× 包括其他。

资料来源：1990 年以后的数据源自 IEA，*Energy Statistics of OECD Countries/Non OECD Countries*. 在此之前的数据源自联合国的 *Energy Statistics Yearbook*，*Yearbook of Energy Statistics* 和 *World Energy Supplies*。

表 33　世界核能发电设备容量（各年末）

单位：千 kW

年份	美国	法国	日本	俄罗斯[1]	韩国	乌克兰	加拿大	(参照)德国[2]	全球合计×
1955	[3]105	[3]1	—	5	—	…	—	—	5
1960	297	97	—	105	—	…	[4]20	[5]15	859
1965	926	416	13	1016	—	…	20	15	6456
1970	8281	1625	832	1505	—	…	230	902	20193
1975	39715	2834	5017	5245	—	…	2514	3388	75114
1980	56394	15359	15117	13575	595	…	5792	9006	146521
1985	78163	38106	24686	27195	2865	…	10343	16934	253572
1990	106098	55618	31645	38357	7615	…	13854	25864	343636
1995	104776	61033	41356	21256	8616	13880	15795	23978	362321
2000	101171	62920	45082	21556	13716	11818	10615	22365	363343
2003	102427	66130	45742	22556	15716	11836	11932	21693	376286
2004	102590	66130	45742	22556	16716	11835	12767	21728	379207
2005	102745	66020	48222	23556	17716	12818	13423	21371	385054
2006	104756	66020	49580	23194	17716	13835	13425	21371	387044
2007	106061	66020	49580	23194	17716	13835	13425	21371	392241
2008	106302	66020	47935	23194	17716	13818	13288	21457	390444
2009	105344	66020	48847	23194	17716	13818	13284	21507	389156
2010	105244	65880	48847	24194	17716	13818	13231	21517	392203
2011	106323	65880	46148	24194	18716	13818	13305	12696	384466

注：1. 1990 年以前的数据为苏联的数值。

2. 1989 年以前的数据为前联邦德国的数值。

3. 数据为 1957 年的数值。

4. 数据为 1962 年的数值。

5. 数据为 1961 年的数值。

×包括其他。

资料来源：源自日本原子力产业会议的《世界核能发电开发的动向》和联合国统计年鉴。1965 年以前的数据包括所有的发电反应堆，1970 年和 1975 年的数据为真正输出功率在 1 万 kW 以上的发电反应堆，1980 年以后的数据为真正输出功率在 3 万 kW 以上的发电反应堆。

表34 世界风力发电设备容量（各年末）

单位：千 kW

年份	中国	美国	德国	西班牙	印度	法国	日本	全球合计×
2000	346	2578	6104	2235	220	⋯	136	17400
2005	1272	9149	18415	10027	4430	757	1050	59091
2006	2559	11575	20622	11623	6270	1567	1312	74052
2007	5871	16824	22247	15145	7845	2454	1563	93820
2008	12020	25237	23903	16689	9655	3404	1828	120291
2009	25805	35086	25777	19160	10926	4574	2083	158864
2010	44733	40298	27191	20623	13065	5970	2334	197637
2011	62364	46919	29060	21674	16084	6800	2501	237669

注：×包括其他。
资料来源：源自 GWEC，Global Wind Report。

表35 世界太阳能发电设备容量（各年末）

单位：千 kW

年份	德国	意大利	日本	西班牙	美国	中国	法国	全球合计×
1995	8	16	43	1	67	⋯	3	182
2000	76	19	330	2	139	19	11	697
2005	2056	38	1422	49	479	70	33	4389
2006	2899	50	1709	148	624	80	44	5850
2007	4170	120	1919	705	831	100	75	8312
2008	6120	458	2144	3463	1169	140	180	14453
2009	9914	1181	2627	3523	1616	300	380	20758
2010	17320	3502	3618	3915	2534	800	1197	35036
2011	24820	12803	4914	4260	3966	3300	2831	63611

注：×包括其他。
资料来源：源自 IEA，"TRENDS IN PHOTOVOLTAIC APPLICATIONS"，只包括对 IEA 的"太阳能发电系统研究合作实施协定"成员国的统计。

表 36　世界核能发电量

单位：亿 kW·h

年份	美国	法国	日本	俄罗斯[1]	韩国	德国[2]	加拿大	全球合计 ×
1960	5	1	—	⋯	—	[4] 0	—	27
1965	37	9	0	[3] 16	⋯	1	1	247
1970	218	57	46	37	⋯	60	10	788
1975	1725	182	251	202	⋯	214	119	3518
1980	2511	579	826	600	35	437	385	6812
1985	3837	2131	1596	1700	167	1259	611	14532
1990	6116	3141	2023	1183	529	1525	730	20129
1993	6470	3682	2493	1192	581	1533	939	21905
1994	6789	3600	2691	978	587	1507	1078	22423
1995	7138	3772	2913	995	670	1531	978	23320
1996	7152	3973	3022	1090	739	1600	928	24172
1997	6664	3955	3192	1085	771	1703	825	23931
1998	7141	3880	3323	1053	897	1616	715	24452
1999	7718	3942	3166	1219	1031	1700	735	25312
2000	7977	4152	3220	1307	1090	1696	728	25906
2001	7926	4211	3199	1369	1121	1713	767	26375
2002	8045	4368	2951	1416	1191	1648	755	26608
2003	7878	4411	2400	1503	1297	1651	749	26353
2004	8133	4482	2824	1447	1307	1671	904	27380
2005	8107	4515	3048	1494	1468	1631	920	27680
2006	8162	4502	3034	1564	1487	1673	980	27915
2007	8366	4397	2638	1600	1429	1405	935	27192
2008	8378	4394	2581	1631	1510	1485	940	27310
2009	8302	4097	2798	1636	1478	1349	901	26962
2010	8389	4285	2882	1704	1486	1406	907	27563

注：1. 1989 年以前的数据为苏联的数值。

2. 1989 年以前的数据为前联邦德国的数值。

3. 数据为 1966 年的数值。

4. 数据为 1961 年的数值。

× 包括其他。

资料来源：表 32 的具体项目数值。1965 年以前的"全球合计"中不包括苏联的数值。

表 37　世界风力发电量

单位：亿 kW·h

年份	美国[1]	中国	西班牙	德国	印度	英国	（参照）日本	全球合计 ×
1980	—	—	—	—	—	—	—	0.1
1990	30.7	0.0	0.1	0.7	0.3	0.1	—	38.8
2000	56.5	6.2	47.3	93.5	16.8	9.5	1.1	313.7
2005	178.8	20.3	211.8	272.3	66.0	29.0	17.5	1039.8
2008	557.0	148.0	329.5	405.7	137.0	71.0	29.5	2205.8
2009	742.3	269.0	381.2	386.4	178.0	93.0	36.2	2762.5
2010	951.5	446.2	441.7	377.9	199.1	101.8	39.6	3417.3

注：1. 包括波多黎各和关岛等。

× 包括其他。

资料来源：表 32 的具体项目数值。

表 38　世界太阳能发电量

单位：亿 kW·h

年份	德国	西班牙	美国[1]	日本	意大利[2]	中国	韩国	全球合计 ×
1990	0.0	0.1	6.7	0.0	0.0	0.0	0.0	6.8
2000	0.6	0.2	7.1	3.5	0.2	0.2	0.1	14.8
2008	44.2	25.8	20.9	22.5	1.9	1.5	2.9	127.1
2009	65.8	60.6	25.1	27.6	6.8	3.9	5.7	209.8
2010	116.8	71.1	39.3	38.0	19.1	9.4	7.7	334.8

注：1. 包括波多黎各和关岛等。

2. 包括圣马力诺和梵蒂冈。

× 包括其他。

资料来源：表 32 的具体项目数值。

表 39　城市燃气的生产与销售

单位：万亿焦耳

年份	生产量	销售量	家庭用	工业用	商业用	需求户数[1]（千户）	供给区域内的普及率[2]（%）
1936（昭 11）	…	14068	…	…	…	2121	…
1940（〃15）	…	20062	…	…	…	2425	…
1945（〃20）	…	3870	…	…	…	932	…
1950（〃25）	…	14513	…	…	…	1488	…
1955（〃30）	36343	34313	20076	5613	5973	2435	37.2
1960（〃35）	68593	62216	33342	10612	14002	4359	47.2

续表

年份	生产量	销售量	家庭用	工业用	商业用	需求户数[1]（千户）	供给区域内的普及率[2]（%）
1965（″40）	126493	107493	63554	14032	23139	6856	49.0
1970（″45）	213067	186135	119302	20135	35873	10189	62.5
1971（″46）	228125	202894	132588	20904	38210	10951	65.1
1972（″47）	245663	220101	145349	22326	40783	11711	66.4
1973（″48）	273536	244433	160581	26474	44633	12503	68.2
1974（″49）	303423	273926	177181	33862	48365	13266	70.8
1975（″50）	323381	292425	187457	36362	52171	13800	71.6
1976（″51）	348052	317085	202470	40474	56044	14377	72.3
1977（″52）	352059	325650	207770	40385	58440	14909	73.4
1978（″53）	366958	337529	216447	38018	61953	15494	74.9
1979（″54）	375683	345245	220490	40074	63590	16103	76.5
1980（″55）	414934	382657	234451	58677	66710	16646	77.5
1981（″56）	440258	406172	243538	66346	70583	17046	77.5
1982（″57）	439967	409088	243630	68415	71156	17432	78.2
1983（″58）	464247	430676	254292	72243	75787	17836	78.7
1984（″59）	510030	476522	276552	83838	83695	18245	79.1
1985（″60）	521227	487005	275052	95446	84069	18674	80.1
1986（″61）	546995	517430	293554	99875	89427	19117	80.1
1987（″62）	556598	527974	292181	108813	91881	19617	80.6
1988（″63）	601546	572922	316289	120806	97680	20211	81.4
1989（平1）	619613	596103	319556	138881	99248	20792	82.2
1990（″2）	647051	628449	320019	160693	105733	21334	82.6
1991（″3）	710551	687979	337974	193007	112337	21844	83.0
1992（″4）	753793	730093	354056	215322	115091	22280	81.0
1993（″5）	802196	777795	368628	240910	120363	22703	81.1
1994（″6）	825932	806258	354767	263523	132399	23190	81.7
1995（″7）	870416	847117	367578	284354	136916	23580	82.0
1996（″8）	923311	904173	386229	308048	145719	24087	82.1
1997（″9）	943184	923915	376404	332611	148756	24625	82.6
1998（″10）	963123	947002	376933	341572	156120	25070	82.7

续表

年份	生产量	销售量	家庭用	工业用	商业用	需求户数[1]（千户）	供给区域内的普及率[2]（%）
1999（″11）	1001823	983575	384035	361420	159650	25456	82.1
2000（″12）	1050861	1035052	392581	388304	167505	25858	82.6
2001（″13）	1084427	1064111	396554	402022	173555	26227	82.6
2002（″14）	1127433	1109961	395504	442075	176593	26566	82.4
2003（″15）	1205617	1189360	409095	492937	185233	26960	82.3
2004（″16）	1260478	1240842	391909	543864	194947	27298	82.3
2005（″17）	1366752	1325010	408152	598441	201767	27619	[3] 82.1
2006（″18）	1458685	1420476	* 421443	675435	* 204384	27936	[3] 81.8
2007（″19）	1516859	1465976	402348	742473	202832	28237	[3] 81.4
2008（″20）	* 1547899	* 1495538	410212	* 762585	202116	28500	[3] 80.9
2009（″21）	1429730	1379474	401477	665373	193105	28701	[3] 80.4
2010（″22）	1539741	1473633	405906	739874	198177	28839	[3] 79.8
2011（″23）	…	1469671	404522	757062	185564	* 28967	…

注：＊加黑部分表示最大值。

1. 截至年末安装煤气表的数值。

2. 煤气表安装数与供给区域内家庭数之比。

3. 截至会计年度末的数值。

资料来源：源自日本燃气协会的《燃气事业便览》，资源能源厅的《燃气事业生产动态统计调查》（2011 年总表）以及日本统计协会的《新版　日本长期统计总览》。单位"焦耳"（J）表示功的量，1 万亿 J 用热量表示的话是 2.39 千卡洛里。1950 年以前的数据为会计年度的数值。城市燃气生产量是燃气公司的生产量和购入量的合计。

译后记

　　本书是中国社会科学院日本研究所创新工程研究项目"日本国家能源战略研究"2013 年度的阶段性成果。日本国土面积小，国内能源匮乏，却顺利实现经济高速增长，发展成为世界经济强国，并且保持世界第二经济体的地位长达 42 年之久。特别是"3·11"大地震后，占发电量 29% 的日本核电几乎全部停止运行，而日本的国民生活与生产并未受到约束性影响，整个宏观经济仍维持正常运行。日本没有使国内能源短缺这一事实成为其可持续性经济发展的"瓶颈"，是由于国家的能源战略、能源计划以及能源法规发挥了重要作用。但在过去我们对日本能源的研究往往忽略这些重要的基础文献。为此，我们认为，对日本国家能源战略进行全方位研究，应当将这些最基础的法律法规、国家战略和计划作为研究的切入点。但是，日本的能源相关法律有近百部，重要法律也有 40 多部，而能源战略和能源计划也有许多部，因篇幅所限，不可能全部收录，为此，我们在对日本这些能源战略、计划以及法规进行阅读和分析的基础上，精选出比较有代表性的重要能源战略 3 部、能源计划 4 部、能源法规 5 部进行翻译，同时收入日本能源主要数据，原汁原味地呈献给读者。能源法律是日本制定能源计划、能源战略的依据，非常重要，本应将法律部分排在前面，但考虑到可读性，本书按照能源战略、能源计划、能源法律顺序排列。本书原计划在 2013 年底出版，但由于种种原因只能推迟，这本来是十分遗憾的事情，然而正因为如此，才使我们有机会将 2014 年 4 月日本政府刚刚通过的最新版《能源基本计划 2014》纳入其中，使读者能够了解日本最新的能源动态和日本能源的基本方针以及发展趋势。

　　本文献集由张季风、张淑英、丁敏和周晓娜共同翻译，由张季风负责总体设计、文献选择和统稿。

很显然，以上有限的文献，难以反映战后日本能源战略、计划和法规的全貌，本文献集仅仅是为读者提供了一个入门或桥梁而已。倘若本文献集能够为制定我国能源发展战略和发展计划有所参考，为读者了解日本的能源状况，特别是日本的能源战略、能源政策的演变与走势有所帮助，我们将感到不胜荣幸。

译　者
2014 年 8 月

图书在版编目（CIP）数据

日本能源文献选编：战略、计划、法律/张季风编. —北京：
社会科学文献出版社，2014.12
ISBN 978 - 7 - 5097 - 6356 - 8

Ⅰ. ①日… Ⅱ. ①张… Ⅲ. ①能源政策 - 文献 - 汇编 - 日本
Ⅳ. ①F431.362

中国版本图书馆 CIP 数据核字（2014）第 186860 号

日本能源文献选编：战略、计划、法律

编　　者 / 张季风
译　　者 / 张季风　张淑英　丁　敏　周晓娜

出 版 人 / 谢寿光
项目统筹 / 祝得彬
责任编辑 / 仇　扬　徐　瑞

出　　版 / 社会科学文献出版社·全球与地区问题出版中心（010）59367004
　　　　　　地址：北京市北三环中路甲29号院华龙大厦　邮编：100029
　　　　　　网址：www. ssap. com. cn
发　　行 / 市场营销中心（010）59367081　59367090
　　　　　　读者服务中心（010）59367028
印　　装 / 三河市东方印刷有限公司

规　　格 / 开 本：787mm × 1092mm　1/16
　　　　　　印 张：24.75　字 数：425 千字
版　　次 / 2014 年 12 月第 1 版　2014 年 12 月第 1 次印刷
书　　号 / ISBN 978 - 7 - 5097 - 6356 - 8
定　　价 / 198.00 元